西方供给侧经济学译丛

州民财富的性质与原因研究

税收、能源和劳动者自由怎样改变一切

An Inquiry into the Nature and Causes of the Wealth of States
How Taxes, Energy, and Worker Freedom Change Everything

阿瑟·B. 拉弗（Arthur B. Laffer） 斯蒂芬·摩尔（Stephen Moore）
雷克斯·A. 辛克菲尔德（Rex A. Sinquefield） 特拉维斯·H. 布朗（Travis H. Brown） 著

沈国华 译

上海财经大学出版社
SHANGHAI UNIVERSITY OF FINANCE & ECONOMICS PRESS

本书为上海市新闻出版专项资金资助项目

图书在版编目(CIP)数据

州民财富的性质与原因研究：税收、能源和劳动者自由怎样改变一切/(美)阿瑟·B.拉弗(Arthur B. Laffer)等著；沈国华译. —上海：上海财经大学出版社,2018.1

(西方供给侧经济学译丛)

书名原文：An Inquiry into the Nature and Causes of the Wealth of States
ISBN 978-7-5642-2738-8/F・2738

Ⅰ.①州… Ⅱ.①阿… ②沈… Ⅲ.①财政管理-研究-美国-现代 ②税收管理-研究-美国-现代 Ⅳ.①F817.121②F817.123.2

中国版本图书馆 CIP 数据核字(2017)第 115501 号

□ 策　　划　黄磊　陈佶
□ 责任编辑　温涌
□ 封面设计　杨雪婷

ZHOUMIN CAIFU DE XINGZHI YU YUANYIN YANJIU
州民财富的性质与原因研究
——税收、能源和劳动者自由怎样改变一切

阿瑟・B.拉弗(Arthur B. Laffer)
斯蒂芬・摩尔(Stephen Moore)　　　　著
雷克斯・A.辛克菲尔德(Rex A. Sinquefield)
特拉维斯・H.布朗(Travis H. Brown)

沈国华　　　译

上海财经大学出版社出版发行
(上海市中山北一路 369 号　邮编 200083)
网　　址:http://www.sufep.com
电子邮箱:webmaster @ sufep.com
全国新华书店经销
上海叶大印务发展有限公司印刷装订
2018 年 1 月第 1 版　2018 年 1 月第 1 次印刷

710mm×1000mm　1/16　18 印张(插页:1)　323 千字
印数:0 001—3 000　定价:49.00 元

图字:09-2016-245 号

An Inquiry into the Nature and Causes of the Wealth of States
How Taxes, Energy, and Worker Freedom Change Everything
Arthur B. Laffer, Stephen Moore, Rex A. Sinquefield, Travis H. Brown

Copyright © 2014 by Arthur B. Laffer, Stephen Moore, Rex A. Sinquefield, and Travis H. Brown.
All Rights Reserved. This translation published under license.

Authorized translation from the English language edition, Published by John Wiley & Sons. No part of this book may be reproduced in any form without the written permission of the original copyrights holder.

Copies of this book sold without a Wiley sticker on the cover are unauthorized and illegal.

本书简体中文字版专有翻译出版权由 John Wiley & Sons, Inc. 公司授予上海财经大学出版社。未经许可,不得以任何手段和形式复制或抄袭本书内容。
本书封底贴有 Wiley 防伪标签,无标签者不得销售。

2018 年中文版专有出版权属上海财经大学出版社
版权所有　翻版必究

总　序

改革开放近40年来,我国国民经济发展取得了举世瞩目的巨大成就,初步实现了从集中决策的计划经济体制向分散决策的市场经济体制的平稳转型,并成功跻身于世界第二大经济体之列。同时,我们也必须看到,中国经济在发展过程中,由于改革的不全面、不彻底、不及时,也逐步累积了新的问题和新的矛盾。一方面,过剩产能已成为制约中国经济转型的一大障碍;另一方面,中国的供给侧与需求端的"错配"已非个案,总体上是中低端产品过剩,高端产品供给不足。

为此,2015年11月10日,习近平总书记在中央财经领导小组第十一次会议上正式提出实行"供给侧结构性改革"。这是中央在我国国民经济发展进入新阶段和新形势下提出的一项新的重要任务,随着改革的不断推进,其内容也在不断发展丰富。"供给侧结构性改革",顾名思义就是要从经济结构的供给端着手,针对我国经济发展中的供需结构性失衡问题,尤其是无效供给过剩,而优质供给不足,从去产能、去库存、去杠杆、降成本以及补短板这些结果导向的具体目标出发,解决经济发展中所面临的"瓶颈"。

当然,除了经济结构的失衡,中国还面临体制结构的失衡和治理结构的失衡。这三个失衡层层递进,经济结构的失衡是表象,体制结构的失衡是深层原因,治理结构的失衡是内在根源。这三个失衡问题如果得不到解决,中国经济还将会随着政策的松紧而不停上下波动,形成过去几十年来反复出现的一放就乱、一乱就收、一收就死的循环。因此,改革的目的,就是要矫正这三个结构性失衡,通过改革、发展、稳定、创新和治理"五位一体"的综合改革治理,提高社会生产力水平,实现经济社会的持续健康发展。

想要顺利推进供给侧结构性改革,实现我国经济的转型升级,会涉及许多重要方面,例如:产能利用率的调节,全要素生产率和经济增长质量的提升,要素配置扭曲的矫正,简政放权、减税降成本的具体落实,等等。显然,这是一项规模庞大且各环节关系错综复杂的系统性改革工程,另外,还必然会与经济增速、通胀水平、贸易差额、就业情况以及社会稳定等硬指标存在密切联系。在这一背景下,从理论角度,便对供给侧结构性改革政策的成熟性提出了非常高的要求;而从实践角度,也需要能在前人的基础上,有所借鉴,通过去其糟粕、取其精华,为我国的供给侧结构性改革保驾护航。

总体来看,经济发展存在其阶段性与规律性,而供需失衡的结构性矛盾是其主旋律。供给经济学正是针对这一矛盾,从供给侧入手,系统阐述经济失衡矛盾产生的根源及应采取的政策措施的西方重要经济学流派。作为 20 世纪 70 年代初才于美国出现的经济学"少壮派",却已经在美国里根执政时期、英国撒切尔夫人执政时期等发达国家经济发展的重要阶段大显身手,为其摆脱经济发展困境、重新注入发展动力,实现当时这些国家经济的二次腾飞,发挥了不可估量的作用。

供给经济学的形成有其必然性。当供需结构性矛盾日益凸显,而传统凯恩斯主义宏观经济调控手段失灵时,自然会促使有社会担当的经济学家、知识精英去重新审视问题的本质,探索全新的解决手段,其中就不乏阿瑟·拉弗、万尼斯基、马丁·费尔德斯坦等代表性人物,也形成了一批诸如"拉弗曲线"的经典思想。

供给经济学的核心要义可以归纳为:(1)经济失衡的原因在于产能利用率与有效供给不足,且两者的提升并不会造成通胀、阻碍经济发展;(2)应采取特定的减税政策,降低经济部门与劳动者的生产经营与纳税成本,为其注入经济活力;(3)应减少政府干预,即简政放权,促进自由市场竞争;(4)萨伊定律,即供给能自行创造需求是有效的,仍应注重对经济的供给端调节。如此看来,经济发展的进程有其惊人的相似之处,供给经济学无疑能为我国此轮供给侧结构性改革提供非常有价值的理论思想借鉴。

"他山之石,可以攻玉。"上海财经大学出版社此次精心筹划推出的"西方供给侧经济学译丛",准确把握住了中央大力推行供给侧结构性改革的理论需求,精准对接了中央顶层设计在学术层面的要求。

此套译丛包含 6 本供给经济学派代表性学者的重要著作:其一,对供给经济学理论体系做出了完整介绍,并注重阐述其思想要点;其二,回顾了一些发达国家的供给侧改革进程及曾面临的问题,以借鉴其宝贵经验;其三,以专题形式对供给侧改革中的关键抓手进行了富有启发性的深入探讨;其四,鉴于此轮改革中金融资本供给端的重要性，专选著作对此方面进行了分析。

《供给经济学经典评读》系统介绍了西方供给经济学的核心思想、理论基础及关键要义，很好地填补了国内系统了解学习供给经济学派方面的空白。同时，本书的一大亮点在于，其深入分析了美国和英国当时非常重要的供给侧改革事件，可以说，能很好地兼顾研究供给侧改革的读者在理论完善和案例研究方面的需要。在供给侧改革理论方面，本书开宗明义指出，供给侧改革需要对凯恩斯经济学模型做出修正，讨论了拉弗曲线模型的意义与适用性，以及如何在供给经济学中借助不断发展的计量经济学进行分析等一些需要明确的理论基础；在案例研究方面，书中探讨了美国总统里根为推行供给侧改革所施行的经济改革项目，供给经济学思想演化的完整脉络，以及什么才是真正合适的货币政策和财政政策等。本书难能可贵的一点是，不仅充分涵盖了供给经济学的全部重要理论，而且很好地将其与供给侧改革中的重要事件结合起来，实现了理论与实践并重。

1982年4月，在美国亚特兰大联邦储备银行召开了一次非常重要也颇为著名的供给侧改革会议。《欧美经济学家论供给侧——20世纪80年代供给侧经济学研讨会会议纪要》一书就是将当时会议中具有代表性的演讲文章按照一定顺序集结成册，为我们留下了非常宝贵的供给侧改革方面的学术研究资料。出席此次会议的人士中不乏经济学界泰斗，如米尔顿·弗里德曼、托马斯·萨金特、詹姆斯·布坎南等，也有美国当时的政界要员，如杰克·肯普、马丁·费尔德斯坦等。就本书内容的重要性而言，完全可以作为研究供给经济学的高级读物，甚至有媒体评论认为，应作为研究供给侧改革的首选读物。书中内容反映了在美国着力解决供给侧改革问题的过程中，经济学界顶尖大师的真知灼见。

《货币政策、税收与国际投资策略》是供给经济学派代表性学者阿瑟·拉弗与维克托·坎托的一部研究供给侧改革政策理论基础与实践效果的核心力作，通过对货币政策、财政政策、国际经济问题以及国际投资策略以专题形式进行深度讨论，重点阐述了刺激性政策和不利于经济发展的因素会如何影响经济表现；同时，书中探索了一套与众不同的研究方法体系，帮助读者厘清政府政策在经济中的传导路径。本书第一部分探讨了货币政策制定目标和通货膨胀相关话题；第二部分聚焦于对供给侧经济学的运用，分析了政府施加的经济刺激和约束性政策的影响；第三部分遴选了一些国际经济方面的热点话题，如贸易收支情况与汇率表现，展示了从供给侧视角进行分析所能得出的结论；第四部分着重讨论了资本资产税收敏感性投资策略，以考察供给侧经济学思想可以为微观投资者带来的优势。

减税,是供给经济学的一项重要政策主张。《**州民财富的性质与原因研究——税收、能源和劳动者自由怎样改变一切**》阐述了为什么在美国州一级减免税负会促进经济增长并实现财富创造。书中对税收改革的思路进行了充分讨论,揭示了即使是美国一些人口很少的州也能从正确的政策中获益颇丰。以拉弗为首的多名经济学家评估了美国各州和当地政府施行的政策对于各州相应经济表现和美国整体经济增长的重要影响,并以翔实的经济数据分析作为支撑。另外,对美国的所得税等问题进行了详细严格的考察,深入分析了经济增长表现以及由于不合理的税收政策所导致的不尽如人意的经济局面等话题;同时,采取了细致的量化分析,探讨了对于国家和个人金融保障会产生巨大影响的政策措施,具有很高的研究价值。

1982年,拉丁美洲的一些发展中国家曾爆发了严重的主权债务危机,《**拉丁美洲债务危机:供给侧的故事**》从供给侧角度对这一事件进行了全面且深入的回顾分析。当时,许多经济分析师都着重于研究债务国在经济政策方面的缺陷,以及世界经济动荡所造成的冲击,很少有将研究重点放在危机蔓延过程中该地区的主要债权人——私人银行——上面。作者罗伯特·德夫林则对拉丁美洲债务危机事件采取了后一种研究视角,基于丰富的经济数据资料,指出银行其实才是地区债务循环中不稳定的内生因素,当该地区发展中国家经济蓬勃发展时,银行会存在过度扩张问题,起到推波助澜的作用;而当经济衰退时,银行会采取过度紧缩措施,造成釜底抽薪的后果。本书的一大价值在于,揭示了资本市场供给侧状态及调节对于发展中国家经济稳定的重要性,所提出的稳定银行体系的措施具有现实性启发意义。

《**供给侧投资组合策略**》是阿瑟·拉弗与维克托·坎托基于供给经济学思想,阐述微观投资者该如何构建投资组合的一本专著。书中每一章会分别详细探讨一种投资组合策略,并检验其历史表现情况。具体的讨论主题包括:如何在供给侧改革的大背景下投资小盘股、房地产等标的,对股票市场采取保护主义政策会造成的影响,以及美国各州的竞争环境等。值得注意的是,本书在充满动荡和不确定性的经济环境下,明确指出了采取刺激性政策的重要性。书中的分析配备了大量图表数据资料,能帮助读者更直观地了解基于供给经济学理论构建投资组合的效果。

中央领导同志已在中央经济工作会议等多种场合反复强调,要着力推进供给侧结构性改革,推动经济持续健康发展,这是我国当前阶段要重点实现的目标。同时也应理性认识到,"工欲善其事,必先利其器",改革需要理论的指导和借鉴。供给经济学虽形成发轫于西方发达国家的特定历史时期,当然基于不同的国情、国体,在了解学习其思想时,须持比较、思辨的态度;但是综合上述分析,显然供给经济学的诞生背景、力求解决的问题和政策主张,与我国经济发展在新形势下所要解决的问题以及政策方向有相当的契合度,这也在一定程度上,体现了经济发展阶段性与规律性的客观要求。

我们期待上海财经大学出版社此套"西方供给侧经济学译丛",与我国供给侧结构性改革实践,能够碰撞出新的思想火花,并有助于我国实现供给侧结构性改革这一伟大的目标。

是为序。

田国强

上海财经大学经济学院　院长

上海财经大学高等研究院　院长

谨把此书献给达特茅斯大学(Dartmouth University)的柯林·坎贝尔(Collin Campbell)教授和他的已故妻子罗斯玛丽·坎贝尔(Rosemary Campbell),以表彰他们为我们理解美国州政治经济学所做出的巨大贡献。在这里,我们要特别指出他们在 1976 年由维尔贝莱特基金会(Wheelabrator Foundation)资助出版的论文《1940~1974 年新罕布什尔州和佛蒙特州财政制度比较研究》(*A Comparative Study of the Fiscal Systems of New Hampshire and Vermont*, 1940 - 1974)。

致　谢

本书作者在完成本书书稿的过程中得到了很多人的帮助，我们对他们提供的帮助表示由衷的感谢。

首先，在那些给予我们帮助的人中间，Nicolas Drinkwater 是我们第一个要感谢的人。没有他在研究、组织和写作等方面的帮助，这本书就不可能与读者见面。

我们还要向我们的朋友、同事、家人表示感谢，因为他们在本书的编辑以及评论、赞同、批评本书议及的主题和表达的观点方面做了那么多工作。我们特别要感谢 Kelly Sarka、Paul Abelkop、James Blumstein、Mark Broach、John Burke、Chuck DeVore、Joel Griffith、Rachael Hamilton、Rowena Itchon、Nick Jordan、Marc Miles、Kenneth Petersen、Sally Pipes、Brooke Rollins、Carol Roth、Ford Scudder、Lucas Tomicki、Horacio Valeiras、Collette Wheeler 和 Drew Zinder。

我们还要感谢 Tom Smith 帮助我们建立了一个网站（www.savetaxesbymoving.com），展示了不同州或者地方之间的个人所得税率差别以及这些税收差别如何随着时间的推移增加或者减少纳税人的财富。

最后，我们还要感谢约翰·威利父子出版公司（John Wiley & Sons）的整个编辑团队，他们为本书的出版，特别是在这么短时间内的出版付出了大量的艰辛劳动。

序

科学对先验假设和理论的需要程度远比大多数研究人员愿意承认的大。如果不打算通过提出(并检验)一种理论形成机制来实现信心的飞跃式提高,那么就没有办法从大量的原始数据中归纳出理论来。

——菲利普·鲍尔(Philip Ball),《好奇心》(*Curiosity*)

在介绍本书内容之前,我们先要肯定达特茅斯大学的柯林·坎贝尔教授对美国州经济学的创立和发展做出的巨大贡献。现已90高龄的坎贝尔教授开创了有关州经济政策影响效应以及由此产生的绩效评价指标差异分析这个研究领域。他和他的夫人罗斯玛丽·坎贝尔合著的论文《1940～1974年新罕布什尔州和佛蒙特州财政制度比较研究》[1],其内容涵盖从政策选择到公共服务提供等许多方面。在很多人看来,这篇论文无论是内容还是结论早已被美国各州的政策制定者们所丢弃,我们有意要纠正这个性质严重的疏忽。

我们还想说明,我们在本书中经常借用菲利普·鲍尔的《好奇心》一书[2]中的语境,并且援引这本精彩书中的妙句。本书各章基本都以这本书的引语作为开篇。如果我们没能在每处都恰到好处地援引鲍尔的著述,那么还要请他多多包涵。鲍尔的这本书妙不可言。最后,我们发现了托马斯·R. 戴伊(Thomas R. Dye)博士考察美国9个征收所得税的州的绝对一流的研究成果。[3]在这9个州中,密歇根州和内布拉斯加州是在本书第一章已经完成后的1967年开始征收州所得税的。我们最先从西弗吉尼亚州(1961年)开始我们的研究,随后是印第安纳州(1963年)。因此,戴伊的研究并不包括密歇根和内布拉斯加这两个州。但是,就如读者可能猜想的那样,我们与戴伊得出了基本相同的结论。

国际经济学研究在考察资源跨境流动时,通常把劳动力和资本视为相对比较固定的生产要素。根据定义,土地是不能跨越国界流动的。但是,据我们阅读欧洲和世界史所知,就连土地有时也能跨境转手。常听说一个波兰农场主的故事,这个农场主的农场位于俄罗斯归还给波兰的土地上,这片土地在第二次世界大战以后曾被俄罗斯占领过。据说,这个农场主在俄罗斯把这块土地归还给波兰后高兴地说:"上帝保佑,我们再也不用忍受俄罗斯漫长的冬天了!"

在特定假设的范畴内,国际经济学从静态和动态两个方面发展并扩大了贸易、增长、生产和消费激励因素的作用,并且论述了政府政策和自然资源禀赋如何影响世界不同的经济体。很早以前,国际经济学就开始关注政府政策的问题。从现代人在地球上出现以来,商品和服务贸易好像一直是推动现代经济发展的巨大动力,并且一直是吸引各国(无论大小、距离远近)政府注意力的巨大磁场。

美国人清楚地认识到商品、服务和人员在各州之间自由流动的好处,并且小心翼翼地去理解李嘉图(Ricardo)的"贸易收益"和亚当·斯密(Adam Smith)最终导致"比较优势"的专业化概念,美国这个国家就是建立在对这些好处、收益和概念充分理解的基础上的。关于完全、彻底的自由贸易的理想都已经写进了我们最基本的文献中。美国宪法商业条款被阐释为,禁止对美国各州之间的商品、服务自由贸易甚至劳动力自由流动设置过多的障碍。根据"特别权利与宽免条款",美国任何一个州的居民只要像当地长期居民那样遵守新家所在州的法律法规,就能够享受到不受任何限制地迁往任何一个州居住的权利。[4]

但是,所谓美国50个州之间实行的商品、服务完全不受限制的自由贸易以及劳动力完全不受限制的自由流动,对于我们来说只是国际经济学的一个极端版本——可以说是一种"角点解"。现在,唯一真正不能流动的生产要素就是土地。某些形式的固定资本在它们的使用寿命期间有可能是不能流动的,但在适当的时候,就连建筑物也能够跨越州界移动,就像密歇根州底特律的衰败以及得克萨斯州达拉斯的崛起和发展所见证的那样。搬迁建筑物可能要花点时间,但确实发生过。最近,在一项考察加利福尼亚州咄咄逼人的税收和监管政策对其基础设施产生影响的研究中,我们断定雪佛兰公司(Chevron)会在加利福尼亚州投资和运营。[5]这项研究的结论是:固定资本一旦投入,设备安装到位后,就不可能拆卸、流动;无论州政府通过税收和监管是以明示还是以含蓄的方式,资本本身是无力抵制州政府的征用甚至没收的。

对美国各州进行经济学研究具有特殊的意义,考察它们的相对成功和失败也同样具有特殊的意义。在人口和劳动力基本不能流动的国际经济学中,跨国界套利是通过商品和服务贸易以及贸易条件变化(根据通货膨胀调整的汇率)

来实现的。在人口不能流动的国际经济学中，成功或者失败的评价指标包括人均收入、失业率和其他生活水准评价指标。然而，当劳动力能够像美国那样自由、相对无成本地跨州流动时，诸如人均收入或者失业率这样的评价指标就不再适用。在劳动力能够流向有收入或工作的地方，或者工作和收入能够流向有劳动力的地方的情况下，诸如人均收入或者失业率这样的以人数为分母的任何成功或者失败评价指标就没有什么意义，或者根本就毫无意义。

例如，在美国50个州的例子中，当一个州把收入吸引到自己境内的速度快于把劳动力吸引到自己境内的速度时，或者说，当一个州把劳动力排斥出州境的速度快于把收入排斥出州境的速度时，人均收入才能增长。虽然人均收入在这两种情况下也许都能够增长，但福利效应会出现完全相反的情况。当美国50个州都不适用人均收入或者失业率这样的评价指标时，生产要素、收入、商品和人员流动的评价指标就成了评价福利的适当指标。[6]我们将在本书的多个地方重复讲到这个基本原理，仅仅是因为这个基本原理对于理解州际经济学至关重要。请不要用根据人口标准化过的评价指标来评价州和地方经济政策的效率。

只要选民允许，只要不违反美国宪法的商业条款以及"特别权利与宽免条款"，美国各州的州和地方政府就拥有几乎无限制的征税、支出、管制和监督权力。在这些条款的强势作用下，人员、商品及服务也被美国宪法赋予了随时随地流动和安置的权利。

鉴于美国各州之间只存在细微的语言差别，它们使用同一种通用货币，而且各州居民的社会风俗也非常相似，再加上两州相邻，因此，人口能够既不费力又无成本地迁出和迁入。美国50个州的经济一体化真正能够接近于任何一种可以构想的完美经济联盟。因此，本书的中心主题就是回答以下相关问题：美国各州和地方政府的经济政策是否具有收入再分配效应或者人口再配置效应？

任何政府能够对其公民采取的最不道德行动之一，就是推行具有作为一切收益来源的生产基础摧毁效应的政策。

本书各章旨在从不同的视角透视美国各州和地方政府在创造和保护本州繁荣和福祉方面所发挥的作用。就像从不同的有利位置去欣赏一件雕塑品，从任何一个视角都无法欣赏到作品的完整全貌，但是，当我们把本书各章的内容整合在一起时，就能全面反映州和地方政府的经济政策对本州经济的影响。真科学的标志就是能够解释政策的奥秘。有直接证据支持的透明和共识是全体民主选民的盟友，而晦涩难懂的表述以及过度复杂化的处理只会误导民主选民把管理权交给不称职的精英分子。

如果读者能够仔细观察美国各州在税收、择校权、工作权利保障法、最低工资以及文化等方面存在的差异,那么就不但能够发现各蓝州(民主党选区。——译者注)正在变得更蓝,而且还能注意到各红州(共和党选区。——译者注)正变得更红。值得注意的是,美国各州越来越明显的两极分化导致整个国家的色谱朝着红色倾斜。

有谁曾经能够想到,密歇根州这个美国汽车工人联合会(United Auto Worker Union)和卡车司机工会的发祥地,有朝一日会通过工作权利保障法?虽然威斯康星州可能不是美国汽车工业和汽车工人工会的总部,却长期以来被视为美国进步劳工运动的政治中心。由于威斯康星州在斯科特·沃尔克(Scott Walker)州长治下通过了立法,后来他的反对者们在工会支持下对这部立法提出了质疑,因此,威斯康星州名义上也许并不是,但实际上就是一个保障工作权利的州。

很久以前,有谁能够想到,底特律这样一个在1950年拥有180万人口而且大多数是富人的城市竟然会落到破产的下场? 现在,底特律只有68万人口,而且大多数是穷人,甚至已经沦落为美国暴力犯罪率最高的城市。政治是有代价的,而党派政治的双方虽然有关"应该怎么做"的经济观点截然不同,但从来没有像今天这样势不两立。借用一句被说得太滥的老话,美国处在了十字路口,而且不仅仅在联邦层面。在我们国家,每个州的首府都成了硝烟弥漫的战场,政治气氛似乎从州到联邦呈现不断高涨的态势,却没有从华盛顿特区影响到各州。

本书的第一章讲述11个在1960年以后开征所得税的州的故事。我们对这些州开征所得税之前5年的状况与它们各自的现状进行了比较。有时,真人真事真的比虚构的故事更加不可思议,因为这11个州在人口和产出占比方面,毫无例外地都不如美国其他39个州。而且,令人震惊的是,与美国其他39个州相比,这11个州自开征所得税以来,竟然没有一个州的州和地方税收收入占比有所增加。

仿佛百分之一百的衰退还不够似的,某些州的衰退令人震惊,就如俄亥俄州、宾夕法尼亚州和伊利诺伊州的情况所显示的那样。即使贫困州中最贫困的西弗吉尼亚州,也由于征收税负不断加重的所得税而变得更加贫困。但不管怎样,由于在这11个州中,有些州人口流失的速度比收入减少的速度还要快,因此取得了人均收入和人均税收收入相对增长的结果。

虽然其中好几个州的人均收入和/或人均税收收入有所增加,但是,这11个州的公共服务供给相对于全国整体水平普遍都有所下降,从而揭穿了增税是为了给公共服务筹措资金的谎言。

本书第二章讲述一个平常的——即便不是令人讨厌的——话题：描述本书所采用的很多数据，并且以可访问的格式向喜欢刨根问底的读者提供这些数据。有好几次，我们自己也经不起诱惑，想说说我们采用的模式。除了举例说明各州之间存在的绩效差距，着重介绍税率及税负最高和最低的州，以及11个在过去50多年里通过征收所得税来寻找慰藉的声名狼藉的州以外，其他方面我们也帮不了什么忙。读者不必是哈佛大学的毕业生，就能理解相关结果。也许，就像欧文·克里斯托尔（Irving Kristol）常爱说的那样，就是经济学博士也不一定能够理解这个显而易见的结论。

如果把石油产值和开采税分别从州内生产总值和税收收入中剔除出去，那么就能发现，各州增长率与税负减轻之间存在令人惊讶的相关性。每个州减税越多，美国立法交流委员会（ALEC）—拉弗评价指标与州绩效表现的相关性就越显著。不过，我们把这方面的内容安排在本书的第八章。第八章将专门留一节的篇幅，逐字逐句地详细介绍美国立法交流委员会委托埃里克·弗洛伊茨（Eric Fruits）和兰德尔·博茨德纳（Randall Pozdena）两名博士完成的一项名为"税收谎言终被识破"（Tax Myths Debunked）的研究。[7] 最近，我们根据美国国内税收署的数据，采用方便使用的表格形式制作了各州调整后毛收入（adjusted gross income，AGI）变动数据。不过，我们把有关这些数据的讨论和分析全都安排在第五章，所以就不在这里做任何评述。请读者不要怪我们在这里吊你们的胃口！

在第三章，我们对各选定州组进行了多个政策变量的比较。我们非常清楚，性质始于原因，而止于经验。因此，在追寻能使州和地方做得更好的政策处方的同时，我们分析了很多极端自然状态下的关键政策变量。这些极端政策行为如果会产生什么影响的话，那么就应该用各州分组经济指标来表示它们的影响。

例如，我们采用人口增长、净迁入人口、就业增长、州总产值增长、税收收入增长等指标，对9个不课征劳动所得税的州和9个劳动所得税税率最高的州进行了比较。虽然我们一般都坚持采用过去10年的百分比变动数据，但在这一章里，我们破例对劳动所得税零税州与数量相同的劳动所得税税率最高的州进行为期半个世纪的比较。

我们也对产油州与非产油州进行了同样的比较，就好像石油是超越州立法议员权限的"天外救星"。然而，州府政策确实会直接影响石油生产。举例来说，得克萨斯州和加利福尼亚州都拥有大量的地下石油和天然气储藏。可是，加利福尼亚州政府制定并推行了一种导致石油减产的政策，而得克萨斯州政府则鼓励石油生产。我们一直坚持采用我们的分组方法，对不同组别州的公司税（出于对等的考虑，我们选取了排名最前的 11 个州和排名最后的 11 个州）和税负进行了对照比较。

在内容与第三章密切相关的第四章里，我们继续对州和地方政策变量与经济绩效评价指标进行了比较。例如，我们考察了州销售税、ALEC—拉弗州前景展望排名、税收累进度、是否有工作权利保障法、州财产税、最低工资差别和劳动力工会化百分比等方面的问题。

我们认为，特殊情况最能揭示基本关系。或者用上面提到的《好奇心》这本书中援引的威廉·伊蒙（William Eamon）的话来说，"所有稀奇古怪和罕见的事物都立刻会与科学事业发生关系，并且会成为发现内在机理的关键线索"。这句话的意思在本书的第三章和第四章中得到了充分的体现。

促增长与反增长组别之间的绩效表现差异巨大。从过去 10 年以及过去 50 年每年的情况来看，9 个劳动所得税零税州完全击败了劳动所得税高税率州。ALEC—拉弗检验得分较高、总税负较低、石油产量较高、有工作权利保障法和工会参与率较低等，与人口增长较快和比较富裕强相关。就像拉里·韦恩·加特林（Larry Wayne Gatlin）所说的那样，"这其实并不像造火箭和做外科手术那么复杂"。

第五章挖掘美国国内税收署发布的关于从 1992 纳税申报年度到现在的联邦纳税申报表（1992 年度的申报表在 1993 年填报）州际流动最新数据，并且深入探讨了零所得税、零销售税的新罕布什尔州在新英格兰其他州所实行的旧世界集权政策中扮演的独特角色。本书对新罕布什尔州的讨论，是对前面提到过的柯林·坎贝尔教授的出色研究进行的补充和提升。简而言之，新罕布什尔州是令人沮丧的低绩效州群落中的唯一希望。

AGI 流动数据仅仅证明了州经济政策对于影响居民选择在哪里生活和工作具有压倒一切的重要性。5 个绩效表现最差的州（即纳税申报单净迁出最多的州）是新泽西州、纽约州、伊利诺伊州、俄亥俄州和密歇根州，再加上康涅狄格、威斯康星、缅因、罗得岛和明尼苏达这 5 个州，那么，10 个表现最差的州就齐全了。有谁会对此感到意外？反正，我们不会。

零所得税州的绩效表现远好于高所得税州，就像低税负州的绩效远优于高税负州那样，这一点已经相当明确。然后，我们对通过了工作权利保障法的州与强制参加工会的州进行了比较。令人惊讶的是，通过了工作权利保障法的州在 AGI 和吸引纳税人方面的表现不知要好多少。这方面的分析结果表明，那 11 个在过去 50 多年里征收所得税的州，无一例外地落入了纳税申报单净迁出最多的组别。

这些数据对于州政府来说是最适用不过的了,就连它们的财政状况和决算数据也不可能比这些数据更能说明问题。

第六章旨在反映州和地方税收、监管及支出影响的全貌,因此对全美50个州过去10年的统计数据进行了精确的分析。我们运用横截面时间序列最小二乘回归分析法进行回归分析,结果发现,税率、税负、石油产量和工作权利立法都是与人口增长和州内生产总值增长相关的关键自变量。对此,读者会感到意外吗?当然不会。

第六章所采用的综合统计方法有助于证实其他各章的研究发现。统计结果本身虽然很有说服力,但仍免不了需要对州和地方经济政策及其预期效果之间已经被证明的强相关性进行证明。较重的税负以及较高的所得税率和公司税率都会对人口和产出增长产生毁灭性的影响,工作权利立法和石油生产会对州经济福利产生很大的正面促进作用,而高税率则会对州经济福利产生负面影响。结果清楚——非常清楚。

在政治经济学领域,没有一场斗争像加利福尼亚州与得克萨斯州之间的意识形态冲突那样令人印象深刻。两位连任3届的州长打到了世界舞台上一决高下。还有什么比这能够对全球舆论产生更大的影响呢?

一边,我们有州民文化程度高、知识分子多、经济等发达程度高的加利福尼亚州,这个州的所有决策不是由州政府做出就是由州政府监管,目的就是为了确保事事都有利于大家的福祉;另一边,我们有得克萨斯州无拘无束的野蛮牛仔资本主义,在这里,政府干预不受欢迎,而亚当·斯密的"看不见的手"则受到顶礼膜拜。

第七章列数了得克萨斯州与加利福尼亚州之间在税收和监管方面的差异。我们记录了这两个州的税收收入差别,交待了这两个州的州政府支出,最后一一介绍了公共服务实际供给量、经济增长指标以及贫困、匮乏和困苦减轻等情况。我们觉得没有再比全面反映差异或者直面问题的比较更加直截了当的比较了。

加利福尼亚州的税率大致要比得克萨斯州的税率高出65%,加利福尼亚州的税收收入大约比得克萨斯州的税收收入多25%。在政府支出方面,两个州相当接近,但在用时间计算的公共服务供给方面,得克萨斯州胜过加利福尼亚州。

得克萨斯州经济增长较快,雇用了较多的劳动力,并且吸引了更多居民;得克萨斯州有更好的公路、治安、消防、学校和监狱设施,以及较少的贫困和对福利工作者的需要。结果就是这样!

在我们寻求改善各州公共财政状况时,我们的目的不仅仅是减税节支,而且还要使税收和财政支出更加有效。当涉及一个州的财政决策或者任何其他政府实体这类问题的决策时,就应该考虑三方面的因素。首先是州和地方税收及支出的总规模。要把税收和支出作为一个整体来考虑,这一点很重要——非常重要。其次,如何征收要课的税收,这一点也很重要。一般来说,最理想的方法是以危害最小的方式收税,以便征到为州各级政府运行所必需的收入。最后,州各级政府如何花销它们的支出,这一点也非常重要。从观念上讲,政府应该把每一美元的支出花在最有效益的项目上。州民不希望看到的就是有工作的人纳税、没有工作的人享受补贴的情形。这样的结果缺乏吸引力。

最理想的州支出和税收法典就是,使收上来的最后一美元税收造成的危害正好略小于花销最后一美元创造的收益。这时,政府就应该完全停止支出和收税,并且放手让市场去解决州民剩下的需求和需要问题。

本书的最后一章,也就是第八章,逐一驳斥了我们的批评者们的观点。为了说明人员和收入在美国50个州之间流动的格局,我们在第八章开头就指出了自利心的作用;我们还指出,我们自己的自利心和我们的批评者们的自利心有助于解释我们和他们的一些观点。无论我们的逻辑和证据有多么不可抗拒,我们还是一如既往地对在免税机构工作的政府慷慨赐予的受益者们不抱什么希望,他们不可能克服自己的自利心,并且与我们一起为大家构想更加美好的未来。在某个手中唯一的工具就是锤子的人看来,整个世界就像一枚钉子,这句话可以说是千真万确。我们的批评者中有很多人都清楚,他们驳斥我们的观点其实就是为了讨好他们的政治恩人。

我们开展这项研究的目的就是,为州和地方政府官员提供一个实用的指南,以便他们能够更好地治理州和地方,并且能为被治理者创造繁荣景象和提高生活质量。用《好奇心》一书中援引的罗伯特·波义耳(Robert Boyle)的话来说:

只要依靠自己的技能,我能比那些对植物生理学一窍不通的人做得更好,让我的花园里生长出更美的花卉,或者说,使我的果园生产出更加美味的果实,使我的土地生产出更加饱满的谷物,使我的制酪场生产出更加可口的奶酪,那么,我就敢说自己是一个名副其实的博物学家。

对于我们来说,真相再小也比大谎可取,而其他人较之于简单的真理,似乎更加喜欢复杂的谬误。州际经济学并不深奥,只要以钱为线索就能理解。读者既不必是知识渊博的教授,也不用参与传统争论的唇枪舌剑,就能理解一个州的实际运行情况。读者的经历和常识也应该能够帮助你们从容应对学术争论。在某种意义上，我们写这本书就是为了让读者不受约束地自己去观察世界是如何运行的。

我们分析研究美国50个州那么多年的大量数据，所收获的其实应该就是真相。知识就是力量。

注释：

[1] Colin D. Campbell and Rosemary G. Campbell, "A Comparative Study of the Fiscal Systems of New Hampshire and Vermont, 1940–1974," Wheelabrator Foundation, 1976.

[2] Philip Ball, *Curiosity: How Science Became Interested in Everything* (Chicago: University of Chicago Press, 2012).

[3] Thomas R. Dye, "The Economic Impact of the Adoption of a State Income Tax in New Hampshire," National Taxpayers Union Foundation, October 1999, http://heartland.org/sites/all/modules/custom/heartland_migration/files/pdfs/6926.pdf.

[4] 感谢田纳西州范德堡大学（Vanderbilt University）宪法和卫生法教授James Blumstrin审阅了本书有关商业条款以及"特别权利与宽免条款"的内容，并且提出了修改建议。

[5] Arthur B. Laffer, Stephen Moore, and Jonathan Williams, "Tax Reform to Fix California's Economy," in *Rich States, Poor States*, 6th ed. (Arlington, VA: American Legislative Exchange Council, 2013), www.alec.org/publications/rich-states-poor-states.

[6] 关于采用人均评价指标差别和问题的更多内容，请参阅本书第八章。

[7] Eric Fruits and Randall Pozdena, "Tax Myths Debunked," American Legislative Exchange Council, February 2013, www.alec.org/docs/Tax_Myths.pdf.

目　录

总序 /001

致谢 /001

序 /001

第一章　失宠——11 州征收所得税的故事 /001
　　　　课征所得税——一个严重的错误 /001
　　　　这个巨大的"吮吸声"就是人员、产出和不包括所得税的税收收入 /002
　　　　经济萧条 /004
　　　　误导性评价指标 /005
　　　　俄亥俄州 /006
　　　　新泽西州的故事——一个浪费机会的生动例子 /007
　　　　税收收入减少 /007
　　　　关于税收收入和公共服务供给减少的花言巧语 /010
　　　　税收收入消失的案例 /011
　　　　康涅狄格州 /011
　　　　得不偿失——代价昂贵的增税如何导致改善公共服务供给失败 /013

第二章　经济评价指标/021

主要经济指标/022

全美各州过去10年的税收收入/029

ALEC—拉弗全美各州的不同排名/035

国内税收署联邦纳税申报单迁移数据/039

第三章　征服九戒灵的戒魔远征队九成员/050

个人所得税最高税率分析/052

公共服务与个人所得税/056

石油开采和开采税的影响/058

从较长远的视角对数据的审视/061

公司所得税分析/063

总税负分析/064

ALEC—拉弗州经济竞争力指数/070

第四章　继续分析/074

财产税税负分析/075

销售税税负分析/075

财产继承税/081

工作权利保障法/081

劳动力工会化/085

州最低工资/088

第五章　上缴恺撒/091

新罕布什尔州——一个恰当的案例/095

人口和AGI流动幅度最大的州/108

实时流动指数/113

第六章　增长率为何不同——对相关数据的计量经济学分析/118
　　变量列表/120
　　州内生产总值增长率：一元分析/124
　　州内生产总值增长率：二元分析/128
　　州内生产总值增长率：三元分析/130
　　人口增长率：一元分析/131
　　人口增长率：二元分析/133
　　人口增长率：三元分析/136
　　人口增长率：四元分析/137
　　结论/138
　　计量经济学文献摘要/138
　　计量经济学文献的重要引语/157

第七章　财政的"寄生渗漏"——得克萨斯州与加利福尼亚州比较/164
　　双州记——55个问题总结/165
　　加利福尼亚州和得克萨斯州的2012年11月选举/169
　　经济绩效：加利福尼亚州、得克萨斯州和美国/171
　　关于贫困指标的简要说明/176
　　得克萨斯州的石油生产繁荣与加利福尼亚州的石油生产萧条：
　　　　一种经济文化冲突/176
　　得克萨斯州与加利福尼亚州的州和地方总收入概览/180
　　得克萨斯州、加利福尼亚州和全美税收收入及债务融资比较/180
　　影响经济增长的政策变量/186
　　税收、支出和政策目标实现之间的关系——一个"寄生渗漏"故事/190
　　政府间收入、联邦政府委托社会服务以及州福利、医疗补助和食品券
　　　　计划/191
　　州和地方政府的公共服务供给/194
　　州和地方公共教育绩效/199
　　公路服务：加利福尼亚州与得克萨斯州比较/202

监狱：加利福尼亚州与得克萨斯州比较/203

结论/205

第八章 我的兄弟，恰恰相反！——对我们研究的批评和我们的回答/209

税收和其他供给侧政策变量不会影响人口增长和州内生产总值
增长/210

经济增长会转移，从多云、寒冷的北方转移到阳光充沛、温暖的
南方/213

增长主要是教育问题，而不是税收和其他经济政策指标问题/214

作为成功评价指标的人均个人收入和中位数收入的增长表明，税收
并不重要/215

降低税率就是削减公共服务供给/218

其他因素（石油、阳光、宜人的城郊等）影响人口增长；因此，税收、
工作权利保障法和其他供给侧变量不会影响人口增长/219

税率与增长之间的相关性反映一种联立方程偏倚（逆因果关系），
即增长导致减税，而不是相反/221

高税州的绩效表现也可以好于低税州；因此，供给学派的理论是
错误的/223

俄克拉何马州反对减税/225

收入分布与高税率累进税法更加紧密地联系在一起/227

ALEC—拉弗指标乏善可陈；因此，他们的政策建议是错误的/230

联邦税率比州税率重要；因此，州税率不重要/232

富人使用更多的公共资源，他们——而不是别人——应该为购买
公共资源付钱；我们需要累进度更高而不是更低的税种/232

什么样的证据才算足够充分？如果事实被颠倒了，我们就会
承认/233

参考文献/240

第一章

失　宠

——11州征收所得税的故事

> 真科学的标志就是,它的解释能够揭开事物神秘的面纱,而伪科学则会把事物掩饰得美妙无比。
>
> ——菲利普·鲍尔,《好奇心》

在州政府有时甚至地方政府可利用的经济政策中,所得税往往就是首选的政策工具。今天,美国50个州中有41个州对所谓的劳动所得课征所得税。在9个没有选择课征劳动所得税的州中,有2个州课征所谓的非劳动所得税。因此,美国实际上只有7个州既没有在州层面也没有在地方层级对任何种类的所得课征税收。然而,情况并非总是如此。

课征所得税——一个严重的错误

就在1960年之前不久,美国还有19个州没有对劳动所得征税,而有31个州对劳动所得征税。在这19个之前没有开征劳动所得税的州中,有11个州在从1960年到现在的半个多世纪里征收所得税,而只有1个州——阿拉斯加州——废除了所得税。这11个征收所得税的州的故事构成了本书实例课程的内容,本书讲述了它们的完整故事:

这11个在过去半个世纪里征收一种州所得税的州横跨美国很多地区,但并不包括南方或者中西部的任何一个州。就是这样凑巧,只有南方的3个州——田纳西州、佛罗里达州和得克萨斯州——不征收劳动所得税,中西部的4个州——内华达州、怀俄明州、华盛顿州和阿拉斯加州——没有征收任何所得税。没有征收劳动所得税的另外两个州是南达科他州和新罕布什尔州。

11个没有加入零所得税州行列的州分别是缅因州、罗得岛州、康涅狄格州、新泽西州、宾夕法尼亚州、西弗吉尼亚州、俄亥俄州、印第安纳州、伊利诺伊州、密歇根州和内布拉斯加州。在开征所得税时,这些州都认为所得税只会造成最小的经济危害,而会增加大量的公共服务。这种想法完全错了!

表1.1确切地列示了这11个州开征劳动所得税以后在主要经济评价指标上取得的绩效。由于这些州是在不同年份开征所得税的,因此,我们把实际开征所得税前4年以及开征所得税当年作为我们考察这些州的所得税开征前时期。然后,我们对这些州的所得税开征前时期和最近一年的绩效表现进行了比较。

拿这11个州与全美50个州进行比较,会导致这11个州被重复计算的计量偏误;也就是说,它们既属于这11个州的样本,又属于全美50个州的样本。解决这个问题的一个可取方法,也是我们在这一章里用于评估的方法,就是拿这11个征收所得税的州与其他39个州进行比较。虽然拿这11个州与全美50个州进行比较会造成重大偏误,但结论只受到了最低限度的影响,因为变动方向仍全部相同。从定性的角度看,无论是拿这11个州与全美50个州还是与剩下的39个州进行比较,结果基本相同。但从定量的角度看,这两种比较方法会导致结果出现显著的差异。

这个巨大的"吮吸声"就是人员、产出和不包括所得税的税收收入

在表1.1中,我们列示了在过去50多年里征收所得税的11个州各州开征所得税的年份、开征时的最高税率、现行最高税率、开征前4年和开征当年这5年州人口占其余39个州总人口的百分比、2012年州人口占其余39个州总人口的百分比、开征前4年和开征当年这5年11个州各州生产总值占其余39个州国内生产总值(或者州内生产总值)的百分比、2012年11个州各州生产总值占其余39个州国内生产总值的份额、开征前4年和开征当年这5年11个州每个州的州和地方税总收入占其余39个州的州和地方税总收入的份额,以及2011年11个州每个州的州和地方税总收入占其余39个州的州和地方税总收入的份额。[1]请予以密切关注,结果引人注目。

第一章　失宠 / 003

表 1.1　美国 1960 年后开征所得税的 11 个州[a]与其余 39 个州[a]经济指标比较

单位：%

州名	开征年	最高税率[a] 初始	最高税率[a] 现行	人口 5 年前	人口 2012 年	人口 变动百分比	占其余 39 个州的份额 州内生产总值 5 年前	州内生产总值 2012 年	州内生产总值 变动百分比	州和地方税总收入 5 年前	州和地方税总收入 2011 年	州和地方税总收入 变动百分比
康涅狄格	1991	1.50	6.70	1.81	1.49	(18)	2.39	1.92	(20)	2.35	2.25	(4)
新泽西	1976	2.50	8.97	4.94	3.68	(26)	5.38	4.25	(21)	5.40	5.25	(3)
俄亥俄	1972	3.50	5.93	7.59	4.79	(37)	8.03	4.27	(47)	6.07	4.46	(27)
罗得岛	1971	5.25	5.99	0.68	0.44	(36)	0.64	0.43	(33)	0.65	0.50	(22)
宾夕法尼亚	1971	2.30	3.07	8.51	5.29	(38)	8.49	5.03	(41)	7.66	5.51	(28)
缅因	1969	6.00	7.95	0.74	0.55	(25)	0.58	0.45	(23)	0.60	0.60	(0.2)
伊利诺伊	1969	2.50	5.00	8.08	5.34	(34)	9.82	5.82	(41)	7.77	5.89	(24)
内布拉斯加	1968	2.60	6.84	1.10	0.77	(30)	1.03	0.83	(19)	0.93	0.77	(17)
密歇根	1967	2.00	4.25	6.33	4.10	(35)	7.86	3.35	(57)	6.62	3.57	(46)
印第安纳[b]	1963	2.00	3.40	3.80	2.71	(29)	3.81	2.36	(38)	3.37	2.29	(32)
西弗吉尼亚[b]	1961	5.40[c]	6.50	1.54	0.77	(50)	1.19	0.63	(47)	1.09	0.69	(37)

a. 州所得税税率（即不包括任何地方附加税）。
b. 由于缺少数据，印第安纳州和西弗吉尼亚州的纳税义务占美国纳税义务的份额用个人所得份额来替代。
c. 法定税率是适用美国 91% 最高税率的州内生产总值份额的 6.0%。

资料来源：U. S. Census Bureau, Bureau of Economic Analysis, Laffer Associates.

经济萧条

按人口计,在过去50多年里征收所得税的11个州每个州的人口,相对于美国其他39个州的总人口都有所减少。西弗吉尼亚州这个现代第一个开征所得税的美国州,其人口占39个不征收州和地方所得税的州总人口的份额整整下降了50%,该州人口的绝对数在1961~2012年间从183万增加到了186万。虽然这11个州中的其他任何州相对人口急剧下降的情况都没有西弗吉尼亚州严重,但它们各自占其余39个州总人口的百分比都有所下降。尤其是工业大州宾夕法尼亚、俄亥俄、密歇根和伊利诺伊在这方面更是受到了重创。

自开征所得税以来,与其他39个州相比,宾夕法尼亚州人口减少了38%,俄亥俄州人口减少了37%,密歇根州人口减少了35%,而伊利诺伊州的人口也减少了34%。

这所有11个州开征所得税的总体原因当然是增加税收收入。但是,它们相对于其他39个州而言,无一实现了税收收入增加。读者肯定想知道这11个州的政治家们是如何考虑本州居民福利的。这些州的很多居民对此的想法显而易见——他们选择了出走。

按照州内生产总值计,自1960年以来征收所得税的州占其余39个州的份额无一例外地都有所减小。虽然减幅各异,但这11个州各州的州内生产总值相对于其余39个州的州内生产总值普遍出现了负增长。密歇根州的情况特别糟糕,该州的州内生产总值相对于其余39个州的州内生产总值下降了57%。

表1.2实际表明,征收所得税就必然会取得这样的经济后果。我们在表1.2中按照从高到低的顺序列示了全部50个州在过去10年里的人口增长情况。只要稍微留意一下这11个从1960年以来征收所得税的州的人口增长排序,一眼就能发现,它们无一例外全部位于50个州排名的下半区。美国13个人口增长最慢的州中,有9个出自这11个州;而3个人口增长最慢的州全部出自这11个州。

征收所得税导致经济长期走衰的影响一直是有增无减。州所得税就像是一种由毒葛引发的糟糕病例,一旦暴发就不可收拾。

这些结果虽然触目惊心,但仍只是冰山一角。州民的生存条件远不是用美元就能评价的。

表 1.2　　2002～2012 年全美各州人口增长率排名（从高到低）　　单位：%

排名	州名	增长率	排名	州名	增长率
1	内华达	26.92	26	马里兰	8.16
2	犹他	22.82	27	亚拉巴马	7.63
3	亚利桑那	21.44	28	内布拉斯加	7.36
4	得克萨斯	20.14	29	明尼苏达	7.18
5	爱达荷	19.05	30	肯塔基	7.10
6	北卡罗来纳	17.13	31	堪萨斯	6.35
7	佐治亚	16.59	32	印第安纳	6.20
8	佛罗里达	15.57	33	密苏里	6.12
9	科罗拉多	15.53	34	威斯康星	5.16
10	怀俄明	15.28	35	艾奥瓦	4.77
11	南卡罗来纳	14.99	36	密西西比	4.42
12	华盛顿	13.96	37	新罕布什尔	4.07
13	阿拉斯加	13.87	38	康涅狄格	3.80
14	特拉华	13.76	39	新泽西	3.65
15	新墨西哥	12.41	40	马萨诸塞	3.57
16	弗吉尼亚	12.34	41	宾夕法尼亚	3.51
17	夏威夷	12.32	42	伊利诺伊	2.79
18	田纳西	11.39	43	西弗吉尼亚	2.77
19	俄勒冈	10.98	44	缅因	2.56
20	蒙大拿	10.25	45	路易斯安那	2.33
21	南达科他	9.65	46	纽约	2.26
22	北达科他	9.63	47	佛蒙特	1.72
23	俄克拉何马	9.34	48	俄亥俄	1.20
24	加利福尼亚	9.09	49	密歇根	−1.32
25	阿肯色	8.99	50	罗得岛	−1.47

资料来源：U. S. Census Bureau.

误导性评价指标

好像就是要证明我们先前提出的要避免使用像平均收入（人均收入）这样

的评价指标似的，虽然这 11 个州的人口和收入占其他 39 个州的份额都有所减小，但是，在这 11 个州中，有 5 个州的人均收入相对于美国其他州有所增加，6 个州的人均收入相对于美国其他州有所减少。虽然这 11 个州无一例外，在美国 50 个州竞争力较量中都成了输家，但其中 6 个州在州内生产总值增长方面比在人口增长方面输得更惨；而另外 5 个州则正好相反，在人口增长方面比在州内生产总值增长方面输得更惨。

我们的批评者们指出了从 1960 年起先后开征所得税的 11 个州几乎有一半实现了人均收入增长（即相对于美国其他州的人均收入）这一事实，并且把它作为证明征收所得税不会对州富裕水平产生重大影响的正面证据来援引。对于这一点，我们比他们清楚，但总体而言，这些州都是输家！

只是为了看清这些所谓的专家到底能走多远，我们来看看美国中央俄克拉何马大学商学院（University of Central Oklahoma's College of Business）院长米基·赫普纳（Mickey Hepner）教授在与拉弗博士的辩论中所说的以下这一段话：

> 现在，我坦率地告诉你，作为经济学者，我从来没有听到一个经济学者说平均收入不是衡量一个州的福利水平的可行或者有效指标。不过，我仅在几分钟前听到了，我为此感到震惊，简直就要晕倒了。[2]

当然，赫普纳教授"感到震惊甚至要晕倒"的原因，只不过是他听到了人口和收入也能够在各州之间流动的观点而感到难受。有时，低绩效州排斥人口的速度快于排斥收入的速度，但人均收入仍会上涨；有时，低绩效州排斥收入的速度比排斥人口的速度快，于是，人均收入就会减少。无论在哪种情况下，一个简单的事实就是，出现这两种情况的州都是低绩效州。

俄亥俄州

本书的一位作者（拉弗，Laffer）是一个地地道道的俄亥俄州人，他的祖上从 19 世纪初就来到北俄亥俄州安家落户。在他家最近一次去克利夫兰城（Cleveland）湖景镇（Lakeview）公墓祭扫时，他对自己从小生长于此的克利夫兰市进行了调研。今天，俄亥俄州（一般而言）和克利夫兰（具体来说）已经空心化，并且成了它们自己过去的影子。仅有的一些蓬勃发展的事业都是享受免税待遇的实体，比如克利夫兰医学中心（Cleveland Clinic）和克利夫兰州立大学（Cleveland State University）。在拉弗出生的扬斯敦（Youngstown），一项要求拆除废弃房屋并种树植草的城市法令，把扬斯敦这个昔日蒸蒸日上的钢城改造成了一个废弃的农场。

据说,前几年,扬斯敦的时任市长每每谈起流经扬斯敦的那条河流就会说:"马霍宁河是用来创造就业机会的,而不是用来养鱼的。"如今,就业机会和鱼都已经无影无踪。

就是为了考察在过去的20年或者差不多20年里俄亥俄州的绩效表现有多么糟糕,我们在表1.3中列示了迁入俄亥俄州的联邦纳税申报单减去留在俄亥俄州的联邦纳税申报单后的数量占两者之和的份额。俄亥俄州的情况由非常糟糕甚至又进一步恶化为更加糟糕。根据2009~2010年的税务档案,俄亥俄州排名倒数第二,仅高于密歇根州。

新泽西州的故事——一个浪费机会的生动例子

1965年,新泽西州既不课所得税又不征销售税,它曾经是全美发展最快的州之一,人们从各地来到新泽西州。最重要的是,新泽西州在1965年前后的财政状况非常好。后来,新泽西州在1966年开征了销售税,又在1976年开征了所得税。真是进展迅速!

2009年,乔恩·科尔辛(Jon Corzine)出任新泽西州州长,新泽西州于是度过了几个税收增加、福利扩张和监管过度的年头。新泽西州还课征全美税率第三高的财产税、税率第五高的个人所得税、一种税率非常高的公司税,而且税收结构累进度全美排名第三。新泽西州的居民成群结队离开新泽西州,而州财政预算赤字则越来越大。

如表1.3所示,我们计算了新泽西州联邦纳税申报单的净迁入量占联邦纳税申报单迁出量与迁入量之和的百分比。新泽西州在某种程度上一直在底部徘徊,最后在2009~2010年排名跌到了倒数第五。

税收收入减少

有些人每当听到高税率常常与预算赤字联系在一起,而低税率则意味着财政实力雄厚时,就会质疑说:"这怎么可能呢?"这个问题的唯一答案就是:我们不能靠失业者来平衡预算或者从离开我们所在州的人那里收到税收。高税率是一把双刃剑。当然,我们缴税越多,那么收入就越少。在这11个征收所得税的州中,每个州的州和地方税收入占美国其他39个州的州和地方税总收入的份额都有所减小。举例来说,密歇根州的这个份额从6.62%下跌到了3.57%。

表 1.3　联邦纳税申报单净迁入数占总数（迁入数加迁出数）的百分比（按从高到低的顺序排名）

92/93年	93/94年	94/95年	95/96年	96/97年	97/98年	98/99年	99/00年	00/01年	01/02年	02/03年	03/04年	04/05年	05/06年	06/07年	07/08年	08/09年	09/10年
ID	NV	NV	NV	NV	NV	NV	NV	NV	FL	NV	NV	AZ	AZ	SC	SC	TX	TX
NV	AZ	AZ	AZ	AZ	AZ	AZ	AZ	FL	NV	FL	FL	FL	NV	NC	NC	SC	DC
CO	ID	NC	NC	NC	NC	CO	GA	AZ	AZ	AZ	AZ	NV	TX	NV	TX	NC	CO
OR	GA	GA	GA	FL	FL	GA	FL	CO	OR	ME	DE	ID	NC	AZ	CO	CO	OK
AZ	NC	OR	OR	GA	GA	NC	CO	GA	ME	DE	NC	NC	GA	GA	OR	WY	LA
MT	CO	TN	TN	CO	CO	SC	NC	NC	DE	SC	ID	SC	SC	TN	AZ	DC	SC
WA	TN	ID	FL	OR	SC	FL	DE	DE	NC	ID	SC	TN	ID	TX	WA	OK	ND
GA	FL	CO	CO	SC	OR	DE	NH	NH	GA	OR	GA	DE	OR	ID	GA	OR	NC
UT	OR	FL	ID	WA	TX	NH	SC	OR	SC	VA	TN	OR	TN	OR	UT	LA	AK
NC	UT	MT	AR	TN	TN	SC	VA	WA	NH	GA	MT	GA	FL	UT	TN	TN	WV
TN	MT	AR	WA	ID	DE	TN	ME	ME	MD	TN	VA	AR	AL	WY	NV	WV	NM
FL	NM	WA	SC	DE	WA	ID	TN	TX	TX	NC	ME	WA	WA	CO	ID	AL	VA
AR	AR	UT	UT	UT	ID	OR	ID	SC	CO	MT	AR	MT	AR	WA	WY	AR	SD
NM	WA	NM	DE	TX	NH	TX	MN	VA	VA	NH	NM	AL	DE	MT	MT	GA	FL
AL	TX	DE	NH	NH	KY	VA	TX	ID	TN	NM	WA	TX	CO	DE	DE	DE	KY
DE	DE	MO	TX	AL	AL	WA	AR	MD	KY	KY	HI	NM	UT	AL	AL	UT	TN
TX	MS	SC	MO	MO	VA	MN	OR	TN	AR	AR	AL	KY	MT	LA	LA	NM	AZ
MN	KY	NH	MT	KY	AR	KY	VT	RI	HI	HI	KY	VA	NM	AR	AR	ND	DE
KY	AL	TX	NM	AR	MS	ME	RI	CA	WV	WV	TX	CO	WY	KY	KY	KY	AR
WV	MO	MS	KY	AR	OK	MO	CA	MN	TX	TX	MS	HI	OK	AR	SD	SD	OR
MO	SC	KY	MN	KY	MO	AR	MN	VT	RI	RI	SD	MO	KY	OK	WV	VA	AL
SC	SD	MN	MS	MS	KS	MS	VT	MO	MD	MD	NH	ME	MO	NM	OK	MT	WA
MS	NH	MS	OK	OK	MD	MD	MO	KY	MO	MO	MO	UT	HI	FL	DC	AK	GA
VA	VA	OK	AL	MN	VT	VT	KY	AR	WA	WA	WY	NH	WV	WV	MS	ID	MT
WI	MN	AL	VT	KS	CA	MA	AR	DC	AL	AL	OR	WV	VA	SD	NM	MO	UT
SD	WY	VT	VA	IN	MN	CA	DC	HI	VT	VT	MS	MS	DC	MO	VA	MA	MD
IN	OK	IN	IN	NM	MD	RI	HI	WI	AK	AK	OK	OK	SD	MS	IA	AK	NE
WY	IN	SD	WI	ME	MA	AL	AK	AK	MS	MS	SD	SD	NH	DC	MO	ID	HI
OK	WI	VT	NE	MA	ME	WI	MA	MA	OK	OK	MD	WY	AK	VA	HI	NV	MO

续表

92/93年	93/94年	94/95年	95/96年	96/97年	97/98年	98/99年	99/00年	00/01年	01/02年	02/03年	03/04年	04/05年	05/06年	06/07年	07/08年	08/09年	09/10年
AK	AK	OK	ME	MT	IN	DC	SD	MT	WI	PA	VT	DC	IN	MN	FL	IA	IA
NH	VT	WY	WV	MD	AK	OK	MA	UT	AL	WY	DC	MD	ME	NH	ND	KS	ID
VT	WV	MD	WY	AK	NM	KS	UT	AL	MN	WI	WI	IN	MN	IN	KS	NE	KS
KS	MD	MV	MD	WI	MT	IN	WY	OK	CT	CO	OK	VT	PA	PA	IN	MS	MS
HI	KS	KS	SD	NE	WY	UT	DC	SD	MS	SD	PA	AK	VT	AK	ME	PA	VT
MD	NE	ME	MA	CA	WI	AK	NM	WY	PA	IN	LA	PA	IA	KS	NH	MD	PA
NE	HI	MI	MI	WY	WV	SD	KS	IN	UT	CT	ND	WI	MD	IA	AK	FL	MA
ND	LA	ND	AK	WV	RI	WV	OK	MS	DC	MN	UT	MN	IA	IA	PA	IN	NV
IA	ND	IA	ND	LA	LA	OK	MS	KS	KS	LA	IN	IA	KS	HI	MN	HI	WY
PA	ME	KS	LA	DC	DC	CT	NM	NM	SD	DC	LA	NE	NE	WI	NE	CA	CA
ME	PA	LA	PA	NE	NE	MT	AK	MT	IN	NE	NE	MS	MS	VT	MA	VT	IN
OH	IA	OH	IA	IA	IA	AK	WV	AK	DC	MN	MN	ND	ND	MD	WI	NH	NH
LA	MA	MA	LA	OH	SD	CT	NJ	NJ	KS	CA	IA	IL	IL	IL	MD	MN	CT
IL	OH	AK	IL	OH	OH	NJ	MI	WV	NJ	KS	NE	MA	MA	NE	IL	WI	RI
NJ	NJ	OH	HI	NJ	NJ	MI	PA	PA	LA	QT	KS	CA	CT	MA	CA	IL	ME
DC	IL	PA	NJ	HI	CT	IA	HI	MI	NE	ND	CT	CT	OH	CT	VT	ME	MN
RI	MI	NJ	MI	NJ	OH	OH	OH	NE	MI	IA	IL	NJ	NJ	NE	CT	CT	NJ
MA	DC	IL	RI	CT	PA	LA	IL	OH	OH	NJ	OH	OH	OH	CA	CT	NY	NY
MI	CT	CT	DC	IL	MI	LA	IA	IL	IA	OH	NJ	RI	RI	OH	NY	NJ	NJ
CT	GA	RI	IL	DC	HI	IL	IL	IA	MI	IL	IL	CA	CA	RI	RI	RI	IL
NY	NY	DC	PA	PA	IL	ND	ND	ND	IL	MI	MI	MA	NY	NJ	OH	OH	OH
CA	NY	CA	CA	CA	NY	ND	NY	NY	IL	MA	MA	MI	MI	NY	MI	MI	MI
										NY	NY	NY	LA	MI	MI	MI	MI

表中列示的两个字母是美国50个州州名的英文缩写。它们的中译名分别是：内华达州(NV)；马里兰州(MD)；犹他州(UT)；亚拉巴马州(AL)；亚利桑那州(AZ)；内布拉斯加州(NE)；得克萨斯州(TX)；明尼苏达州(MN)；爱达荷州(ID)；肯塔基州(KY)；塔萨斯州(KS)；乔治亚州(GA)；印第安纳州(IN)；佛罗里达州(FL)；密苏里州(MO)；科罗拉多州(CO)；威斯康星州(WI)；怀俄明州(WY)；艾奥瓦州(IA)；南卡罗来纳州(SC)；密西西比州(MS)；华盛顿州(WA)；新罕布什尔州(NH)；新泽西州(AK)；特拉华州(DE)；康涅狄格州(CT)；新墨西哥州(NM)；马萨诸塞州(MA)；弗吉尼亚州(VA)；夏夕法尼亚州(PA)；夏威夷州(HI)；伊利诺斯州(IL)；田纳西州(TN)；西弗吉尼亚州(WV)；俄勒冈州(OR)；缅因州(ME)；蒙大拿州(MT)；路易斯安那州(LA)；南达科他州(SD)；纽约州(NY)；北达科他州(ND)；佛蒙特州(VT)；俄克拉何马州(OK)；俄亥俄州(OH)；加利福尼亚州(CA)；密歇根州(MI)；阿肯色州(AR)；罗得岛州(RI)。——译者注

资料来源：Internal Revenue Service, Laffer Associates.

从这11个州的经历中可以总结出一个令人神往的规律,那就是,州内生产总值相对于其他39个州的降幅无一例外地全大于它们的税收收入相对于其他39个州税收总收入的降幅。高税收会扼杀繁荣,而且常常不能创造更多的税收收入。

有一条把税率和税收收入联系在一起的曲线。我们可以推断,根据这条曲线,所得税开征的时间越长,所得相对于无须纳税而言减幅就会越大;于是,税率就越有可能提高,从而导致税收收入相对于不提高税率而言趋于减少。无论是所得还是税收收入对税率变动的敏感性,都取决于州民能够找到替代他们之前行动的可行方案的难易程度和成本。

一个州不征税,就不能提供公共服务;但这一显而易见的事实并不就意味着,税率越高,公共服务供给就越多。请读者略作思考。如果零税意味着公共服务零供给,那么,100%的税率会导致什么样的公共服务供给?零供给!我们干脆把这个问题说透,在当今世界上,如果有充分的时间,那么提高税率绝对会削弱州政府供给高质量公共服务的能力。

关于税收收入和公共服务供给减少的花言巧语

就如我们在上文所指出的那样,虽然很多州在征收所得税后都遭遇了主要经济绩效指标下滑的经历,但课征所得税还有其他一些理由。很多人讲述了经济增长与生活质量之间的消长关系。无论在哪里,只要征收所得税,就会导致经济增长速度放慢,但如果州民因为公共服务供给增加而提高了生活质量,那么也是值得的。这就是用来说服州民相信他们将得益于所得税的所谓道理,读者也几乎绝不可能找到没有明确资金用途的增税拉票行动。

像下面这样的增税理由是说得通的:开征所得税,可能会导致增长速度减慢,但能增加州和地方的税收,从而允许最贴近民众的政府下属机构提供民众希望和需要的补充服务。这样,关心增长的民众也许不喜欢所得税,但希望提高生活质量的民众可能会很重视一个资金用于修建学校、公路和医院,加强治安以及增加最弱势群体收入补助等的新收入来源。我们还想引用米基·赫普纳院长在俄克拉何马州商会举行的一次辩论会上为反对降低所得税率而说的那番话,来说明这个增税理由:

可是,我们还可以削减政府支出,这就是本人关心的一个问题。作为一名教育者,我知道,对于我们的事业真正重要的是,我们培养劳动力的能力,以及提供企业需要的必要服务的能力。我难以想象一个成功的经济体中充斥着没有受过教育、身体不健康的劳动者,他们常常不得不驾车在尘土飞扬、罪犯出没的公路上行驶。[3]

赫普纳院长的这番话反映了一种权衡经济增长与生活质量的心态。但是，他的这番话既滑稽可笑又错误百出，而且是大错特错。提高税率并不能增加和改善公共服务，而只会导致贫穷，从而导致福利支出增加。

税收收入消失的案例

在深入考察这11个州为提供公共服务而采取的措施之前，有必要先粗略地看看在开征个人所得税后这些州所面临的财政约束的变化情况。有一点非常清楚，那就是，这些州在开征州个人所得税以后，无一例外地做出了大幅增加税收收入的规划，甚至达到了难以实现的地步。这些州都预期财政约束会显著减轻，却都没能如愿以偿。有一点它们都没有预见到，那就是如何才能减轻财政约束。就财政约束有所减轻而言，这主要是因为人口和公共服务供给减少，而不是税收收入增加。

开征所得税的第一个预期效应就是绝对和人均税收收入的同比例增加，而不是其他任何什么变化。在没有采取供给侧应对措施的情况下，收入保持不变，政府要多征所得税，那么只有私人部门少留收入，而且只能是这样。政府多征所得税，就意味着财政压力的减轻有了保证。大多数政客——但只有个别经济学者——就在这里停止了自己的分析。

无论如何，我们都应该明白，增税的故事并不就止于静态的税收收入增长。有些人和企业会对税率的提高做出反应，他们会为了减轻自己的税负而迁往税率较低的行政管辖区或者改变自己的所得构成，或者为了改变自己的税负而改变收入的获取时间；还有一些人会改变自己的收入金额。一旦开征所得税，各方面都会开始行动起来，而且都是为了一个共同的目标，那就是减轻因新近提高税率而加重的静态税负。事情就这么简单。

现在来谈谈所得税会造成的经济后果。所有这些策略和行为最终会导致人口、劳动力参与率、就业率、产出、收入分配和税收收入全部发生变化。所有这些在全美背景下发生的变化也完全会在一个州相对于其他州的背景下发生。让我们把康涅狄格这个最晚开征所得税的州作为例子来考察。

康涅狄格州

1991年，在洛厄尔·P. 小威克（Lowell P. Weiker Jr.）州长治下，康涅狄

州开始征收一种最高税率定为1.5%的所得税。现在,最高税率维持在6.7%上。到了2012年,康涅狄格州的人口从所得税开征前5年平均占其他39个州总人口的1.81%减少到了最近一年的1.49%。按百分比计,康涅狄格州的人口减少了18%。而康涅狄格州的税收收入也从占其他39个州的州和地方税总收入的2.35%下降到了2011年的2.25%,或者说减少了4%。[4]

与其他10个征收所得税的州一样,康涅狄格州也有大量的州民迁往其他州去居住。这些外迁的州民离开康涅狄格州,是为了用康涅狄格州更高的福利和非福利公共服务投入许诺来换取在其他州能够进行的自我保护。康涅狄格州的外迁州民逃离康涅狄格州,也是为了享用自己无须缴纳州所得税的税后收入。如果"显示偏好"(revealed preference)能够说明什么问题的话,那么就是与康涅狄格州的税收和公共服务供给相比,这些离乡背井的康涅狄格人更喜欢他们新居所在州的税收和公共服务供给。

就如我们在前文介绍俄亥俄州和新泽西州以及表1.3所示的那样,我们计算了康涅狄格州的联邦纳税申报单净迁入量占其迁入量与迁出量总和的比例。在开征所得税以后的年份里,康涅狄格州有大量的联邦纳税申报单外迁。在2000~2001年间,情况稍有好转,而后又再度恶化,迁出量自从未跻身前20位变成常常排名在前10之列。

此外,当康涅狄格州人口占全美人口的份额不断下降时,其他州人口占全美人口的份额应该是在上涨。康涅狄格州外迁居民最终定居的地方,也同样是他们带去收入和技能的地方。这些出走的居民也会对他们的目的地产生相应的影响,就像他们离开康涅狄格州会对后者产生影响一样。在这个案例中,"对雌鹅不利的东西却有利于雄鹅"。

在表1.3中,我们列示了用从美国国内税收署可获得的美国50个州和华盛顿特区有关年份的数据计算的某个给定州联邦纳税申报单净迁入量占同一州迁入和迁出总量的份额。我们按照净迁入量占迁入和迁出总量的份额,从高到低对每一栏进行排序,从而显示出考察期内各州联邦纳税申报单迁出和迁入的方向及规模。我们还用不同的曲线来表示康涅狄格州、俄亥俄州和新泽西州纳税申报单在考察期内的年度迁移情况,目的只是为了表明,这3个州由于州民用脚投票,每年要流失多少联邦纳税申报单。读者应该扩大观察的视野,以便发现在联邦纳税申报单流失方面比这3个州更加严重的3个州。

赌注已下,但这场赌局导致全美50州之间激烈竞争。关于这场赌局,我们能够发现一个好的地方,那就是只要州民能够自由选择,这场竞争就有益于所有参与者境况的改善。但康涅狄格州与俄亥俄州和新泽西州一样,都是这场竞争的大输家。

这11个征收所得税的州相对人口外流导致了迁出地州的政治变革,因为迁出地州要解决由州民外迁引发的经济挑战。州民离开课征所得税的州以后,经济可能会有所好转,因为他们不用再缴纳原所在州的所得税。但遗憾的是,他们无法继续在原所在州投票选举,因而抛弃那些仍苦受政治过程异常之难的州民不管。假设那些离开征收所得税的州的州民通常比仍留在那里不走的州民更加反对课征所得税,现在他们外迁以后,那些主张增税的政客可能会变得更加大胆。只要人口减少快于税收收入的减少,留下没走——实际投票选举——的州民的人均税收收入增加,那么民选官员就有更大的动机继续采取这种反社会行为。这就是所谓的"政治掠夺",但是,这种政治掠夺不可能永久存在下去,而是很快就会沦落为一种"逐底竞争"。太多的政客就像是饿狼,只有在狼吞虎咽地吃完了食物(税基)后才肯罢休。用纽约市市长迈克尔·布洛姆博格(Michael Bloomberg)的话来说:

> 与市场决定的为聘用、留用雇员和利用他们的经验所必需的钱相比,一个城市花在雇员工资和福利上的钱越多,那么这个城市能用在全体居民身上的钱就越少。
>
> 这个城市用在全体市民福利上的钱越少,那么就越不是一个具有吸引力的居住和观光城市。突然间,我刚才提到的良性循环戛然而止——或者开始恶化,逆向而行。[5]

如果要对过去50多年征收所得税的全部11个州的结果进行总结的话,我们只能说,这11个州各自相对于其他39个州的税收收入和州内生产总值都无一例外地有所下降,税负都有所增加,而经济绩效则都有所下滑。

得不偿失——代价昂贵的增税如何导致改善公共服务供给失败

由于我们要讨论这11个州打算通过开征反增长的所得税能改善多少公共服务,因此,我们将采用两个概念不同的评价公共服务供给是否成功的指标。如果可能的话,我们就采用外部客观指标来评价这11个州的公共服务供给水平与供给水平变化;而在缺乏外部客观指标的情况下,我们就采用作用明显逊色的投入——每万居民雇用全职雇员当量(full-time equivalent employee。以下为简便起见,统一译成"全职雇员"。——译者注)——增长替代指标。

征收所得税的11个州取得的教育成果

美国教育部通过在各州组织统一的多科目测试来评价各州的中小学教育质量,并且每年都组织这样的统一测试。就如我们将要注意到的那样,这些数据曾经过多次修正和删减。小学统一测试分为阅读和数学两部分。在表1.4中,我们列示了这11个州距离开征所得税日期最近的那次统一测试成绩在全国的排名。读者可以自己评判,从教育的角度看,这些州课征所得税是否值得。

表1.4　全美教育水平测试成绩ᵃ(按照从进步最快到最慢的顺序排名)

四年级阅读测试	1992年与全美平均成绩的比值	2013年与全美平均成绩的比值	变动幅度(%)
康涅狄格州	1.03	1.04	0.85
俄亥俄州	1.01	1.01	0.27
罗得岛州	1.01	1.01	0.13
宾夕法尼亚州	1.03	1.03	-0.13
新泽西州	1.04	1.04	-0.14
印第安纳州	1.03	1.02	-0.81
内布拉斯加州	1.03	1.01	-1.73
密歇根州	1.01	0.99	-2.05
西弗吉尼亚州	1.00	0.97	-3.04
缅因州	1.06	1.02	-3.05
伊利诺伊州ᵇ	无	0.99	无
四年级数学测试	**1992年与全美平均成绩的比值**	**2013年与全美平均成绩的比值**	**变动幅度(%)**
印第安纳州	1.01	1.03	1.93
俄亥俄州	1.00	1.02	1.75
罗得岛州	0.99	1.00	1.55
西弗吉尼亚州	0.98	0.98	-0.03
宾夕法尼亚州	1.03	1.01	-1.41
新泽西州	1.04	1.02	-1.50
内布拉斯加州	1.03	1.01	-2.20
密歇根州	1.01	0.98	-2.39
康涅狄格州	1.04	1.01	-2.72
缅因州	1.06	1.02	-3.81
伊利诺伊州ᵇ	无	0.99	无

续表

八年级数学测试	1990年与全美平均成绩的比值	2013年与全美平均成绩的比值	变动幅度(%)
新泽西州	1.03	1.04	1.32
俄亥俄州	1.01	1.02	1.22
伊利诺伊州	1.00	1.00	0.91
罗得岛州	0.99	1.00	0.82
宾夕法尼亚州	1.02	1.02	0.35
印第安纳州	1.02	1.01	−0.63
西弗吉尼亚州	0.98	0.97	−1.03
密歇根州	1.01	0.99	−2.22
康涅狄格州	1.03	1.01	−2.45
缅因州[c]	1.04	1.02	−2.49
内布拉斯加州	1.05	1.01	−4.57

a. 虽然全美教育水平测试在美国经常并广泛进行,但这是最近的一次测试。由于这个原因,我们无法找到早于1990年的数据。我们之所以选择这些年级(四年级和八年级)和科目(阅读和数学),是因为我们能够获得大量有关这些年级和科目测试成绩的数据。

b. 根据美国教育部的说法,伊利诺伊州1992年全美教育水平测试四年级数学和阅读的成绩已经"找不到了"。

c. 按照美国教育部的说法,1990年全美教育水平测试八年级数学成绩的数据已经"找不到了"。我们用缅因州1992年(距离1990年最近的尚有数据的年份)占全美分数的比值取代。

资料来源:U. S. Department of Education National Assessment of Educational Progress, Laffer Associates.

在10个过去50多年里课征所得税、我们掌握相关数据(我们没有找到伊利诺伊州四年级阅读和四年级数学测试数据)的州当中,3个州四年级阅读测试成绩排名略有提升,4个州略有下降,另外3个州下跌2%以上。对此没有什么可多说的,样本中的学生几乎没有得益于所得税的开征,因为成绩普遍下滑,而不是改善。

至于四年级数学测试成绩,3个州有所提高,7个州有所下降。在四年级数学成绩下降的这7个州中,有4个州在开征所得税以后四年级学生的数学测试成绩几乎立即大跌,这简直就是"低能化"。

八年级的数学测试成绩丝毫不比四年级数学和阅读的测试成绩好:在11个州中,7个州的成绩相对于全国平均成绩有所下降,降幅最大的是内布拉斯加州,达到4.57%! 11个州中,有5个州的排名有所上升,其中,新泽西州升幅最大,达到1.3%。这些也没有什么可多说的。

就如读者能从全美教育水平测试成绩数据中轻而易举看到的那样,如果有什么区别的话,那些征收所得税的州的学生在征税以后学习成绩就变得越来越差。无论具体细节如何,学生的测试成绩肯定是没有好转。从教育的角度看,征收所得税也是一出败招。

医疗卫生服务

我们要考察的下一类公共服务是医疗卫生人员提供的公共服务。由于我们没能找到逐州评价医疗卫生服务质量的合意客观指标,因此开发了一种衡量医疗卫生公共服务投入的指标,即每万居民的全职医疗卫生人员雇用数量。

让我们来仔细考察这11个州在课征所得税前和现在相对于全国水平每万居民雇用的医疗卫生人员人数。在表1.5中,我们列示了这11个州在课征所得税前和现在每万居民雇用的医疗卫生人员人数。这11个州在征收所得税后,只有4个州实际为每万居民雇用了多于全国水平的医疗卫生人员;而有7个州雇用了少于全国水平的医疗卫生人员,在这7个州中,有4个州的雇用医疗卫生人员数大幅低于全国总体水平。在医疗卫生服务方面,新开征所得税的州再次辜负了它们的选民。

表1.5　　每万居民雇用医疗卫生人员人数(按增幅大小顺序排名)

州名	所得税开征年份	开征当年与全国水平的比值	2011年与全国水平的比值	增幅(%)
俄亥俄	1972	0.72	0.90	23.9
内布拉斯加	1968	0.98	1.19	21.6
印第安纳	1963	1.00	1.08	8.5
西弗吉尼亚	1961	0.76	0.76	0.7
新泽西	1976	0.75	0.71	-4.6
密歇根	1967	1.07	0.91	-15.7
康涅狄格	1991	0.88	0.72	-17.7
缅因	1969	0.59	0.41	-31.2
伊利诺伊	1969	0.88	0.55	-37.5
宾夕法尼亚	1971	0.71	0.34	-51.4
罗得岛	1971	0.84	0.39	-53.9

资料来源:U. S. Census Bureau, Laffer Associates.

安保

美国联邦调查局有关暴力犯罪(见表1.6)和财产犯罪(见表1.7)的官方指标并没有显示,征收所得税的州在犯罪排名方面的任何系统性变化。在暴力犯罪率方面(再说一遍,所有这些指标值都是相对于全美总体水平的比值),课征所得税的11个州中只有3个州做到了降低自己的暴力犯罪率,而其他8个州的暴力犯罪率都有所上升。至于财产犯罪率,这11个州中有4个州有所下降,1个州(伊利诺伊)保持不变,而另外6个州则有所上升。由此可见,课征所得税使得这些州的犯罪率不降反升。

表1.6　暴力犯罪率排名(按照犯罪率下降幅度从大到小的顺序排列)

州名	所得税开征年份	开征年州犯罪率对全美的比值	2012年对全美的比值	变动幅度(%)
密歇根	1967	1.54	1.17	−24
伊利诺伊	1969	1.36	1.07	−21
新泽西	1976	0.85	0.75	−12
康涅狄格	1991	0.71	0.73	3
俄亥俄	1972	0.75	0.77	4
罗得岛	1971	0.56	0.65	16
宾夕法尼亚	1971	0.68	0.90	33
内布拉斯加	1968	0.49	0.67	37
缅因	1969	0.23	0.32	39
印第安纳	1963	0.61	0.89	46
西弗吉尼亚	1961	0.40	0.82	105

资料来源:FBI Uniform Crime Reporting Statistics,Laffer Associates.

表1.7　财产犯罪率排名(按照犯罪率下降幅度从大到小的顺序排列)

州名	所得税开征年份	开征年州犯罪率对全美的比值	2012年对全美的比值	变动幅度(%)
密歇根	1967	1.34	0.89	−34
新泽西	1976	1.04	0.72	−31
罗得岛	1971	1.22	0.90	−26
康涅狄格	1991	0.94	0.75	−20
伊利诺伊	1969	0.90	0.90	0

续表

州名	所得税开征年份	开征年州犯罪率对全美的比值	2012年对全美的比值	变动幅度（%）
印第安纳	1963	0.97	1.06	9
俄亥俄	1972	0.88	1.09	24
宾夕法尼亚	1971	0.61	0.76	24
内布拉斯加	1968	0.74	0.96	31
缅因	1969	0.56	0.88	58
西弗吉尼亚	1961	0.34	0.83	141

资料来源：FBI Uniform Crime Reporting Statistics, Laffer Associates.

福利

就相对于全美总体水平的贫困状况而言，在11个课征所得税的州中，只有3个州实际显示了州贫困率的下降（见表1.8）；其他8个州的贫困率都有所上涨，而这8个州中有4个州的贫困率大幅度上涨。

表1.8　11个所得税征收州贫困率排名（按照改善程度从高到低的顺序排列）

州名	所得税开征年份	开征年或前一年贫困率对全美的比值			2012年的比值	
		1959年	1969年	1991年	2012年	变动幅度（%）
西弗吉尼亚	1961	1.57			1.12	−29
内布拉斯加	1968	1.01			0.82	−19
缅因	1969		1.01		0.86	−14
新泽西	1976		0.60		0.62	5
罗得岛	1971		0.81		0.91	13
伊利诺伊	1969		0.75		0.84	13
康涅狄格	1991			0.60	0.69	14
宾夕法尼亚	1971		0.78		0.93	19
密歇根	1967	0.72			0.91	27
印第安纳	1963	0.79			1.01	28
俄亥俄	1972	0.73			1.03	41

资料来源：U. S. Census Bureau, Laffer Associates.

如果我们的一个生活质量评价指标是任何一个文明人的贫困程度的下降，那么官方贫困评价指标是不利于征收州所得税的。在州所得税对产出、就业和税收收入的影响既定的情况下,我们真的不应该为这个结果感到惊讶。有谁听说过哪个州是靠征税致富的?到目前为止,我们只听说过征税会导致贫穷。

公路

我们把公路作为一个主要考察项目,并且采用里森基金会(Reason Foundation)根据其关于这 11 个州各州公路系统绩效年报进行的全美 50 州绩效排名,来考察这 11 个州的公路变化状况(见表 1.9)。

表 1.9　州公路系统绩效排名比较(按照总绩效改善程度从大到小的顺序排列)

州名	1984 年排名	1990 年排名	2009 年排名	从 1984 年或 1990 年到 2009 年的排名变化
密歇根	44		30	↑14
俄亥俄	31		25	↑6
伊利诺伊	38		34	↑4
新泽西	50		46	↑4
康涅狄格		46	44	↑2
罗得岛	46		49	↓3
内布拉斯加	2		6	↓4
西弗吉尼亚	26		32	↓6
印第安纳	13		22	↓9
宾夕法尼亚	28		39	↓11
缅因	12		29	↓17

资料来源:Reason Foundation Annual Highway Report.

就像命中注定的那样,在这 11 个州中,有 5 个州的相对排名有所提升,而其他 6 个州的排名则有所下降。更糟糕的是,这 6 个排名下降州的名次下降程度分别要比 5 个排名提升州的名次提升程度高。

从以上所有数据中很难看到课征州所得税能够改善公共服务供给。事实上,从以上所有的数据中很难看到任何方面的改进。课征州所得税导致:(1)人口外流;(2)收入外流;(3)税收减少;(4)贫困加剧;(5)公共服务减少或者质量下降。我们想说谢谢,但不是感谢所得税。

注释：

［1］由于数据公布滞后，我们采用了2011年前的州和地方税收入数据。

［2］米基·赫普纳是中央俄克拉何马大学商学院院长。这段话引自赫普纳院长2012年5月9日在俄克拉何马州议会"税收政策论坛"上发表的讲话。这个论坛就是作为赫普纳院长和阿瑟·拉弗博士之间的一次辩论会而举行的。这次辩论的内容可以以下网址下载：http://youtu.be/uMnKdMHxYTU。

［3］请参阅注释［2］。

［4］表1.1中的数字都是经过四舍五入的数字。在文中，为了尽可能精确，我们采用未经四舍五入的数字计算得出百分比变动数值。

［5］这段话引自纽约市市长迈克尔·布洛姆博格在2013年8月6日对一纽约市民团体发表的讲话。全文可从以下网站下载：www.nyc.gov./portal/site/nycgov/menuittem.c0935b9a57bb4f3daf2f1c701c789a0/index.jsp？ pageID＝mayor_press_release＆catID＝1194＆doc_name＝http％3A％2F％2Fwww.nyc.gov％2Fhtml％2Fom％2Fhtml％2F2013b％2Fpr269-13.html＆cc＝unused1978＆rc＝1194＆ndi＝1。

第二章

经济评价指标

> 在没有先验假设的条件下,之所以不能有意义地收集数据,原因仅在于数据太多。
>
> ——菲利普·鲍尔,《好奇心》

本章就其性质而言是描述性的,并且对全美 50 个州按照不同的指标进行多种排名。在本章第一节,我们根据诸如 10 年间人口、劳动力、就业和产出增长这样的主要经济指标对各州进行排名;在第二节,我们根据 10 年财政绩效这个指标来对各州进行排名。

由于我们通常认为每件事的发生都有它的原因,而造成我们现在所讨论问题的主要原因就是各州之间的经济政策差别,因此,我们在本章第三节还根据 ALEC—拉弗评价指标以及我们认为最重要的州和地方政策变量,来对全美各州进行排名。在所有这些排名中,当然也包括根据税收基金会(Tax Foundation)的总税负指标进行的排名。

在最后一节里,我们将根据从 1992～1993 纳税/申报年度到 2009～2010 纳税/申报年度各州的联邦纳税申报单年度净迁移量以及美国国内税收署报告的 1992～2011 年调整后的州内生产总值对各州进行排名。

本章虽然就其本质而言是描述性的,但在每一节还是对各州的相关绩效进行了多方面的考察。

主要经济指标

我们先从人口的角度来考察各州的经济绩效表现,然后从人口过渡到劳动力,再从劳动力过渡到就业,最后再从就业过渡到产出。对于每个经济绩效评价指标,我们都采用最近一个10年期的百分比变动来考量。各州的经济有可能表现出巨大的变异。我们都十分清楚,有很多因素会影响一州经济的健康状况,但我们认为,位于影响因素清单最高端的是州和地方的经济政策,它们会对一个州的绩效表现产生巨大的影响。[1]

州和地方政府能够制定吸引或者阻止州际移民的政策,它们制定的政策也能够影响这些地区有多少居民选择加入劳动力、有多少劳动力实际找到工作。州和地方政府制定的政策还能影响一个州有哪些类型的工作以及这些工作的生产效率。上述这个过程始于人口、止于总产出,而州和地方政府制定的政策会影响这个过程中的每一个环节。

州和地方政府的政策不仅仅是这个始于人口、止于总产出的过程的影响因素。事实上,州政府的政策并不总是组织劳动力、资本和技术创造产出这个过程的最重要影响因素。举例来说,在过去的10年里,北达科他州、怀俄明州和阿拉斯加州实现了全美50个州幅度最大的总产出增长。这在很大程度上是因为这几个州近些年油田得到了开发,还因为这3个州的经济基数很小,所以,任何给定量的石油产值都会反映为总产出较大百分比的增长。

当涉及石油、煤炭和其他采掘业的产值时,我们应该仔细确定,有多少增加值是州和地方政府推行正确政策的结果,而有多少增加值只不过来源于地下矿床区位优势而已。即使考虑到超级效应研究方面的最新发展,在我们看来,如果说北达科他州或者其他州的州长和议会能够让他们州的煤炭和石油旧矿起死回生,那简直就是胡言乱语。在米基·赫普纳院长看来,政客们的远见卓识可真是了不起。不管怎样,即便是石油开发,州政府的政策也很重要;而且,州政府推行不同的政策可被合理地认为会对州经济绩效产生明显不同的影响。

在表2.1中,我们列示了全美50个州在过去10年里执行各项客观指标的结果。第一栏按照增速从快到慢的顺序对50个州的人口增长进行排名;第二栏按照从大到小的顺序对50个州的劳动力参与率10年变动幅度进行了排序。

表 2.1　2002~2012 年全美 50 州各指标绩效变化百分比排序

2002~2012 年　　　　　　　　　　　　　　　　　　　　　　　　　　　　　　　　　　　2012 年 12 月

单位:%

第一栏	第二栏	第三栏	第四栏	第五栏	第六栏	第七栏	第八栏	第九栏
人口	劳动力参与率	劳动力	就业率	就业人数	生产率[a]	州内生产总值	人均州内生产总值	失业率
1 NV 26.9	1 ND 0.9	1 NV 21.9	1 ND 0.4	1 TX 16.1	1 ND 97.7	1 ND 125.1	1 ND 105.4	1 ND 3.2
2 UT 22.8	2 RI −0.8	2 TX 16.6	2 AK 0.1	2 NV 15.0	2 WY 78.0	2 WY 99.5	2 WY 73.0	2 NE 3.8
3 AZ 21.4	3 NJ −1.4	3 FL 15.3	3 UT 0.0	3 UT 14.6	3 LA 69.7	3 AK 79.5	3 LA 70.8	3 SD 4.3
4 TX 20.1	4 KY −1.5	4 UT 14.5	4 NE −0.2	4 ND 13.9	4 AK 60.7	4 TX 78.5	4 AK 57.6	4 WY 4.9
5 ID 19.1	5 PA −1.8	5 WY 13.5	5 OK −0.4	5 WY 12.1	5 MT 58.7	5 UT 74.9	5 MT 54.2	5 VT 4.9
6 NC 17.1	6 NE −1.9	6 ND 13.4	6 TX −0.4	6 FL 11.7	6 OR 58.1	6 LA 74.8	6 WV 51.6	6 IA 5.0
7 GA 16.6	7 LA −1.9	7 AZ 13.3	7 LA −0.6	7 AK 11.7	7 WV 56.5	7 MT 70.0	7 NE 51.1	7 OK 5.1
8 FL 15.7	8 IL −2.1	8 ID 13.2	8 KS −0.6	8 ID 11.2	8 IA 56.1	8 OF 66.2	8 OR 49.7	8 HI 5.1
9 CO 15.5	9 CT −2.1	9 VA 12.4	9 WA −0.9	9 WA 11.1	9 HI 54.1	9 OK 62.9	9 OK 49.0	9 NM 5.4
10 WY 15.3	10 NY −2.4	10 CO 12.3	10 VT −1.0	10 AZ 10.6	10 TX 53.8	10 NE 62.2	10 TX 48.6	10 UT 5.4
11 SC 15.0	11 KS −2.6	11 NC 12.2	11 NH −1.0	11 VA 10.4	11 OK 52.8	11 HI 61.8	11 IA 47.6	11 KS 5.5
12 WA 14.0	12 MD −2.6	12 WA 12.1	12 SD −1.1	12 CO 9.5	12 UT 52.6	12 NV 61.4	12 HI 44.1	12 LA 5.6
13 AK 13.9	13 VT −2.6	13 SC 11.6	13 NM −1.2	13 NC 8.8	13 NE 52.4	13 WA 58.5	13 NY 43.4	13 VA 5.6
14 DE 13.8	14 ME −2.6	14 AK 11.5	14 OR −1.2	14 SC 7.9	14 IN 48.9	14 WV 55.8	14 KS 42.5	14 MT 5.7
15 NM 12.4	15 WV −2.9	15 GA 10.6	15 WY −1.3	15 MT 7.1	15 DE 47.0	15 IA 54.6	15 UT 42.4	15 NH 5.7
16 VA 12.3	16 VA −3.0	16 MD 9.1	16 IA −1.3	16 OK 6.7	16 MS 46.4	16 ID 54.4	16 MD 42.1	16 TX 6.2
17 HI 12.3	17 FL −3.1	17 MT 8.8	17 NM −1.4	17 MD 6.5	17 AL 46.3	17 SD 53.8	17 SD 40.3	17 ID 6.3
18 TN 11.4	18 WY −3.3	18 TN 8.6	18 WV −1.5	18 NE 6.5	18 KS 45.9	18 MD 53.7	18 MS 39.8	18 NM 6.6
19 OR 11.0	19 OK −3.3	19 NM 7.4	19 MA −1.5	19 SD 5.9	19 NY 45.8	19 VA 53.3	19 WA 39.1	19 MO 6.6
20 MT 10.3	20 AR −3.3	20 SD 7.1	20 OH −1.5	20 NM 5.8	20 SD 45.2	Avg.[b] 51.7	Avg.[b] 38.8	20 AK 6.6
21 SD 9.6	21 SD −3.4	21 OK 7.1	21 MT −1.6	21 GA 5.7				21 MD 6.7

续表

第一栏	第二栏	第三栏	第四栏	第五栏	第六栏	第七栏	第八栏	第九栏
人口	劳动力参与率	劳动力	就业率	就业人数	生产率[a]	州内生产总值	人均州内生产总值	失业率
			2002~2012年					2012年12月
22 ND 9.6	22 MT −3.9	22 HI 7.0	22 WI −1.7	22 TN 5.5	Avg.[b] 44.8	20 KS 51.6	20 VT 36.9	22 MA 6.7
23 OK 9.3	23 TN −3.9	Avg.[b] 6.9	23 ID −1.7	23 OR 5.1	21 MD 44.4	21 DE 51.1	21. PA 36.9	23 WI 6.7
Avg.[b] 9.3	24 MS −4.1		24 VA −1.8	24 HI 5.0	22 MN 43.5	22 NC 50.9	22 VA 36.4	24 OH 6.7
	25 WA −4.1		25 MO −1.8		23 WA 42.6	23 AZ 50.7	23 MN 36.4	25 AL 6.8
24 CA 9.1	26 CO −4.1	23 NE 6.7	26 HI −1.9	Avg.[b] 4.6	24 NM 41.9	24 NM 50.2	24 AL 36.2	Avg.[b] 7.0
25 AR 9.0	27 NH −4.2	24 CA 6.6	27 AL −2.0		25 AR 41.5	25 AR 47.7	25 IL 35.9	26 DE 7.1
26 MD 8.2	Avg.[b] −4.5	25 AR 6.6	28 AR −2.1	25 AR 4.4	26 CA 41.1	26 CO 46.9	26 RI 35.6	27 AR 7.1
27 AL 7.6		26 OR 6.5	Avg.[b] −2.1	26 KS 3.9	27 NV 40.4	27 AL 46.6	27 AR 35.5	28 ME 7.2
28 NE 7.4	28 TX −4.7	27 KY 6.4		27 KY 3.6	28 MA 40.1	28 NY 46.6	28 MA 35.2	29 WV 7.4
29 MN 7.2	29 MA −4.8	28 DE 6.3	29 AZ −2.4	28 NH 3.2	29 RI 39.9	29 MN 46.2	29 IN 34.8	30 WA 7.5
30 KY 7.1	30 OH −5.0	29 CT 5.6	30 NY −2.4	29 LA 3.0	30 PA 39.2	30 MS 46.0	30 NM 33.6	31 CO 7.5
31 KS 6.4	31 SC −5.5	30 NJ 5.1	31 PA −2.4	30 DE 2.8	31 ID 38.8	31 FL 45.0	31 KY 33.4	32 TN 7.6
32 IN 6.2	32 IA −5.6	31 KS 4.6	32 MD −2.4	31 CA 2.3	32 VA 38.8	32 CA 44.4	32 NH 33.0	33 AZ 7.9
33 MO 6.1	33 NC −5.9	32 PA 4.3	33 CO −2.5	32 VT 2.0	33 IL 38.8	33 TN 43.5	33 DE 32.8	34 FL 7.9
34 WI 5.2	34 MN −5.9	33 NH 4.3	34 IL −2.5	33 MN 1.9	34 NC 38.7	34 IN 43.1	34 CA 32.4	35 PA 7.9
35 IA 4.8	35 CA −6.0	34 ME 3.8	35 MS −2.6	34 PA 1.8	35 WI 38.5	35 KY 42.8	35 ME 30.8	36 KY 8.0
36 MS 4.4	36 AK −6.0	35 LA 3.6	36 KY −2.6	35 CT 1.3	36 KY 37.9	36 PA 41.7	36 CT 30.8	37 NY 8.2
37 NH 4.1	37 WI −6.1	36 IL 3.2	37 NJ −2.9	36 NJ 1.0	37 MO 36.8	37 SC 41.7	37 WI 30.7	38 CT 8.2
38 CT 3.8	38 GA −6.1	37 NY 3.1	37 TN −2.9	37 IL 0.6	38 VT 36.5	38 MA 40.0	38 NJ 30.0	39 OR 8.3
39 NJ 3.6	39 ID −6.3	38 VT 3.1	38 NC −3.1	38 NY 0.6	39 AZ 36.3	39 IL 39.7	39 ID 29.7	40 IN 8.3
40 MA 3.6	40 NV −6.4	39 MN 3.1	39 ME −3.1	39 ME 0.5	40 TN 36.0	40 VT 39.3	40 NC 28.8	41 SC 8.6
41 PA 3.5	41 UT −6.5	40 MS 2.4	40 MI −3.1	40 AL 0.2	41 NH 34.2	41 TN 38.4	41 TN 28.8	
		41 AL 2.3	41 FL −3.1	41 MA −0.1				

续表

	第一栏	第二栏	第三栏	2002~2012年 第四栏	第五栏	第六栏	第七栏	第八栏	2012年12月 第九栏
	人口	劳动力参与率	劳动力	就业率	就业人数	生产率[a]	州内生产总值	人均州内生产总值	失业率
42	IL 2.8	OR −6.5	MA 1.5	DE −3.3	MS −0.3	CO 34.1	GA 38.1	CO 27.2	IL 8.6
43	WV 2.8	AL −7.1	RI 1.2	SC −3.3	WV −0.4	CT 34.1	WI 37.5	NV 27.2	GA 8.7
44	ME 2.6	NM −7.3	WV 1.1	IN −3.4	WI −0.7	ME 33.4	CT 35.8	MO 26.9	MS 8.8
45	LA 2.3	MO −7.5	WI 1.0	NJ −3.9	IA −1.0	NJ 33.4	NJ 34.8	OH 26.5	MI 8.9
46	NY 2.3	AZ −7.9	IA 0.4	CA −4.0	MO −1.6	OH 32.0	MO 34.7	FL 25.3	NC 9.4
47	VT 1.7	IN −7.9	MO 0.2	CT −4.2	OH −3.1	SC 31.3	ME 34.2	AZ 24.1	NJ 9.5
48	OH 1.2	HI −8.2	IN −0.5	GA −4.4	IN −3.9	GA 30.6	RI 33.6	SC 23.2	CA 9.8
49	MI −1.3	DE −9.5	OH −1.5	RI −5.6	RI −4.5	FL 29.8	OH 28.0	GA 18.4	NV 9.8
50	RI −1.5	MI −9.5	MI −7.6	NV −5.7	MI −10.4	MI 27.1	MI 13.8	MI 15.4	RI 9.9

a. 生产率按就业人口人均州内生产总值计。

b. "Avg." 表示全美50州的等权重平均值。

表中列示的两个字母是美国50个州名的英文缩写。它们中译名分别是:内华达州(NV);马里兰州(MD);犹他州(UT);亚拉巴马州(AL);亚利桑那州(AZ);内布拉斯加州(NE);得克萨斯州(TX);明尼苏达州(MN);爱达荷州(ID);青塔基州(KY);北卡罗来纳州(NC);堪萨斯州(KS);佐治亚州(GA);印第安纳州(IN);密苏里州(MO);威斯康星州(WI);怀俄明州(WY);艾奥瓦州(IA);南卡罗来纳州(SC);密西西比州(MS);华盛顿州(WA);新罕布什尔州(NH);科罗拉多州(CO);康涅狄格州(CT);特拉华州(DE);新墨西哥州(NM);马萨诸塞州(MA);俄勒冈州(OR);缅因州(ME);弗吉尼亚州(VA);宾夕法尼亚州(PA);夏威夷州(HI);伊利诺伊州(IL);田纳西州(TN);西弗吉尼亚州(WV);俄克拉何马州(OK);俄亥俄州(OH);蒙大拿州(MT);路易斯安那州(LA);南达科他州(SD);纽约州(NY);北达科他州(ND);佛蒙特州(VT);阿肯色州(AR);加利福尼亚州(CA);密歇根州(MI);罗得岛州(RI)。——译者注

资料来源:Bureau of Labor Statistics, Bureau of Economic Analysis.

第三栏把第一栏各州人口增长状况与第二栏各州劳动力参与率变化百分比合并在一起,并且给出了10年内各州劳动力增长百分比。[2] 劳动力增长也是按照增速从高到低的顺序排列。

第四栏是各州就业率(用1减去失业率表示)的10年变化百分比。如果把各州的就业率变化百分比添加到第三栏的10年劳动力增长百分比中,那么就能得到第五栏各州过去10年的总就业变化百分比。与其他各栏一样,这几栏也都是按照从高到低的顺序对各州进行排名。[3]

第五栏给出了10年就业增长率排序,而第六栏则对各州在过去10年里劳动者人均名义产出增长率进行了排名。把第五栏和第六栏合并在一起[4],就得出了第七栏各州过去10年的名义总产出增长率排序。第七栏仍然按照名义总产出增幅从大到小的顺序进行排名。

第八栏由第七栏减去第一栏的数值获得[5],也就是10年人均名义产出增速排序。第九栏与第四栏密切相关,是2012年底各州的失业率排序,还是按照从好(低)到坏(高)的顺序排列。

如果读者能花点时间仔细阅读表2.1,就能发现很多有关各州相关指标绩效排序的信息。我们也将揭示其中的很多信息。不过,数据本身就耐人寻味。

表2.1之所以耐人寻味,部分是因为它采用了一种便于州际比较的格式,包含很多相关信息。该表几乎可以直接用来就大部分关键指标进行逐州比较。不过,本章的焦点不只是进行一般的双边比较,而是希望提供一个框架,以便发现那么多不同的州政府政策对经济指标产生的影响,并且从这些结果中推断出能够实现经济繁荣的更具一般性的行动指南。

科学需要比大多数研究人员愿意承认的多得多的先验假设和理论:除非我们已经准备好通过提出(并且检验)一种理论生成机制来大幅度提升我们的信心,否则就无法从大量的原始数据中归纳总结理论来。

美国总体经济对各州经济的强劲影响,很少能像过去10年里那样得到充分证明。在这里,过去10年被相当简单地定义为,始于2002年并结束于大衰退余波未了之时。在这个10年里,美国失业率从2002年的5.8%上升到了2012年的8.1%。在全美50个州中,有47个州见证了失业率的上涨。这里的要点很简单,那就是全美很多州之间的共同点远远多于它们之间的差异。不过,我们关注的是美国各州之间不同的地方,而不是它们彼此间的相似之处。

快速浏览表2.1,就能发现密歇根州的绝对令人郁闷的绩效。在过去的10

年里，密歇根州取得全美最低的劳动力参与率增长速度、最低的劳动力增长速度、最低的就业增长速度、最低的生产率增长速度和最低的人均产出。截至2012年，密歇根州出现了全美第六高的失业率。从我们在新闻媒体上了解到的关于底特律破产的全部信息来看，密歇根州所处的困境使得底特律的破产更加容易被理解。密歇根州就是一个无所作为的典型。

内华达州的情况也非常令人惊讶，但情况正好相反。在全美50个州中，内华达州的人口和劳动力增长速度最快。由于在这个10年的末端受到了经济大衰退的影响，因此，内华达州因早些年的成功而受到了严重的打击。所以，内华达州的就业增幅在全美排名第二，而产出增幅则排名第十二。把人口增幅第一和产出增幅第十二合并在一起，就使得内华达州成了人均产出在全美各州中排名倒数第八的州。但到了2012年12月，内华达州就成了全美失业率第二高的州。从我们的视角看，由此产生的平庸的人均产出和失业率排名是内华达州戏剧性的增长和善政的直接结果。如果从来没有创造过工作岗位，那么就不可能有工作岗位消失。

在过去的10年里，佛罗里达州情况相似，但没有那么极端。佛罗里达州的人口、劳动力和就业增长速度较快，但产出增长要慢很多。因此，佛罗里达州的人均产出增长要慢很多，而最终的失业率却很高。佛罗里达州这种令人惊奇的增长格局在经济低迷时期似乎还会恶化。但从各方面看，佛罗里达州过去10年的经济状况也令人感到意外。

3个生产总值增长最快的州——北达科他州、怀俄明州和阿拉斯加州——人口增长表现平平。这种矛盾的表现如果有什么不同的话，那就是反映了石油对产出相对于人口而言的相对增长产生了强烈的影响。高生产总值与低人口增长对石油的敏感性等问题，也会出现在我们进行计量经济学分析的第六章里。靠石油实现的真正高产出以及比较一般的人口增长表现，使得这些州出现了很高的人均产出增幅。

然而，真正吸引我们眼球的是表2.2中的3个观察值。首先，不管这些州正在发生什么，在9个个人所得税零税州中，有8个州的这10年人口增长率排在全美50个州的上半区；而在个人所得税税率最高的9个州中，有6个州的人口增长率排在下半区（见表2.2中的B1栏）。其次，在过去50多年里，征收所得税的11个州的人口增幅全都排在下半区（见表2.2中的B2栏）。最后，税负最重的9个州中，有8个州的人口增幅被排在下半区；而税负最轻的9个州中，大部分被排在人口增幅的上半区（见表2.2中的B3栏）。

表 2.2　　　　　　　　2002～2012 年 10 年人口增幅百分比变化

排名	B1 个人所得税税率最高的 9 个州和最低的 9 个州		B2 最后 11 个开征个人所得税的州		B3 税负最高的 9 个州和最低的 9 个州	
1	内华达	26.9%	内华达	26.9%	内华达	26.9%
2	犹他	22.8%	犹他	22.8%	犹他	22.8%
3	亚利桑那	21.4%	亚利桑那	21.4%	亚利桑那	21.4%
4	得克萨斯	20.1%	得克萨斯	20.1%	得克萨斯	20.1%
5	爱达荷	19.1%	爱达荷	19.1%	爱达荷	19.1%
6	北卡罗来纳	17.1%	北卡罗来纳	17.1%	北卡罗来纳	17.1%
7	佐治亚	16.6%	佐治亚	16.6%	佐治亚	16.6%
8	佛罗里达	15.7%	佛罗里达	15.7%	佛罗里达	15.7%
9	科罗拉多	15.5%	科罗拉多	15.5%	科罗拉多	15.5%
10	怀俄明	15.3%	怀俄明	15.3%	怀俄明	15.3%
11	南卡罗来纳	15.0%	南卡罗来纳	15.0%	南卡罗来纳	15.0%
12	华盛顿	14.0%	华盛顿	14.0%	华盛顿	14.0%
13	阿拉斯加	13.9%	阿拉斯加	13.9%	阿拉斯加	13.9%
14	特拉华	13.8%	特拉华	13.8%	特拉华	13.8%
15	新墨西哥	12.4%	新墨西哥	12.4%	新墨西哥	12.4%
16	弗吉尼亚	12.3%	弗吉尼亚	12.3%	弗吉尼亚	12.3%
17	夏威夷	12.3%	夏威夷	12.3%	夏威夷	12.3%
18	田纳西	11.4%	田纳西	11.4%	田纳西	11.4%
19	俄勒冈	11.0%	俄勒冈	11.0%	俄勒冈	11.0%
20	蒙大拿	10.3%	蒙大拿	10.3%	蒙大拿	10.3%
21	南达科他	9.6%	南达科他	9.6%	南达科他	9.6%
22	北达科他	9.6%	北达科他	9.6%	北达科他	9.6%
23	俄克拉何马	9.3%	俄克拉何马	9.3%	俄克拉何马	9.3%
24	加利福尼亚	9.1%	加利福尼亚	9.1%	加利福尼亚	9.1%
25	阿肯色	9.0%	阿肯色	9.0%	阿肯色	9.0%
26	马里兰	8.2%	马里兰	8.2%	马里兰	8.2%
27	亚拉巴马	7.6%	亚拉巴马	7.6%	亚拉巴马	7.6%
28	内布拉斯加	7.4%	内布拉斯加	7.4%	内布拉斯加	7.4%
29	明尼苏达	7.2%	明尼苏达	7.2%	明尼苏达	7.2%

续表

排名	B1 个人所得税税率最高的9个州 和最低的9个州		B2 最后 11 个开征 个人所得税的州		B3 税负最高的 9 个州 和最低的 9 个州	
30	肯塔基	7.1%	肯塔基	7.1%	肯塔基	7.1%
31	堪萨斯	6.4%	堪萨斯	6.4%	堪萨斯	6.4%
32	印第安纳	6.2%	印第安纳	6.2%	印第安纳	6.2%
33	密苏里	6.1%	密苏里	6.1%	密苏里	6.1%
34	威斯康星	5.2%	威斯康星	5.2%	威斯康星	5.2%
35	艾奥瓦	4.8%	艾奥瓦	4.8%	艾奥瓦	4.8%
36	密西西比	4.4%	密西西比	4.4%	密西西比	4.4%
37	新罕布什尔	4.1%	新罕布什尔	4.1%	新罕布什尔	4.1%
38	康涅狄格	3.8%	康涅狄格	3.8%	康涅狄格	3.8%
39	新泽西	3.6%	新泽西	3.6%	新泽西	3.6%
40	马萨诸塞	3.6%	马萨诸塞	3.6%	马萨诸塞	3.6%
41	宾夕法尼亚	3.5%	宾夕法尼亚	3.5%	宾夕法尼亚	3.5%
42	伊利诺伊	2.8%	伊利诺伊	2.8%	伊利诺伊	2.8%
43	西弗吉尼亚	2.8%	西弗吉尼亚	2.8%	西弗吉尼亚	2.8%
44	缅因	2.6%	缅因	2.6%	缅因	2.6%
45	路易斯安那	2.3%	路易斯安那	2.3%	路易斯安那	2.3%
46	纽约	2.3%	纽约	2.3%	纽约	2.3%
47	佛蒙特	1.7%	佛蒙特	1.7%	佛蒙特	1.7%
48	俄亥俄	1.2%	俄亥俄	1.2%	俄亥俄	1.2%
49	密歇根	−1.3%	密歇根	−1.3%	密歇根	−1.3%
50	罗得岛	−1.5%	罗得岛	−1.5%	罗得岛	−1.5%

资料来源：Bureau of Economic Analysis.

全美各州过去 10 年的税收收入

现在暂且撇开人口、劳动力和产出指标不谈，先来看看州和地方财政问题。正如一个州不能靠征税走向繁荣一样，一个州也不能依靠不工作的居民来平衡自己的预算。为了治理好一个州，州和地方政府需要税收收入——而且是大量的税收收入。为了把这么多的税收收入征收入库，一个州需要有其政府能征到税收的可行税基以及确定能够收到足够税收的税率。这里引起我们关注的一个常被误解的问题是,税基规模和税率本身彼此完全相关。

在表 2.3 中,第一栏列示了全美 50 个州 2001~2011 年 10 年名义州内生产总值增幅排名。表 2.1 中的第七栏也是 10 年期全美各州名义州内生产总值增幅排名,但是距离现在略近一点的 2002~2012 年这个时期的报告数据。财政数据常要推迟一年报告,这是我们在表 2.3 中采用 2001~2011 年数据的原因。我们觉得所有考察数据属于同一时期比数据较新更加重要。表 2.3 的第一栏所涉及的名义州内生产总值是州和地方两级政府据以课税的税基。

在表 2.3 中,第二栏列示了一个反映州平均税率——州和地方两级税收总收入占州内生产总值的百分比——10 年变化的高度聚合指标。第三栏列示的就是我们在万事俱备之后要考察的内容——2001~2011 年州和地方税总收入的百分比变化(第三栏的数值是第一栏与第二栏的数值之和)。[6] 第三栏中列示的数值也表示一个州的州和地方两级政府为对本州居民履行所约定义务而需要的资金。

表 2.3 第四栏中的数值是表 2.1 第一栏和表 2.3 第三栏的合并数值,也就是州人均税收总收入的百分比增幅。[7] 表 2.3 的第四栏实际提供了一个评价指标,可用于评价某州相对于任何其他州如何改变其提供给其居民的服务。

表 2.3 还增加了两栏数据,即第五栏和第六栏中的数据。第五栏列示了一个评价各州 2012 年度财政状况的综合性指标的数值,这个指标由美国乔治梅森大学(George Mason University)莫卡特斯市场研究中心的莎拉·阿奈特(Sarah Arnett)开发。[8]

莎拉·阿奈特根据一种具有长期学术传统的、按照从好到坏的顺序排列各州清偿能力的指标,开发出了她的财政状况评价指标。这个财政状况综合指标包含以下四个评价指标:(1)州现金支付能力或者一个州满足近期流动性需要的能力;(2)州在一个预算周期内平衡其支出和收入的预算清偿能力;(3)评价一个州收入来源满足其支出和履行包括发放公务员退休金、执行政治意愿、资产重置和其他长期需要在内的长远义务的长期清偿能力;(4)服务供给能力——这是一个比较主观的指标,主要考量一个州是否有能力创收以提供居民所需服务的能力。这四个能力评价指标都经过加权后聚合成一个评价州财政状况的单一指标(请见表 2.3 中的第五栏)。

第六栏列示了标准普尔公司对美国各州进行的最新债券信用评级结果。

表 2.3　2001～2011 年全美 50 州名义州内生产总值百分比增幅排名

	2001～2011 年					2012 年	2013 年 4 月 11 日
	第一栏	第二栏	第三栏	第四栏	第五栏	第六栏
	州内生产总值	州地税收入占州内生产总值百分比	州地税收入	州地税人均收入	财政状况指数值[a]	标普一般债务信用评级[b]
1	ND 109.1%	1 LA −16.4%	1 AK 232.8%	1 AK 191.4%	1 AK 8.80	1 AK AAA
2	WY 103.7%	2 OK −12.2%	2 ND 169.3%	2 ND 151.4%	2 SD 2.79	1 DE AAA
3	AK 84.7%	3 UT −11.5%	3 WY 121.1%	3 WY 92.8%	3 ND 2.75	1 FL AAA
4	TX 73.2%	4 ID −8.8%	4 NV 66.7%	4 NY 61.2%	4 NE 2.53	1 GA AAA
5	LA 72.3%	5 OR −8.7%	5 NY 64.7%	5 VT 59.8%	5 WY 2.23	1 IN AAA
6	UT 72.0%	6 SD −8.7%	6 VT 63.5%	6 NJ 51.5%	6 FL 1.99	1 IA AAA
7	MT 68.7%	7 NE −6.0%	7 TX 63.3%	7 WV 50.3%	7 OH 1.71	1 MD AAA
8	OR 68.0%	8 TX −5.7%	8 MT 61.0%	8 IA 47.4%	8 TN 1.71	1 MO AAA
9	SD 65.3%	9 MT −4.6%	9 AR 60.8%	9 AR 47.3%	9 MT 1.66	1 NE AAA
10	HI 64.6%	10 HI −4.3%	10 CO 60.7%	10 NH 47.2%	10 AL 1.25	1 NC AAA
11	NV 63.7%	11 WA −4.2%	11 HI 57.6%	11 MT 46.3%	11 UT 1.03	1 TX AAA
12	NE 61.3%	12 VA −3.9%	12 NJ 57.6%	12 RI 45.3%	12 OK 0.93	1 UT AAA
13	OK 60.7%	13 GA −3.9%		13 PA 45.1%	13 ID 0.70	1 VA AAA
14	ID 57.0%	14 KY −3.8%	Avg.[c] 56.5%	14 MA 44.8%	14 MO 0.60	1 WY AAA
15	MD 56.0%	15 MD −2.5%	13 AZ 56.1%		15 IN 0.53	15 ID AA+
16	IA 55.2%	16 AL −2.4%	14 WV 54.7%	Avg.[c] 43.0%	16 NV 0.49	15 KS AA+
17	WA 55.0%	17 IN −2.3%	15 NH 54.5%	15 KS 42.0%	17 WI 0.12	15 MA AA+
18	VA 54.8%	18 NM −1.9%	16 IA 54.1%	16 CT 41.6%	18 IA 0.09	15 MN AA+
19	WV 53.8%	19 MO −0.9%	17 CA 54.0%	17 NE 41.6%	Avg.[c] 0.00	15 NM AA+
20	NM 52.8%	20 IA −0.7%				15 ND AA+

续表

第一栏		第二栏		第三栏		第四栏		第五栏		第六栏	
2001~2011年								2012年		2013年4月11日	
州内生产总值		州地税收入占州内生产总值百分比		州地税收入		州地税人均收入		财政状况指数值[a]		标普一般债务信用评级[b]	
Avg.[c]	51.7%										
				18	DE 53.5%	18	IL 41.2%			15	OH AA+
21	KS 50.8%	21	WI −0.2%	19	OR 53.3%	19	LA 41.0%	19	MS −0.14	15	OK AA+
22	AZ 50.6%	22	ME 0.0%	20	NC 53.2%	20	CA 40.9%	20	TX −0.18	15	OR AA+
23	AR 49.9%	23	KS 0.0%	21	UT 52.2%	21	HI 40.2%	21	SC −0.19	15	SC AA+
24	NC 49.4%	24	OH 0.1%	22	MD 52.2%	22	MD 40.1%	22	NH −0.21	15	SD AA+
25	AL 48.6%	25	MS 0.2%	23	NE 51.6%	23	CO 39.0%	23	WA −0.23	15	TN AA+
26	DE 47.5%	26	WV 0.6%	24	SD 50.9%	24	SD 38.9%	24	CO −0.24	15	VT AA+
27	FL 47.4%	27	SC 1.3%	25	KS 50.8%	25	MS 38.5%	25	VA −0.28	15	WA AA+
28	CO 46.3%	28	MN 1.5%	26	FL 50.3%	26	OR 37.5%	26	NM −0.34	29	AL AA
29	NY 44.5%	29	MI 1.8%	27	PA 50.3%	27	MN 36.5%	27	KS −0.40	29	AR AA
30	KY 44.4%	30	NV 1.8%	28	TN 50.2%	28	TX 35.8%	28	GA −0.45	29	CO AA
31	MS 44.3%	31	FL 2.0%	29	NM 49.8%	29	TN 35.0%	29	AR −0.47	29	CT AA
32	MN 44.3%	32	NC 2.5%	30	MA 49.5%	30	AL 34.9%	30	MI −0.51	29	HI AA
		Avg.[c]	2.9%	31	VA 48.8%	31	DE 34.5%	31	AZ −0.51	29	LA AA
33	TN 43.5%	33	AZ 3.6%	32	WA 48.6%	32	ME 33.1%	32	OR −0.57	29	ME AA
34	PA 42.9%	34	DE 4.1%	33	CT 47.9%	33	VA 32.2%	33	NC −0.57	29	MS AA
35	CA 42.5%	35	RI 4.3%	34	MN 46.5%	34	NM 32.0%	34	LA −0.60	29	MT AA
36	IN 42.2%	36	TN 4.6%	35	IL 45.4%	35	IN 30.6%	35	MN −0.87	29	NV AA
37	NH 41.7%	37	PA 5.2%	36	AL 45.1%	36	WI 30.5%	36	ME −1.00	29	NH AA
38	VT 41.1%	38	IL 5.7%	37	MS 44.6%	37	WA 30.3%	37	DE −1.14	29	NY AA
39	SC 40.6%	39	AR 7.3%	38	RI 44.4%	38	NC 30.3%	38	VT −1.17	29	PA AA
40	RI 38.4%	40	CA 8.1%	39	LA 44.0%	39	KY 29.4%	39	RI −1.18	29	RI AA
				40	ID 43.1%	40	OK 29.2%	40	KY −1.26	29	WV AA

续表

	第一栏 2001～2011年 州内生产总值		第二栏 州地税收入占州内生产总值百分比		第三栏 州地税收入		第四栏 州地税人均收入		第五栏 2012年 财政状况指数值[a]		第六栏 2013年4月11日 标普一般债务信用评级[b]	
41	WI	38.0%	WY	8.5%	SC	42.5%	FL	28.9%	WV	−1.30	WI	AA
42	IL	37.6%	MA	8.7%	OK	41.0%	NV	28.6%	PA	−1.31	AZ	AA−
43	ME	37.5%	NH	9.0%	KY	38.9%	AZ	27.2%	HI	−1.46	KY	AA−
44	MA	37.5%	CO	9.9%	IN	38.8%	OH	26.5%	MD	−1.59	MI	AA−
45	GA	36.9%	CT	10.4%	WI	37.8%	MO	25.3%	NY	−1.78	NJ	AA−
46	NJ	35.1%	NY	13.9%	ME	37.5%	SC	23.9%	CA	−2.01	CA	A
47	MO	34.6%	VT	15.9%	MO	33.4%	UT	23.5%	MA	−2.23	IL	A−
48	CT	34.0%	NJ	16.6%	GA	31.6%	ID	19.3%	IL	−2.42		
49	OH	28.1%	ND	28.8%	OH	28.2%	MI	17.5%	CT	−2.48		
50	MI	14.1%	AK	80.2%	MI	16.1%	GA	12.4%	NJ	−2.81		

a. 财政状况指数值排名是莫卡特斯市场研究中心（Mercatus Center）进行的一种排名。这种排名根据现金、预算、长期偿债能力和服务供给能力等指标来排序。

b. 是2013年4月11日的标准普尔信用评级结果。

c. "Avg."表示全美50州的等权重平均值。

表中所示的两个字母是美国50个州名的英文缩写。它们的中译名分别是：内华达州（NV）；马里兰州（MD）；犹他州（UT）；亚拉巴马州（AL）；亚利桑那州（AZ）；内布拉斯加州（NE）；得克萨斯州（TX）；明尼苏达州（MN）；爱达荷州（ID）；青塔基州（KY）；北卡罗来纳州（NC）；堪萨斯州（KS）；佐治亚州（GA）；印第安纳州（IN）；佛罗里达州（FL）；密苏里州（MO）；科罗拉多州（CO）；威斯康星州（WI）；怀俄明州（WY）；艾奥瓦州（IA）；南卡罗来纳州（SC）；密西西比州（MS）；华盛顿州（WA）；新罕布什尔州（NH）；阿拉斯加州（AK）；夏威夷州（HI）；特拉华州（DE）；新泽西州（NJ）；马萨诸塞州（MA）；弗吉尼亚州（VA）；宾夕法尼亚州（PA）；南达科他州（SD）；纽约州（NY）；伊利诺伊州（IL）；田纳西州（TN）；西弗吉尼亚州（WV）；缅因州（ME）；蒙大拿州（MT）；路易斯安那州（LA）；罗得岛州（RI）。——译者注

资料来源：Bureau of Economic Analysis, U. S. Census Bureau, Mercatus Center, Standard & Poor's.

观察表 2.3 列示的数据就能清楚地看到,石油生产对州总产出增幅及州和地方税收入增幅排名产生了非常大的影响。除了石油以外,还有一个(对于别人来说可能是,但对于我们来说并不是)凭直觉难以观察到的因素也产生了强烈的影响。那些产出增长率最高的州往往是一些税收占州内生产总值的份额实际减小或者增长较慢的州,而那些总产出增长最慢的州的税收占州内生产总值的份额则增长最快。如果这还不算是供给学派经济学的本质属性,那么,我们就不知道供给学派经济学的本质属性是什么。

在图 2.1 中,我们对考察期内各州减去石油产值后的州内生产总值增长情况以及各州不包括开采税的税收收入占生产总值的份额增长情况进行了图示。两者之间的相关性令人吃惊。

不包括开采税的州税收收入占州产出的份额的相对变动幅度是州相对总税负变动幅度的绝好替代变量。如果说有什么减税收益变量的话,那么税收收入占总产出的份额就是这样一个变量。

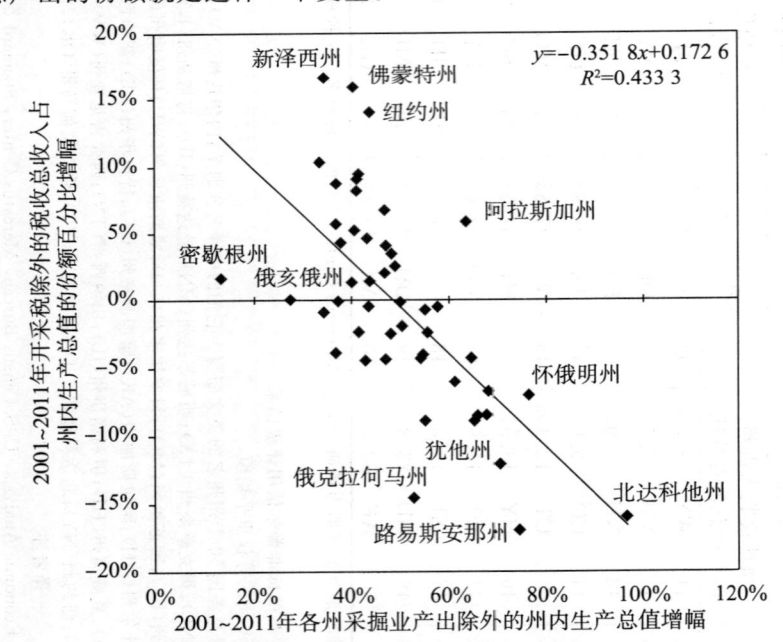

图 2.1 2001~2011 年全美各州开采税除外的税收总收入百分比变动情况与采掘业产出除外的州内生产总值百分比变动情况比较

资料来源:U. S. Census Bureau, Bureau of Economic Analysis, Laffer Associates.

ALEC—拉弗全美各州的不同排名

在第六版的《富裕州与贫困州》(Rich States, Poor States)中，拉弗和摩尔(Laffer and Moore)分析了各种各样的州和地方经济政策。[9]这本书的每种版本都有很多叙事内容，而且各年不同，具体取决于当年各州采取的政治行动和实际取得的具体结果。但是，这本书有一个始终不变的内容，那就是对全美各州的当年排名。我们并不仅仅按照过去取得的实际经济绩效对各州进行排名，而且还根据基于各州的州和地方政策制定者执行具体政策的结果做出的经济展望来进行排名。换句话说，我们同时要看各州过去的绩效和我们对它们的预期（请参阅本书第八章关于 ALEC—拉弗指标真相这一节）。

在《富裕州与贫困州》中，各州的总排名是根据一个约有 15 个政策和类政策变量构成的组合进行的。这些政策和类政策变量分别是：(1)各州境内某城市州和地方个人劳动所得税最高边际税率；(2)同一城市公司所得税最高边际税率；(3)个人所得税实际累进度（如所得 5 万美元和 10 万美元之间的税率差异）；(4)州财产税税负，按照财产税总收入占州个人所得的份额计算；(5)州销售税税负，按州和地方销售税收入占州个人收入的份额计算；(6)州和地方其他税收税负，按州和地方其他税收收入占州个人收入的份额计算；(7)州是征收遗产税（是）还是不征收遗产税（否）；(8)过去 2 年里州是否进行过税法变革；(9)州和地方政府债务还本付息占州和地方税收总收入的份额；(10)州和地方每万居民的公职人员人数；(11)按照美国商会州责任制度排名评定的州法律制度质量；(12)每 100 美元工资的员工工伤保险费用；(13)州最低工资；(14)是否属于保障工作权利的州；(15)是否设置税收或者（和）财政支出上限。

如本书表 2.4 所示，我们把全美各州总排名，个人所得税最高税率，公司所得税最高税率，财产税、销售税和其他税收总税负，是否课征州继承税或遗产税，是否有工作权利保障法这六个指标作为我们的 ALEC—拉弗六大关键指标。我们还引入了税收基金会用于评价美国各州税收总税负的指标作为第七个指标。这最后一个指标以及财产税、销售税和其他税收总税负由于数据发布滞后，因此都不包括当年数据。

这些 ALEC—拉弗未来经济表现评价指标已经接受过严格的检验，而且还受到了严厉的批评。由于本书第八章将对它们作非常详细的剖析，因此就不在这里赘述了。

表 2.4　ALEC—拉弗排名选用的变量以及税收基金会的税负

第一栏		第二栏		第三栏		第四栏			第五栏		第六栏		第七栏		
州名	总排名	个人所得税最高税率(%)	排名	州名	公司所得税最高税率(%)	排名	州名	财产税、销售税和其他税收总税负($)	排名	州名	是否课征州继承税或遗产税	州名	是否有工作权利保障法	州名	税负(税基)占个人所得的份额(%)	排名
UT	1	AK	0.00	NV	0.0	1	OR	57.62	1	AK	否	AL	是	AK	7.0	1
ND	2	FL	0.00	SD	0.0	1	MD	62.43	2	AL	否	AR	是	SD	7.6	2
SD	3	NV	0.00	WY	0.0	1	VA	62.77	3	AR	否	AZ	是	TN	7.7	3
WY	4	SD	0.00	TX	2.7	4	KY	63.32	4	AZ	否	FL	是	LA	7.8	4
VA	5	TX	0.00	AL	4.2	5	OK	64.08	5	CA	否	GA	是	WY	7.8	5
AZ	6	WA	0.00	CO	4.6	6	AL	64.29	6	CO	否	IA	是	TX	7.9	6
ID	7	WY	0.00	MS	5.0	7	MT	64.82	7	FL	否	ID	是	NH	8.1	7
GA	8	NH	0.00	SC	5.0	7	ID	65.41	8	GA	否	IN[a]	是	AL	8.2	8
FL	9	TN	0.00	UT	5.0	7	MO	65.68	9	ID	否	KS	是	NV	8.2	9
MS	10	LA	3.62	ND	5.2	10	MA	65.79	10	IN[b]	否	LA	是	SC	8.4	10
KS	11	ND	3.99	LA	5.2	11	UT	67.58	11	KS	否	MS	是	AZ	8.4	11
TX	12	AL	4.02	FL	5.5	12	GA	68.26	12	LA	否	NC	是	NM	8.4	12
NV	13	AZ	4.54	GA	6.0	13	NC	68.49	13	MI	否	ND	是	MT	8.6	13
IN	14	CO	4.63	KY	6.0	13	SC	70.74	14	MO	否	NE	是	MS	8.7	14
WI	15	KS	4.90	OK	6.0	13	AK	71.21	15	MS	否	NV	是	OK	8.7	15
CO	16	NM	4.90	MO	6.2	16	ND	71.68	16	MT	否	OK	是	ND	8.9	16
AL	17	IL	5.00	HI	6.4	17	WV	72.18	17	NC[b]	否	SC	是	MO	9.0	17
TN	18	MS	5.00	AR	6.5	18	NM	72.37	18	ND	否	SD	是	GA	9.0	18
OK	19	UT	5.00	TN	6.5	18	DE	72.91	19	NH	否	TN	是	CO	9.1	19
MI	20	IN	5.02	MT	6.8	20	OH	73.40	20	NM	否	TX	是	DE	9.2	20

续表

第一栏		第二栏		第三栏		第四栏		第五栏		第六栏		第七栏	
总排名	州名	州名	个人所得税最高税率(%)	排名	州名	公司所得税最高税率(%)	排名	州名	财产税、销售税和其他税收总税负($)	排名	州名	是否课征州继承税或遗产税	州名	是否有工作权利保障法	州名	税负(税基)占个人所得的份额(%)	排名
21	AK	MA	5.25	21	NC	6.9	21	PA	74.45	21	NV	否	UT	是	VA	9.3	21
22	NC	OK	5.25	21	AZ	7.0	22	AR	75.19	22	OH[b]	否	VA	是	UT	9.3	22
23	MO	IA	5.42	23	KS	7.0	23	KS	76.62	23	OK	否	WY	是	WA	9.3	23
24	AR	VA	5.75	24	WV	7.0	23	CA	77.17	24	SC	否	AK	否	FL	9.3	24
25	IA	RI	5.99	25	ID	7.4	25	CO	77.37	25	SD	否	CA	否	KY	9.4	25
26	OH	GA	6.00	26	VA	7.6	26	LA	77.69	26	TX	否	CO	否	ID	9.4	26
27	NH	WV	6.50	27	NM	7.6	26	MN	78.28	27	UT	否	CT	否	IA	9.6	27
28	LA	MI	6.65	28	NE	7.8	28	NH	78.32	28	VA	否	DE	否	IN	9.6	28
29	MA	CT	6.70	29	WI	7.9	29	AZ	78.75	29	WI	是	HI	否	KS	9.7	29
30	DE	NE	6.84	30	WA	8.0	30	CT	78.90	30	WV	是	IL	否	NE	9.7	30
31	SC	MT	6.90	31	IN	8.0	31	TN	79.25	31	WY	是	KY	否	OH	9.7	31
32	WV	PA	7.00	32	MA	8.0	31	IA	79.48	32	CT	是	MA	否	WV	9.7	32
33	NM	MO	7.00	33	MI	8.0	31	IN	80.03	33	DE	是	MD	否	MI	9.8	33
34	PA	AR	7.00	34	MD	8.3	34	MS	80.43	34	HI	是	ME	否	NC	9.9	34
35	MD	SC	7.00	34	NH	8.5	35	NE	80.94	35	IA	是	MI[a]	否	OR	10.0	35
36	WA	ID	7.40	36	VT	8.5	35	SD	81.39	36	IL	是	MN	否	AR	10.0	36
37	NE	NC	7.75	37	CA	8.8	37	IL	83.12	37	KY	是	MO	否	HI	10.1	37
38	KY	WI	7.75	37	ME	8.9	38	WI	83.90	38	MA	是	MT	否	VT	10.1	38
39	NJ	MN	7.85	39	CT	9.0	39	WA	86.90	39	MD	是	NH	否	MD	10.2	39
40	HI	ME	7.95	40	NJ	9.0	39	TX	87.46	40	ME	是	NJ	否	IL	10.2	40

续表

第一栏			第二栏			第三栏			第四栏			第五栏			第六栏			第七栏	
总排名	州名		个人所得税最高税率(%)	州名	排名	公司所得税最高税率(%)	州名	排名	财产税、销售税和其他税收总税负($)	州名	排名	是否课征州继承税或遗产税	州名		是否有工作权利保障法	州名		税负(税基)占个人所得的份额(%)	排名
41	ME		8.00	DE	41	9.0	RI	39	87.47	MN		是	NM		否	PA		10.2	41
42	MT		8.20	KY	42	9.4	AK	42	87.84	NE		是	NY		否	ME		10.3	42
43	CT		8.43	OH	43	9.5	IL	43	88.76	NJ		是	OH		否	MA		10.4	43
44	OR		8.95	MD	44	9.8	MN	44	90.51	NY		是	OR		否	MN		10.8	44
45	RI		8.95	VT	44	9.9	IA	45	91.37	OR		是	PA		否	RI		10.9	45
46	MN		9.97	NJ	46	10.5	DE	46	91.49	PA		是	RI		否	WI		11.1	46
47	CA		10.61	OR	47	11.3	OR	47	91.81	RI		是	VT		否	CA		11.2	47
48	IL		11.00	HI	48	17.1	PA	48	97.51	TN[b]		是	WA		否	CT		12.3	48
49	NY		12.70	NY	49	17.2	NY	49	104.12	VT		是	WI		否	NJ		12.4	49
50	VT		13.30	CA	50	N/A	OH[c]	N/A	113.78	WA		是	WV		否	NY		12.8	50
2013年			2013年			2013年			2010年			2013年1月1日			2013年1月1日			2010年	

a. 密歇根州现在是工作权利保障州,但该州的工作权利保障法直到2013年3月底才生效(在本表中,作为无工作权利保障州列示);印第安纳州在2012年成为有工作权利保障法的州。

b. 俄亥俄州在2013年1月1日实际废除了财产税;印第安纳州在2013年5月废除了遗产税,并可追溯到2013年1月1日;北卡罗来纳州于2013年7月废除了财产税,并可追溯到2013年1月1日;田纳西州的财产税正在逐渐被淘汰,并将于2016年1月1日全部废除。

c. 想要更多地了解关于俄亥俄州公司所得税税率的信息,请参阅本书第三章。

资料来源:Laffer Associates, Tax Foundation.

国内税收署联邦纳税申报单迁移数据

记不得美国国内税收署从什么时候开始对纳税申报人填报的联邦纳税申报单进行跟踪记录。不管怎样,从 1992 纳税年度,也就是 1993 纳税申报年度开始,美国国内税收署就每年按州和县分类报告这些数据,但从不披露任何一份联邦纳税申报单的数据。我们可以根据纳税申报单填报地点知道 1993 年填报的 1992 年实现收入数据。我们不但能知道某年和上一年纳税申报单的填报地,而且还能知道受赡养人数、收入类别以及这一税收年度填报的最重要的 AGI(调整后毛收入)数据。本书第五章将对这些数据进行分析。

由于读者都非常了解美国国内税收署如何编制和报告联邦纳税申报单迁移的数据,下面就转引美国国内税收署的纳税申报单迁移数据处理方法说明节录:

本节对纳税年度、纳税申报或者日历年度和纳税申报单迁移年度进行定义。在大多数情况下,纳税年度是指税款实际收缴入库的年度。填报联邦所得税申报单的年度就叫"申报年度",申报年度几乎总是指实际纳税年度之后的那个日历年度。为了制作纳税申报单迁移数据文档,在申报年度填写个人所得税纳税申报单时,必须填写纳税人居住地。例如,2003 年度的纳税申报单迁移数据披露了在 2003 日历年度填写 2002 纳税年度 1040 号表格的个人纳税人的居住地点。此外,由于纳税申报单迁移数据能反映每年的变动情况,因此,相关文档总是用"××××~××××年度"的形式来表示,如 2002~2003 年度的纳税申报单迁移数据。这样,纳税申报单可以显示从 2002 到 2003 年纳税人居住地的实际变更情况。重要的是要说明,纳税申报单迁移文档报告的个人所得信息是上一纳税年度的信息。在本例中,出现在 2002~2003 年度纳税申报单迁移数据文档中的个人所得数据,应该是 2002 纳税年度的数据。[10]

举例来说,在 1992~1993 年度到 2009~2010 年度的 18 年里,从得克萨斯州迁入加利福尼亚州的联邦纳税申报单总计有 300 310 份,而同期从加利福尼亚州迁入得克萨斯州的联邦纳税申报单总计为 427 607 份——差额明显有利于得克萨斯州。不但从加利福尼亚州迁入得克萨斯州的纳税申报人多于从得克萨斯州迁入加利福尼亚州的纳税申报人,而且从加利福尼亚州迁入得克萨斯州的纳税申报人平均 AGI(调整后毛收入)也大大高于从得克萨斯州迁入加利福尼亚州的纳税申报人。

从加利福尼亚州迁入得克萨斯州的纳税申报人,每年都多于从得克萨斯州迁入加利福尼亚州的纳税申报人。

现在明确说明使用这些数据的注意事项。下面还是援引美国国内税收署的相关文献:

> 这个数据集的来源和设计存在一些缺陷。就如已经指出的那样,那些无须填报美国联邦所得税申报单的人没有包含在这个数据集中。因此,这些数据不能充分反映穷人和上了年纪的人的情况,而且没有把一小部分在申报年度9月份后填报的联邦纳税申报单包括在内。大多数在9月以后填报纳税申报单的纳税人,会被美国国内税收署寄送扩展申报单处理。这些纳税人的税单可能比较复杂,他们申报的所得额也相对较高。因此,纳税申报单迁移数据集也不能充分反映富豪的情况。
>
> 匹配过程也导致有些联邦纳税申报单被排斥在我们的考察之外。我们在拿当年联邦纳税申报单与上一年联邦纳税申报单进行比配时,只考虑了主要纳税人的社会保险号码。如果还有次要纳税人存在的话(就如在已婚夫妇一起申报的情况下),在创建纳税申报单迁移数据集时没有记录次要纳税人的社会保险号码或者与他(她)们的社会保险号码进行比配。举例来说,如果丈夫和妻子在上一年填写了合并纳税申报单,但当年离婚并且分头填写申报单,那么,只有丈夫当年的纳税申报单与上一年这对夫妻的申报单比配。现在这名前妻的纳税申报单就成了一份无法比配的申报单,于是就没有包括在数据统计中。纳税申报身份——从合并申报到夫妻分开申报——的其他变更也会对数据产生影响。[11]

在表 2.5 中,我们列示了每个州用百分比计的联邦纳税申报单净迁入量(迁入一个州的申报单减去迁出这个州的申报单)占联邦纳税申报单总迁移量(联邦纳税申报单迁出量加迁入量)的份额。因此,1992~1993 年纳税/申报年度净迁入爱达荷州的联邦纳税申报单几乎占到申报单迁移总量的 20%(确切地说是 19.8%)。这个近 20% 的净迁入份额意味着,爱达荷州每迁出 10 份联邦纳税申报单,就有 15 份联邦纳税申报单迁入。我们在表 2.5 中给出了各州从 1992~1993 纳税/申报年度到 2009~2010 纳税/申报年度的这类数据。我们还在该表的最后一行给出了每个州在这个长达 18 年的考察期里净迁入累计量占其总迁移量的份额以及全美各州在这 18 年里的净迁入总量。各州按每年净迁入百分比以及全部 18 年净迁入累计总量从高到低排名。

表 2.5 联邦纳税申报单净迁入人量占迁移总量（迁入量加迁出量）的百分比

单位：%

	92/93年	93/94年	94/95年	95/96年	96/97年	97/98年	98/99年	99/00年	00/01年	01/02年	02/03年	03/04年	04/05年	05/06年	06/07年	07/08年	08/09年	09/10年	92/93年到09/10年
ID	19.8 NV	29.4 NV	24.8 NV	24.6 NV	26.7 NV	21.3 NV	20.1 NV	20.1 NV	19.9 FL	17.7 NV	18.9 NV	25.1 AZ	24.3 AZ	23.3 SC	17.6 SC	16.6 TX	14.5 TX	11.1 TX	1 NV 18.3
NV	19.3 AZ	23.1 AZ	23.3 AZ	19.4 AZ	18.0 AZ	16.4 AZ	15.8 AZ	14.8 FL	15.6 FL	17.6 FL	17.2 FL	23.1 FL	21.8 NV	20.0 NC	16.8 NC	16.0 NC	11.0 DC	9.8 DC	2 AZ 16.3
CO	18.5 ID	19.5 NC	16.8 NC	16.5 NC	15.3 NC	13.5 CO	13.5 GA	12.1 AZ	14.0 AZ	14.9 AZ	15.0 AZ	19.3 NV	20.8 TX	17.6 NV	15.8 TX	13.6 NC	10.6 CO	8.8 CO	3 NC 12.5
OR	18.4 GA	18.1 GA	16.0 GA	16.4 FL	15.2 FL	13.3 FL	13.3 FL	11.9 CO	12.4 OR	8.9 ME	11.6 DE	10.2 ID	14.1 NC	17.4 AZ	15.8 CO	10.9 CO	10.5 OK	7.6 OK	4 FL 11.9
AZ	17.2 NC	16.6 OR	15.6 OR	15.9 GA	13.4 GA	13.3 NC	11.4 CO	10.6 GA	8.9 ME	8.5 DE	11.1 NC	9.9 NC	12.6 GA	17.1 GA	14.3 OR	10.5 LA	10.2 WY	7.5 LA	5 GA 11.4
MT	16.5 CO	16.2 TN	15.1 TN	13.5 CO	12.5 CO	11.4 SC	10.0 NC	9.9 NC	8.1 DE	8.0 SC	8.1 SC	9.8 SC	12.3 SC	15.6 TN	13.1 AZ	10.4 WY	8.5 SC	7.4 SC	6 CO 9.7
WA	16.4 TN	15.5 ID	14.7 FL	11.8 FL	11.6 SC	10.7 FL	9.9 DE	8.2 NH	7.9 NC	7.3 ID	7.1 SC	9.8 TN	11.4 ID	14.2 TX	12.7 GA	9.5 DC	8.4 ND	7.3 ND	7 OR 9.5
GA	15.4 FL	15.0 CO	14.3 CO	11.2 SC	10.3 OR	7.4 DE	8.2 SC	7.8 OR	6.3 GA	6.8 OR	6.3 OR	9.0 DE	11.2 NC	13.2 ID	12.2 GA	8.6 OK	8.3 NC	6.9 SC	8 SC 9.4
UT	14.6 OR	15.0 FL	13.6 ID	9.2 WA	9.6 TX	7.3 NH	6.0 SC	7.1 DE	5.1 SC	6.2 VA	5.9 TN	7.3 OR	10.1 TN	12.8 OR	11.1 UT	8.5 OR	7.8 AK	6.6 NV	9 TN 8.9
NC	13.2 UT	14.7 MT	11.4 AR	8.6 TN	9.3 TN	6.8 ID	5.9 ME	6.6 WA	4.6 NH	5.9 GA	5.8 AL	6.7 GA	9.3 AL	11.0 UT	10.3 TN	8.0 LA	7.0 WV	6.5 NM	10 ID 8.7
TN	13.0 MT	12.1 AR	11.2 WA	8.4 AR	6.9 DE	6.4 ID	4.9 ME	6.6 ID	4.5 MD	4.8 TN	5.7 VA	6.2 AR	7.9 AL	10.7 AR	9.9 NV	7.8 WV	6.6 NM	6.5 VA	11 TX 8.0
FL	12.8 NM	11.7 WA	9.5 SC	7.8 DE	6.5 UT	4.7 WA	4.8 TN	5.4 TX	4.2 TX	4.8 NC	4.8 AR	6.1 WA	7.9 AR	10.4 AR	8.9 WY	7.6 AL	5.3 FL	4.8 SD	12 DE 7.3
AR	12.4 AR	10.7 UT	8.8 UT	6.6 UT	5.7 ID	4.1 VA	4.5 ID	5.1 SC	4.1 CO	4.7 NC	4.4 NM	5.7 MT	5.5 AR	8.8 MT	7.7 MT	7.1 AL	5.2 AR	4.5 FL	13 WA 6.8
NM	9.2 NM	9.2 NM	7.7 DE	6.2 TX	5.1 NH	2.0 WA	4.0 MN	3.4 VA	4.0 VA	4.2 NM	4.4 NM	5.0 AL	5.1 CO	8.7 DE	7.3 DE	6.2 AZ	4.4 AR	4.5 KY	14 AR 5.7
AL	9.0 TX	8.3 DE	6.5 NH	6.0 NH	4.4 KY	1.9 MN	3.5 TX	3.4 ID	3.2 TN	4.2 KY	3.9 WA	3.9 TX	4.9 UT	7.0 LA	7.1 DE	6.2 AR	4.0 KY	4.5 MT	15 MT 4.0
DE	6.7 DE	7.6 MO	5.3 TX	4.8 AL	2.0 WA	1.2 KY	3.2 AR	3.0 MD	3.0 ID	4.2 AR	3.8 HI	3.0 NM	4.1 MT	6.5 AL	6.6 AL	6.1 GA	4.0 TN	4.5 KY	16 KY 3.3
TX	6.4 MS	6.6 SC	5.3 MO	4.7 MO	1.9 MN	0.8 ME	2.1 OR	2.4 TN	2.4 RI	3.9 AR	3.6 AL	2.8 KY	4.1 NM	6.3 KY	5.8 LA	4.8 DE	3.9 AZ	4.4 TN	17 VA 2.9
MN	6.2 KY	5.5 NH	5.1 MT	4.6 MS	1.5 OK	0.5 MO	1.1 VT	1.9 RI	2.4 WA	3.8 HI	3.4 KY	2.7 VA	1.1 NM	5.6 MO	5.8 WV	4.5 UT	3.8 DE	4.4 UT	18 UT 2.8
KY	6.1 AL	5.3 TX	4.5 NM	2.9 AR	1.7 MO	0.4 ME	0.2 RI	1.8 CA	1.6 CO	3.3 HI	3.4 KY	2.4 CO	2.9 WY	4.7 CO	5.3 AR	4.1 NM	3.6 OR	4.4 AL	19 AL 2.8
WV	5.7 MO	5.2 MS	4.3 KY	2.8 KY	2.8 VA	0.4 MO	-0.7 WA	1.0 MN	1.5 WY	2.7 TX	2.8 TX	2.4 MO	1.9 OK	4.2 OK	5.1 SD	3.5 ND	3.6 AL	4.3 GA	20 NM 2.4
MO	4.6 SC	4.7 KY	3.8 MN	2.4 MS	2.3 OK	-0.4 MS	-0.9 KY	0.5 VT	0.5 AK	1.9 RI	1.9 RI	2.4 MO	1.9 MO	3.3 NM	4.9 WV	2.9 KY	3.5 AL	3.2 NH	21 NH 2.3
SC	4.5 SD	3.9 AL	2.8 MS	2.3 OK	0.7 KS	-0.5 MD	-1.1 MD	-0.5 MO	-0.5 NH	1.8 MD	2.6 MD	2.2 ME	1.7 HI	3.1 FL	3.0 OK	2.6 SD	3.4 WA	3.2 MO	22 MO 1.8
MS	4.4 NH	3.4 VA	2.8 MS	1.7 AL	1.6 UT	-1.3 VT	-1.9 MO	-0.6 KY	-0.6 VT	1.4 WY	1.5 MD	1.4 UT	1.4 MO	1.6 WV	2.5 DC	1.8 VA	3.4 GA	2.5 OK	23 OK 0.7
VA	4.4 VA	3.0 MN	1.8 OK	1.7 KS	-1.6 UT	-1.9 MA	-2.0 WI	-1.1 WV	-1.1 AR	1.4 WA	1.4 WA	1.3 NH	1.2 VA	1.5 MO	2.0 MS	0.7 MS	2.5 MT	2.4 WY	24 WY 0.5
WI	4.2 MN	2.9 IN	1.8 AL	1.2 IN	-1.6 CA	-1.9 MN	-2.0 MT	-1.6 HI	-1.6 DC	1.3 AL	1.0 OR	1.1 WV	1.2 VA	1.4 MO	1.9 NM	0.5 AK	0.9 UT	1.2 UT	25 MS -0.1
SD	3.9 WY	2.7 SD	1.7 VT	1.7 VT	-2.2 CA	-2.0 MT	-2.2 MT	-2.0 MT	-1.6 HI	0.6 VT	0.7 WV	0.2 MS	0.4 DC	0.8 MS	0.8 MS	0.4 ID	0.0 MD	0.9 MD	26 ME -0.3
IN	2.8 OK	1.1 VT	1.5 VA	1.2 IN	-2.4 MN	-2.2 CA	-2.2 CA	-2.0 MT	-2.0 MT	0.3 AK	0.5 AK	0.5 AK	-0.3 OK	0.5 DC	0.5 IA	-0.1 MO	-0.2 NE	0.5 NE	27 WV -0.7
WY	2.3 IN	1.0 WI	0.8 IN	0.4 IN	-2.9 MA	-2.6 RI	-2.3 MS	-1.7 WI	-2.0 MT	-0.1 MS	-1.1 CO	-0.4 AZ	-0.3 MS	-0.3 NH	-0.3 MO	-1.1 MA	-0.3 HI	0.2 HI	28 SD -1.3
WY		0.6 WI	0.2 VT	-3.2 VT	-3.3 AL	-2.4 IN	-2.8 AK	-3.1 AR	-1.1 MS	80 OK									

续表

92/93年	93/94年	94/95年	95/96年	96/97年	97/98年	98/99年	99/00年	00/01年	01/02年	02/03年	03/04年	04/05年	05/06年	06/07年	07/08年	08/09年	09/10年	92/93年到09/10年合计(份)
OK 1.6 WI	1.6 WI	0.2 NE	0.1 NE	−0.7 MA	−3.5 ME	WI −3.7	AL −2.4	MA −4.0	MT −3.4	OK −0.2	MD −1.4	WY −0.9	AK −1.3	ME 0.1	HI −1.3	NV −0.6	MO 0.2	29 MN −1.4
AK 1.5 AK	1.5 AK	0.1 OK	−0.1 ME	−1.1 MT	−3.5 IN	DC −4.1	SD −3.1	MT −4.0	WI −3.4	PA −1.5	VT −2.3	DC −1.9	IN −1.3	MN −1.7	FL −1.9	IA −0.7	IA −0.7	30 MD −1.4
NH −0.2 VT	−0.2 VT	0.1 WY	−0.2 WV	−2.7 MD	−3.5 AK	OK −4.2	MA −3.3	UT −4.2	WY −3.4	AL −5.5	DC −2.7	MD −1.9	ME −1.8	NH −2.4	ND −2.7	KS −1.9	ID −0.8	31 VT −1.8
VT −0.2 WV	−0.2 WV	−0.2 MD	−0.5 WY	−3.4 AK	−4.1 NM	KS −4.7	UT −3.6	AL −4.3	MN −3.4	MN −5.8	IN −2.8	IN −2.1	PA −2.7	NH −2.9	KS −2.0	NE −1.9	KS −1.3	32 AK −2.1
KS −1.4 MD	−1.4 MD	−0.7 WI	−1.7 MD	−3.6 WI	−5.2 IN	IN −4.9	WY −3.7	WY −4.5	CT −3.9	SD −5.9	OK −1.9	VT −2.8	VT −3.7	IN −3.5	NE −2.7	MS −2.0	VT −1.5	33 IN −2.4
HI −2.0 KS	−2.0 KS	−1.7 KS	−3.5 SD	−4.1 NE	−5.8 WY	UT −5.5	DC −3.9	SD −4.7	MS −5.9	CA −6.2	PA −2.8	AK −3.2	MD −4.0	AK −3.5	ME −3.0	PA −2.6	VT −2.4	34 WI −3.0
MD −2.1 NE	−2.1 NE	−2.5 LA	−3.6 MA	−4.1 CA	−6.5 WI	AK −5.7	NM −4.8	DC −5.4	PA −6.0	KS −6.6	LA −3.3	PA −3.4	IA −4.2	KS −4.0	MD −3.4	MD −2.7	PA −2.9	35 KS −4.1
NE −2.9 HI	−2.9 HI	−3.3 ME	−4.1 MI	−4.7 WY	−7.1 WV	SD −6.5	KS −5.6	WY −6.0	UT −6.4	ND −7.9	ND −3.9	MD −4.0	WI −5.1	IA −4.9	FL −3.4	VT −3.1	MA −3.0	36 HI −4.2
ND −4.4 LA	−4.4 LA	−4.5 MI	−4.5 WY	−5.1 WV	−7.8 RI	WV −7.7	OK −5.7	MS −6.1	DC −6.4	UT −7.2	IA −4.3	WI −4.4	KS −4.9	ND −5.1	IN −4.2	NV −4.3	NV −3.1	37 DC −4.6
IA −4.4 ND	−4.4 ND	−4.7 AK	−5.4 LA	−5.4 LA	−8.3 WY	NM −7.7	CT −7.1	MI −6.4	KS −4.8	IA −7.4	MN −4.7	MN −5.0	NE −5.2	HI −5.6	HI −4.8	AK −4.7	WY −3.1	38 NE −5.5
PA −4.6 ME	−4.6 ME	−5.5 ND	−5.7 KS	−6.0 MI	−8.9 NM	NE −8.1	MI −7.7	DC −6.6	SD −5.0	IA −5.0	NE −5.4	IA −6.1	WI −5.8	WI −7.9	AK −4.9	WY −4.7	CA −4.8	39 PA −6.3
ME −6.0 PA	−6.0 PA	−7.0 IA	−6.0 OH	−6.1 OH	−9.3 NE	AK −8.1	AK −8.1	CT −7.0	NE −5.5	SD −6.6	LA −5.4	KS −5.1	NE −6.6	MS −6.4	VT −5.8	CA −4.9	MN −5.1	40 IA −6.8
OH −6.1 IA	−6.1 IA	−7.6 OH	−6.1 OH	−6.7 RI	−9.4 NE	CT −8.3	AK −8.1	IN −7.4	CA −5.9	NE −7.2	NE −6.6	NE −6.1	MS −8.1	VT −6.4	MA −5.8	VT −5.1	IN −5.1	41 ND −7.3
LA −9.8 MA	−9.8 MA	−7.8 MA	−7.2 IA	−7.8 RI	−9.6 CT	NJ −8.6	WV −8.3	CA −8.1	NE −6.4	NJ −7.2	KS −7.4	ND −7.4	ND −7.9	WI −6.6	WI −6.0	NH −5.8	NH −5.8	42 LA −7.4
IL −10.7 OH	−10.7 OH	−8.1 AK	−7.8 LA	−9.4 NJ	−9.9 NJ	MI −8.6	NJ −8.6	KS −6.8	RI −6.6	RI −7.3	CT −8.3	CT −9.1	IL −10.5	MD −7.6	IL −7.0	CT −6.2	CT −8.2	43 MA −7.8
NJ −11.5 NJ	−11.5 NJ	−8.8 HI	−8.8 PA	−9.4 IA	−10.2 SD	PA −8.8	PA −8.6	LA −7.9	KS −6.9	CA −7.3	IL −9.5	IL −9.7	CT −10.5	IL −7.7	CA −7.1	WI −6.4	NV −4.7	44 RI −8.3
DC −11.5 NJ	−11.5 NJ	−9.5 PA	−9.4 IA	−10.5 SD	−11.5 OH	IA −8.8	HI −9.1	NE −10.6	NE −7.9	LA −8.3	CA −9.5	MA −12.7	NE −14.2	MA −11.0	NE −7.7	IL −7.4	ME −4.8	45 CT −10.3
RI −11.9 NL	−11.9 NL	−10.5 IL	−10.5 ND	−11.5 ND	−11.5 OH	IA −8.8	NE −9.5	OH −11.0	NJ −9.0	CT −9.7	IL −11.7	OH −13.6	CT −14.8	CT −11.6	RI −7.3	RI −7.7	ME −7.7	46 CA −10.5
MA −13.4 DC	−13.4 DC	−10.8 NL	−11.3 NJ	−12.1 HI	−12.0 OH	LA −9.8	OH −10.0	IA −10.5	IA −9.7	OH −11.8	CA −14.0	CA −15.9	CA −15.2	RI −13.6	ME −7.7	ME −7.3	CT −9.4	47 OH −10.6
MI −15.2 CT	−15.2 CT	−13.6 RI	−12.1 DC	−12.1 MI	−12.1 PA	NJ −9.8	IA −10.6	OH −11.6	NJ −9.7	RI −12.8	OH −14.1	NJ −14.3	NY −15.9	NY −14.1	MN −11.4	NJ −8.5	NY −8.8	48 NJ −10.7
CT −18.0 RI	−18.0 RI	−15.2 DC	−14.6 IL	−13.2 HI	−13.4 IL	LA −11.6	IL −12.1	IA −12.8	IL −11.5	IL −11.5	MI −15.1	RI −16.3	RI −16.3	NY −14.3	NY −11.9	NY −9.0	OH −12.3	49 IL −11.4
NY −25.3 NY	−25.3 NY	−16.1 CT	−15.2 DC	−13.6 IL	−13.5 IL	ND −15.1	LA −13.7	MI −12.8	ND −14.7	MA −13.4	MA −15.1	NJ −17.5	NY −21.3	RI −14.8	NJ −13.2	OH −12.5	MI −12.5	50 MI −15.2
CA −26.1 CA	−26.1 CA	−17.5 DC	−16.8 PA	−13.7 ND	−13.7 ND	ND −15.1	LA −13.7	MI −12.8	ND −14.7	IL −13.7	NY −17.9	CA −19.3	MI −23.4	RI −17.6	RI −13.2	RI −12.6	OH −12.5	51 NY −20.1
CA −26.1	−26.1 CA	−24.1 CA	−16.8 PA	−13.7 NY	−23.4 NY	NY −17.5	ND −17.8	IL −14.0	MA −13.4	MI −14.6	OH −17.6	MA −19.3	NY −21.3	OH −17.6	MI −12.6	OH −17.6	MI −21.7	
CA −26.1	CA	−29.4 NY	−27.1 NY	−27.6 NY			NY −19.0	IL −14.0	NY −18.2	NY −17.9	NY −21.9	NY −23.2	LA −54.6	MI −28.5	NY −29.8	MI −27.0	NY −21.7	
2 727 709	2 725 567	2 824 716	2 771 108	2 839 414	2 875 985	2 907 796	2 954 941	2 994 681	2 962 850	2 871 554	2 885 696	3 006 642	3 185 682	3 100 843	3 169 383	3 026 084	2 836 418	

资料来源：Internet Revenue Service, Laffer Associates.

表 2.5 的最后一行列示了从 1992～1993 年度到 2009～2010 年度的年度总迁移量(即每年迁入量的总和)。这最后一行列示的迁移总量就是反映每年居民从一个州迁往其他州的规模的数据。读者现在可以轻而易举地看到每年纳税申报人迁移人数的巨大变化。乍一看,迁移量似乎对总体经济状况高度敏感。

在表 2.6 中,我们列示了从 1992～1993 纳税/申报年度到 2009～2010 纳税/申报年度各年度各州 AGI 净流入额占本州 AGI 总额的百分比。这些年度数据按照净迁入申报单上的 AGI 占州 AGI 总额的百分比从大到小排列。

该表的最后一行是每年各州迁入的 AGI 占各州 AGI 总额的百分比。最后一栏是全美各州 18 年净流入的 AGI 总额(每年 AGI 流入额对当年州平均 AGI 额进行指数化,然后对全美各州各年度经指数化的 AGI 净流入额进行累加,就可得到各州 18 年 AGI 净流入总额)。该栏数据并不是对各年数据的简单累加得到的,而是各年度按时间当量调整的 AGI 指数化累加值。

这样,表中内华达州现在的 AGI 总额比 17 年前没有 AGI 流入时增加了 36%。这里确实需要大量的假设条件来支撑对这个数值的计算和解释。这种计算方法假设:其间没人停止工作或者死亡;AGI 的平均流入额与州平均 AGI 同步增长;没有间接影响州 AGI 流动的因素,如孩子工作或者其他类似的因素。虽然这些假设即使按其字面意思来理解也有很大的伸缩性,但它们造成的偏差往往会随着时间而在各州之间消失。因此,相对排名应该是相当精确的。

我们将在第五章分析这些数据。

本章的最后一张表,也就是表 2.7,对从 1992～1993 年度到 2009～2010 年度的 18 年间联邦纳税申报单迁移量进行了近似求和。我们在"联邦纳税申报单迁移"大栏中列示了全美各州联邦纳税申报单迁入总份数、迁出总份数、净迁入份数和净迁入占迁移总量的百分比,在"(纳税申报)单均 AGI 流动"大栏中列示了全美各州各年度单均 AGI 流入额、单均 AGI 流出额以及单均 AGI 流入额占单均 AGI 流出额的百分比,并且在"AGI 流动"大栏中列示了全美各州 AGI 流入和流出总额、AGI 净流入额以及 2009～2010 年度 AGI 净流入额占州 AGI 申报总额的百分比。最后,全美各州的这些数据按州 AGI 净流入额从大到小的顺序进行排名。

表 2.6　AGI 净流入额占当年 AGI 申报额的百分比

单位：%

	92/93年	93/94年	94/95年	95/96年	96/97年	97/98年	98/99年	99/00年	00/01年	01/02年	02/03年	03/04年	04/05年	05/06年	06/07年	07/08年	08/09年	09/10年	不变AGI[a]
NV	3.2 NV	4.5 NV	3.8 NV	3.9 NV	3.9 NV	3.7 NV	3.0 NV	3.3 NV	3.4 NV	2.9 NV	3.1 NV	3.1 NV	2.6 NV	2.2 NV	2.0 SC	1.8 WY	2.1 MT	1 NV	36.0
ID	2.3 AZ	3.0 AZ	3.1 AZ	2.5 AZ	2.2 AZ	2.3 AZ	1.9 AZ	2.1 FL	2.2 FL	2.4 FL	2.0 FL	2.5 FL	2.6 FL	2.0 SC	1.9 NC	1.3 SC	1.0 FL	2 FL	27.7
AZ	2.0 ID	2.3 CO	2.3 CO	1.5 FL	2.0 FL	2.0 FL	1.8 FL	2.0 AZ	1.8 AZ	1.6 AZ	1.8 AZ	1.9 AZ	2.5 AZ	1.9 AZ	1.5 MT	1.2 NC	1.0 SC	3 AZ	27.6
CO	1.8 FL	1.8 FL	1.8 NC	1.3 CO	1.3 SC	1.3 WY	1.7 CO	1.8 CO	1.2 NH	1.1 MT	1.5 MT	1.4 ID	1.8 NV	1.9 NC	1.5 AZ	1.2 FL	1.0 WY	4 SC	19.3
FL	1.8 CO	1.8 ID	1.7 CO	1.3 CO	1.1 CO	1.2 CO	1.4 ID	1.1 CO	1.1 WY	1.1 ME	1.2 SC	1.2 SC	1.4 SC	1.9 FL	1.4 WY	1.1 CO	0.7 AZ	5 ID	17.5
MT	1.7 NM	1.6 MT	1.4 ID	1.3 ID	1.1 NC	1.2 SC	1.2 NH	1.0 ME	1.0 ID	1.1 NH	1.0 ID	1.2 NC	1.4 NC	1.4 MT	1.2 FL	1.1 NV	0.6 NC	6 MT	16.7
OR	1.5 NC	1.5 NC	1.4 OR	1.2 GA	1.0 ID	1.1 ID	1.1 ME	1.0 SC	0.9 SC	1.0 NH	1.0 ME	1.0 MT	1.0 WY	1.2 ID	1.1 NV	1.0 MT	0.5 TX	7 NC	16.2
WY	1.3 NC	1.4 GA	1.3 GA	1.2 WY	1.0 GA	0.8 NH	1.1 SC	0.9 10	0.8 ME	0.9 SC	1.0 NH	0.8 WY	0.8 WY	1.1 WY	1.0 WY	1.0 AZ	0.5 SD	8 CO	14.4
GA	1.2 GA	1.3 OR	1.2 MT	1.1 ID	0.9 WY	0.8 NC	0.8 NC	0.8 VT	0.8 OR	0.8 WY	0.8 WY	0.7 MT	0.7 MT	0.9 OR	0.9 TN	0.7 TX	0.5 NM	9 WY	14.3
AR	1.2 OR	1.2 NM	1.2 NM	0.9 WA	0.8 NH	0.8 WA	0.8 NC	0.8 NC	0.7 MT	0.7 NC	0.5 NC	0.7 NA	0.7 WA	0.8 MT	0.9 CO	0.7 WA	0.5 TN	10 NH	11.3
NC	1.2 UT	1.2 AR	1.2 TN	0.9 NH	0.8 WA	0.5 VT	0.6 MT	0.6 WA	0.6 VT	0.6 NC	0.5 DE	0.6 NM	0.6 NM	0.7 WA	0.8 OR	0.7 TN	0.5 NV	11 OR	10.7
WA	1.2 AR	1.1 TN	1.0 VT	0.8 OR	0.7 OR	0.5 MT	0.6 VT	0.6 DE	0.5 NC	0.8 VT	0.5 AR	0.5 WA	0.6 CO	0.7 OR	0.8 SD	0.6 SD	0.5 CO	12 TN	9.8
NM	1.1 TN	1.1 UT	1.0 AR	0.7 TN	0.7 UT	0.5 OR	0.5 GA	0.6 WY	0.5 OR	0.8 OR	0.5 VT	0.3 VT	0.4 DE	0.8 WA	0.7 UT	0.6 OR	0.3 DE	13 GA	9.4
UT	1.1 WY	1.0 WA	0.9 WA	0.7 UT	0.7 TN	0.5 ME	0.5 DE	0.5 MT	0.4 DE	0.5 RI	0.5 WA	0.3 VA	0.4 HI	0.6 TX	0.7 WA	0.6 AR	0.3 WA	14 WA	8.7
TN	0.9 WA	0.7 SC	0.8 NH	0.6 VT	0.5 VT	0.4 SD	0.4 AR	0.4 OR	0.4 MT	0.4 AR	0.4 TN	0.4 HI	0.3 SD	0.6 GA	0.6 GA	0.6 NM	0.3 ID	15 AR	8.0
SC	0.8 8C	0.7 VT	0.7 WY	0.5 ME	0.4 ME	0.2 TX	0.3 TN	0.3 TX	0.4 OR	0.3 HI	0.3 RI	0.3 SD	0.4 HI	0.5 SD	0.5 GA	0.4 DE	0.3 OR	16 VT	7.0
SD	0.6 SD	0.7 NH	0.6 UT	0.5 TX	0.4 MS	0.2 WA	0.3 TX	0.3 VA	0.3 HI	0.3 RI	0.3 CO	0.3 WA	0.4 CO	0.4 NM	0.5 NM	0.3 AL	0.3 VA	17 ME	6.4
NH	0.6 VT	0.6 MS	0.4 TX	0.3 MT	0.2 WA	0.2 AR	0.2 VA	0.2 MS	0.2 GA	0.4 CO	0.3 WA	0.3 SD	0.3 CO	0.7 DE	0.5 DE	0.3 ID	0.2 OK	18 TX	5.8
AL	0.6 NH	0.5 SD	0.4 NM	0.3 MS	0.3 AL	0.1 OR	0.2 MS	0.1 VA	0.3 GA	0.3 SD	0.3 VT	0.3 VT	0.3 VT	0.5 AR	0.5 AR	0.3 OK	0.2 AL	19 DE	5.4
VT	0.6 TX	0.5 WY	0.3 MS	0.3 AR	0.3 VT	0.1 VT	0.1 VA	0.1 TX	0.1 AR	0.3 VA	0.3 VA	0.3 VA	0.3 VT	0.4 DE	0.4 AR	0.3 NM	0.2 UT	20 NM	5.1
MS	0.4 MS	0.5 TX	0.3 ME	0.2 AR	0.2 DE	-0.1 RI	0.2 RI	0.1 CA	0.1 AR	0.1 AL	0.1 GA	0.2 GA	0.3 GA	0.5 NH	0.4 NM	0.2 GA	0.2 GA	21 SD	4.8
TX	0.4 AL	0.3 DE	0.3 AL	0.1 KY	-0.1 CA	-0.1 MS	0.1 OR	0.1 AR	0.1 AR	0.1 GA	0.1 AL	0.1 AL	0.3 AL	0.4 ME	0.3 ME	0.2 DC	0.2 KY	22 UT	4.0
WV	0.4 KY	0.3 ME	0.2 SD	0.2 MD	-0.1 DE	-0.1 KY	0.0 WA	0.0 SD	0.0 AR	0.0 MS	0.1 KY	0.2 KY	0.2 KY	0.3 OK	0.3 OK	0.1 NH	0.1 WV	23 AL	3.3
VA	0.3 DE	0.3 MO	0.2 MO	0.2 DE	-0.1 VA	-0.1 KY	0.0 CA	-0.1 SD	-0.1 SD	0.0 WV	0.1 TX	0.1 TX	0.2 MS	0.2 MS	0.2 MS	0.1 WV	0.1 AR	24 MS	2.0
KY	0.3 WV	0.2 KY	0.2 DE	0.2 OK	-0.1 KS	-0.1 WI	-0.1 WI	-0.1 UT	-0.1 MD	0.0 WV	0.1 KY	0.1 KY	0.2 UT	0.2 KY	0.1 VT	0.1 VT	0.1 ND	25 KY	1.4
MN	0.3 WI	0.1 AL	0.1 KY	0.1 VA	-0.1 OK	-0.1 CA	-0.1 AL	-0.1 AL	-0.1 WI	0.0 TX	0.1 WV	0.1 ME	0.1 ME	0.2 VT	0.1 NH	0.1 VT	0.1 LA	26 VA	1.1
WI	0.3 MO	0.1 WI	0.0 IN	0.0 WI	-0.2 IN	-0.2 AL	-0.1 RI	-0.1 RI	-0.2 AL	-0.1 AL	0.1 CO	0.1 WV	0.1 WV	0.1 MO	0.1 WV	0.0 KY	0.0 HI	27 WV	-0.5
DE	0.2 IN	0.1 VA	0.1 OK	0.0 OK	-0.2 MA	-0.2 MA	-0.3 MD	-0.2 MD	-0.3 MA	-0.1 CT	0.0 UT	0.0 VA	0.0 VA	0.0 KY	-0.1 WV	0.0 MS	0.0 MD	28 MO	-1.5

续表

	92/93年	93/94年	94/95年	95/96年	96/97年	97/98年	98/99年	99/00年	00/01年	01/02年	02/03年	03/04年	04/05年	05/06年	06/07年	07/08年	08/09年	09/10年	不变AGI[a]
IN	0.2 VA	0.1 IN	0.1 IN	0.0 NM	0.0 NM	−0.2 SD	−0.3 MA	−0.2 MA	−0.3 KY	−0.2 KY	−0.1 WI	0.0 WI	−0.1 MO	−0.1 PA	−0.1 WI	−0.1 MO	−0.1 PA	0.0 VT	0.29 WI −1.8
ME	0.0 MN	0.0 MN	0.0 WV	0.0 WV	0.0 SD	−0.2 IN	−0.3 MO	−0.2 MO	−0.3 AL	−0.2 SD	−0.1 CO	0.0 RI	−0.1 PA	−0.2 IA	−0.2 PA	−0.2 IA	−0.1 IA	−0.1 ME	0.30 OK −2.2
MO	0.0 MA	−0.1 WV	0.0 VA	0.0 VA	0.0 SD	−0.2 IN	−0.3 MI	−0.3 MI	−0.3 MN	−0.2 PA	−0.2 PA	0.0 PA	−0.2 OK	−0.2 WI	−0.2 VA	−0.2 PA	−0.1 LA	−0.1 MS	0.31 IN −3.2
PA	−0.1 OK	−0.1 NE	−0.1 NE	0.0 VA	−0.2 IN	−0.2 UT	−0.4 WV	−0.3 MI	−0.2 MN	−0.2 MO	−0.2 MO	−0.1 MO	−0.2 IN	−0.2 IN	−0.3 IN	−0.3 WI	−0.2 MO	−0.1 NH	0.31 MN −3.4
KS	−0.2 PA	−0.2 OK	−0.1 NE	−0.1 MN	−0.3 CA	−0.3 RI	−0.4 PA	−0.4 IN	−0.3 DC	−0.2 MD	−0.2 MD	−0.1 MO	−0.2 WI	−0.2 WI	−0.3 MN	−0.3 VA	−0.2 ND	−0.1 PA	0.33 PA −3.7
MD	−0.2 MN	−0.3 MI	−0.2 MI	−0.2 KS	−0.3 MI	−0.3 PA	−0.4 NJ	−0.4 MN	−0.3 MO	−0.2 MI	−0.3 MI	−0.1 LA	−0.3 MN	−0.3 MN	−0.3 NE	−0.4 LA	−0.2 ME	−0.1 IN	0.34 HI −3.8
OK	−0.3 LA	−0.3 LA	−0.3 MA	−0.2 MN	−0.3 MN	−0.3 MN	−0.4 CT	−0.4 UT	−0.3 CT	−0.2 UT	−0.3 MS	−0.3 IN	−0.3 CT	−0.3 MS	−0.3 KS	−0.4 MN	−0.3 MA	−0.1 AK	0.35 MD −6.0
IA	−0.3 NE	−0.3 IA	−0.3 OH	−0.3 WV	−0.3 WV	−0.4 MI	−0.5 PA	−0.3 PA	−0.3 MN	−0.3 MN	−0.3 MN	−0.3 MN	−0.4 KS	−0.4 HI	−0.3 HI	−0.3 MN	−0.3 MN	−0.2 IA	0.36 KS −6.3
OH	−0.3 MA	−0.3 KS	−0.3 PA	−0.3 OH	−0.4 PA	−0.5 OK	−0.5 OK	−0.4 WV	−0.3 PA	−0.3 LA	−0.3 OK	−0.3 OK	−0.4 NE	−0.4 IA	−0.4 IA	−0.3 CA	−0.2 CA	−0.2 CA	0.37 IA −6.7
NE	−0.4 OH	−0.4 MA	−0.3 KS	−0.3 PA	−0.5 NM	−0.5 IA	−0.5 IA	−0.5 OK	−0.4 AK	−0.3 IA	−0.3 KS	−0.3 KS	−0.4 MA	−0.4 ND	−0.5 ND	−0.3 KS	−0.3 CA	−0.2 MO	0.38 CA −7.1
MI	−0.5 IA	−0.4 PA	−0.3 IA	−0.4 PA	−0.5 IA	−0.5 CT	−0.5 CT	−0.4 IN	−0.4 IN	−0.3 IN	−0.3 MI	−0.3 NE	−0.5 IL	−0.5 LA	−0.4 MA	−0.4 HI	−0.3 KS	−0.2 NE	0.39 MA −7.6
NJ	−0.5 MI	−0.4 MD	−0.3 MD	−0.5 NE	−0.5 LA	−0.5 UT	−0.5 KS	−0.5 NJ	−0.5 NJ	−0.4 NE	−0.4 CA	−0.4 LA	−0.6 NE	−0.6 LA	−0.5 NE	−0.4 IL	−0.3 HI	−0.3 NE	0.40 NE −7.6
HI	−0.5 MO	−0.5 OH	−0.3 LA	−0.5 IA	−0.6 MD	−0.6 KS	−0.5 HI	−0.6 CA	−0.6 CA	−0.4 MI	−0.4 MD	−0.4 MD	−0.6 MD	−0.6 IL	−0.6 LA	−0.5 NE	−0.4 IN	−0.3 MA	0.41 CT −8.3
RI	−0.6 ME	−0.5 ND	−0.5 NO	−0.6 NJ	−0.6 OH	−0.6 HI	−0.6 NJ	−0.9 OH	−0.7 MI	−0.5 NJ	−0.4 NE	−0.4 OH	−0.7 OH	−0.6 CA	−0.6 IL	−0.5 NE	−0.5 WI	−0.3 KS	0.42 RI −8.9
IL	−0.6 ND	−0.6 NJ	−0.6 NJ	−0.6 NJ	−0.6 NJ	−0.7 CT	−0.7 NM	−0.6 NM	−0.8 KS	−0.5 OH	−0.5 ND	−0.5 ND	−0.7 MI	−0.6 MI	−0.6 CA	−0.5 WI	−0.5 NE	−0.3 MN	0.43 MI −9.0
MA	−0.6 CT	−0.6 IL	−0.7 CT	−0.7 CT	−0.8 IL	−0.7 NE	−0.8 IA	−0.8 NE	−0.8 OH	−0.6 IA	−0.5 AK	0.5 AK	−0.6 MI	−0.7 MA	−0.6 MD	−0.6 CT	−0.5 CT	−0.4 WI	0.44 OH −9.2
CT	−0.6 HI	−0.6 HI	−0.7 IL	−0.7 IL	−0.7 IL	−0.8 IL	−0.9 IL	−0.8 IL	−0.9 IL	−0.6 AK	−0.6 IL	−0.5 CA	−0.8 CT	−0.7 CT	−0.6 CT	−0.7 AK	−0.6 MD	−0.4 DC	0.45 NJ −9.6
LA	−0.7 AK	−0.7 HI	−0.7 NE	−0.8 AK	−0.8 AK	−0.9 HI	−0.9 NE	−0.9 LA	−0.9 NE	−0.6 NE	−0.6 IL	−0.6 IL	−0.8 OH	−0.8 RI	−0.7 MA	−0.6 IL	−0.6 IL	−0.4 OH	0.46 LA −10.0
ND	−0.7 AK	−0.8 CA	−0.9 CA	−1.1 NY	−0.9 AK	−1.0 HI	−0.9 NE	−0.8 IA	−0.9 IA	−0.6 ND	−0.6 NJ	−0.6 NJ	−0.6 IL	−0.8 MD	−0.7 MD	−0.6 MD	−0.7 NJ	−0.5 NJ	0.47 NJ −11.1
AK	−1.0 NY	−0.9 NY	−1.1 NY	−1.0 HI	−0.9 NY	−1.0 HI	−1.0 NE	−0.9 NE	−1.0 IA	−0.6 ND	−0.7 MA	−0.7 MA	−0.8 MA	−0.8 NJ	−0.7 NJ	−0.7 NJ	−0.8 OH	−0.5 RI	0.48 IL −11.3
CA	−1.1 CA	−1.3 AK	−1.3 AK	−1.3 AK	−1.2 ND	−1.1 ND	−1.2 AK	−1.2 NY	−0.8 MA	−0.8 MA	−0.8 IL	−1.0 MA	−1.0 RI	−0.9 RI	−0.8 OH	−0.9 RI	−0.6 RI	0.49 AK −12.5
NY	−1.2 CA	−1.3 RI	−1.9 AK	−1.3 NY	−1.3 NY	−1.2 AK	−1.2 ND	−0.9 NY	−0.9 NY	−1.1 NY	−0.9 NY	−1.3 NY	−1.2 MI	−1.0 RI	−1.0 NY	−0.7 NY	−0.7 NY	0.50 NY −17.4
DC	−3.7 DC	−3.5 DC	−5.0 DC	−3.4 DC	−3.5 DC	−2.9 DC	−2.0 AK	−1.4 ND	−1.8 DC	−2.4 DC	−1.7 DC	−1.7 LA	−3.4 DC	−1.2 DC	−1.1 MI	−0.9 MI	−0.8 DC	0.51 DC −32.8
合计	2.6	2.6	2.7	2.6	2.6	2.7	2.7	2.7	2.5	2.5	2.4	2.4	2.5	2.5	2.5	2.2	2.0		

a. 从1992~1993年度到2009~2010年度，由州际流动造成的AGI增加（或减少）额占本州2009年AGI实现总额的百分比。

资料来源：Internal Revenue Service, Laffer Associates.

表 2.7　从 1992~1993 年度到 2009~2010 年度填报纳税申报单总量

州名	联邦纳税申报单迁移					(纳税申报)单均 AGI 流动				AGI 流动			
	迁入(份)	迁出(份)	净迁人(份)	净迁人占迁移总量的百分比(%)		流入(千美元)	流出(千美元)	流入占流出的百分比(%)		流入(千美元)	流出(千美元)	净流人(千美元)	最后1年州净流入占申报总额的百分比(%)
FL	4 329 910	3 409 588	920 322	11.9		50 068	37 570	33.3		216 790 077	128 097 362	88 692 715	25.6
AZ	1 738 313	1 251 602	486 711	16.3		42 656	38 232	11.6		74 148 747	47 851 177	26 297 570	24.4
NC	2 086 265	1 622 353	463 912	12.5		41 451	38 551	7.5		86 478 091	62 543 641	23 934 450	14.2
TX	3 376 212	2 896 095	480 117	7.7		43 256	42 426	2.0		146 042 822	122 869 642	23 173 180	5.2
NV	1 010 359	702 912	307 447	17.9		42 565	36 966	15.1		43 005 516	25 983 751	17 021 765	33.0
GA	2 100 454	1 675 222	425 232	11.3		40 133	42 229	−5.0		84 298 271	70 742 169	13 556 102	8.0
SC	1 011 431	834 043	177 388	9.6		42 681	35 547	20.1		43 168 815	29 647 659	13 521 156	17.5
CO	1 449 223	1 193 576	255 647	9.7		43 207	41 403	4.4		62 616 846	49 418 132	13 198 714	11.8
WA	1 465 256	1 277 893	187 363	6.8		42 653	40 141	6.3		62 497 087	51 296 277	11 200 810	7.4
TN	1 315 655	1 100 906	214 749	8.9		38 641	37 656	2.6		50 837 657	41 455 354	9 382 303	8.5
OR	903 067	748 464	154 603	9.4		37 963	36 942	2.8		34 282 936	27 649 527	6 633 409	9.2
ID	404 576	339 963	64 613	8.7		37 368	33 008	13.2		15 118 112	11 221 576	3 896 536	15.6
NH	390 458	371 819	18 639	2.4		49 695	43 550	14.1		19 403 777	16 192 901	3 210 876	9.6
AR	554 695	499 982	54 713	5.2		34 198	32 245	6.1		18 969 565	16 121 956	2 847 609	6.3
MT	274 451	253 869	20 582	3.9		36 327	29 515	23.1		9 970 095	7 492 934	2 477 161	13.9
AL	766 451	724 650	41 801	2.8		37 367	36 285	3.0		28 640 022	26 293 863	2 346 159	2.9
UT	493 614	467 860	25 754	2.7		39 038	37 765	3.4		19 269 618	17 668 537	1 601 081	3.3
VA	2 018 368	1 891 501	126 867	3.2		44 997	47 193	−4.7		90 820 400	89 265 214	1 555 186	0.8
WY	203 188	201 795	1 393	0.3		41 047	33 681	21.9		8 340 274	6 796 664	1 543 610	12.2
ME	259 697	260 458	(761)	−0.1		41 624	35 901	15.9		10 809 697	9 350 617	1 459 080	5.7

续表

州名	联邦纳税申报单迁移				(纳税申报) 单均 AGI 流动				AGI 流动			最后1年州净流入占申报总额的百分比(%)
	迁入(份)	迁出(份)	净迁入(份)	净迁入占迁移量总的百分比(%)	流入(千美元)	流出(千美元)	流入占流出的百分比(%)	流入(千美元)	流出(千美元)	净流入(千美元)	
NM	539 887	515 314	24 573	2.3	35 873	34 821	3.9	19 367 213	17 943 978	1 423 235	4.2
DE	246 441	212 512	33 929	7.4	45 974	48 485	−5.2	11 329 756	10 303 548	1 026 208	5.1
KY	753 553	706 010	47 543	3.3	35 264	36 478	−3.3	26 573 007	25 754 019	818 988	1.1
VT	166 124	172 256	(6 132)	−1.8	41 572	35 627	16.7	6 906 116	6 137 017	769 099	5.7
SD	193 852	198 814	(4 962)	−1.3	36 568	32 298	13.2	7 088 710	6 421 280	667 430	4.1
MS	522 692	525 204	(2 512)	−0.2	32 635	31 375	4.0	17 058 130	16 478 306	579 824	1.4
WV	323 410	328 269	(4 859)	−0.7	33 181	33 002	0.5	10 730 971	10 833 483	(102 512)	−0.3
HI	382 512	414 813	(32 301)	−4.1	35 892	34 806	3.1	13 729 290	14 437 800	(708 510)	−2.6
OK	696 019	685 819	10 200	0.7	32 917	34 841	−5.5	22 910 905	23 894 343	(983 438)	−1.6
ND	161 429	186 754	(25 325)	−7.3	29 868	32 279	−7.5	4 821 595	6 028 277	(1 206 682)	−8.0
AK	256 510	267 041	(10 531)	−2.0	33 159	37 895	−12.5	8 505 611	10 119 519	(1 613 908)	−9.9
MO	1 079 785	1 043 107	36 678	1.7	38 034	40 989	−7.2	41 068 301	42 755 662	(1 687 361)	−1.5
RI	219 184	258 580	(39 396)	−8.2	43 987	44 048	−0.1	9 641 316	11 389 960	(1 748 644)	−7.4
WI	750 324	798 132	(47 808)	−3.1	41 797	42 160	−0.9	31 361 302	33 649 358	(2 288 056)	−1.8
NE	347 440	388 501	(41 061)	−5.6	35 489	38 053	−6.7	12 330 183	14 783 780	(2 453 597)	−6.4
KS	641 076	696 012	(54 936)	−4.1	38 655	40 269	−4.0	24 780 725	28 027 754	(3 247 029)	−5.5
IA	498 951	572 018	(73 067)	−6.8	36 088	37 506	−3.8	18 005 967	21 454 110	(3 448 143)	−5.4
DC	393 861	429 144	(35 283)	−4.3	43 410	48 396	−10.3	17 097 386	20 768 925	(3 671 539)	−21.9
IN	988 225	1 038 388	(50 163)	−2.5	38 431	40 387	−4.8	37 978 581	41 937 749	(3 959 168)	−3.2
MN	767 916	790 709	(22 793)	−1.5	41 865	45 865	−8.7	32 149 124	36 266 242	(4 117 118)	−3.2

续表

州名	联邦纳税申报单迁移				(纳税申报)单均AGI流动				AGI流动			
	迁入(份)	迁出(份)	净迁入人(份)	净迁移人占迁移总量的百分比(%)	流入(千美元)	流出(千美元)	流入占流出的百分比(%)	流入(千美元)	流出(千美元)	净流入(千美元)	最后1年州净流入占申报总额的百分比(%)
LA	663 618	794 223	(130 605)	−9.0	33 483	35 804	−6.5	22 219 748	28 436 292	(6 216 541)	−8.0
CT	621 726	764 219	(142 493)	−10.3	65 572	63 084	3.9	40 767 581	48 210 245	(7 442 664)	−7.2
MD	1 283 770	1 321 441	(37 671)	−1.4	44 329	48 950	−9.4	56 908 353	64 684 681	(7 776 328)	−5.1
PA	1 618 082	1 831 896	(213 814)	−6.2	46 766	45 971	1.7	75 670 893	84 214 770	(8 543 877)	−3.0
MA	1 096 307	1 285 592	(189 285)	−7.9	48 630	50 657	−4.0	53 313 316	65 124 732	(11 811 416)	−6.6
MI	993 975	1 354 346	(360 371)	−15.3	41 897	43 539	−3.8	41 645 055	58 967 096	(17 322 041)	−9.0
OH	1 354 163	1 677 034	(322 871)	−10.7	41 170	44 540	−7.6	55 751 296	74 694 463	(18 943 167)	−8.4
NJ	1 366 147	1 693 947	(327 800)	−10.7	56 734	58 156	−2.4	77 506 476	98 512 637	(21 006 161)	−8.4
IL	1 685 281	2 119 438	(434 157)	−11.4	44 408	49 296	−9.9	74 839 633	104 480 853	(29 641 220)	−10.1
CA	3 697 622	4 580 090	(882 468)	−10.7	43 644	45 146	−3.3	161 378 278	206 774 453	(45 396 175)	−5.9
NY	2 205 544	3 292 895	(1 087 351)	−19.8	44 784	50 494	−11.3	98 773 291	166 272 249	(67 498 958)	−15.1
合计	52 667 069	52 667 069	0	−0.4				2 257 716 534	2 257 716 534	0	91.0

表中列示的两个字母是美国50个州名的英文缩写。它们的中译名分别是：内华达州(NV)；马里兰州(MD)；犹他州(UT)；亚拉巴马州(AL)；亚利桑那州(AZ)；内布拉斯加州(NE)；堪萨斯州(KS)；佐治亚州(GA)；得克萨斯州(TX)；明尼苏达州(MN)；爱达荷州(ID)；肯塔基州(KY)；北卡罗来纳州(NC)；怀俄明州(WY)；艾奥瓦州(IA)；印第安纳州(IN)；佛罗里达州(FL)；密苏里州(MO)；科罗拉多州(CO)；威斯康星州(WI)；怀俄明州(CT)；特拉华州(DE)；新泽西州(NJ)；南卡罗来纳州(SC)；密西西比州(MS)；华盛顿州(WA)；新罕布什尔州(NH)；阿拉斯加州(AK)；康涅狄格州(CT)；特拉华州(PA)；夏威夷州(HI)；伊利诺伊州(IL)；田纳西州(TN)；西弗吉尼亚州(WV)；新墨西哥州(NM)；马萨诸塞州(MA)；弗吉尼亚州(VA)；宾夕法尼亚州(PA)；夏威夷州(HI)；南达科他州(SD)；纽约州(NY)；北达科他州(ND)；佛蒙特州(VT)；俄克拉荷马州(OK)；俄亥俄州(OH)；加利福尼亚州(CA)；密歇根州(MI)；阿肯色州(AR)；罗得岛州(RI)。——译者注

资料来源：Internal Revenue Service, Laffer Associates.

注释：

[1] 关于主要政策变量及其相关绩效成果的更全面分析，请参阅：Arthur B. Laffer and Wayne Winegarden, "Eureka!", Pacific Research Institute, 2012.

[2] 这些数据组合实际是1加上每一栏中的百分比变动幅度再减去1的结果。请把它们作为每一栏的合计值，并且不要太过细究。

[3] 请参阅注释[2]。

[4] 请参阅注释[2]。

[5] 请参阅注释[2]。

[6] 请参阅注释[2]。

[7] 请参阅注释[2]。

[8] Sarah Arnett, "State Fiscal Condition：Ranking the 50 States," Mercatus Center, George Mason University, Working Paper, January 2014, http://mercatus.org/publication/state-fiscal-condition-ranking-50-states.

[9] Arthur B. Laffer, Stephen Moore, and Jonathan Williams, *Rich States, Poor States*, 6th ed. (Arlington, VA：American Legislative Exchange Council), www.alec.org/publications/rich-states-poor-states.

[10] Emily Gross, "U.S. Population Migration Data：Strengths and Limitations," Statistics of Income Division, Internal Revenue Service, www.irs.gov/file_source/pub/irs-soi/99gross_update.doc.

[11] Emily Gross, "U.S. Population Migration Data：Strengths and Limitations," Statistics of Income Division, Internal Revenue Service, www.irs.gov/file_source/pub/irs-soi/99gross_update.doc.

第三章

征服九戒灵的戒魔远征队九成员[1]

尽管性质始于原因并止于经验,但我们必须逆向而行,也就是始于经验而止于原因,并且借助这种方法来探究原因。

——菲利普·鲍尔,《好奇心》

全美各州都有自己的特殊环境,我们应该基于各州的特殊环境来评价它们的经济绩效。全美各州又受到联邦政府政策的影响,而每个州又存在于一个自己与其他各州构成的堪称完美的自由贸易区内。但是,每个州都有很大的自主权,并且以自己的名义不受约束地制定各种各样的政策,而它们的政治领导人要对自己的选民负责。结果,美国的州常常不无道理地被说成是政策试验场。虽然州政策在很多年里会发生巨大变化,但我们有大量能够反映过去政策试验的数据。这个巨大的数据库允许我们检验各种州政策的相对效率。我们不但有太多的各州相关数据,而且还发现了州相关数据与联邦相关数据之间令人神往的相互关系。

本章我们集中关注9张图表,这9张图表都是根据一个具体的政策指标对不同组别的州进行排序,以便读者能够轻而易举地看到州政策选择对州绩效结果的相对影响。本章列示的表格考察了全美各州关于税率、税负以及被称为"ALEC—拉弗排名"的州和地方政策合计的政策选择。而对应于这些政策选择的是从人口增长到国内移民净迁入,再从就业和产出增长到州和地方税收入增长等相关绩效评价指标。我们有选择地采用了这些始终与公共服务供给有关的评价指标。

我们根据一一对应的原则，对这些政策评价指标与绩效评价指标进行比较。除了我们所谓的"ALEC—拉弗排名"的政策变量外，我们不准备在这一章里对政策组合进行分析。"ALEC—拉弗排名"由 15 个政策变量构成。虽然我们只能从一一对应的比较中得出为数有限的结论，但是，这些结论无一例外，都有助于我们评价政治家们和整个州治理网络的行为表现。世界是复杂、神秘的，人类行为的某些结果需要我们去探索研究。

持怀疑态度阅读本章，不但有益而且至关重要。在政府官员看来，不作为之过很少会像作为之过那样具有危害性。阿瑟·拉弗在采访密苏里州州长杰伊·尼克松（Jay Nixon）时发现了这个问题。我们在对某些政策负有个人责任与不负个人责任的不同情况下，会表现出完全不同的关心和风险厌恶程度。但是，我们希望读者在持有一定程度的、有益的怀疑态度的同时，还能牢记：如果结果正好与实际相反，那么读者就应该自己做出判断。怀疑态度虽然有益，但也不应该取代开放的思想。

我们发现人口增长具有特别的关联性。在过去的 10 年里，人口增长显示了它的第一重要性，因为我们认为，没有比许许多多的人都选择迁入某个州更能反映这个州的生活质量和经济合意性的评价指标了。[2]我们还给出了只包含从一个州迁往另一个州的州际移民净迁入人口数据（即不受生死和外国移民影响的人口变动数据）。为了提出一个全美各州可比的人口迁入指标，我们对每个州 10 年（2003~2012 年）净迁入人口进行了加总，然后用这个总数去除以各州 2008 年的人口数。通过考察由此确定的迁入人口，我们就有了能大致反映占州人口一定比例的迁入量（如果是正迁入）或者迁出量（如果是正迁出）的数值。这就是一个可能存在的所谓"用脚投票"的很好评价指标。这些移居他州的居民实际上就是打点行装远走他乡。

以下各表还给出了有关非农就业人口增长（过去 10 年非农就业人口的百分比变动幅度）数据以及州内生产总值（也叫州国内生产总值）增长数据。州内生产总值增长采用美国经济分析局编制的州经济规模 10 年变动百分比来表示。

在可能的情况下，我们在以下各表中采用对全美 50 州政策选择排名最靠前的 9 个州与最靠后的 9 个州进行比较的方式。通过比较排名最靠前 9 个州和最靠后 9 个州，我们就能看到全美各州在每个政策选择谱系中的两个极端。按照我们的逻辑，规律就是要用例外情况来证明。如果是重要的政策，那么政策上的巨大差异应该会导致结果上的显著差异。在比较中采用更加均匀、较少差异的分布中心,虽然几乎不会增加政策变异,但会增加很多噪音。如果只分析极端情况,那么就能大大方便对信号和噪音的区分。我们计算了每个9州组各自的平均值以及50个州的总平均值。[3]我们之所以选择排名最靠前和最靠后的9个组,是因为目前美国有9个州不课征个人劳动所得税。无论这样做是否合理,我们将在本章的剩余部分都这样做。[4]

个人所得税最高税率分析

表3.1对9个不课征个人劳动所得税的州和9个劳动所得税边际税率最高的州进行了比较。9个劳动所得税零税州的10年平均人口增长率是14.6%,而9个劳动所得税税率最高州的10年平均人口增长率是6.3%,两者的10年平均人口增长率相差竟达8.3%。在9个个人所得税税率最高的州这一组里,居然没有一个州达到9个个人所得税零税州的10年平均人口增长率。新罕布什尔州是唯一一个人口增长速度慢于9个所得税税率最高州10年平均人口增长速度的所得税零税州。虽然新罕布什尔州像同组的其他8个州一样不课征个人劳动所得税,但在其他很多政策特点方面与其他劳动所得税零税州有很大的不同。例如,新罕布什尔州就像田纳西州一样对个人股息和利息所得课税,而其他劳动所得税零税州并不课征个人股息和利息所得税。同样,新罕布什尔州是一个强制参加工会的州,而在劳动所得税零税州组中,仅有阿拉斯加州和华盛顿州是保障工作权利的州。关于这一点,下文还将更加详细地论述。

关于我们要考量的下一个指标——国内人口净迁入,9个劳动所得税零税州再次狠狠地击败了9个劳动所得税税率最高的州。在按照等权重法计算的过去10年平均人口迁入这个指标上,零所得税率州仅仅因为国内人口净迁入而吸引了占其人口3.9%的(净)外来人口,而9个劳动所得税税率最高的州,因国内人口净流出而(净)流失了占其人口2.2%的居民。内华达州正在以惊人的速度吸引外来人口。但是,内华达州不但自己是一个大量吸引外州人口迁入的州,而且正好紧靠加利福尼亚州这个名副其实的重税区。紧邻加利福尼亚州,还有助于解释俄勒冈州在努力保持重要人口净迁入州地位的同时,如何设法成为高所得税州。俄勒冈州也不课征销售税。

表 3.1　9个劳动所得税(PIT)零税州与9个劳动所得税税率最高州比较[a]

单位：%

州名	PIT最高边际税率[b]	10年增长幅度					
		人口	国内人口净迁入	非农就业人口	个人收入	州内生产总值	州和地方税收入[c]
阿拉斯加	0.00	13.9	−1.2	13.8	60.6	79.5	232.8
佛罗里达	0.00	15.7	5.6	3.4	53.3	45.0	50.3
内华达	0.00	26.9	10.3	8.6	52.0	61.4	66.7
南达科他	0.00	9.6	2.1	9.7	70.3	53.8	50.9
得克萨斯	0.00	20.1	4.3	15.5	72.0	78.5	63.3
华盛顿	0.00	14.0	3.8	8.0	56.2	58.5	48.6
怀俄明	0.00	15.3	5.3	16.9	75.9	99.5	121.1
新罕布什尔[d]	0.00	4.1	0.7	2.4	39.0	38.4	54.5
田纳西	0.00	11.4	4.5	1.9	49.0	43.5	50.2
9个劳动所得税零税州的等权重平均值[e]	0.00	14.6	3.9	8.9	58.7	62.0	82.0
50州等权重平均值[e]	5.69	9.3	0.9	4.2	51.1	51.7	56.5
9个劳动所得税税率最高州的等权重平均值[e]	10.23	6.3	−2.2	1.7	46.4	46.4	52.2
肯塔基	8.20	7.1	1.8	2.1	45.2	42.8	38.9
俄亥俄	8.43	1.2	−3.2	−5.0	33.2	28.0	28.2
马里兰	8.95	8.2	−2.2	3.8	51.6	53.7	52.2
佛蒙特	8.95	1.7	−1.0	1.3	45.8	39.3	63.5
新泽西	9.97	3.6	−5.6	−2.2	39.2	34.8	57.6
俄勒冈	10.61	11.0	4.4	3.3	44.5	66.2	53.3

续表

州名	PIT最高边际税率[b]	10年增长幅度					
		人口	国内人口净迁入	非农就业人口	个人收入	州内生产总值	州和地方税收入[c]
夏威夷	11.00	12.3	-2.0	8.8	63.6	61.8	57.6
纽约	12.70	2.3	-8.0	4.0	50.3	46.6	64.7
加利福尼亚	13.30	9.1	-3.9	-0.4	44.1	44.4	54.0

a. 2013年1月1日目前的个人所得税最高边际税率。除另有说明外,表中的绩效指标数据都是2002~2012年的数据。

b. "PIT最高边际税率"是指在2013年1月1日前,各州大城市(作为地方税的代理变量)适用于个人劳动所得税的最高边际税率。有些州有允许把联邦纳税义务中扣除的规定,本表已经把这种情况考虑进去。

c. "州和地方税收入"是指州和地方税收入10年增长幅度。这些都是美国人口普查局提供的州和地方政府财政调查数据。由于数据公布滞后的原因,这些都是2001~2011年度的数据。

d. 新罕布什尔州和田纳西州课征的是个人股息和利息所得税,因此称为"非劳动所得税",而不是一般的劳动所得税。

e. 平均值权重相同。

资料来源:Laffer Associates, U. S. Census Bureau, Bureau of Labor Statistics, Bureau of Economic Analysis.

就业人口增长数据与人口增长和人口迁入数据一样，可以告诉我们很多相同的信息。在过去的 10 年里，9 个劳动所得税零税州的非农就业人口增长幅度达到了 8.9%，而 9 个劳动所得税税率最高州只达到了 1.7% 的非农就业人口增长幅度，两者相差 7.2%。虽然夏威夷州在这个指标上比较接近 9 个劳动所得税零税州，但在 9 个劳动所得税税率最高州这个组中，还是没有一个州（就连俄勒冈州也没有）在就业人口增长上有 9 个劳动所得税零税州那样好的表现。但更重要的是，在过去的 10 年里，没有一个劳动所得税零税州在就业人口增幅这个指标上的表现像 9 个劳动所得税税率最高州的平均就业人口增长幅度那样差。田纳西州在这个指标上虽然比较接近 9 个劳动所得税税率最高州，但在这个时期也课征了一种非劳动所得税（市政税）以及一种赠与和遗产税，后来逐渐取消了这两种税（2016 年完全取消）。

表 3.1 与本章以下各图表一样，反映了税收与绩效表现之间的普遍关系。虽然在税率最低和税率最高的两组中都有例外情况和异常值，但有一点确定无疑，那就是州和地方政府的经济政策至关重要。

州个人收入总量增加与州就业人口增长紧密相关。因此，任何人都不会因为在过去的 10 年里 9 个劳动所得税零税州的个人收入增长幅度平均比 9 个劳动所得税税率最高州高出 12.3% 而感到意外。在这个指标上，夏威夷州的个人所得增长幅度大于 9 个劳动所得税零税州的平均水平。因此，夏威夷州的情况超出了本书考察的范畴，但对俄勒冈州和夏威夷州的深入分析很能说明问题。

州内生产总值又称州国内生产总值，是一个考量州在 1 年内生产的全部商品和服务价值的指标。州内生产总值是评价一州经济规模最常用的指标。如果采用州内生产总值这个指标来考量，9 个劳动所得税零税州的经济在过去 10 年里平均增长了 62%，而 9 个劳动所得税税率最高州的经济平均只增长了 46.4%。因此，在过去的 10 年里，9 个劳动所得税零税州的经济增长幅度比 9 个劳动所得税税率最高州的经济增长幅度高出 15.6%。

还是这些方面的出色表现实际导致了劳动所得税零税州与劳动所得税税率最高州之间的差别。现在，以加利福尼亚州为例来加以说明。如果加利福尼亚州要达到劳动所得税零税州过去 10 年的平均绩效水平，那么，加利福尼亚州 2012 年的总就业水平就得比它当时的实际水平高出 9.3%，也就是说，加利福尼亚州应该有比它当时多 135 万人的就业人口；而它 2012 年的州内生产总值应该比它当时的实际州内生产总值高出 15.6%，即用美元表示，应该多创造 2 160 亿美元的生产总值。州长杰里·布朗（Jerry Brown）应该实现预算盈余，大幅度降低失业率，大大提高劳动力参与率，大幅度降低贫困率，并且让加利福尼亚州的居民过上更加幸福和富裕的生活。这样，加利福尼亚州居民就不会租用友好公司（U-Haul）和联合卡车公司（United Van Lines）的卡车举家搬离加利福尼亚州，而是如同20世纪80年代通过第13号议案和里根减税计划后的情况，成群结队地搬到金州（加利福尼亚州的别称。——译者注）来安家落户，《沙滩小子》的歌曲也会重新流行起来。每一个高税率州都有类似的故事可以讲述。

然而，本章的表格在为各高税率州指明通往更加光明未来的道路之同时，也向那些憧憬增税甜头的州昭示了不祥的预兆。而读者也应该明白，这些州就是加利福尼亚州、明尼苏达州和伊利诺伊州。

最后，让我们来看看过去10年州和地方税收入的增长情况。毕竟，州政府课征所得税就是为了增加收入，而不是为了失去收入。以下结果也许会令某些读者感到震惊——9个劳动所得税零税州的州和地方税收入平均增长了82.0%，而9个所得税税率最高州的州和地方税收入平均只增长了52.2%。这就意味着，在过去的10年里，9个劳动所得税零税州的州和地方税收入普遍超过9个劳动所得税税率最高州，增长幅度平均高出29.8%。公平地说，这些数字多少有点误导性，也可能高估了劳动所得税零税州的优势。首先，在9个劳动所得税零税州中，有2个州课征很高的开采税（课征于不可再生自然资源的开采），因此会实际影响这9个州的平均税收收入水平。其次，这2个开采税收入大幅增加的州还是2个规模很小的州，因此，平均值权重相同也会导致巨大的差异，那些波动幅度大的小州会在平均值中占据相对较大的权重。我们将在下一节里更多地讨论这个问题。

公共服务与个人所得税

大家都明白，虽然税收和经济增长对于州和地方来说都很重要，但它们并非就是一切。想必，那些个人所得税税率最高州实行这么高的税率，其目的是为给州民提供特殊水平的公共服务筹措资金。而在各州谱系的另一端，那些劳动所得税零税州常常因没有充分关心它们的州民（一般而言）和较不幸者（具体而言）而受到指责。

对于州和地方政府来说，最重要的公共服务无疑是向孩子们提供的从幼儿园到中学（从幼儿园到12年级）的公共教育服务。在这一方面，零所得税州平均为每万居民雇用了305（等权重平均数）个全职教职员（FTEE），而9个所得税税率最高的州则平均为每万居民雇用233个全职教职员。

如果我们取州雇用全职教职员人数的中位数,那么,零所得税州就应该雇用 313 个全职教职员,而所得税税率最高的州则应该雇用 284 个全职教职员。

简单地说,与所得税最高的州相比,零所得税州通过教育途径提供的公共服务,即使不是更多,也至少是一样多。

与流行看法不同的是,高个人所得税并不——我们再重复一遍——意味着公共服务供给水平的提高。在福利工作者就业除外的公共服务领域,如果说 9 个零所得税州(每万居民雇用 585 个全职雇员)与 9 个所得税税率最高的州(每万居民雇用 495 个全职雇员)有什么不同的话,那么就是前者在教育、安保、医院、消防、监狱和公路服务的供给方面做得更好。

州财政支出就像税率一样,是一个会造成误导的公共服务评价指标,因为州财政支出反映的更多是州和地方工会谈判提高工资的实力,而不是雇用了人数更多或者水平更高的雇员。举例来说,零所得税州雇用 1 个全职雇员,平均要支付 46 265 美元的年薪,而所得税税率最高的州则要支付 53 010 美元,两者支付年薪的中位数分别为 44 664 美元和 49 429 美元。

那么,一个州究竟为什么要自己的州民多缴税,而向他们提供较少的公共服务呢?难道就是为了向政府雇员支付较高的薪水?答案肯定与州和地方政府雇员的工会以及用别人的钱雇用他们的雇主的政治活动关系更大。

美国教育部组织的教育水平测试成绩表明,从测试成绩平均值和中位数两方面来看,高税率州比零税州略有优势。但更值得注意的是,加利福尼亚州是我们比较的全部 18 个州中教育水平测试成绩最差的州,加利福尼亚州也是全美所得税税率和贫困率最高的州、全国每万居民雇用全职教职员第二少的州。在结束这个故事之前,再补充一点,加利福尼亚州还是教职员薪水全国第二高的州(见本书第七章)。

至于其他类别的公共服务,除 1 个州外,其他零所得税州提供了更多的服务,且支付了较少的薪水;在公共福利及住房和社区发展这个公共服务领域,所得税税率最高的州比零所得税州雇用了更多的全职雇员,而且还支付比零所得税州高出很多的薪水。

鉴于所得税税率最高的州中,人口、州内生产总值、就业人数和个人收入的增长放缓都与高所得税税率相关,因此,任何人都不应该因各所得税税率最高的州需要这么多公共福利部门雇员感到意外,尤其是不应该为这些州的贫困水平达到了 15.1%,而低所得税税率州的贫困水平只有 13.9%感到惊讶。这就是所谓的恶性循环。

石油开采和开采税的影响

这里有必要提醒那些很快忘记任何由征收开采税和从事石油生产带来的结果的人：石油不仅仅是上天馈赠的礼物，州政策对于石油生产就像对于其他领域的生产一样重要。我们来比较考察加利福尼亚州和得克萨斯州。加利福尼亚州可能拥有比得克萨斯州更多的地下石油储量［加利福尼亚州蒙特利和其他地方估计有价值2万多亿美元（按照2011年的市价）的油气储量］[5]，但只生产很少的油气，而得克萨斯州则生产较多的油气。加利福尼亚州的政策不利于本州石油生产，而得克萨斯州则鼓励石油生产。我们将在本书第七章里更多地讨论有关这个主题的加利福尼亚州和得克萨斯州问题。我们在表3.2中对美国45个开采税依赖度最低的州进行比较和排名，该表的内容与对全美50个州进行比较的表3.1相同。图3.1列示了过去10年里开采税收入在州和地方税总收入中占比最大的20个州。就如读者能够看到的那样，到目前为止，读者只注意到开采税收入在州和地方税总收入中占比最高的5个州，而忽略了一组更具代表性的州。值得一提的是，得克萨斯虽然是一个开采税大州，但在全美仅排名第九，因为得克萨斯州的经济规模非常大，以至于开采税在州和地方税总收入中所占的份额实际就显得并不那么大。

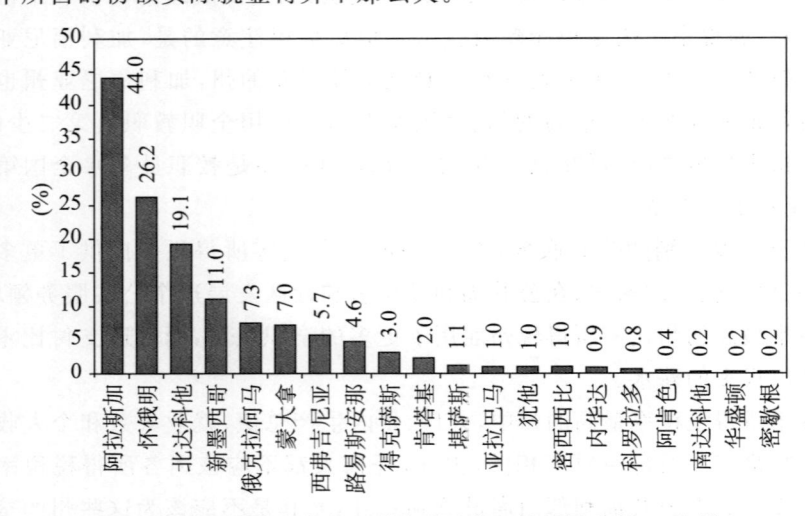

图3.1 开采税收入占州和地方税总收入份额最大的20个州ᵃ

a. 2002～2011年开采税占州和地方税总收入的平均份额。

资料来源：U. S. Census Bureau, Laffer Associates.

第三章 征服九戒灵的戒魔远征队九成员 / 059

表 3.2　7个开采税依赖度最低的零所得税州与9个个人劳动所得税（PIT）率最高的州比较[a]

单位：%

州名	PIT 最高边际税率[b]	人口	国内人口净迁入	非农就业人口	个人收入	州内生产总值	州和地方税收入[c]
				10年增长幅度			
佛罗里达	0.00	15.7	5.6	3.4	53.3	45.0	50.3
内华达	0.00	26.9	10.3	8.6	52.0	61.4	66.7
南达科他	0.00	9.6	2.1	9.7	70.3	53.8	50.9
得克萨斯	0.00	20.1	4.3	15.5	72.0	78.5	63.3
华盛顿	0.00	14.0	3.8	8.0	56.2	58.5	48.6
新罕布什尔[d]	0.00	4.1	0.7	2.4	39.0	38.4	54.5
田纳西	0.00	11.4	4.5	1.9	49.0	43.5	50.2
7个开采税依赖度最低的零所得税州的等权重平均值[e]	**0.00**	**14.6**	**4.5**	**7.1**	**56.0**	**54.2**	**54.9**
45个开采税依赖程度最低州的等权重平均值[e]	6.01	9.0	0.8	3.0	48.6	48.2	49.1
9个PIT税率最高州的等权重平均值[e]	**10.23**	**6.3**	**-2.2**	**1.7**	**46.4**	**46.4**	**52.2**
肯塔基	8.20	7.1	1.8	2.1	45.2	42.8	38.9
俄亥俄	8.43	1.2	-3.2	-5.0	33.2	28.0	28.2
马里兰	8.95	8.2	-2.2	3.8	51.6	53.7	52.2
佛蒙特	8.95	1.7	-1.0	1.3	45.8	39.3	63.5
新泽西	9.97	3.6	-5.6	-2.2	39.2	34.8	57.6
俄勒冈	10.61	11.0	4.4	3.3	44.5	66.2	53.3
夏威夷	11.00	12.3	-2.0	8.8	63.6	61.8	57.6

续表

州名	PIT最高边际税率[b]	10年增长幅度					州和地方税收入[c]
		人口	国内人口净迁入	非农就业人口	个人收入	州内生产总值	
纽约	12.70	2.3	−8.0	4.0	50.3	46.6	64.7
加利福尼亚	13.30	9.1	−3.9	−0.4	44.1	44.4	54.0

a. 最高边际税率是2013年1月1日前的税率。除另有说明外,绩效指标都采用2002~2012年的数据。

b. "PIT最高边际税率"是指在2013年1月1日前,各州大城市适用的个人劳动所得税率(作为地方税代理变量)。有些州有允许把联邦税从州纳税义务中扣除的规定,本表已经把这种情况考虑进去。

c. "州和地方税收入"是指州和地方税收入10年增长幅度。这些都是美国人口普查局提供的州和地方政府财政调查数据。由于数据公布滞后的原因,这些都是2001~2011年的数据。

d. 新罕布什尔州和田纳西州课征的是股息和利息所得税,因此称为"非劳动所得税",而不是一般的劳动所得税。

e. 平均值权重相同。为了消除由于采税州采税依赖度最高的州(见表3.1)排除在外。

克拉荷马5个在过去10年里开采税依赖度最高的州(见表3.1)排除在外。

资料来源:Laffer Associates, U. S. Census Bureau, Bureau of Labor Statistics, Bureau of Economic Analysis.

即使从全美 50 个州的平均数中除去 2 个石油开采税收入巨大的零所得税州（阿拉斯加和怀俄明）和 5 个开采税收入最高的州（阿拉斯加、怀俄明、北达科他、新墨西哥和俄克拉何马），其他 7 个不征收劳动所得税的州在州和地方税总收入增长上的平均表现，仍显著好于剩下 45 个州的平均水平和所得税税率最高的 9 个州的平均水平。在过去 10 年人口增长和国内人口净迁入等指标上，所得税税率最高的那一组中，没有一个州的表现超过 7 个没有很多开采税收入的零所得税州。

7 个开采税依赖度最低的劳动所得税零税州，与 9 个开采税依赖程度最低的劳动所得税税率最高州的 10 年平均结果比较如下：人口增长幅度——14.6% 和 6.3%；国内人口净迁入增长幅度——4.5% 和 －2.2%；非农就业人口增长幅度——7.1% 和 1.7%；个人收入增长幅度——56.0% 和 46.4%；州内生产总值增长幅度——54.2% 和 46.4%；州和地方税收入增长幅度——54.9% 和 52.2%。就以上各项评价指标而言，即使是 7 个开采税依赖度最低的劳动所得税零税州的平均值，也都高于各类中开采税依赖度最低的州的 45 个州绩效平均值。

我们恳请读者在阅读完本章这两节以后，不妨思考一下：如果把比较结果完全颠倒过来，那么会得出怎样的结论呢？如果每个高税率州的绩效都好于零所得税州的平均绩效，那么我们会向我们的批评者请求宽恕。

就像我们已经指出的那样，石油生产确实会影响州的绩效表现，并且可以相信，还有很多因素也同样会对州的绩效表现产生影响。但是，表 3.1 和表 3.2 的结果非常稳健。我们并没有被逼到非要下以下结论不可：高税率极有可能会严重负面影响州的绩效表现。不过，再继续往下看，情况甚至会变得更好。

从较长远的视角对数据的审视

我们在比较高所得税州和零所得税州时，还应该考虑另一个问题，那就是考察期有可能对于比较来说并不典型，我们发现的结果实际上是所选定考察期特有的。正因为我们一直牢记这个因素不忘，所以把我们的检验期追溯扩展到了 50 年。

我们对所有的零所得税州和相同数量的所得税税率最高的州从 1970 年到现在每一年的绩效表现进行了比较。请记住，由于我们采用的时间序列一直延续到今天，其间有很多州开征了所得税（其中有 11 个州从 1961 年起就开始课征所得税），而只有 1 个州（阿拉斯加）废除了所得税。还请记住，虽然我们报告了 1970 年以来的结果，但实际上，我们采用了自 1960 年以来的所有数据，因为我们选择了 10 年期的关键评价指标。

由于数据有限,也为了避免过于啰嗦导致读者失去兴趣,因此,下面我们只报告零所得税州和所得税税率最高的州两个组的结果以及它们的年度差异(见图3.2和图3.3[6])。如果读者需要这两个比较组各州的具体数据,可以向我们索取。

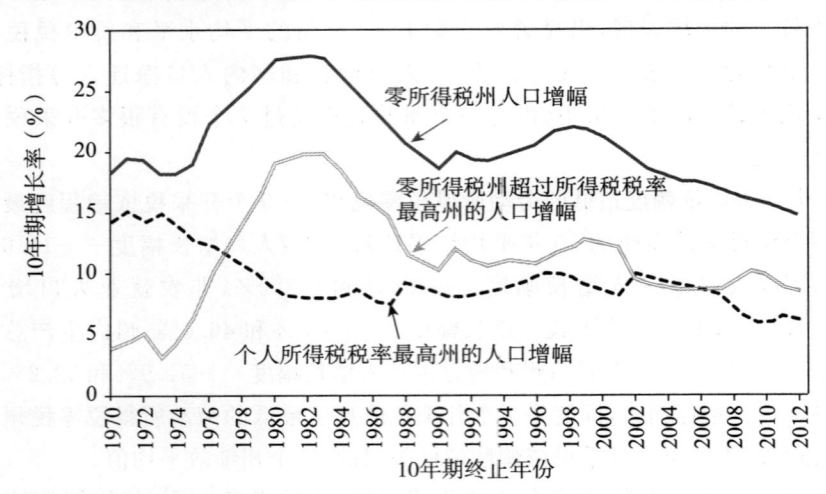

图3.2　零所得税州与所得税税率最高州10年期人口增长幅度比较[a]

a. 基于1970~2012年的年度数据。

资料来源:Bureau of Economic Analysis, Laffer Associates.

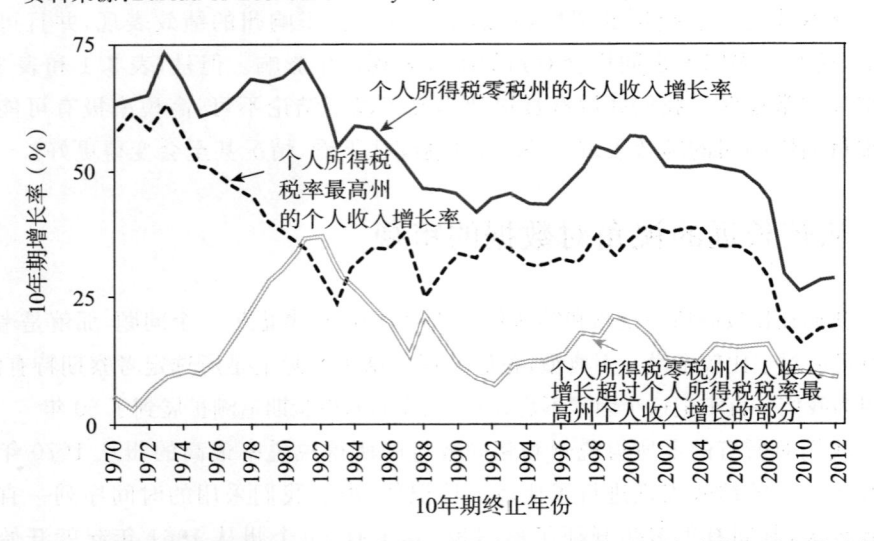

图3.3　个人所得税零税州和个人所得税税率最高州10年期实际个人收入增长率比较[a]

a. 个人收入按国内生产总值内含平减物价指数扣除通胀因素;1970~2012年年度数据。

资料来源:Bureau of Economic Analysis, Laffer Associates.

图 3.2 和图 3.3 显示的是从 1970 年以来每一年的 10 年移动平均值。这两张图表明劳动所得税零税州的人口增长幅度高于所得税税率最高州的人口增长幅度，而且无一例外。

而在某些年份，尤其是在 20 世纪 80 年代初，这两个比较组州的人口增长幅度差异远大于今天。如果读者由于任何原因而倾向于不接受这样的结论，那么，我们再次请求读者设想一下：如果在同一考察期内，所得税税率最高州的各年度人口增长率都高于零所得税州的人口增长率，那么您会得出怎样的结论？我们不能想象这些数据能够多么令人信服地证明，州所得税有害于州繁荣。

公司所得税分析

俄亥俄州不像其他州那样课征公司所得税。俄亥俄州不征收公司所得税（CIT），而是课征一种税率为 0.26% 的总收入税（gross receipts tax）。把总收入税转换成公司所得税，简直就是不可能的事。但是，根据我们的猜测，课征税率为 0.26% 的总收入税使得俄亥俄州在公司税排名中位于所有公司所得税课征州的上半区，甚至有可能名列前 11 位。为了进行公司所得税率最高和最低分组，并且计算表 3.3 中的全美 50 州平均值，我们干脆就把俄亥俄州排除在外。

表 3.3 对 11 个公司所得税率最低的州和 11 个公司所得税率最高的州进行了比较。各选 11 个州的原因相当滑稽，但基本上取决于是否有 2 个或 2 个以上的州最高公司所得税率相同的情况，而"11"正好是大于"9"的没有 2 个或 2 个以上最高公司所得税率相同州数的最小数。

各州间的最高公司所得税率差异相当明显。虽然各州之间的扣税、免税、扣除项目和起征点差别也可能非常明显，但它们趋向于相互增强而不是抵消。

只要看看过去 10 年的人口增长率差异就能发现，公司所得税率最高州的人口增长率大大低于公司所得税率最低州的人口增长率——两者的人口增长率分别是 5.9% 和 13.6%。个人所得税率最高州和最低州之间的人口增长率差异只是略微较大。在我们了解到 11 个公司所得税率最低的州中只有 4 个州也属于个人所得税率最低的州，而 11 个公司所得税率最高的州中只有 3 个州也属于个人劳动所得税税率最高州以后，这一点就会加倍地令人印象深刻。表 3.3 中还包含大量的新信息。

公司所得税率最高州和最低州之间在国内人口净迁入、非农就业增长、个人收入增长和州内生产总值增长等方面的差异，类似于个人所得税率最高州和最低州之间在这些指标上的差异。至于州和地方税收入增长这个指标，公司所得税率最高州和最低州之间的绩效差异并不显著。

如果我们考察用每万居民雇用全职雇员人数表示的公共服务供给这个指标，那么就能发现，除了公共福利以及住房和社区发展工作人员外，11个公司所得税率最低州的表现要大大好于11个公司所得税率最高州的表现。此外，公共福利部门雇员的人数异常很可能是高税率州经济绩效表现平庸的一个直接后果。高税率导致经济绩效平庸，经济绩效平庸造就了更多的贫困者，而更多的贫困者又需要更多的公共福利部门雇员。把这个结果与个人所得税率最高州和最低州的比较结果放在一起就能发现，公司所得税率最高州公职人员的薪水远高于公司所得税率最低州公职人员的薪水。

总税负分析

在本节，我们讨论另一个影响力非常大的政策变量——州和地方总税负占个人收入的份额——以及这个政策变量与经济绩效指标之间呈现怎样的关系，以便评估州和地方税负对增长的影响。这个政策变量在本书各章中都充当了重要的角色。这个政策变量比任何其他政策变量更能代表每个州的总税负。税负并不是税率，更加接近于税收总收入，因此也比较接近州内生产总值中的财政支出（见表3.4[7]）。

我们在观察州和地方政府时，应该关注以下三个最重要的问题：(1)税率问题；(2)总税负问题；(3)政府如何花钱的问题。也许到目前为止，读者不会为税负最低的州非常类似于税率最低的州以及那些除公共福利外提供最多公共服务的州感到意外。低税率意味着高增长、低税负和公共服务的改善。在我们看来，这是非常正确的。

虽然我们很想邀功开发总税负这个评价指标，但实际上，税收基金会已经开发了每个州的总税负评价指标。

由表3.1和表3.4可知，7个零劳动所得税州也是税负最轻组（共有9个成员）的成员，但只有3个劳动所得税税率最高的州也是税负最重组（共有9个成员）的成员。令人惊讶！华盛顿州和佛罗里达州是2个不属于税负最轻组的零劳动所得税州，它们被路易斯安那州和亚拉巴马这个最受青睐的州所取代。3个同时属于9个税负最重州和9个劳动所得税税率最高州组别的州是新泽西、纽约和加利福尼亚这3个因绩效最差而被喝倒彩的州。这些比较结果表明，征税过重有很多的实现途径，而能保持低税负的手段为数不多。就像读者在后文中将要看到的那样，税负这个变量至关重要。

表 3.3　11 个公司所得税税率最低的州和 11 个公司所得税税率最高的州比较[a]

单位：%

州名	CIT 最高边际税率[b]	10 年增长幅度 人口	国内人口净迁入	非农就业人口	个人收入	州内生产总值	州和地方税收入[c]
内华达	0.00	26.9	10.3	8.6	52.0	61.4	66.7
南达科他	0.00	9.6	2.1	9.7	70.3	53.8	50.9
怀俄明	0.00	15.3	5.3	16.9	75.9	99.5	121.1
得克萨斯	2.72	20.1	4.3	15.5	72.0	78.5	63.3
亚拉巴马	4.23	7.6	2.2	0.0	48.8	46.6	45.1
科罗拉多	4.63	15.5	4.2	5.7	48.4	46.9	60.7
密西西比	5.00	4.4	−1.1	−2.0	49.3	46.0	44.6
南卡罗来纳	5.00	15.0	7.1	2.9	51.3	41.7	42.5
犹他	5.00	22.8	2.4	16.4	65.0	74.9	52.2
北达科他	5.15	9.6	1.5	30.3	109.5	125.1	169.3
路易斯安那	5.20	2.3	−5.7	1.6	56.5	74.8	44.0
11 个公司所得税税率最低州的等权重平均值[d]	3.36	13.6	3.0	9.6	63.6	68.1	69.1
49 个州（不包括俄亥俄州）的等权重平均值[d]	7.25	9.5	1.0	4.4	51.4	52.2	57.1
11 个公司所得税税率最高州的等权重平均值[d]	11.05	5.9	−2.0	1.9	45.1	48.2	68.2
康涅狄格	9.00	3.8	−3.4	−1.6	41.4	35.8	47.9
新泽西	9.00	3.6	−5.6	−2.2	39.2	34.8	57.6
罗得岛	9.00	−1.5	−6.0	−3.0	37.8	33.6	44.4

续表

州名	CIT最高边际税率[b]	10年增长幅度					
		人口	国内人口净迁入	非农就业人口	个人收入	州内生产总值	州和地方税收入[c]
阿拉斯加	9.40	13.9	-1.2	13.8	60.6	79.5	232.8
伊利诺伊	9.50	2.8	-4.9	-2.3	36.3	39.7	45.4
明尼苏达	9.80	7.2	-1.2	2.4	45.4	46.2	46.5
艾奥瓦	9.90	4.8	-0.9	4.2	53.1	54.6	54.1
特拉华	10.49	13.8	5.0	0.8	44.0	51.1	53.5
俄勒冈	11.25	11.0	4.4	3.3	44.5	66.2	53.3
宾夕法尼亚	17.07	3.5	-0.2	1.5	43.6	41.7	50.3
纽约	17.16	2.3	-8.0	4.0	50.3	46.6	64.7

a. 最高边际税率是2013年1月1日前的税率。除另有说明外,绩效指标都采用2002~2012年的数据。

b. "CIT最高边际税率"是指在2013年1月1日前,各州大城市(作为地方税的代理变量)适用的公司所得税最高边际税率。有些州有允许把联邦税从州纳税义务中扣除的规定,本表已经把这种情况考虑进去。俄亥俄州没有公司所得税,因为该州的主要企业税是总收入税,而不是公司所得税,因此不适合把俄亥俄州放在本表中。

c. "州和地方税收入"是指州和地方税收入10年增长率。这些是美国人口普查局提供的州和地方政府财政调查数据。由于数据公布滞后的原因,这些数据是2001~2011年的数据。

d. 平均值权重相同。

资料来源:Laffer Associates, U. S. Census Bureau, Bureau of Labor Statistics, Bureau of Economic Analysis.

表 3.4　9 个税负（税收占个人收入的份额）最轻的州与 9 个税负最重的州比较[a]

单位：%

州名	税负[b]	人口	国内人口净迁入	非农就业人口	个人收入	州内生产总值	州和地方税收入[c]
		\multicolumn{6}{c}{10 年期增长幅度}	
阿拉斯加	6.97	13.9	−1.2	13.8	60.6	79.5	232.8
南达科他	7.58	9.6	2.1	9.7	70.3	53.8	50.9
田纳西	7.72	11.4	4.5	1.9	49.0	43.5	50.2
路易斯安那	7.75	2.3	−5.7	1.6	56.5	74.8	44.0
怀俄明	7.77	15.3	5.3	16.9	75.9	99.5	121.1
得克萨斯	7.93	20.1	4.3	15.5	72.0	78.5	63.3
新罕布什尔	8.11	4.1	0.7	2.4	39.0	38.4	54.5
亚拉巴马	8.18	7.6	2.2	0.0	48.8	46.6	45.1
内华达	8.24	26.9	10.3	8.6	52.0	61.4	66.7
9 个税负最轻州的等权重平均值[d]	7.81	12.4	2.5	7.8	58.2	64.0	80.9
不包括怀俄明和阿拉斯加的 9 个税负最轻州的等权重平均值[d]	7.93	11.7	2.6	5.7	55.4	56.7	53.5
全美 50 州的等权重平均值[d]	9.46	9.3	0.9	4.2	51.1	51.7	56.5
9 个税负最重州的等权重平均值[d]	11.34	4.0	−3.5	−0.2	42.2	39.2	48.9
缅因	10.26	2.6	1.0	−1.5	40.4	34.2	37.5
马萨诸塞	10.43	3.6	−3.7	0.5	43.0	40.0	49.5
明尼苏达	10.79	7.2	−1.2	2.4	45.4	46.2	46.5
罗得岛	10.85	−1.5	−6.0	−3.0	37.8	33.6	44.4

续表

州名	税负[b]	10年期增长幅度					
		人口	国内人口净迁入	非农就业人口	个人收入	州内生产总值	州和地方税收入[c]
威斯康星	11.07	5.2	−0.7	0.1	38.4	37.5	37.8
加利福尼亚	11.23	9.1	−3.9	−0.4	44.1	44.4	54.0
康涅狄格	12.27	3.8	−3.4	−1.6	41.4	35.8	47.9
新泽西	12.42	3.6	−5.6	−2.2	39.2	34.8	57.6
纽约	12.77	2.3	−8.0	4.0	50.3	46.6	64.7

a. 2010年前的税负。除另有说明外，表中的绩效指标数据都是2002～2012年的数据。

b. 表中的"税负"由税收入的份额计算得出，采用2010年前的数据。

c. "州和地方税收入"是指州和地方政府所纳的税金占个人收入的10年增长率。这些都是美国人口普查局提供的州和地方政府财政调查数据。由于数据公布滞后的原因，这些都是2001～2011年的数据。

d. 平均值权重相同。

资料来源：Tax Foundation, Laffer Associates, U. S. Census Bureau, Bureau of Labor Statistics, Bureau of Economic Analysis.

表3.4也列示了各州因加重税负而被迫做出的巨大牺牲。无论读者关注哪个绩效指标变量,9个税负最轻州的表现都要大大好于9个税负最重州的表现,这一点确实令人意外。举例来说,过去10年两者的州内生产总值平均增长率竟然相差近25%。简直不可思议!于是,我们不禁要问:这些州为什么要做出这么大的牺牲?

● 税负最轻的9个州每万居民雇用全职雇员,多于税负最重的9个州。
● 税负最轻的9个州雇用全职雇员人数的增加速度,远快于税负最重的9个州。
● 税负最轻的9个州支付全职教职员的薪水,低于税负最重的9个州——想必税负最重的9个州公共部门教师工会发挥了作用。
● 其他非福利工作公职人员也与教育部门全职教职员的情况完全相同——税负最轻的9个州雇用人数较多,人数增加较快,薪水较低。
● 至于公共福利部门,税负最重的9个州雇用了更多的雇员,支付了较高的薪水,但人员增长速度接近于税负最轻的9个州。

我们简直不能想象比这更鲜明的对照——低税收、高增长、低福利和公共服务供给充裕,对比高税收、低增长、公共服务供给不足和公共福利部门雇员人数多(见表3.5)。

表3.5　　　　　　　　　按税负计的公共服务供给

	州别	每万居民雇用全职雇员人数[a]		年薪平均值[a]
		2011年(人)	2001~2011年变动百分比(%)	2011年(美元)
教育	9个税负最轻的州	318.7	3.6	44 431
	50个州平均值	304.6	1.4	47 236
	9个税负最重的州	287.9	−0.9	56 366
其他非福利部门	9个税负最轻的州	266.6	−2.4	50 045
	50个州平均值	228.3	−5.5	51 291
	9个税负最重的州	206.7	−10.5	62 062
公共福利部门	9个税负最轻的州	20.2	−2.0	42 832
	50个州平均值	19.7	−8.6	43 912
	9个税负最重的州	25.9	−3.2	53 887

a.各组别等权重平均值。

ALEC—拉弗州经济竞争力指数

由美国立法交流委员会(ALEC)出版的年度出版物《富裕州与贫困州》，按照包括税率、税负、税收累进度、监管政策、财政清偿力和劳动力政策等在内的15个政策变量，对全美各州进行了排序。表3.6对ALEC—拉弗排名最靠前的9个州和最靠后的9个州进行了比较。检验显示，ALEC—拉弗排名采用的指标表明，它们都是评价州绩效表现的稳健指标(见本书第八章)。9个排名最靠前的州在每个评价指标上的绩效平均值显著优于全美50州的平均值和9个排名最靠后的州的平均值。以下是排名最靠前的9个州与最靠后的9个州的比较结果：人口分别增长15.8%和5.2%；国内人口净迁入分别增长4.4%和−2.1%；非农就业人口分别增长11.4%和1.7%；个人收入分别增长65.5%和45.2%；州内生产总值分别增长66.1%和46.9%；州和地方税收入分别增长69.3%和53.4%。

那么，对9个劳动所得税零税州和9个劳动所得税税率最高州以及9个税负最轻州和9个税负最重州的ALEC—拉弗排名进行比较，具有什么特别意义呢？排名指标和排名本身有很大的区别。举例来说，只有3个劳动所得税零税州位于ALEC—拉弗排名前九之列，但也只有4个ALEC—拉弗排名最靠后的州是劳动所得税税率最高的州。

就如同个人所得税率、公司所得税率和总税负的情况一样，ALEC—拉弗排名靠前的州也更加与9个除公共福利、住房和社区发展外的公共服务供给排名靠后的州匹配。当然，ALEC—拉弗排名最靠前的9个州支付给全职雇员的年薪也大大低于排名靠后的州。

表 3.6　ALEC—拉弗排名最靠前的 9 个州与排名最靠后的 9 个州比较[a]

州名	2013 年 ALEC—拉弗排名[b]	人口	国内人口净迁入	非农就业人口	个人收入	州内生产总值	州和地方税收入[c]
		\multicolumn{6}{c}{10 年期增长幅度（%）}	
犹他	1	22.8	2.4	16.4	65.0	74.9	52.2
北达科他	2	9.6	1.5	30.3	109.5	125.1	169.3
南达科他	3	9.6	2.1	9.7	70.3	53.8	50.9
怀俄明	4	15.3	5.3	16.9	75.9	99.5	121.1
弗吉尼亚	5	12.3	1.8	6.6	56.8	53.3	48.8
亚利桑那	6	21.4	9.8	8.6	59.1	50.7	56.1
爱达荷	7	19.1	6.2	9.5	54.3	54.4	43.1
佐治亚	8	16.6	5.1	1.4	45.6	38.1	31.6
佛罗里达	9	15.7	5.6	3.4	53.3	45.0	50.3
9 个 ALEC—拉弗排名最靠前州的等权重平均值[d]	**5.00**	**15.8**	**4.4**	**11.4**	**65.5**	**66.1**	**69.3**
全美 50 州的等权重平均值	25.50	9.3	0.9	4.2	51.1	51.7	56.5
9 个 ALEC—拉弗排名最靠后州的等权重平均值[d]	**46.00**	**5.2**	**−2.1**	**1.7**	**45.2**	**46.9**	**53.4**
蒙大拿	42	10.3	4.7	11.4	60.7	70.0	61.0
康涅狄格	43	3.8	−3.4	−1.6	41.4	35.8	47.9
俄勒冈	44	11.0	4.4	3.3	44.5	66.2	53.3
罗得岛	45	−1.5	−6.0	−3.0	37.8	33.6	44.4
明尼苏达	46	7.2	−1.2	2.4	45.4	46.2	46.5

续表

州名	2013年ALEC—拉弗排名[b]	10年期增长幅度（%）					
		人口	国内人口净迁入	非农就业人口	个人收入	州内生产总值	州和地方税收收入[c]
加利福尼亚	47	9.1	-3.9	-0.4	44.1	44.4	54.0
伊利诺伊	48	2.8	-4.9	-2.3	36.3	39.7	45.4
纽约	49	2.3	-8.0	4.0	50.3	46.6	64.7
佛蒙特	50	1.7	-1.0	1.3	45.8	39.3	63.5

a. 2013年ALEC—拉弗排名结果。除另有说明外，相关绩效指标都采用2002~2012年的数据。

b. 2013年的ALEC—拉弗排名。有关ALEC—拉弗排名的更多信息，请参阅美国立法交流委员会2013年的出版物《富裕州与贫困州》（可从www.alec.org/publication/rich-states-poor-states/下载）。

c. "州和地方税收收入"是指州和地方税收入的10年增长率。这些都是美国人口普查局提供的州和地方政府财政调查数据。由于数据公布滞后的原因，这些数据是2001~2011年的数据。

d. 平均值权重相同。

资料来源：Laffer Associates, U. S. Census Bureau, Bureau of Labor Statistics, Bureau of Economic Analysis.

注释：

[1] "戒灵"（Nazgûl）又称 Ringwraiths。"九戒灵"是指 J. R. R. Tolkien 的《指环王》(*The Lord of the Ring*) 中被戒魔远征队九成员征服的 9 个魔戒。

[2] 这里的 10 年期增长率是指 2002～2012 年的增长率。虽然从 2002 年到 2012 年有 11 年的数据，但在这些年份中有 10 个增长年头。

[3] 出于这些用意，我们决定采用等权重平均数。用另一个指标（州内生产总值或者人口）对平均数进行加权，会造成一系列采用这种方法特有的问题。譬如说，想象一下，如果得克萨斯州与怀俄明州是 2 个仅有的零所得税州，考察零所得税州这个组别的人口加权平均绩效指标。无论怀俄明州的情况如何，该州所占的很小权重都不会对平均值产生实际影响。

[4] 9 个个人劳动所得税零税州分别是阿拉斯加州、佛罗里达州、内华达州、新罕布什尔州、南达科他州、田纳西州、得克萨斯州、华盛顿州和怀俄明州。田纳西州和新罕布什尔州只课征股息和利息所得税。更详细的材料备索。

[5] Considine, Timothy J. and Edward Manderson, "Balancing Fiscal, Energy, and Environmental Concerns," Powering California, 2011. http://heartland.org.sites/default/files/2011_balancing_fiscal_energy_environmental_concerns.pdf.

[6] 我们在图 3.3 中采用了"真实"数据，因为从 20 世纪 70 年代末到 80 年代初的高通胀率导致名义个人收入迅速增长。如果采用名义增长率，很难甄别不同类别之间的差异，因为增长速度太快。通过扣除名义价值中的通胀因素，就能清楚地看到不同类别州之间的差异。所有个人收入数值全部采用 GDP 隐含平减物价指数序列并扣除了通胀因素。

[7] 在表 3.4 中，用个人收入占比表示的税负，由税收基金会根据美国人口普查局的州和地方政府财政数据计算得出。税收基金会在计算税负时做了一些调整，以便把缴纳给其他州的税款等因素考虑进去。美国人口普查局提供的数据没有考虑这些因素。关于更详细的信息，请浏览：http://taxfoundation.org/tax-topics/tax-burdens.

第四章

继续分析

> 大自然从来没有像她已知的那样奇妙和丰富多彩。
>
> ——菲利普·鲍尔,《好奇心》

本章仅用一组不同的政策变量来继续上一章开始的分析。我们还将把销售税、遗产税以及一种财产税评价指标包含在这组不同的政策变量内。令我们惊讶的是,分析表明,这些税种与经济增长之间存在某种程度的显著负相关性。亨利·乔治(Henry George)也对此感到意外。

正如读者很快就要看到的那样,销售税税负与绩效表现之间的关系非常不同于我们在上一章考察过的所有其他主要税种及其影响。州政府要靠征税来提供公共服务,从我们的标准出发,销售税是各主要税种中能够最好地满足这种需要的税种。根据我们的研究,销售税是危害最小的税种之一。

与销售税相比,危害最大的普通税种也许就是遗产税。遗产税只能收到很少的税收,却会导致明显的扭曲。我们应该避免对小税基课高税率的做法。

在阐述了财产税、遗产税和销售税对州经济绩效的影响以后,本章要论述的另外三个主题,在它们对于州经济绩效影响的显著性方面可谓大相径庭。工作权利保障与强制性参加工会这个主题对州经济绩效的影响具有高显著性,紧随其后的是劳动力工会化程度,最后是州是否单独实行高于联邦最低工资的州最低工资。确切地说,劳动力工会化程度并不是一个政策变量,但直接受到很多政策变量的影响,当然包括相关州是否保障工作权利。不过,工作权利保障也不是一个单独的政策变量。举例来说,在威斯康星州,斯科特·沃尔克州长和他在州议会两院的共和党伙伴们在很多问题——如要求工会会员书面同意把他们的会费用于政治用途——上,与该州民主党人展开了一场完全公开、很有争议的政治斗争。

在沃尔克州长赢得罢免表决后,支持他的州议员由此成功地通过了他们的立法议程,而威斯康星州又踏上了新的征途。

财产税税负分析

在本节中,我们对财产税税负最轻的 9 个州和最重的 9 个州进行比较(见表 4.1)。在财产税方面,我们发现,高财产税州往往都是高总税负州,而且各方面的绩效表现都非常平庸。如果把各州房价上涨的因素考虑进去,那么与全美各州平均表现相比,财产税高税负州的绩效表现倒也并不显得特别平庸。

如果把房价上涨因素考虑进去,那么财产税低税负州的绩效就显著优于其他各州,但在其他评价指标上只略好于其他各州。

销售税税负分析

为了寻求完整性,我们还考察了州和地方销售税总税负的影响(见表 4.2)。销售税税负是一个比较值得考察的绩效影响因素,原因就在于:虽然从表面上看,结果似乎与税率和经济增长之间关系的重要性相矛盾,但实际证明了我们在本书中考察的税收原则。在从人口增长到州内生产总值增长(州和地方税收入增长除外)等我们所考察的每一个绩效评价指标上,我们观察到,9 个销售税税负最轻州的平均绩效表现都不及 9 个销售税税负最重州的平均绩效表现。结果怎么会这样呢?但这是千真万确的事。

9 个销售税税负最轻州与 9 个销售税税负最重州 10 年期平均增长率比较结果如下:人口分别增长 8.7% 和 13.9%;国内人口净迁入分别增长 1.0% 和 3.4%;非农就业人口分别增长 4.9% 和 6.9%;个人收入分别增长 49.5% 和 58.5%;州内生产总值分别增长 54.6% 和 60.9%;最后,州和地方税收入分别增长 74.3% 和 61.6%。把销售税税负作为影响因素考察的结果,与我们把个人所得税税负、公司所得税税负、ALEC—拉弗排名和财产税税负作为影响因素考察发现的结果正好相反。

表 4.1　9 个财产税税负（占 GSP 的 %）最轻的州与 9 个财产税税负最重的州的比较[a]

单位：%

州名	2011 年财产税占 GSP 的百分比[b]	人口	国内人口净迁入	非农就业人口	个人收入	州内生产总值	州和地方税收入[c]	房产交易价	房产买入价
				10 年期增长幅度					
特拉华	1.03	13.8	5.0	0.8	44.0	51.1	53.5	30.4	26.2
俄克拉荷马	1.43	9.3	1.8	7.2	62.9	62.9	41.0	27.6	28.3
亚拉巴马	1.45	7.6	2.2	0.0	48.8	46.6	45.1	22.0	19.0
路易斯安那	1.49	2.3	−5.7	1.6	56.5	74.8	44.0	37.7	36.6
阿肯色	1.70	9.0	2.8	2.7	56.0	47.7	60.8	23.3	22.1
新墨西哥	1.72	12.4	1.3	5.0	57.9	50.2	49.8	31.0	31.0
肯塔基	1.79	7.1	1.8	2.1	45.2	42.8	38.9	19.3	18.5
北达科他	1.83	9.6	1.5	30.3	109.5	125.1	169.3	58.5	64.0
夏威夷	1.89	12.3	−2.0	8.8	63.6	61.8	57.6	66.6	68.1
9 个财产税税负最轻州的等权重平均值[d]	1.59	9.3	1.0	6.5	60.5	62.6	62.2	35.1	34.9
50 州等权重平均值[d]	2.84	9.3	0.9	4.2	51.1	51.7	56.5	23.3	22.3
9 个财产税税负最重州的等权重平均值[d]	4.47	2.7	−3.1	−0.3	41.0	37.8	50.4	24.0	20.3
伊利诺伊	3.61	2.8	−4.9	−2.3	36.3	39.7	45.4	8.1	4.2
威斯康星	3.88	5.2	−0.7	0.1	38.4	37.5	37.8	15.7	10.0
纽约	3.88	2.3	−8.0	4.0	50.3	46.6	64.7	33.0	33.1
康涅狄格	4.09	3.8	−3.4	−1.6	41.4	35.8	47.9	20.7	17.6
缅因	4.57	2.6	1.0	−1.5	40.4	34.2	37.5	29.1	26.2

续表

州名	2011年财产税占GSP的百分比[b]	10年期增长幅度						
		人口	国内人口净迁入	非农就业人口	个人收入	州内生产总值	州和地方税收入[c]	房产交易价	房产买入价
罗得岛	4.60	−1.5	−6.0	−3.0	37.8	33.6	44.4	19.2	14.5
新泽西	5.17	3.6	−5.6	−2.2	39.2	34.8	57.6	28.5	27.1
佛蒙特	5.18	1.7	−1.0	1.3	45.8	39.3	63.5	48.9	42.8
新罕布什尔	5.24	4.1	0.7	2.4	39.0	38.4	54.5	12.9	7.2

a. 2011年的财产税税负。除另有说明外，绩效指标一律采用2002~2012年的数据。
b. 财产税税负采用2011年"财产税税额"（美国人口普查局财政调查数据）占2011年州内生产总值的百分比。
c. "州和地方税收入"是指州和地方税收入的10年增长率。这些都是美国人口普查局提供的州和地方政府财政调查数据。由于数据公布滞后的原因，这些都是2001~2011年的数据。
d. 平均值权重相同。

资料来源：Laffer Associates, U. S. Census Bureau, Bureau of Labor Statistics, Bureau of Economic Analysis, Federal Housing Finance Agency.

表 4.2　9个销售税税负最轻的州与9个销售税税负最重的州比较[a]

单位：%

州名	销售税税负[b]	人口	国内人口净迁入	非农就业人口	个人收入	州内生产总值	州和地方税收入[c]
		\multicolumn{6}{c}{10年期增长幅度}	
新罕布什尔	0.00	4.1	0.7	2.4	39.0	38.4	54.5
蒙大拿	0.00	10.3	4.7	11.4	60.7	70.0	61.0
特拉华	0.00	13.8	5.0	0.8	44.0	51.1	53.5
俄勒冈	0.00	11.0	4.4	3.3	44.5	66.2	53.3
阿拉斯加	1.04	13.9	−1.2	13.8	60.6	79.5	232.8
弗吉尼亚	1.23	12.3	1.8	6.6	56.8	53.3	48.8
佛蒙特	1.31	1.7	−1.0	1.3	45.8	39.3	63.5
马里兰	1.35	8.2	−2.2	3.8	51.6	53.7	52.2
马萨诸塞	1.42	3.6	−3.7	0.5	43.0	40.0	49.5
9个销售税税负最轻州的等权重平均值[d]	0.71	8.7	1.0	4.9	49.5	54.6	74.3
50州等权重平均值[d]	2.33	9.3	0.9	4.2	51.1	51.7	56.5
9个销售税税负最重州的等权重平均值[d]	3.86	13.9	3.4	6.9	58.5	60.9	61.6
内华达	3.27	26.9	10.3	8.6	52.0	61.4	66.7
田纳西	3.55	11.4	4.5	1.9	49.0	43.5	50.2
亚利桑那	3.70	21.4	9.8	8.6	59.1	50.7	56.1
阿肯色	3.76	9.0	2.8	2.7	56.0	47.7	60.8
路易斯安那	3.78	2.3	−5.7	1.6	56.5	74.8	44.0

续表

州名	销售税税负[b]	10年期增长幅度					
^	^	人口	国内人口净迁入	非农就业人口	个人收入	州内生产总值	州和地方税收入[c]
怀俄明	3.94	15.3	5.3	16.9	75.9	99.5	121.1
新墨西哥	4.01	12.4	1.3	5.0	57.9	50.2	49.8
夏威夷	4.34	12.3	−2.0	8.8	63.6	61.8	57.6
华盛顿	4.43	14.0	3.8	8.0	56.2	58.5	48.6

a. 2011年的销售税税负。除另有说明外，绩效指标一律采用2002~2012年的数据。

b. 销售税税负采用2011年"一般销售税和总收入税税额"（美国人口普查局的州和地方政府财政调查数据）占2011财年度个人收入的百分比。

c. "州和地方税收入"是指州和地方税收入的10年增长率。这些都是美国人口普查局提供的州和地方政府财政调查数据。由于数据公布滞后的原因，这些都是2001~2011年的数据。

d. 平均值权重相同。

资料来源：Laffer Associates, U. S. Census Bureau, Bureau of Labor Statistics, Bureau of Economic Analysis.

由于相对于很多其他税种,销售税税负越高,往往对经济增长的危害越小,因此,在可用来取代经济危害性较大的税种中,销售税是值得关注且非常独特的候选税种。

根据税收原则,一种促进经济增长的税收制度有两个截然不同但非常关键的特点。首先,总税负内在和本身就是增长方程式中的一个关键分量,用亨利·乔治的话来说:

能增加公共收入的最好税种显然是最符合以下条件的税种:

1. 对生产产生尽可能小的影响,因此对据以课税和保持社会正常运行的资金来源增长影响最小。[1]

总税负不仅是一个关键指标,也是一个准确考察税收如何征收的指标。再用亨利·乔治的话来说:

事实上,税收方式就像税收金额那样非常重要。正如轻税负处置不当也会使本来能轻松承担处置得当的更重税负的纳税人不堪负担,纳税人有可能因纳税而变得贫穷,而他们创造财富的能力则被税收所摧毁。如果换一种方式课征,纳税人就能轻松承担同样的税负。[2]

其实,一个管理有方的州应该最大限度地减轻能创造收入的生产所需承担的税负,因为这种收入是为适当水平的政府支出筹措资金所必需的。管理有方的州还应该采用危害最小的方式来征收它所需要的税收。凡是税收都不利于经济增长,但有些税种比另一些税种危害更大。一个州最好课征税率低、税基大的统一税,而销售税就符合这个标准。高销售税州常常课征较少的高危害性税,而低销售税州则往往课征较多的高危害性税。

值得关注的是,2个零劳动所得税州——新罕布什尔州和阿拉斯加州——也没有销售税税负或者只有很低的销售税税负,并且属于总税负最轻的州。此外,4个零劳动所得税州——内华达州、田纳西州、怀俄明州和华盛顿州——属于销售税税负最重的州;而内华达州、田纳西州、怀俄明州和路易斯安那州既是高销售税税负州,又属于总税负最轻的州。这种多样性是我们为什么能够从全美各州的不同税收体系中了解到那么多东西的重要原因。关于税收的任何可能发生的事情,几乎都已经在某个时候在某个州的某个地方发生过。

我们再重复一遍,有2个销售税税负最轻的州——新罕布什尔州和阿拉斯加州——是9个总税负最轻州的组员。有4个销售税税负最重的州——内华达州、田纳西州、怀俄明州和路易斯安那州——也是9个总税负最轻州的组员。

财产继承税

不征财产继承税——所谓的"遗产税"——的州绩效表现要大大好于课征遗产税的州（见表 4.3）。以下数据足以显示 29 个不征遗产税的州 10 年增长平均表现如何好于 21 个课征遗产税的州：人口分别增长 11.1% 和 6.8%；国内人口净迁入分别增长 2.0% 和 −0.6%；非农就业人口分别增长 5.8% 和 2.0%；个人收入分别增长 54.5% 和 46.4%；州内生产总值分别增长 55.4% 和 46.7%；最后，州和地方税收入分别增长 60.9% 和 50.4%。

虽然从税收收入生成的角度看，遗产税与其他州和地方税种相比算是小税种，但它的影响（从正、反两方面看）可能是巨大的。遗产税往往是针对那些创造工作机会最多、消费最多并且通常也是激励州域经济力度最大的人课征的。这些人并不是为了纳税而工作、储蓄，而是为了遗赠，为了他们的子孙，为了等他们走后他们的子孙能过上更好的生活而工作、储蓄。

由于遗产税通常税率很高，又有现成的避税手段，而且税基又小，因此，这个税种属于州政府税收选项中效率最低的税种。遗憾的是，有关遗产税的争论常常激发我们人性中最邪恶的一面，并且被那些善于煽动的政客投机取巧地用来煽动阶级妒忌心。没有再比遗产税更加适合"向富人征税"这句口号的税种了。然而，有些税种对穷人的实际伤害更加严重。

工作权利保障法

就如全美工作权利法律保护基金会（National Right to Work Legal Defense Foundation）所定义的那样，工作权利（RTW）保障法规定，"不能强迫任何人作为就业条件接受参加或者不参加工会的规定"。[3]有工作权利保障法的州和无工作权利保障法的州——在这里被称为"强制参加工会"州——在绩效评价结果上差别巨大（见表 4.4）。

工作权利保障法是根据为应对坚决支持工会的《1935 年瓦格纳法案》（Wagner Act of 1935）而通过的《1947 年塔夫脱—哈特莱法案》（Taft-Hartley Act of 1947）第 14(b) 节制定的。《瓦格纳法案》允许雇员在不受雇主干涉的前提下进行自我组织和集体谈判。《塔夫脱—哈特莱法案》补充了一些旨在对《瓦格纳法案》赋予工会的广泛权力稍加抑制的制衡条件。具体来说，《塔夫脱—哈特莱法案》允许各州通过工作权利保障法。到了 1948 年，有 11 个州的工作权利保障法登记在案。

表 4.3　29 个零遗产税的州与 21 个征遗产税的州比较[a]

州别	是否征遗产税（1 表示征收）[b]	10 年期增长幅度（%）					
		人口	国内人口净迁入	非农就业人口	个人收入	州内生产总值	州和地方税收入[c]
29 个零遗产税州的等权重平均值[d]	0.00	11.1	2.0	5.8	54.5	55.4	60.9
50 州等权重平均值[d]	0.42	9.3	0.9	4.2	51.1	51.7	56.5
21 个征遗产税的州的等权重平均值[d]	1.00	6.8	−0.6	2.0	46.4	46.7	50.4

a. 2013 年 1 月 1 日前的遗产税。除另有说明外，绩效指标一律采用 2002~2012 年的数据。

b. 遗产税采用麦奎尔·伍兹有限责任合伙公司 (McGuire Woods LLP)2013 年 1 月 1 日的数据。田纳西州现正处在逐步取消遗产税的过程中（到 2016 日历年度全部取消），但兹表张表中被作为课征遗产税的州。北卡罗来纳州在 2013 年 1 月 1 日已经全部取消遗产税，但这部法律直到 2013 年 7 月才生效，在本表中被作为课征遗产税的州来处理。

c. "州和地方税收入"是指州和地方税收入的 10 年增长率。这些都是美国人口普查局的州和地方政府财政调查数据。由于数据公布滞后的原因，这些都是 2001~2011 年的数据。

d. 平均值权重相同。

资料来源：Laffer Associates，McGuireWoods LLP，U. S. Census Bureau，Bureau of Labor Statistics，Bureau of Economic Analysis.

表 4.4 23 个有工作权利保障法的州与 27 个强制参加工会的州平均绩效表现比较[a]

州别	是否强制参加工会（1 表示是）[b]	10 年期增长幅度（%）					
		人口	国内人口净迁入	非农就业人口	个人收入	州内生产总值	州和地方税收入[c]
23 个有工作权利保障法的州的等权重平均值[d]	0.00	12.6	3.0	6.8	58.0	59.1	57.8
50 州等权重平均值[d]	0.54	9.3	0.9	4.2	51.1	51.7	56.5
27 个强制参加工会的州的等权重平均值[d]	1.00	6.5	−0.9	1.9	45.2	45.4	55.4

a. 2013 年 1 月 1 日前通过工作权利保障法。除另有说明外，绩效评价指标一律采用 2002～2012 年的数据。
b. 2013 年 1 月 1 日还没有颁布工作权利保障法。密歇根州在表中被列为"强制参加工会的州"（密歇根州的工作权利保障法直到 2013 年 3 月才正式生效）。
c. "州和地方税收入"是指州和地方税收入的 10 年增长率。这些都是美国人口普查局的州和地方政府财政调查数据。由于数据公布滞后的原因，这些数据是 2001～2011 年的数据。
d. 平均值权重相同。

资料来源：National Right to Work Legal Defense Foundation, Laffer Associates, U.S. Census Bureau, Bureau of Labor Statistics, Bureau of Economic Analysis.

截至我们写作本书时,全美已经有 24 个州颁布了工作权利保障法,但我们没有在表 4.4 中把密歇根州列为有工作权利保障法的州,因为密歇根州的工作权利保障法直到 2013 年 3 月才正式生效。不过,印第安纳州就在密歇根州之前成为两个从 2011 年开始有工作权利保障法的州之一。

在过去的 10 年里,23 个有工作权利保障法的州人口平均增长了 12.6%,而强制参加工会的州人口平均增长了 6.5%——两者的人口增长相差 6.1 个百分点。至于国内人口净迁入,有工作权利保障法的州平均增长 3.0%,而强制参加工会的州则平均减少 0.9%。非农就业人口,前一种州平均增长 6.8%,而后一种州则平均增长 1.9%。

在过去的 10 年里,有工作权利保障法的州的个人收入平均增长 58.0%,而强制参加工会的州只平均增长 45.2%,两者之间的个人收入增长相差 12.8 个百分点。州内生产总值的情况也大致相同,有工作权利保障法的州(州内生产总值平均增长 59.1%) 10 年增长率超出强制参加工会的州(平均只增长了 45.4%)整整有 13.7 个百分点。最后一个比较范畴州和地方税收入,这两类州过去 10 年的平均增长率分别是 57.8% 和 55.4%,前一类州略微高于后一类州。

虽然我们都明白,在当今现实世界中,所有的州政策变量都在彼此影响并且相互交织在一起,但是,把每个政策变量作为独立存在的变量来考察,并且观察每个政策变量如何与州经济绩效相关,还是非常具有教益的。但是,有时矛盾会变得不可忽视。举例来说,9 个零劳动所得税州中,有 3 个是强制参加工会的州,而另外 6 个则是有工作权利保障法的州。有谁能想到两种源自对立意识形态的政策能够那么长期地并存不悖?

3 个强制参加工会的州不是别的州,而正是新罕布什尔州、华盛顿州和阿拉斯加州。这 3 个强制参加工会的州人口增长速度都慢于劳动所得税零税州的平均人口增长速度,它们的国内人口净迁入涨幅也小于其他零劳动所得税州的平均涨幅。在非农就业人口增长方面,华盛顿州和新罕布什尔州的表现也不及 9 个零劳动所得税州的平均表现,而阿拉斯加州的表现则好于 9 个零劳动所得税州的平均表现。事实上,阿拉斯加州较好的就业人口增长表现得益于它的石油生产。在个人收入和州内生产总值增长两个方面,阿拉斯加州的表现也优于全部 9 个零劳动所得税州的平均表现,而新罕布什尔州和华盛顿州的表现仍不及 9 个零劳动所得税州的平均表现。

最近,有几个州正在讨论是否应该实施工作权利保障法,而有 2 个州——印第安纳州和密歇根州——在过去的 2 年里成功地通过了工作权利保障法。

在印第安纳州于2012年通过工作权利保障法之前,最后一个通过这种法律的州是俄克拉何马州(2001年);而在俄克拉何马州之前,是爱达荷州早在1985年就通过了工作权利保障法。如果历史能告诉我们未来会发生什么的话,那么就是,印第安纳州和密歇根州通过了工作权利保障法,将给那些经济绩效表现平平的州带来某些启示。

虽然工作权利保障法本身已经成为美国大多数州的关注焦点,但斯科特·沃尔克州长治下的威斯康星州却选择了一条不同的路径,不过取得了非常相似的结果。威斯康星州限制大部分公职人员参加集体谈判,并且把工资增长与通货膨胀挂钩。雇佣合同期限被限制在1年;而在签订新合同之前,公职人员的工资是被冻结的。集体谈判要求每年由全体成员投票表决才能生效;雇主不得收取工会会费,而参加集体谈判的成员不用缴纳工会会费。消防、治安和骑警等公职人员不受以上规定约束。总而言之,威斯康星州不再是过去的那个威斯康星州。

劳动力工会化

我们还掌握了一些与是有工作权利保障法的州还是强制参加工会的州这个区分标准相吻合的、关于每个州工会化程度——工会会员占雇佣劳动者的份额——的数据(见表4.5)。虽然这些数据与有工作权利保障法的州/强制参加工会的州的数据有重叠,但它们确实是一些倾向于强化我们在表4.4中所看到的内容的数据,并且也取得了倾向于支持我们在表4.4中看到的内容的结论。

在全美工会化程度最高的9个州中,只有密歇根州现在已经通过工作权利保障法。不过,密歇根州直到2013年才成为有工作权利保障法的州。因此,出于历史分析的需要,我们把密歇根列为强制参加工会的州。但时代在变化,我们也在拭目以待,想知道萨吉诺(Saginaw)的传奇故事会怎么发展。薄·辛巴克勒(Bo Schembechler)看来占了"伍迪"·哈耶斯("Woody" Hayes)的上风。[4]

至少对于我们来说,特别值得关注的就是考察零劳动所得税州的工会化程度。有谁会想到,美国工会化程度最高的4个州中,居然有2个州——华盛顿和阿拉斯加——还是零劳动所得税州,而只有1个零劳动所得税州——田纳西——是9个工会化程度最低的州中的一个?

虽然我们考察的很多政策变量彼此关系密切,但是,它们之间的差异性远比它们之间的相似性明显。

表 4.5　9个劳动力工会化程度最低的州与9个劳动力工会化程度最高的州比较[a]

单位：%

州名	工会会员占比[b]	10年期增长幅度					
		人口	国内人口净迁入	非农就业人口	个人收入	州内生产总值	州和地方税收入[c]
北卡罗来纳	2.93	17.1	6.9	4.0	52.6	50.9	53.2
阿肯色	3.17	9.0	2.8	2.7	56.0	47.7	60.8
南卡罗来纳	3.29	15.0	7.1	2.9	51.3	41.7	42.5
密西西比	4.29	4.4	−1.1	−2.0	49.3	46.0	44.6
佐治亚	4.36	16.6	5.1	1.4	45.6	38.1	31.6
弗吉尼亚	4.44	12.3	1.8	6.6	56.8	53.3	48.8
爱达荷	4.76	19.1	6.2	9.5	54.3	54.4	43.1
田纳西	4.80	11.4	4.5	1.9	49.0	43.5	50.2
犹他	5.15	22.8	2.4	16.4	65.0	74.9	52.2
9个劳动力工会化程度最低州的等权重平均值[d]	4.13	14.2	4.0	4.8	53.3	50.0	47.4
50州等权重平均值	10.37	9.3	0.9	4.2	51.1	51.7	56.5
不包括阿拉斯加的9个劳动力工会化程度最高州的等权重平均值[d]	18.34	6.2	−2.9	1.0	44.7	45.0	49.5
9个劳动力工会化程度最高州的等权重平均值[d]	18.79	7.0	−2.7	2.4	46.5	46.8	69.9
俄勒冈	15.76	11.0	4.4	3.3	44.5	66.2	53.3
新泽西	16.09	3.6	−5.6	−2.2	39.2	34.8	57.6
密歇根	16.61	−1.3	−5.8	−10.3	22.3	13.8	16.1
加利福尼亚	17.15	9.1	−3.9	−0.4	44.1	44.4	54.0

续表

州名	工会会员占比[b]	10年期增长幅度					
		人口	国内人口净迁入	非农就业人口	个人收入	州内生产总值	州和地方税收入[c]
罗得岛	17.82	-1.5	-6.0	-3.0	37.8	33.6	44.4
华盛顿	18.47	14.0	3.8	8.0	56.2	58.5	48.6
夏威夷	21.68	12.3	-2.0	8.8	63.6	61.8	57.6
阿拉斯加	22.38	13.9	-1.2	13.8	60.6	79.5	232.8
纽约	23.15	2.3	-8.0	4.0	50.3	46.6	64.7

a. 截至2012年的工会化率。除另有说明外，绩效指标一律采用2002~2012年的数据。
b. 工会会员占比是指参加工会的工资劳动者占（私人和公共部门）工资劳动者总数的百分比。这里采用截至2012年的数据（从Unionstats.com网站下载）。
c. "州和地方税收入"是指州和地方税收入的10年增长率。这些都是美国人口普查局公布的州和地方政府财政调查数据。由于数据公布滞后的原因，这些都是2001~2011年的数据。
d. 平均值权重相同。
资料来源：Unionstats, Laffer Associates, U. S. Census Bureau, Bureau of Labor Statistics, Bureau of Economic Analysis.

我们再次恳请每一个持怀疑态度的读者务必注意我们的失误、有偏见的陈述和误导性的暗示，但又要不抱成见，并且想象，如果比较结果正好与实际情况相反，那么您会有什么看法。我们的比较结果非常有用。

州最低工资

联邦法高于州法，联邦最低工资在 2013 年已经达到每小时 7.25 美元，适用于全美各州，但有些州规定了它们自己的高于联邦最低工资的州最低工资。高水平的最低工资再次提出了劳动力定价高于市场价格会没有销路这个经典问题，尤其对于那些边际低技能劳动力而言，更是如此。

表 4.6 列示了 31 个州最低工资与联邦最低工资相同的州和 19 个州最低工资高于联邦最低工资的州的平均经济绩效表现比较结果：人口分别增长 9.6% 和 8.9%；国内人口净迁入分别增长 1.0% 和 0.6%；非农就业人口分别增长 5.3% 和 2.3%；个人收入分别增长 54.0% 和 46.2%；州内生产总值分别增长 55.3% 和 45.9%；州和地方税收入分别增长 55.7% 和 57.9%。就如读者能轻而易举看到的那样，各州的变化并没大到足以导致州平均绩效出现显著差异的程度。

在对实行不同最低工资标准的州进行比较时，有一个方面最值得注意：平均而言，在过去的 10 年里，31 个没有实行较高州最低工资的州在就业增长（比州最低工资高于联邦最低工资的州平均高出 3 个百分点）和个人收入（比州最低工资高于联邦最低工资的州平均高出 7.8 个百分点）两个方面的表现都比较好。在我们看来，不实行较高的州最低工资似乎是一种可行的方法，因为这样往往能创造更多的工作岗位和更多的总收入！从观念和经验的角度看，降低最低工资要比提高最低工资好；工资较低但有工作做，要远远好于工资较高但没有工作做。

然而，读者总是不断听到那些不负责任的政客和社区组织者采用煽动人心的夸张手法发布的误导性主张和口号，这些人都是一些造就自我毁灭依赖状态的能工巧匠。请读者设想一下：如果最低工资——譬如说——是每小时扣除通胀因素后的 100 美元，那么美国经济可能会发生什么情况呢？我们再进一步设想：如果美国某州单独立法规定，最低工资是每小时扣除通胀因素后的 100 美元，其他州没有一个规定超过 8 美元的小时最低工资，那么，这个州会出现什么情况呢？我们认为，读者一定能够想象得出这个州的下场。

表 4.6 31 个实行联邦最低工资的州与 19 个州最低工资高于联邦最低工资的州的比较[a]

州别	州最低工资[b]（美元/小时）	人口	国内人口净迁入	非农就业人口	个人收入	州内生产总值	州和地方税收入[c]
		10 年期增长幅度（%）					
31 个实行联邦最低工资的州的等权重平均值[d]	7.25	9.6	1.0	5.3	54.0	55.3	55.7
50 州等权重平均值[d]	7.53	9.3	0.9	4.2	51.1	51.7	56.5
19 个州最低工资高于联邦最低工资的州的等权重平均值[d]	7.99	8.9	0.6	2.3	46.2	45.9	57.9

a. 最低工资数据截至 2012 年 12 月 31 日。除另有说明外，绩效指标一律采用 2002~2012 年的数据。

b. 每个州可以规定自己的最低工资，也可以不规定自己的最低工资。由于全美各州必须遵守联邦法律，因此，无论州最低工资低于联邦最低工资（目前是每小时 7.25 美元）的州，还是没有规定州最低工资的州，都必须执行联邦最低工资标准。如果州最低工资高于联邦最低工资，那么就执行州最低工资。本表中的最低工资数据截止于 2012 年 12 月 31 日，转自美国劳工部的相关数据。

c. "州和地方税收入" 是指州和地方税收入的 10 年增长率。这些都是美国人口普查局提供的州和地方政府财政调查数据。由于数据公布滞后的原因，这些都是 2001~2011 年的数据。

d. 平均值相同。

资料来源：Laffer Associates, Department of Labor, U.S. Census Bureau, Bureau of Labor Statistics, Bureau of Economic Analysis.

虽然美国各州现行最低工资的差异还没有实际大到出现这种后果的地步，但已有迹象表明，很多州正在考虑实行相当激进地提高最低工资的试点。对此，我们只能拭目以待。

注释：

［1］Henry George, *Progress and Poverty* (New York: Appleton, 1879), Chapter 17, www.henrygeorge.org/madsen.

［2］Henry George, *Progress and Poverty* (New York: Appleton, 1879), Chapter 17, www.henrygeorge.org/madsen.

［3］想了解工作权利保障法的更多信息，可浏览：www.nrtw.org/b/rtw_faq.Htm.

［4］这里向不熟悉此二人的读者们进行简单介绍。薄·辛巴克勒（Bo Shembechler）是密歇根大学足球队教练，而伍迪·哈耶斯（Woody Hayes）是俄亥俄大学足球队教练。他们二人之间的较劲，即所谓的"10年战争"，从1969年一直持续到1978年，而且至今仍然是美国高校足球史上最著名、最激烈的竞赛。

第五章

上缴恺撒

整个商业形势在很大程度上可通过税法来预测……这就是我们为什么是在加拿大,而没有在美国预演的原因。很多明智的举措无论在哪里推行、无论是否取得了成功,基本上都与税法有关。我们之所以要离开英格兰,因为我们每赚 1 美元就要上缴 98 美分。我们离开了他们,而他们就失去了一切,根本就收不到一点税收。

——基斯·理查兹(Keith Richards)[1]

在由本书的一位合著者特拉维斯·H. 布朗撰写的《钱怎么走》(*How Money Walks*)[2]一书中,考察了 1995~2010 年间有多少美国人在全美各州之间迁移,他们随身带走了 2 万亿美元的 AGI(调整后毛收入),也就是我们常说的"劳动财富"。《钱怎么走》利用美国国内税收署公布的纳税人数据开发了一个反映钱离开哪里、流向哪里的模型,这个模型反映钱从一个州流往其他州并一直流到县一级的全部路径。本章对《钱怎么走》得出的结论进行概述、提升和修正,并且把我们采用的美国国内税收署数据的时间窗口追溯扩展到 1992~1993 年度。

本书介绍了美国有些州,如不课征任何所得税的佛罗里达州,如何见证自己实现了巨额收益(18 年间吸引了 887 亿美元的 AGI 净流入),而其他一些州,如纽约州,却经历了后果严重的 AGI 流失(同期 AGI 净流出 675 亿美元)(见本书第二章表 2.7)。对纽约州与佛罗里达州的比较结果显示,在流出高税州与流入低税州之间存在无可争议的相关性，而且这样的例子不胜枚举。

促增长政策的反对者们常常提出强烈抗议，辩称低税收会损害诸如教育、治安、济贫、公路等公共事业。这种逆向管理政策虽然常常用意良好，但总是适得其反。而促增长政策的支持者们在营造商业友好型环境的同时，并没有忽视他们通常所承担的道德责任。当然，我们正在通过营造有利于企业繁荣发展、创造新的更好工作的竞争环境来承担道德责任。在这样的竞争环境下，机会就会层出不穷，劳动者不分男女，都能不受约束地为自己和家人创造更加美好的生活条件。

增长经济学是一种使美国变得伟大的经济学科，它使美国人与其他国家的公民有所不同，并且使美国让世界感到羡慕。未来，富裕州和贫困州的区别就在于：是推行致力于发展本区域经济并激励本州居民勤奋工作的经济政策，还是选择做大做强政府并通过迫使本州居民依附于政府的经济政策。

虽然美国的有些州（如纽约州和加利福尼亚州）看似决心要改变自己的命运，另一些州（像得克萨斯州和佛罗里达州这样的大赢家）抓住机遇甩掉了包袱，还有一些州（包括密歇根州和佛蒙特州）好像已经陷入困境，但另有一些州依然前景未卜，它们的命运仍有待确定，而宾夕法尼亚就属于最后这类州。

宾夕法尼亚州就是几个高税州中的一个，高税州饱受大量州民出走去寻找商业友好型氛围的困扰。而主要的赢家就是那些零税州和低税州，如佛罗里达州、新罕布什尔州、亚利桑那州和得克萨斯州（见本书第二章表2.7）。快速浏览过去20年的财富流向就能发现，如果宾夕法尼亚州想要躲避它的一些邻居已经遭遇的灾难，那么州领导人最好去研究、了解和着手解决如何摆脱困境的问题。

表5.1列示了全美各州从1992～1993年度到2009～2010年度的联邦纳税申报单净迁入率（迁入量减去迁出量后除以迁入量加迁出量之和），按照各州各年度联邦纳税申报单净迁入百分比从高到低的顺序进行排名，并且着重反映了密歇根、俄亥俄、伊利诺伊、纽约和新泽西这5个州（也就是2009～2010年度绩效表现最差的5个州）的年度绩效表现。这5个州都不是宾夕法尼亚州应该学习的榜样。

如果采用整个考察期的AGI流失数据来评价，那么纽约州就是全美最大的输家。从1992～1993年度到2009～2010年度，纽约州净迁出1 087 351份联邦纳税申报单，净流失675亿美元的AGI——相当于百老汇2011～2012年度收入的60倍。同期，马萨诸塞州净迁出近20万份联邦纳税申报单，净流失118亿美元的AGI。如果有人想弄清纽约州和马萨诸塞州联邦纳税申报单迁出和AGI流失的原因，那么不外乎是这两个州在税收基金会州和地方税负最重州的排名中分别名列第一和第八（见本书第三章表3.4）。

表 5.1 联邦纳税申报单净迁入量占总迁移量（迁入量加迁出量）的百分比

单位：%

92/93年	93/94年	94/95年	95/96年	96/97年	97/98年	98/99年	99/00年	00/01年	01/02年	02/03年	03/04年	04/05年	05/06年	06/07年	07/08年	08/09年	09/10年
19.8 ID	29.4 NV	24.8 NV	24.6 NV	26.7 NV	21.3 NV	20.1 NV	20.1 NV	19.9 NV	17.7 NV	18.9 NV	25.1 AZ	24.3 AZ	23.3 SG	17.6 SC	16.6 TX	14.5 TX	11.1 TX
19.3 AZ	23.1 AZ	23.3 AZ	19.4 AZ	18.0 AZ	16.4 AZ	15.8 AZ	14.8 FL	15.6 NV	17.6 FL	17.2 FL	23.1 FL	21.8 FL	20.0 NC	16.8 NC	16.0 SC	11.0 DC	9.8 DC
18.5 CO	19.5 ID	16.8 NC	16.5 NC	15.3 NC	13.5 CO	13.5 GA	12.1 AZ	14.0 AZ	14.9 AZ	15.0 AZ	19.3 NV	20.8 TX	17.6 NV	15.8 TX	13.6 NC	10.6 NC	8.8 CO
18.4 GA	18.1 CA	16.0 GA	16.4 FL	15.2 FL	13.3 GA	13.3 FL	11.9 CO	12.4 OR	8.9 ME	11.6 DE	10.2 ID	14.1 NC	17.4 AZ	15.8 CO	10.9 CO	10.6 CO	7.6 OK
17.2 NC	16.6 OR	15.6 OR	15.9 GA	13.4 GA	13.3 NC	11.4 CO	10.6 GA	8.9 ME	8.5 DE	11.1 NC	9.9 NC	12.6 GA	17.1 GA	14.3 OR	10.4 WY	10.5 LA	7.5 LA
16.5 CO	16.2 TN	15.1 TN	13.5 CO	12.5 CO	11.4 SC	10.0 NC	9.9 NC	8.1 DE	8.0 SC	8.1 ID	9.8 SC	12.3 SC	15.6 TN	13.1 AZ	10.2 WA	10.2 LA	7.4 SC
16.4 TN	15.5 ID	14.7 FL	11.8 OR	11.6 SC	10.7 FL	9.9 DE	8.0 NH	7.9 NC	7.3 ID	7.1 SC	9.8 TN	11.4 ID	14.2 TX	12.7 WA	9.5 DC	8.5 SC	7.3 NO
15.4 FL	15.0 CO	14.3 CO	11.2 SC	10.3 OR	7.4 DE	8.2 NH	7.8 OR	6.3 GA	6.8 OR	6.3 NC	9.0 DE	11.2 OR	13.2 ID	12.2 GA	8.6 OK	8.4 NO	6.9 NC
14.6 OR	15.0 FL	13.6 ID	9.2 WA	9.6 TX	7.3 NH	6.0 SC	7.1 DE	5.1 SC	6.2 VA	5.9 TN	7.3 OR	10.1 TN	12.8 OR	11.1 UT	8.5 OR	8.3 NC	6.6 AK
13.2 UT	14.7 MT	11.4 AR	8.6 TN	9.3 TN	6.8 TX	5.9 VA	6.6 WA	4.6 NH	5.9 GA	5.8 MT	6.7 GA	9.3 FL	12.8 UT	10.3 TN	8.0 LA	7.8 WV	6.5 WV
13.0 MT	13.0 UT	11.2 WA	8.4 ID	6.9 DE	6.6 ID	4.9 ME	6.6 ME	4.5 MD	4.8 TN	5.7 ME	6.2 AR	7.9 AL	11.0 WY	9.9 NV	7.8 TN	7.0 WV	6.5 NM
12.8 NM	11.7 WA	9.5 SC	7.8 DE	6.5 WA	6.4 OR	4.8 TX	5.4 TX	4.2 TX	4.8 NC	4.8 AR	6.1 WA	6.2 WA	10.7 CO	8.9 ID	7.6 WV	6.6 NM	4.8 VA
12.4 AR	10.7 UT	8.8 UT	6.6 UT	5.7 ID	4.7 VA	4.5 ID	5.1 SC	4.1 CO	4.7 MT	4.7 MT	5.7 MT	5.5 AR	10.4 WA	7.7 WY	7.1 AL	5.3 VA	4.5 SD
9.2 WA	9.2 NM	7.7 DE	6.2 TX	5.1 NH	4.1 VA	4.0 MN	3.4 VA	4.0 VA	4.2 NH	4.4 NM	5.0 AL	5.1 DE	8.8 MT	7.3 DE	6.2 AZ	5.2 SD	4.5 FL
9.0 TX	8.3 DE	6.5 NH	6.0 NH	4.4 KY	2.0 WA	3.5 TX	3.4 ID	3.2 TN	4.2 NM	3.9 HI	3.9 NM	5.1 CO	8.7 DE	7.1 DE	6.2 AZ	4.4 KY	4.5 KY
6.7 DE	7.6 MO	5.3 TX	4.8 AL	3.9 AL	1.9 MN	3.2 AR	2.3 MD	3.0 ID	3.9 AR	3.8 AL	3.0 NM	4.9 MT	7.0 LA	6.6 AL	6.1 GA	-.4.0 KY	4.4 TN
6.4 MS	6.6 KY	5.3 MO	4.7 MO	3.2 VA	1.2 KY	2.1 OR	1.9 TN	2.4 WA	3.8 KY	3.6 AL	2.8 KY	4.1 MT	6.5 AL	6.3 LA	4.8 UT	4.0 TN	4.4 AR
6.2 KY	5.5 NH	5.1 MT	4.6 KY	2.7 AR	0.8 ME	1.1 VT	1.9 RI	1.6 NM	3.3 WV	3.4 KY	2.7 VA	4.1 NM	5.6 KY	5.8 AR	4.5 UT	3.9 DE	4.4 OR
6.1 AL	5.3 TX	4.5 NM	2.9 AR	2.2 MS	0.5 MO	0.2 RI	1.8 CA	1.5 WY	2.7 TX	2.9 TN	2.7 CO	2.9 WY	4.7 AR	5.3 KY	4.1 NM	3.8 AR	4.3 OR
5.7 MO	5.2 MS	4.3 KY	2.8 VA	1.9 OK	0.4 AR	-0.7 WA	1.0 MN	0.5 KY	1.9 RI	2.8 SD	2.4 HI	2.9 OK	4.2 OK	5.1 SD	3.5 NO	3.6 OR	3.2 AL
4.6 SC	4.7 KY	3.8 MN	2.4 MS	1.5 MO	-0.4 MS	-0.9 KY	0.9 VT	0.9 KY	1.8 MO	2.6 NH	2.2 MO	1.9 KY	3.3 NM	4.9 WV	2.9 KY	3.5 AL	3.2 WA
4.5 SD	3.9 AL	2.8 MS	2.3 OK	0.7 KS	-0.5 MD	-1.1 MD	-0.5 AK	-0.5 AR	1.4 WA	1.5 MO	1.4 UT	1.7 HI	3.1 FL	3.0 OK	2.6 SD	3.4 KY	2.5 GA
4.4 NH	3.4 VA	1.8 AL	1.7 MN	-1.6 UT	-1.3 VT	-1.9 MO	-0.6 VT	-0.6 VT	1.4 WA	1.5 MO	1.3 NH	1.4 WV	1.6 WV	2.5 DC	1.8 VA	3.4 GA	2.4 MT
4.4 VA	3.0 MN	1.8 AL	1.7 KS	-2.2 CA	-1.9 MA	-2.0 WI	-1.0 DC	-1.1 WV	1.0 OR	1.1 WY	1.1 WV	1.2 VA	1.5 SD	2.0 MS	0.7 MT	2.5 MT	1.2 UT
4.2 MN	2.9 IN	1.7 VT	1.2 IN	-2.3 MN	-2.0 MT	-2.2 MT	-1.4 HI	-1.6 HI	1.0 OR	0.7 WV	0.2 MS	1.4 MO	1.9 NM	0.5 AK	0.9 AK	0.9 AR	0.9 MD
3.9 WY	2.7 SD	1.5 VA	1.1 NM	-2.4 MD	-2.6 CA	-2.2 CA	-2.0 MO	-2.0 MO	0.6 VT	0.5 AK	0.2 MS	0.4 DC	0.8 MS	1.9 NM	0.4 ID	0.0 MD	0.5 NE
2.8 OK	1.1 VT	0.8 IN	0.4 ME	-2.9 MA	-2.3 MS	-2.3 MS	-1.7 WI	-3.1 AR	0.3 AK	-0.4 KY	0.2 OK	-0.3 SD	0.5 IA	0.8 VA	-0.1 MO	-0.2 NE	0.2 HI
2.3 IN	1.0 WI	0.6 WI	0.2 VT	-3.2 VT	-3.3 AL	-2.4 IN	-2.8 AK	-3.3 OK	-0.1 MS	-1.1 CO	-0.4 80	-0.3 NH	0.4 VA	0.3 MO	-1.1 MA	-0.3 HI	0.2 MO
1.6 OK	0.2 NE	0.1 NE	-0.7 MA	-3.5 ME	-3.7 WI	-2.4 AL	-4.0 MA	-3.4 MT	-0.2 OK	-1.4 MD	-0.9 WY	-0.4 AK	-1.3 ME	0.1 HI	-1.3 NV	-0.6 MO	

续表

	92/93年	93/94年	94/95年	95/96年	96/97年	97/98年	98/99年	99/00年	00/01年	01/02年	02/03年	03/04年	04/05年	05/06年	06/07年	07/08年	08/09年	09/10年
AK	1.5 MT	0.1 OK	-0.1 ME	-1.1 MT	-3.5 IN	-4.1 DC	-3.1 SD	-4.0 MT	-3.4 WI	-2.0 PA	-1.5 VT	-2.3 DC	-1.9 IN	-1.7 MN	-2.4 FL	-1.9 IA	-0.7 IA	-0.7
NH	-0.2 VT	0.1 WY	-0.2 WV	-2.7 MD	-3.5 AK	-4.2 OK	-3.3 MA	-4.2 UT	-5.5 AL	-3.4 WY	-1.7 DC	-2.7 MD	-1.9 ME	-1.8 NH	-2.7 ND	-1.9 KS	-1.9 ID	-0.8
VT	-0.2 WY	-0.7 MD	-1.1 WY	-3.4 AK	-4.1 NM	-4.7 KS	-3.6 UT	-4.3 AL	-5.8 MN	-3.4 MN	-1.7 WI	-2.8 IN	-2.1 MN	-2.7 IN	-2.9 NE	-2.0 NE	-1.9 NE	-1.3
KS	-1.4 MD	-1.7 KS	-1.7 MD	-3.6 WI	-5.2 IN	-4.9 NH	-3.7 WY	-4.5 OK	-5.9 MS	-3.9 CO	-1.9 OK	-2.8 WY	-2.8 VT	-3.7 PA	-3.5 ME	-2.7 MS	-2.0 MS	-1.5
HI	-2.0 KS	-3.5 SD	-3.6 AK	-4.1 NE	-5.8 WI	-5.5 UT	-3.9 DC	-4.7 SD	-5.9 PA	-4.0 SD	-2.0 SD	-3.4 AK	-3.2 VT	-4.0 WI	-3.5 ME	-3.0 PA	-2.6 VT	-2.4
MD	-2.1 NE	-3.3 ME	-4.1 CA	-4.7 WY	-6.5 AK	-5.7 AK	-4.8 AK	-5.4 WY	-6.0 PA	-4.3 IN	-3.3 ND	-3.9 PA	-4.0 MD	-4.2 ND	-4.0 NH	-3.4 MD	-2.7 PA	-2.6
NE	-2.9 LA	-3.3 MB	-4.5 MI	-5.1 WV	-7.1 AL	-6.2 SD	-5.7 WV	-5.7 MS	-6.4 UT	-4.8 CT	-3.3 NE	-4.0 WI	-4.4 IA	-4.9 KS	-4.9 AK	-3.4 FL	-3.1 NV	-3.0
ND	-4.4 ND	-4.7 NE	-4.5 ND	-5.9 AL	-7.8 WI	-7.1 WV	-7.0 OK	-6.2 IN	-6.8 DC	-5.1 LA	-4.7 UT	-4.1 MN	-5.0 LA	-5.1 HI	-4.9 KS	-3.4 MD	-4.3 WY	-3.1
IA	-4.6 ME	-5.7 KS	-5.4 ND	-6.0 MO	-8.9 NM	-8.3 WY	-7.7 NM	-6.6 CT	-7.0 SD	-5.4 LA	-4.8 IN	-4.7 UT	-5.4 NE	-5.2 WI	-5.6 ME	-4.2 IN	-4.7 WY	-3.3
PA	-6.0 OH	-7.0 PA	-5.7 KS	-6.7 RI	-9.0 DC	-8.9 NM	-8.1 HI	-7.4 NJ	-7.2 IN	-5.5 NE	-5.0 MN	-4.8 IN	-6.1 KS	-7.9 VT	-5.8 NH	-4.8 HI	-4.8 CA	-4.2
ME	-6.1 IA	-7.6 OH	-7.8 IA	-7.8 SD	-9.4 NE	-9.3 NE	-8.3 NE	-7.4 NJ	-8.3 IA	-5.9 DC	-5.8 IA	-6.6 RI	-6.6 MS	-8.1 MA	-6.4 VT	-4.9 CA	-5.1 NH	-5.1
OH	-6.1 MA	-8.1 AK	-8.6 LA	-9.4 KS	-9.8 IA	-9.6 WI	-8.6 PA	-8.1 KS	-8.9 OK	-6.4 CA	-6.2 NE	-7.2 CA	-8.1 CT	-8.2 WI	-5.8 VT	-5.6 MN	-5.8 NH	-8.2
LA	-6.1 NJ	-8.8 HI	-8.8 PA	-9.4 IA	-10.5 RI	-9.6 CT	-8.6 PA	-8.5 WV	-9.1 KS	-6.8 KS	-6.6 NE	-7.4 ND	-6.9 MS	-7.9 MD	-6.6 WI	-6.0 NH	-6.2 CT	-8.2
IL	-10.7 PA	-11.2 OH	-9.5 OH	-10.8 ND	-10.7 NJ	-10.9 NE	-9.6 IA	-9.5 MO	-10.6 MA	-7.9 ND	-7.3 CA	-8.3 CT	-9.1 NE	-10.5 IL	-7.7 IL	-7.1 CA	-6.2 WI	-8.3
NJ	-11.9 DC	-12.0 IL	-10.8 ND	-11.3 NJ	-10.7 NE	-10.6 MD	-9.5 WV	-9.6 CT	-11.0 MA	-8.9 LA	-9.0 CT	-9.5 MN	-9.4 CT	-12.7 NE	-7.7 NE	-7.0 WI	-6.4 ME	-8.4
DC	-12.2 RI	-13.3 NJ	-11.3 NJ	-12.1 HI	-11.5 NJ	-11.1 LA	-9.8 NJ	-10.0 BE	-10.6 OH	-9.3 UT	-7.3 CT	-9.7 OH	-13.6 OH	-14.2 MA	-11.0 CT	-7.3 ME	-6.6 VT	-8.5
RI	-13.7 MA	-13.3 RI	-12.4 HI	-12.1 DC	-12.0 RI	-11.5 PA	-10.6 RI	-10.7 OH	-12.6 OH	-10.5 IA	-9.7 OH	-12.6 IL	-13.6 OH	-14.8 CT	-11.6 IL	-7.3 ME	-6.6 MN	-8.6
MA	-13.6 CT	-13.6 RI	-14.7 CT	-12.7 DC	-12.1 DC	-11.6 IL	-10.0 IA	-10.6 IL	-12.8 MI	-10.5 IA	-9.7 OH	-11.8 RI	-14.4 CA	-15.5 NY	-14.3 NY	-8.2 OH	-8.0 NY	-8.9
MI	-15.2 RI	-13.6 CT	-14.6 RI	-13.7 HI	-11.6 IL	-13.4 HI	-15.1 PA	-12.6 IL	-12.8 MI	-11.7 MI	-11.5 IL	-11.8 RI	-15.0 RI	-15.9 OH	-11.9 NJ	-8.9 NJ	-9.0 NJ	-9.8
CT	-18.0 CT	-15.7 RI	-16.1 DC	-13.6 IL	-13.6 IL	-13.4 ND	-15.1 NJ	-14.7 LA	-14.7 ND	-12.8 MA	-13.4 MA	-14.0 LA	-17.5 NY	-16.3 RI	-11.6 RI	-13.2 OH	-12.3 OH	-10.5
NY	-25.3 NY	-17.5 DC	-16.8 PA	-13.7 ND	-13.5 ND	-16.2 RI	-16.2 NY	-16.8 NY	-17.2 IL	-13.7 NJ	-14.0 MA	-17.9 MI	-19.1 NY	-21.3 NJ	-17.6 OH	-13.2 RI	-12.6 OH	-12.5
CA	-26.1 CA	-29.4 NY	-27.2 NY	-28.0 NY	-23.4 NY	-23.4 NY	-19.7 NY	-17.8 NY	-17.3 NY	-18.2 NY	-17.7 NY	-21.3 NY	-23.2 LA	-54.2 LA	-20.8 NY	-20.8 NY	-27.0 RI	-21.7

表中列示的两个字母是美国 50 个州名的英文缩写。它们的中译名分别是：内华达州（NV）；马里兰州（MD）；犹他州（UT）；亚拉巴马州（AL）；亚利桑那州（AZ）；内布拉斯加州（NE）；得克萨斯州（TX）；明尼苏达州（MN）；爱达荷州（ID）；肯塔基州（KY）；北卡罗来纳州（NC）；佐治亚州（GA）；印第安纳州（IN）；佛罗里达州（FL）；密苏里州（MO）；科罗拉多州（CO）；威斯明州（WI）；怀俄明州（WY）；艾奥瓦州（IA）；南卡罗来纳州（SC）；密西西比州（MS）；华盛顿州（WA）；新罕布尔州（NH）；阿拉斯加州（AK）；特拉华州（DE）；新墨西哥州（NM）；马萨诸塞州（MA）；弗吉尼亚州（VA）；宾夕法尼亚州（PA）；夏威夷州（HI）；伊利诺伊州（IL）；田纳西州（TN）；弗蒙因州（OR）；缅因州（ME）；路易斯安那州（LA）；南达科他州（SD）；纽约州（NY）；北达科他州（ND）；佛蒙特州（VT）；俄克拉荷马州（OK）；俄亥俄州（OH）；加利福尼亚州（CA）；密歇根州（MI）；罗得岛州（RI）。——译者注

资料来源：Internal Revenue Service, Laffer Associates.

虽然宾夕法尼亚州的排名要在很多州的前面,但仍难免落得像东部沿海各州那样的泛蓝下场,就如该州在从 1992～1993 年度到 2009～2010 年度期间流失了 85 亿美元的 AGI 所证明的那样,这个数额可比"匹茨堡钢人队"(Pittsburgh Steelers)、"费城老鹰队"(Philadelphia Eagles)、"匹茨堡海盗队"(Pittsburgh Pirate)、"费城费城人队"(Philadelphia Phillies)和"费城 76 人队"(Philadelphia 76ers)的市场总价值的 2 倍还要大,并且向任何关心这个问题的人表明,如果宾夕法尼亚州要维持自己的竞争力,还需要做很多工作。

好消息是,宾夕法尼亚州不像纽约州、马萨诸塞州、新泽西州、密歇根州、伊利诺伊州和俄亥俄州,还远远没有陷入不可逆转的困境。此外,宾夕法尼亚州现在由汤姆·科比特(Tom Corbett)州长主政。科比特州长深深懂得正确的促增长政策的重要性,并且在他第一次发布的州情咨文中指出,"税收抑制经济增长。每一项可靠的研究都告诉我们这个道理:增长最快的州吸引了最多的工作机会,并且不干预私人部门。如果少征税,人们就会看到能挣更多钱的希望。如果能够更加理智地进行监管,那么企业就能在经济紧缩的转折期进行调整"。[3]

科比特州长面对压力,在 2012 年做出了削减 10 亿美元教育经费的艰难决定。但是,自由派人士在因这一决定而指责科比特州长时,总是随便对以下这一事实视而不见:当科比特开始他的任期时,包含在这笔经费中的联邦激励资金——一种将由未来几代人翻好几倍承担的"免费资金"负担——已经到期。

请不要搞错:绝不会有什么"免费资金","免费资金"的说法只会造成误导。幸运的是,科比特州长治下的宾州领导班子在财政上是负责任的,并且正在根据由勤奋劳动的居民提供的真实数据编制的预算进行着有效的管理。这些勤奋劳动的居民人人都应该生活在一个政府致力于繁荣发展并为其居民创造更好新机会的州里。只有州民安居乐业,整个州才会好起来。通过让州民家庭预算失衡来平衡州政府预算的做法毫无意义。只有每个州民取得了成功,整个州才能取得成功。

本节旨在强调《钱怎么走》在过去的一年里引发的对话的重要性,并且说明我们如何通过不断努力来砸碎束缚增长的锁链,在这场时距比赛中取得进步,并为在全美范围内实现促增长、低税收、少干预、多竞争的目标而努力奋斗。我们已经证明,只有加强全美各州之间的竞争,才能提升整个国家的利益。

新罕布什尔州——一个恰当的案例

历史告诉我们,总有那么一些安于现状的人甚至现状捍卫者;他们把任何进步都视为威胁,并且会进行激烈——有时是非理性——的抵制。"一切像现在这样多好。"他们总是跺脚坚持说。他们是那样地害怕进步,以至于任何变革观念——特别是涉及竞争的变革观念——很快就会被他们唾弃,甚至会被他们"踩在地毯下而且还在上面压上家具",因此永世不得重见天日。

幸运的是,人类就像乡村歌手米兰达·兰伯特(Miranda Lambert)在他的热门歌曲中所唱的那样,是由"各种各样的人"组成的。[4] 同样,历史也明确无误地告诉我们,人类不乏开拓者、发明者、探索者、艺术家和冒险家——他们不但敢于正视现状,而且还勇于打破现状。

之所以过去有、现在有,将来还会有不同人之间的冲突,尤其是那些总想控制事物、努力争取稳妥的人与总想挑战极限、不断尝新(这意味着要冒很大的险)的人之间的冲突,这就是原因所在。

除了风险厌恶者和冒险者之外,有时还有改革者,他们会认真研究传统的做事方法,为了理论升华而对它们进行完善,基于实际发现提出建议。尽管改革者中既有只想改进某一事物的,也有只想修复已经被破除东西的,但他们都会谈论改变现状的问题,而风险厌恶者总试图阻止进步。

这就是当代税收改革者们的遭遇,他们与我们一样研究和分析美国各州的税法,并且运用可靠的数据无可置疑地证明:美国人实际上正在快速从高所得税州迁往低所得税或零所得税州。这既不是假设,也不是观点,更不是抽象的结论,而是有数据支撑的事实。

然而,对于那些面对我们在这本书中提供的全部证据,仍然坚持他们那种国家统制教条的人,我们在这里援引乔治·舒尔茨(George Shultz)在庆祝米尔顿·弗里德曼(Milton Friedman)90岁生日时诵吟的诗歌:

没有理论支持的事实就像无帆的帆船,
就像无舵的小船,
就像没有尾巴的风筝。
没有理论支持的事实悲哀到了不能再悲哀的地步。
而倘若在我们这个世界上有什么更坏的东西,
那就是理论……一种没有事实支撑的理论。[5]

然而,有人想不顾事实,通过推测来解释人们如潮水般涌向佛罗里达州和得克萨斯州,只是因为气候而不是税收环境的缘故(见本书第八章)。在9个目前零所得税的州中间,有几个州的确位于气候比较温暖的地区,如佛罗里达州和得克萨斯州,也许还有内华达州。但是,其他州——如南达科他、华盛顿、怀俄明、阿拉斯加和新罕布什尔——并非地处气候温暖的区域(见表5.2)。

表5.2　　从1992～1993年度到2009～2010年度9个零所得税州与9个所得税率最高州AGI流动状况比较

PIT税率排名	州名	根据18年累加平均AGI调整后的AGI净流入(千美元)	2009～2010年度州纳税申报人总AGI[a](千美元)	根据18年累加平均AGI调整的AGI净流入占2009～2010年度州纳税申报人总AGI的份额(%)
1	阿拉斯加	−2 027 189	16 271 818	−12.5
2	佛罗里达	95 779 995	345 814 899	27.7
3	内华达	18 552 716	51 533 333	36.0
4	南达科他	783 020	16 446 613	4.8
5	得克萨斯	25 837 426	446 452 021	5.8
6	华盛顿	13 178 119	151 838 026	8.7
7	怀俄明	1 807 690	12 632 694	14.3
8	新罕布什尔	3 772 345	33 504 596	11.3
9	田纳西	10 759 648	109 911 657	9.8
	合计↑	168 443 771	1 184 405 657	**14.2**
	合计↓	−178 963 669	2 037 877 310	**−8.8**
42	肯塔基	1 021 366	73 841 037	1.4
43	俄亥俄	−20 955 875	226 560 304	−9.2
44	马里兰	−9 205 411	153 466 481	−6.0
45	佛蒙特	948 783	13 536 384	7.0
46	新泽西	−24 070 129	249 694 312	−9.6
47	俄勒冈	7 691 752	71 955 893	10.7
48	夏威夷	−1 019 696	27 122 966	−3.8
49	纽约	−78 122 819	448 409 944	−17.4
50	加利福尼亚	−55 251 641	773 289 989	−7.1

a. 州纳税申报人是指非移民纳税申报人加上上一年度没有申报而今年申报的纳税申报人。请注意:本表中的数值不同于本书第二章表2.7中的数值,因为AGI的数值根据平均AGI调整过。

资料来源:Internal Revenue Service, Laffer Associates.

在从1992～1993纳税/申报年度到2009～2010纳税/申报年度期间,全体零所得税州从美国其他州那里惊人地吸纳了占其2009～2010年度14%的AGI,而9个所得税率最高的州同期流失了占其2009～2010年度8.8%的AGI。鉴于还有很多其他因素想必也非常重要,因此,这类结论一定很有权威性。

税收改革努力的批评者们已经把零所得税州成功的故事忘得一干二净,他们试图争辩,不是税收导致美国人进行州际迁移。然而,事实是,几十年来美国人离开了美国东北部和"铁锈地带"(指昔日工业繁荣而现在萧条的地区。——译者注)来到西部和南部安营扎寨。在否定者们的心目中,税率最高的几个州位于美国东北部这一事实本身只是一个不那么讨人喜欢的巧合。在他们看来,收入和人口的流失是不可避免的,并且只应该作为长期发展趋势的一部分来接受。但是,他们极力回避去寻找答案和相应的调整措施,而且也不相信政府政策确实重要这一有事实依据的结论。

另外一种审视税收性移民以及 9 个所得税率最高州和所得税率最低州的方法,就是考察相对于联邦纳税申报单总迁移量,有多少联邦纳税申报单从一个州迁出或者迁入一个州。在表 5.3 中,我们列示了从 1992～1993 纳税/申报年度到 2009～2010 纳税/申报年度各年度,每个被考察州的迁入纳税申报人占这个州纳税申报人迁出和迁入总数的百分比,并且按从联邦税收申报人迁入百分比最高到迁出百分比最高的顺序对它们进行了排名。我们着重标注出 9 个所得税率最高的州(浅灰色)和 9 个零所得税州(深灰色)。如果所有这些还不足以让读者信服,那么我们也只能认输了。

表 5.3　从 1992～1993 年度到 2009～2010 年度全美各州迁入纳税申报人占本州纳税申报人迁出和迁入总数的百分比:9 个零所得税州(深灰色)与 9 个所得税率最高州(浅灰色)比较

排名	州名	百分比(%)	排名	州名	百分比(%)
1	内华达	18.3%	16	肯塔基	3.3%
2	亚利桑那	16.3	17	弗吉尼亚	3.3
3	北卡罗来纳	12.5	18	犹他	2.9
4	佛罗里达	11.9	19	亚拉巴马	2.8
5	佐治亚	11.4	20	新墨西哥	2.4
6	科罗拉多	9.7	21	新罕布什尔	2.3
7	俄勒冈	9.5	22	密苏里	1.8
8	南卡罗来纳	9.4	23	俄克拉何马	0.8
9	田纳西	8.9	24	怀俄明	0.1
10	爱达荷	8.7	25	密西西比	−0.1
11	得克萨斯	7.4	26	缅因	−0.3
12	特拉华	7.3	27	西弗吉尼亚	−0.7
13	华盛顿	6.8	28	南达科他	−1.3
14	阿肯色	5.2	29	明尼苏达	−1.4
15	蒙大拿	4.0	30	马里兰	−1.4

续表

排名	州名	百分比(%)	排名	州名	百分比(%)
31	佛蒙特	−1.8	41	北达科他	−7.3
32	阿拉斯加	−2.1	42	路易斯安那	−7.4
33	印第安纳	−2.4	43	马萨诸塞	−7.8
34	威斯康星	−3.0	44	罗得岛	−8.3
35	堪萨斯	−4.1	45	康涅狄格	−10.3
36	夏威夷	−4.2	46	加利福尼亚	−10.5
37	哥伦比亚特区	−4.6	47	俄亥俄	−10.6
38	内布拉斯加	−5.5	48	新泽西	−10.7
39	宾夕法尼亚	−6.3	49	伊利诺伊	−11.4
40	艾奥瓦	−6.8	50	密歇根	−15.2
			51	纽约	−20.1

资料来源：Internal Revenue Service，Laffer Associates.

新罕布什尔州不课征个人所得税和一般销售税，提供了一个可与东北部其他高税收州比较的绝好例子。在研究州政府政策的影响时，对新罕布什尔州和佛蒙特州这两个规模几乎相同的邻州进行快速比较，很能说明问题。新罕布什尔州不征收任何个人所得税，而佛蒙特州的最高个人所得税率是8.9%，这可是全美第六高的州个人所得税率。即使一份34 500美元的中等收入在佛蒙特州也要按6.8%的边际税率纳税。除了个人所得税外，佛蒙特州还课征一种税率为6%的一般销售税，而且在其某些管辖区还征收一种税率为1%的地方销售税。

在对比考察新罕布什尔州和佛蒙特州以后就不难发现，除税法外，这两个州其他方面的情况都几乎相同。因此，这两个州是检验政府税收政策影响的绝好案例。这两个州虽然在其他方面具有那么多共同点，但在税收基金会的排名上差别明显[6]：佛蒙特州税负在全美名列第13位；而新罕布什尔州是一个低税州，税负排名全美第44位。因此，这两个州的经济绩效差异只能归因于它们各自的税收政策。

有证据明确无误地表明，新罕布什尔州的绩效优于佛蒙特州和其他邻州。新罕布什尔州在那么多方面的绩效优于佛蒙特州，其中包括6个范畴的评价指标，如由美国交通管理局和美国联邦航空管理局记录的航空客流量、由阿特拉斯长途搬场公司（Atlas Van Lines）报告的州际居民迁移格局、由美国劳工统计局报告的个人收入增长率、由美国人口普查数据报告的人口增长率、由美国国内税收署报告的个人收入流动情况，以及新罕布什尔州税基较之于佛蒙特州税基的相对增长幅度。这些证据性评价指标合并给出了一个明确反映如下情况的全貌:虽然新罕布什尔州各项指标反映的增长速度没有得克萨斯州的增长速度那么令人印象深刻,却令人印象深刻地快于其邻近各州。

我们在这里援引的并不是新数据。早在20世纪70年代,达特茅斯大学的柯林·坎贝尔教授就对新罕布什尔州和佛蒙特州进行过非常详细的比较分析,并且得出了相同的结论。[7]读者是否认为佛蒙特人会相信?绝对不会。他们还是一如既往地不信。

美国联邦交通统计局收集了有关不同交通方式的大量数据,其中最值得关注的是航空客流量。航空客流量数据反映的是各城市为建设和维护机场以及向这些机场提供服务的航空公司而做出的长期承诺。结果,根据有证据证明的各州可靠的长期趋势,轻而易举地做出了发展航空运力的决定。

就如考察过去22年的数据便能发现的那样,新罕布什尔州从与自己邻近的几个州中脱颖而出,成功地实现了航空客流量的爆炸性增长。1990年,新罕布什尔这个花岗岩州的全部机场大致运送了26.4万名旅客,而佛蒙特州同年运送了30.8万名旅客。到2012年,佛蒙特州的空运旅客数量增加到61.9万,整整增加了100%强。佛蒙特州的这个增长率在与新罕布什尔州比较之前看起来令人印象深刻,但新罕布什尔州的航空旅客人数在2012年获得了惊人的增长,即超过120万,折算成增长率,那就是360%强,从而清晰地证明,现在比1990年有更多的人生活在新罕布什尔州,他们在新罕布什尔州经商,并且乘坐飞机外出旅行(见图5.1)。新罕布什尔州获得了如此令人印象深刻的增长,以至于令它的所有邻州黯然失色。新罕布什尔这个花岗岩州的航空旅客流量在我们的考察期内大增360%,而同期的航空旅客流量,缅因州增加81%、罗得岛州增加72%、纽约州增加50%、马萨诸塞州增加42%,而康涅狄格州仅增长15%。

由上我们知道,低税的新罕布什尔州情况远远好于高税的佛蒙特州。那么,所有其他零所得税州的情况又如何呢?1990～2010年间,9个零所得税州的合并航空旅客流量增长了66%,而9个所得税率最高州(加利福尼亚州、缅因州、马里兰州、新泽西州、纽约州、俄亥俄州、俄勒冈州、佛蒙特州等)的航空旅客流量只增加了48%:两者差距确实明显。

全美最大的长途搬场公司阿特拉斯公司[8]是另一个跟踪人口流向的极好数据来源。阿特拉斯公司逐年跟踪记录它自己提供的搬场服务情况,并且根据每个州的搬出和搬入百分比计算"搬家流量指数"。如果某州全部搬家装运次数有55%以上是搬入这个州的,那么它就被归入接受州或者搬入州;而如果某州55%以上的搬家装运次数是搬出这个州的,那么它就被归入搬出州。如果搬出、搬入某个州的次数接近50％,那么,这个州就被归入平衡州。2012年,缅因、马萨诸塞和罗得岛这3个州被归入平衡州,而纽约州、佛蒙特州和康涅狄格州则被归入搬出州。在新英格兰地区各州中,只有新罕布什尔州被归入搬入州。

1990～2012年间航空旅客流量增长率	
零所得税州	65.75%
课征不同所得税的州	51.38%
所得税率最高的州	48.23%

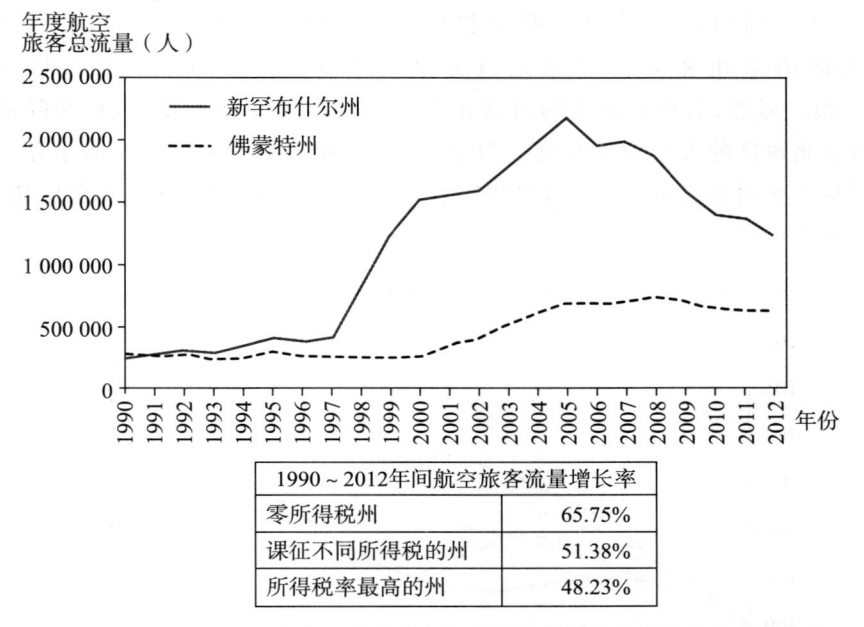

图 5.1　1990～2012 年间新罕布什尔州与佛蒙特州年度航空旅客总流量比较

资料来源:Bureau of Transportation Statistics.

如果美国东北部的人口和个人收入问题就如怀疑论者认为的那样,完全是由长期州际移民造成的,那么,新罕布什尔州为什么能够通过移民迁入来实现增长？难道是州政府的促增长政策发挥了作用？为了消除任何有关新罕布什尔州的状况会不会是一种暂时现象的疑问,我们可以明确地告诉读者,新罕布什尔州在过去5年里连续被归入搬入州,而从未被归入过搬出州。

认为重要的迁移都是不可改变的人口长期迁移趋势,常常是面对失败的政府政策无所作为的一种借口。值得注意的是,根据这个观点来考察新罕布什尔州的绩效表现。我们都知道,在过去的10年里,美国东北地区是全美增长最慢的地区,并且有越来越多的居民外迁。根据美国人口普查局的数据,2000～2010年间,美国东北地区总人口只增长了3.2％,而南方人口增长了14.3％,西部人口增长了13.8％。[9]那么,美国东北地区难道就是毫无区别的巨石一块？还是不同州之间也存在显著的差别？

再有,是不是新罕布什尔州的促增长政策使得它能够以快于邻州的速度增长?读者您猜对了。2000~2010年间,新罕布什尔这个花岗岩州人口增长了6.5%,或者说,新罕布什尔州的人口增长速度是美国东北地区人口增速的2倍以上。同期,新罕布什尔州的邻州佛蒙特州人口只增长了2.8%,缅因州、马萨诸塞州和罗得岛州人口分别增长了4.2%、3.1%和0.4%(见图5.2)。显然,有些更重要的因素在人口增长方面发挥了作用,从而降低了美国东北地区的人口增长速度。但是,如果就此下结论断言——由于存在一些不利于某州的发展趋势,因此政府就应该不采取任何行动去改变现状,那么就大错特错了。

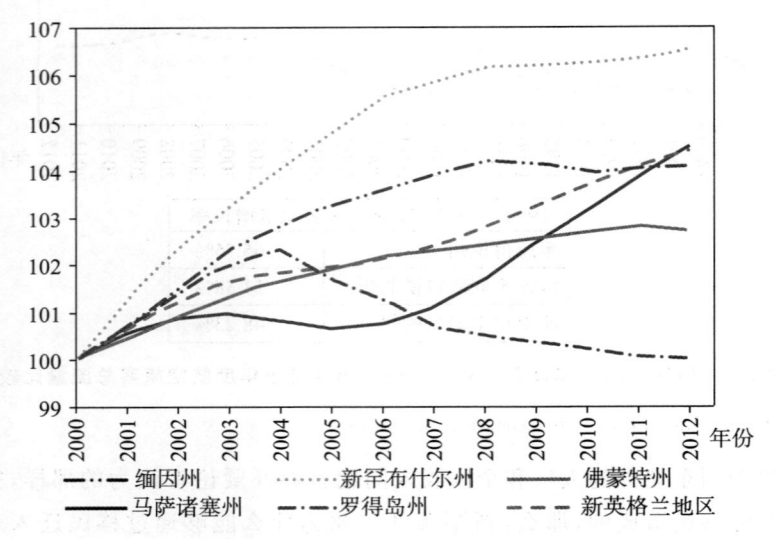

图5.2　2000~2012年间美国东北地区州的年均人口增长指数(2000年人口增长指数=100)

资料来源:U. S. Census Bureau.

美国东北地区人口增长大大滞后于全美平均水平——特别是下中西部和东南部——的一个政治原因可能就是:是否实施工作权利保障法。我们再次采用AGI和纳税申报单迁移这两个评价指标,在表5.4中列示了从1992~1993年度到2009~2010年度全美各州按从大到小顺序排列的联邦纳税申报单净迁入量占总迁移量(迁入量加迁出量)的百分比。有工作权利保障法的州在表中用阴影表示。

表 5.4 从 1992～1993 年度到 2009～2010 年度全美各州联邦纳税申报单净迁入量占本州迁出和迁入总量的百分比：23 个有工作权利保障法的州（灰色）与 27 个强制参加工会的州和特区比较

排名	州名	百分比(%)	排名	州名	百分比(%)
1	内华达	18.3	26	缅因	−0.3
2	亚利桑那	16.3	27	西弗吉尼亚	−0.7
3	北卡罗来纳	12.5	28	南达科他	−1.3
4	佛罗里达	11.9	29	明尼苏达	−1.4
5	佐治亚	11.4	30	马里兰	−1.4
6	科罗拉多	9.7	31	佛蒙特	−1.8
7	俄勒冈	9.5	32	阿拉斯加	−2.1
8	南卡罗来纳	9.4	33	印第安纳	−2.4
9	田纳西	8.9	34	威斯康星	−3.0
10	爱达荷	8.7	35	堪萨斯	−4.1
11	得克萨斯	7.4	36	夏威夷	−4.2
12	特拉华	7.3	37	哥伦比亚特区	−4.6
13	华盛顿	6.8	38	内布拉斯加	−5.5
14	阿肯色	5.2	39	宾夕法尼亚	−6.3
15	蒙大拿	4.0	40	艾奥瓦	−6.8
16	肯塔基	3.3	41	北达科他	−7.3
17	弗吉尼亚	3.3	42	路易斯安那	−7.4
18	犹他	2.9	43	马萨诸塞	−7.8
19	亚拉巴马	2.8	44	罗得岛	−8.3
20	新墨西哥	2.4	45	康涅狄格	−10.3
21	新罕布什尔	2.3	46	加利福尼亚	−10.5
22	密苏里	1.8	47	俄亥俄	−10.6
23	俄克拉何马	0.8	48	新泽西	−10.7
24	怀俄明	0.1	49	伊利诺伊	−11.4
25	密西西比	−0.1	50	密歇根	−15.2
			51	纽约	−20.1

注：是否有工作权利保障法以 2012 年 12 月 31 日为界。
资料来源：Internal Revenue Service, Laffer Associates.

由表 5.4 可知，有工作权利保障法的州情况大大好于强制参加工会的州，这难道不令人感到意外吗？新罕布什尔州虽然具有其他所有特点，但很遗憾，它仍然是一个强制参加工会的州。但是，如果读者只考察东北地区各州，那么就能发现纽约、康涅狄格、罗得岛和马萨诸塞等州都排在最后 10 州之列。事实上，在排名最靠前的 8 个强制参加工会的州当中，有 2 个——新罕布什尔州和华盛顿州——是不课征所得税的州。

新罕布什尔州的情况无疑表明，一个州如果执行正确的政策，那么其绩效表现相对于其邻州就能有所改善。我们从数据中到处都能看到这种情况。美国南方地区明确得益于人口迁入，而且整个地区都做得很好。但是，即便是在美国南方地区，实行税收善政的州也做得远比整个地区好。虽然南方地区（见第八章）在 2000～2010 年间联邦纳税申报单净迁入量增长了 14.3%，但零所得税、促增长的得克萨斯州和佛罗里达州同期分别增长了 20.6% 和 17.6%。美国西部的情况也大致如此：整个地区在 2000～2010 年间显著增长了 13.8%；但在西部地区内部，像加利福尼亚这样的高税州增长较慢（只增长了 10%），而税收政策比较友好的州增长要快得多，内华达州同期增长 35% 就可以佐证。毫无疑问，州税收政策对于相对绩效表现至关重要，但我们也不应该忘记它们对全美或地区发展趋势的影响。

我们知道，新罕布什尔州是一个在航空旅客流量以及因人口迁入而实现的人口增长方面表现非常好的州。那么，它在个人收入增加尤其是应税收入增加方面的表现又如何呢？美国国内税收署统计处的数据给我们讲述了哪些州和县 AGI 有所增加、哪些州和县 AGI 有所流失的故事。美国国内税收署根据年度纳税申报材料，跟踪记录了人口和收入流动的情况，并且把相关数据输送到它的网站上供免费下载。这些重要数据清晰地反映了哪些州有纳税人和个人收入流入、哪些州有纳税人和个人收入流失的情形。那些有纳税人和个人收入流入的州就能比较轻松地平衡自己的预算和提供服务，而那些税基不断缩小的州则不得不缩减预算和服务供给。

在本书中，我们从头到尾大量运用了税收基金会开发的总税负评价指标。税收基金会在精确计算一个州的纳税人实际负担的本州征收的所有税收方面，做了非常细致的工作。表 5.5 合并列示了税收基金会税负最重的州和最轻的州，以及美国国内税收署提供的州 AGI 数据。

表 5.5　　　　　　　　9 个总税负最轻州与 9 个总税负最重州比较

税负排名	州名	根据 18 年累加平均 AGI 调整后的 AGI 净流入（千美元）	2009～2010 年度州纳税申报人总 AGI[a]（千美元）	根据 18 年累加平均 AGI 调整的 AGI 净流入占 2009～2010 年度州纳税申报人总 AGI 的份额（%）
1	阿拉斯加	−2 027 189	16 271 818	−12.5
2	南达科他	783 020	16 446 613	4.8

续表

税负排名	州名	根据18年累加平均AGI调整后的AGI净流入（千美元）	2009～2010年度州纳税申报人总AGI[a]（千美元）	根据18年累加平均AGI调整的AGI净流入占2009～2010年度州纳税申报人总AGI的份额（%）
3	田纳西	10 759 648	109 911 657	9.8
4	路易斯安那	−7 774 866	77 585 427	−10.0
5	怀俄明	1 807 690	12 632 694	14.3
6	得克萨斯	25 837 426	446 452 021	5.8
7	新罕布什尔	3 772 345	33 504 596	11.3
8	亚拉巴马	2 685 885	81 059 302	3.3
9	内华达	18 552 716	51 533 333	36.0
	合计↑	54 396 676	845 397 461	**6.4**
	合计↓	−186 533 444	2 056 241 745	**−9.1**
42	缅因	1 649 840	25 768 148	6.4
43	马萨诸塞	−13 529 722	179 162 979	−7.6
44	明尼苏达	−4 335 735	127 833 471	−3.4
45	罗得岛	−2 091 967	23 473 916	−8.9
46	威斯康星	−2 204 133	124 870 434	−1.8
47	加利福尼亚	−55 251 641	773 289 989	−7.1
48	康涅狄格	−8 577 137	103 738 552	−8.3
49	新泽西	−24 070 129	249 694 312	−9.6
50	纽约	−78 122 819	448 409 944	−17.4

a. 州纳税申报人是指州内非移民纳税申报人加上上一年没有申报但今年申报的纳税申报人。请注意：本表中的数值不同于本书第二章表2.7中的数值，因为AGI的数值根据平均AGI调整过。

资料来源：Internal Revenue Service, Laffer Associates.

虽然阿拉斯加和路易斯安那这两个名列税负最轻州之列的州在从1992～1993年度到2009～2010年度的18年里是总AGI净流失州，而1个高税负州缅因州是总AGI净流入州，但AGI的总体流动格局还是很清晰的：AGI从高税负州流出并流入低税负州。

从美国国内税收署提供的数据看，由于新英格兰地区各州AGI流失，因此，新罕布什尔州是最大的AGI净流入州（见本书第二章表2.7）。在从1992～1993纳税/申报年度到2009～2010纳税/申报年度，新罕布什尔这个花岗岩州的总AGI增加了32亿美元，或者说，每天几乎要增加50万美元的AGI。相比之下，邻近的佛蒙特州和缅因州同期只分别增加了7.7亿美元和14.6亿美元；而罗得岛州、康涅狄格州和马萨诸塞州则分别实际减少了17.5亿美元、74.4亿美元和118.1亿美元。

美国国内税收署的税收流动数据非常接近于人口增长数据：新罕布什尔州虽然地处一个受到人口负增长趋势影响的地区，但它的人口和税基都在不断增长。这个州的低税和小政府政策解释了它的绩效优于其邻近各州的原因（见表 5.6）。如果新罕布什尔州能够妥善解决工作权利保障问题，那么真不知道新罕布什尔州还能做些什么。

表 5.6　　　　从 1992～1993 年度到 2009～2010 年度新英格兰
地区由居民迁移造成的累加 AGI 变动

州名	累加 AGI 变动额（亿美元）
新罕布什尔	32.1
缅因	14.6
佛蒙特	7.7
罗得岛	-17.5
康涅狄格	-74.4
马萨诸塞	-118.1

资料来源：根据第二章表 2.7 改编。

虽然我们都知道，新罕布什尔州因其他州居民迁入而实现了 AGI 的净流入，但是，我们并不清楚已经生活在这个花岗岩州的居民的个人收入增长状况，以及新罕布什尔州的税基增长是快于还是慢于邻近几个州。根据美国国内税收署的州总 AGI 数据，我们就能轻而易举地确定，新罕布什尔州在税基增长方面与其他地区的州相比虽然缺少某些优势，但在新英格兰地区各州中是速度最快的。举例来说，康涅狄格州邻近纽约市，因此，很多金融服务从业人员把自己的家安在了康涅狄格州。在过去的 20 年里，他们的个人收入获得了实质性的增加。类似地，马萨诸塞州得益于拥有波士顿这个城市，波士顿是很多大公司总部和世界最著名大学所在地。但是，马萨诸塞州在税基增长方面仍然落后于新罕布什尔州。康涅狄格州这个新英格兰地区税负最重的州——根据税收基金会排名为全美第三高——税基增长最慢，这难道只是一种巧合？[10]居民及其收入流向欢迎他们的地方难道就是一种意外？在新英格兰地区的案例中，显然，新罕布什尔州就是这个欢迎居民和收入的地方。

大约 40 多年前，新英格兰地区有 2/3 的州是零所得税州，那时候情况完全不同。继新罕布什尔州之后，罗得岛州、缅因州和康涅狄格州都加入了零所得税州的行列。事实上，就在西弗吉尼亚州于 1961 年开征所得税前，美国还有 19 个州不课征所得税，但已经有 31 个州在征收所得税。阿拉斯加州从 1960 年起停止征收所得税，但有 11 个州开始征收所得税（对在过去 50 多年里征收所得税的州更深层的研究,请参阅本书第一章)。

在表 5.7 中,我们列示了在我们掌握完整税收数据的时期(从 1992～1993 年度到 2009～2010 年度),全美 50 个州按从高到低的顺序排列的联邦纳税申报单净迁入量占联邦纳税申报单迁移量(迁入量加迁出量)的百分比。在表 5.7 中,我们用灰色表示 11 个征收所得税的州的排名。

表 5.7 从 1992～1993 年度到 2009～2010 年度美国 11 个在过去 50 多年里征收所得税的州联邦纳税申报单净迁入量占总迁移量(迁入量加迁出量)的百分比排名

排名	州或特区名	百分比(%)	排名	州或特区名	百分比(%)
1	内华达	18.3	26	缅因	−0.3
2	亚利桑那	16.3	27	西弗吉尼亚	−0.7
3	北卡罗来纳	12.5	28	南达科他	−1.3
4	佛罗里达	11.9	29	明尼苏达	−1.4
5	佐治亚	11.4	30	马里兰	−1.4
6	科罗拉多	9.7	31	佛蒙特	−1.8
7	俄勒冈	9.5	32	阿拉斯加	−2.1
8	南卡罗来纳	9.4	33	印第安纳	−2.4
9	田纳西	8.9	34	威斯康星	−3.0
10	爱达荷	8.7	35	堪萨斯	−4.1
11	得克萨斯	7.4	36	夏威夷	−4.2
12	特拉华	7.3	37	哥伦比亚特区	−4.6
13	华盛顿	6.8	38	内布拉斯加	−5.5
14	阿肯色	5.2	39	宾夕法尼亚	−6.3
15	蒙大拿	4.0	40	艾奥瓦	−6.8
16	肯塔基	3.3	41	北达科他	−7.3
17	弗吉尼亚	3.3	42	路易斯安那	−7.4
18	犹他	2.9	43	马萨诸塞	−7.8
19	亚拉巴马	2.8	44	罗得岛	−8.3
20	新墨西哥	2.4	45	康涅狄格	−10.3
21	新罕布什尔	2.3	46	加利福尼亚	−10.5
22	密苏里	1.8	47	俄亥俄	−10.6
23	俄克拉何马	0.8	48	新泽西	−10.7
24	怀俄明	0.1	49	伊利诺伊	−11.4
25	密西西比	−0.1	50	密歇根	−15.2
			51	纽约	−20.1

资料来源:Internal Revenue Service, Laffer Associates.

从 1960 年起先后开征所得税的 11 个州个个都是联邦纳税申报单的净流失者,并且都位于全美 50 州联邦纳税申报单净迁入量占总迁移量的百分比排名的下半区。而新罕布什尔州是联邦纳税申报单的净迁入州,并且位于全美 50 州联邦纳税申报单净迁入量占总迁移量的百分比排名的上半区,其中的教训非常重要——美国目前还没有课征所得税的州千万不要开征这种税。

州政府采取不同的经济政策,有可能取得完全不同的结果:不当的政策会削弱州的经济实力;而正确的经济政策则能使州域经济在全球经济中不断发展壮大。然而,就如新罕布什尔州的例子所证明的那样,州税收政策能对抵消否则是负面的趋势产生巨大的影响。虽然新罕布什尔州位于美国一个严重受到低增长影响的地区,但仍有能力抵制它所在地区的低增长趋势,并且脱颖而出成了吸引人口和收入的赢家。人口增长、收入流动和航空运输发展仅仅是反映新罕布什尔州绩效如何与众不同的数据集中的那些方面。

以后再听到有人说州政策不重要,财富转移只不过是一些长期趋势发展的结果而已,那么就应该怀疑这些人是否能够解释新罕布什尔州取得成功的原因。

人口和 AGI 流动幅度最大的州

在本书中,我们把很多篇幅聚焦于低税州的成功,尤其是得克萨斯州和佛罗里达州实现的巨大收益。此外,我们还讲述了很多像加利福尼亚州、纽约州和伊利诺伊州(见本书第二章表 2.7)这样的高税州失败的故事。虽然这些大州要占到 AGI 净流入和净流失的大头,但仍有必要考察一些同样参与 AGI 流动、规模较小的州,因为这些规模较小的州也证明了税收政策对于一个州的绩效表现举足轻重这个基本事实。好的经济学研究应该"能大能小",也就是说,能够同时适用于不同规模的经济体。

为了能在剔除规模因素以后考察收入州际流动问题,我们开发了一个测量所得流出州平均 AGI 和所得流入州平均 AGI 的指标。我们考察了每个州从其他州吸纳的 AGI 流入和流往其他州的 AGI 流出(共有 2 550 对数据)。我们运用美国国内税收署统计处从 1992~1993 年度到 2009~2010 年度全美各州收入流动的数据,计算出从甲州流向乙州的 AGI 平均值,并且拿这个平均值与从乙州流向甲州的 AGI 平均值进行比较。然后,我们计算了每个州的 AGI 流入和流出平均值。最后,我们考察了哪个州 AGI 流入平均值和流出平均值之差最大。这个评价指标把每个州的绝对规模剔除在考察过程之外,并且允许我们甄别哪些州虽然很小,但做得很好——或者做得很坏。这个指标排名靠前的州通常都能吸引其他州的财富较多、收入较高的居民,而那些排名垫底的州却眼睁睁地看着自己的净资产较多、收入较高的居民迁往他州。

在表 5.8 中,我们列示了从 1992~1993 年度到 2009~2010 年度全美各州的 AGI 流入平均值、AGI 流出平均值和前者超过后者的百分比。

表 5.8 从 1992~1993 年度到 2009~2010 年度 18 年间所填报的联邦纳税申报单汇总

州名	(联邦纳税申报)单均 AGI		
	单均 AGI 流入（美元）	单均 AGI 流出（美元）	单均 AGI 流入超出单均 AGI 流出的百分比(%)
佛罗里达	50 068	37 570	33.3
蒙大拿	36 327	29 515	23.1
怀俄明	41 047	33 681	21.9
南卡罗来纳	42 681	35 547	20.1
佛蒙特	41 572	35 627	16.7
缅因	41 624	35 901	15.9
内华达	42 565	36 966	15.1
新罕布什尔	49 695	43 550	14.1
南达科他	36 568	32 298	13.2
爱达荷	37 368	33 008	13.2
亚利桑那	42 656	38 232	11.6
北卡罗来纳	41 451	38 551	7.5
华盛顿	42 653	40 141	6.3
阿肯色	34 198	32 245	6.1
科罗拉多	43 207	41 403	4.4
密西西比	32 635	31 375	4.0
康涅狄格	65 572	63 084	3.9
犹他	39 038	37 765	3.4
夏威夷	35 892	34 806	3.1
新墨西哥	35 873	34 821	3.0
亚拉巴马	37 367	36 285	3.0
俄勒冈	37 963	36 942	2.8
田纳西	38 641	37 656	2.6
得克萨斯	43 256	42 426	2.0
宾夕法尼亚	46 766	45 971	1.7
西弗吉尼亚	33 181	33 002	0.5
罗得岛	43 987	44 048	−0.1
威斯康星	41 797	42 160	−0.9

续表

州名	(联邦纳税申报)单均 AGI		
	单均 AGI 流入(美元)	单均 AGI 流出(美元)	单均 AGI 流入超出单均 AGI 流出的百分比(%)
新泽西	56 734	58 156	−2.4
加利福尼亚	43 644	45 146	−3.3
肯塔基	35 264	36 478	−3.3
密歇根	41 897	43 539	−3.8
艾奥瓦	36 088	37 506	−3.8
马萨诸塞	48 630	50 657	−4.0
堪萨斯	38 655	40 269	−4.0
弗吉尼亚	44 997	47 193	−4.7
印第安纳	38 431	40 387	−4.8
佐治亚	40 133	42 229	−5.0
特拉华	45 974	48 485	−5.2
俄克拉何马	32 917	34 841	−5.5
路易斯安那	33 483	35 804	−6.5
内布拉斯加	35 489	38 053	−6.7
密苏里	38 034	40 989	−7.2
北达科他	29 868	32 279	−7.5
俄亥俄	41 170	44 540	−7.6
明尼苏达	41 865	45 865	−8.7
马里兰	44 329	48 950	−9.4
伊利诺伊	44 408	49 296	−9.9
哥伦比亚特区	43 410	48 396	−10.3
纽约	44 784	50 494	−11.3
阿拉斯加	33 159	37 895	−12.5

资料来源：Internal Revenue Service, Laffer Associates.

结果非常明确,像新罕布什尔、内华达和怀俄明这样的州名列前茅。名列前茅的一些州一般都不征收所得税,而且税收基金会定义的总税负也很轻。[11] 类似地,在我们的排名中,排名接近底部的有康涅狄格州、马里兰州和新泽西州,这几个州个个都是高税负州。这是证明州税收政策对于居民个人和收入州际流动有多么重要的又一证据。内华达、新罕布什尔和怀俄明这三个州在税收基金会 2010 年的税负排名(从重到轻)中分别名列第 42、44 和 46 位(是可获得的最新数据);这就意味着,它们的居民差不多就是纳税最少的。在排名的另一端,康涅狄格、马里兰和新泽西这三个州的税负排名分别是第 1、2 和 12 位,从而导致它们几乎成了美国税负最重的州。因此,高收入居民更有可能离开这样的高税负地方,迁移到比较友善的行政管辖区居住,这就没有什么可奇怪的了。下面,我们比较详细地考察相关各州。

新罕布什尔州也许是美国低增长地区的一个小州,但是,它的绩效表现一直优于其邻近几个州。这个花岗岩州与新英格兰地区其他州的不同之处就在于它推行的低税负、小政府政策。新罕布什尔州在全美各州税负排名中名列第44,而且不课征任何个人劳动所得税和一般销售税。因此,它一直能够吸引国内移民前往安家落户,从而导致它的人口以2倍于美国东北地区的速度增长。在从1992～1993年度到2009～2010年度18年的考察期里,新罕布什尔州从迁入居民那里人均吸纳了49 695美元的AGI,而每个迁出居民人均带走了43 550美元,两者的差额达到了6 000多美元之巨。新罕布什尔州的低税状况有助于解释这种趋势。

内华达州在过去20年里实现了人口和州内生产总值的爆炸式增长,并且成了吸引富人逃离高税地——特别是加利福尼亚州——的避税地。在过去18年(从1992～1993年度到2009～2010年度)里,迁入内华达州的居民人均带来了42 565美元,而迁出内华达州的居民人均带走了36 966美元——两者相差约6 000美元。内华达州不征收任何所得税,而且州总税负又低——全美排名第42,这些都有助于解释AGI流入大于流出的现象。内华达州与新罕布什尔州完全相同——这两个州都得益于纳税人的州际流动。也就是说,平均而言,迁入这两个州的居民收入高于迁出这两个州的居民收入。与新罕布什尔州不同的是,内华达州位于美国增长最快的地区;而与新罕布什尔州相同的是,内华达州以比西部地区快1倍多的人口增长速度轻而易举地傲视该地区各州。

在考察了怀俄明州以后,我们的顶级赢家分析才能算圆满。按人口计,怀俄明州是美国最小的州,但又是一个快速增长的州。怀俄明州不课征任何个人所得税,并且在税收基金会的总税负排名中位居第46位。在从1992～1993年度到2009～2010年度的18年里,迁入怀俄明州的居民人均带来了41 047美元的AGI,而迁出怀俄明州的居民人均带走了33 681美元的AGI——两者的差额惊人,大大超过7 000美元(见本书第二章表2.7)。怀俄明州很低的税负吸引了全国各地富有的高收入者。如果读者您没有想到怀俄明州,而是想到了杰克逊·霍尔(Jackson Hole),那么,一切就变得明白无误了。怀俄明州虽然气候恶劣——属于美国夏热冬冷的最极端气候,但还是实现了大幅增长;虽然按人口计怀俄明州是美国最小的州,但移民为该州带来了1 500多亿美元的AGI——AGI的流入和流出之差有助于说明其中的原因。

有赢家必有输家。因此,我们要指出的第一个绩效表现平平的州就是康涅狄格州。康涅狄格这个"肉豆蔻州"是美国税负最重的州之一,在税收基金会总税负排名中位居第三。康涅狄格州不但是美国税负最重的州之一,而且还是 11 个在过去 50 多年里课征个人所得税且税率最高的州之一。我们难道没有提到过,它是一个强制参加工会的州?确实提到过。在过去 18 年(从 1992~1993 年度到 2009~2010 年度)里,康涅狄格州流失了 7 400 亿美元的 AGI(见本书第二章表 2.7)。康涅狄格州不仅流失了富有的居民,而且还用重税惩罚了留下来的居民,并且使得他们越来越难以说服自己留下不走。就连应税所得只有 10 000 美元的纳税人也要按 5% 的州边际所得税率纳税,而最高收入者也只需按 6.7% 的税率缴税。再加上高财产税和销售税,因此,那些能离开的居民都离开了康涅狄格州,这种现象也就不足为奇了。

新泽西州也是最大的输家,它可列出一张很长的损失清单:在从 1992~1993 年度到 2009~2010 年度的 18 年里,每个迁出居民平均带走了 58 156 美元的 AGI,而每个迁入居民只带来了 56 734 美元的 AGI(见本书第二章表 2.7)。纳税人州际迁移导致的 AGI 流失有助于解释新泽西州为什么在从 1992~1993 年度到 2009~2010 年度期间 AGI 累计流失达到 2 100 亿美元之巨的原因。新泽西这个花园州有很多自然景观,但在税收基金会的税负排名中取代了它的邻居纽约州而位居全美第二。新泽西州还是一个强制参加工会的州,而且从 1965 年以来同时征收所得税和销售税。无论是新泽西州毗邻纽约州的区位优势、劳动力技能水平高还是其公立学校教育质量好于平均教育水平这个成就,都没能阻止居民迁离和财富流出这个花园州。新泽西州的财产税是全美最重的财产税之一,更不用说它那税率几乎达到 9%(确切地说是 8.97%)的最重所得税。如果把地方销售税包括在内,那么新泽西州的销售税税率就能轻松超过 10%。无怪乎新泽西州的居民不禁要自问:"出路在哪里?"

克里斯·克里斯蒂(Chris Christie)取代乔恩·科尔辛当选州长,为新泽西州带来了很大的希望。克里斯蒂不但在 4 年前以微弱优势击败了科尔辛,而且在 2013 年以压倒性优势赢得了连任,这说明花园州的居民已经准备接受变革。

马里兰州州长奥玛丽(O'Malley)是美国排名最靠前的增税者之一,而马里兰州则是另一个人口小州,它的财富都流向了对财富比较友好的地方。从 1992~1993 年度到 2009~2010 年度,马里兰州总共流失了 7 800 亿美元的 AGI,而它的富有居民也源源不断地迁往其他州居住。在我们考察的 18 年里,马里兰州的迁出居民平均带走了 48 950 美元的 AGI,而迁入居民平均只带来了 44 329 美元的 AGI,从而导致了后果严重的人均高达 4 600 美元之巨的 AGI 净流失。一个有助于解释这个问题的因素就是马里兰州的高税负,该州在税收基金会的税负排名中位居全美第 12 位。虽然马里兰州的最高所得税率"只有"5.75%,但即使是年收入少到 3 000 美元的纳税人,也要按 4.75% 的所得税率缴纳个人所得税。即使是贫困的劳动者也要按这个高税率纳税,这一点有助于解释马里兰州的居民为什么纷纷迁往低税州。

州无论大小,税收政策都很重要。得克萨斯州和加利福尼亚州(见本书第七章)可能因其居民的绝对规模和数量以及财富流入和流失而吸引了更多的注意,但是,每个州的政府都能通过促增长的税收政策来显示自己的不同。我们的研究表明,即便是人口小州也能大大得益于善政,而且脱颖而出并获得显著优于本地区的绩效。虽然总有很多因素决定一个州的移民和居民幸福感,但是,州不论大小,低税负和零所得税总会大大改善经济绩效。

实时流动指数

美国人口流动比以往任何时候都要频繁,就像过去 20 年所证明的那样,他们根本就不反对离开所得税氛围令人压抑的州,迁往实施促增长政策的州安家落户,因为后一种州创造了同时有利于企业和个人的更具吸引力的经济环境。

我们在这项关于国内移民趋势的研究中,采用了不同类型的可公开获得的数据集。在所有这些数据集中,美国人口普查局的年度调查跟踪记录了美国人的州际人口迁移状况;美国国内税收署如实记录了纳税人在任何两个县或者州之间的迁移;而像联合长途搬场公司(United Van Lines)这样的卡车搬场公司也公布了关于美国居民迁移的年度研究报告。

虽然所有这些数据资源都有很重要的事后研究价值,但都有一个相同的缺陷:缺乏时效性。美国人口普查局通常每 3～5 年公布一次数据,而美国国内税收署目前也仅仅计划公布 2010～2011 年度的税收流动数据,联合长途搬场公司的报告只披露大致情况,很少提供细节。

由于生活节奏正在以比以往任何时候都快的速度发生变化,因此就出现了一种对最新迁移和流动计量工具的迫切需要。这种工具被用来指导日常决策,这样就能根据今天发生的事情,而不是仅仅根据我们掌握的去年或者过去 10 年里发生的情况来进行调整。为了达到这个目的,并且基于流动是当今世界的常态这一假设,我们开发了所谓的"实时流动指数"。

在寻求了解传统工具大致情况并且进行确切定义的过程中,我们发现,分析友好(U-Haul)搬场公司任何两地之间单程搬运的标价能够揭示美国人流动的内隐格局；通过扩展使用这家公司的定价——深入探讨地方一级的报价,我们就能还原不同美国城市之间的搬运服务需求。这样,我们就能发现哪些城市得益于居民迁入,哪些城市又受到居民过度外迁的困扰。

例如,如果友好搬场公司突然接到从纽约市到达拉斯的大量搬运订单,那么,从纽约市到达拉斯的搬运价格就会上涨。相反,如果友好搬场公司没有接到至少一样多的反向搬运订单,那么从达拉斯到纽约市的搬运价格相对于从纽约市到达拉斯的运价就会下跌。

决定友好公司单程运价的驱动因素就是简单的微观经济学供求原理。只要只有从甲地搬往乙地的需求,友好公司的搬运卡车就会停在乙地。如果两地之间的搬运流量严重向一个目的地倾斜,那么友好公司的卡车就会积压在较受欢迎的乙地,并且造成该地的卡车供给过剩,但同时搬出地卡车需求会增加,价格自然也会随着供给的稀缺而上涨。

最后,在不尽如人意的地方可能会出现这样的卡车稀缺现象。于是,友好搬场公司的雇员就得把过剩的卡车空驶到人口不断减少的城市,以满足那里的搬迁需求,而成本则转嫁给消费者。

在认识到友好搬场公司定价机制所蕴含的大量机理以后,我们分析研究了200多个城市以及其中任何两个城市之间的往返运价,并且考察了4万多个城市对子。通过比较搬离一个城市的平均运价和搬入一个城市的平均运价,我们就能得出这种服务需求的相对水平。如果人们成群结队地迁入某个给定城市,那么搬入这个城市的搬运价格就会上涨,并且能够证明,这种流动就如同其他商品或者服务——如果需求增加,价格就会相应上涨。

通过分析4万多个城市对子每天的相对运价,我们就能计算出每个城市的实时流动指数值,并且实时掌握迁移趋势。把每个城市的平均搬入价格除以平均搬出价格,我们就能得到每个城市的指数值。指数值等于1,意味着搬入价格与搬出价格相同；指数值大于1,说明搬入价格高于搬出价格；而指数值小于1,则说明搬出价格高于搬入价格。2013年9月28日,根据我们开发的实时流动指数数值大小顺序排列的美国居民迁入排名前20位的城市如表5.9所示。

表 5.9　　　　　　　　　　前 20 个迁入城市

排名 ↓	实时流动指数值	州和城市名
1	1.801 8	得克萨斯州圣安东尼奥
2	1.749 9	得克萨斯州休斯敦
3	1.739 3	得克萨斯州帕萨迪纳
4	1.721 6	得克萨斯州拉雷多

续表

排名 ↓	实时流动指数值	州和城市名
5	1.715 0	得克萨斯州科珀斯克里斯蒂
6	1.708 0	得克萨斯州布朗斯维尔
7	1.624 0	爱达荷州博伊西
8	1.582 7	得克萨斯州奥斯汀
9	1.560 8	佛罗里达州塔拉哈希
10	1.551 4	爱达荷州波特卡罗
11	1.549 8	亚拉巴马州莫比尔
12	1.526 5	得克萨斯州沃斯堡
13	1.514 7	得克萨斯州达拉斯
14	1.510 4	俄勒冈州波特兰
15	1.509 4	得克萨斯州皮亚诺
16	1.507 6	得克萨斯州加里兰
17	1.507 0	佛罗里达州圣彼得斯堡
18	1.506 4	得克萨斯州欧文
19	1.505 8	亚拉巴马州伯明翰
20	1.504 7	华盛顿州温哥华

如表 5.9 所示，在实时流动指数值排名前 20 的迁入城市中，不课征所得税的得克萨斯州占据了 12 个，因此，得克萨斯州被广泛誉为"美国对企业最友好的州"就不足为奇了。在我们的排名中，名列第一的圣安东尼奥指数值为 1.8，这就意味着：平均而言，搬入圣安东尼奥的价格是搬离这个城市的 1.8 倍。在我们排名的另一端，前 20 位迁出城市如表 5.10 所示。

表 5.10　　　　　　　　　前 20 个迁出城市

排名 ↓	实时流动指数值	州和城市名
1	0.556 5	纽约州扬克斯
2	0.558 3	新泽西州泽西城
3	0.565 6	纽约州纽约市
4	0.570 0	新泽西州纽瓦克
5	0.579 2	宾夕法尼亚州费城
6	0.596 3	伊利诺伊州斯普林菲尔德
7	0.597 0	宾夕法尼亚州斯克兰顿
8	0.606 1	康涅狄格州布里奇波特
9	0.608 2	特拉华州威尔明顿

续表

排名↓	实时流动指数值	州和城市名
10	0.613 4	密苏里州圣路易斯
11	0.621 3	华盛顿特区
12	0.629 4	马里兰州巴尔的摩
13	0.640 0	宾夕法尼亚州匹兹堡
14	0.649 4	宾夕法尼亚州哈里斯堡
15	0.672 1	加利福尼亚州洛杉矶
16	0.672 6	宾夕法尼亚州阿尔图纳
17	0.674 5	加利福尼亚州圣塔克拉利塔
18	0.675 0	加利福尼亚州兰开斯特
19	0.675 5	加利福尼亚州贝克尔斯菲德
20	0.676 5	加利福尼亚州库卡蒙格牧场

在表 5.10 中，各城市实时流动指数值差异更大，但诸如纽约、新泽西、宾夕法尼亚和加利福尼亚等高税州的城市名列前茅。

图 5.3 进行了醒目的图示，清晰地反映了全美各州人口和收入从高税州向低税州和零税州流动的明显趋势。图中右下方和左上方的靶心标志表示人口和收入高流出州，而图中标示犹他州和新墨西哥州位置的靶心标志则表示流出、流入基本持平（指数值接近1）。

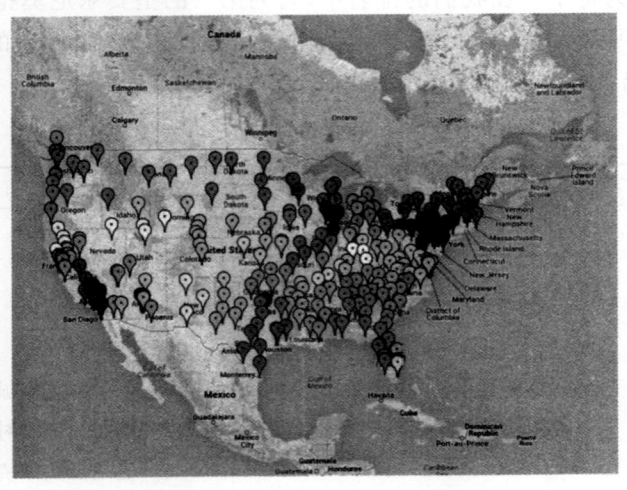

图 5.3　实时流动指数

资料来源：www.HowMoneyWalks.com。

注释：

[1] Keith Richards，转引自《财富》的一篇文章：Andy Serwer，"Inside the Rolling Stones Inc. ,"*Fortune*，September 30，2002，http://money.cnn.com/magazines/fortune/fortune_archive/2002/09/30/329302/.

[2] Travis H. Brown, *How Money Walks* (St. Louis，MO：Author，2013)，www.howmoneywalks.com.

[3] 关于 Governor Corbett 的全部文献，登录网站：http://articles.philly.com/2011-03-08/news/28668900_1_budget-address-first-budget-tree.

[4] Miranda Lambert，"All Kinds of Kinds,"*Four the Record*，2013.

[5] 参见 Robert L. Pollock 同 Secretary Shultz 的访谈：Robert L. Pollock，"George Shultz：Memo to Romney—Expand the Pie,"*The Wall Street Journal*，July 13，2012，http://online.wsj.com/news/articles/SB10001424052702303740704577523541037952090.

[6] Txt Foundation，http://taxfoundation.org/article/state-and-local-tax-burdens-all-states-one-year-1977-2010.

[7] 关于坎贝尔教授对州域经济学贡献的更详细内容，请参阅本书序。

[8] Atlas Van Lines，www.atlasvanlines.com/migration-patterns/pdf/2012_Migration_Patterns.pdf.

[9] U. S. Census Bureau，www.census.gov/popest/data/intercensal/state/state2010.html.

[10] Tax Foundation，http://taxfoundation.org/article/state-and-local-tax-burdens-all-states-one-year-1977-2010.

[11] Tax Foundation，http://taxfoundation.org/article/state-and-local-tax-burdens-all-states-one-year-1977-2010.

第六章

增长率为何不同

——对相关数据的计量经济学分析

科学的方法就是为了证伪自然威力而反复提出理论假设和反复进行实验，应该能够允许科学家非常正确地预测人们在新环境下的行为举止。

——菲利普·鲍尔，《好奇心》

"通向奴役和经济衰退的道路仍由重税铺就，而且只要这个条件不变，财富仍会隐匿或者消失。"[1]

本章的目的仅仅是提供一种在州和地方政策作用的背景下审视和分析全美各州绩效数据的不同方法。同样，这项对全美50州过去10年绩效表现的计量经济学分析，也是我们为探索哪些因素发挥了作用和哪些因素没有发挥作用而取得的部分成果。

在本章中，我们对全美各州的人口和州内生产总值增长数据进行了分析，因为它们与诸如税率、税负和工作权利保障法之类的一系列政策变量有关。

在本章中，我们在尽可能追求全面的前提下对全美50个州完整的横截面时间序列数据进行计量经济学分析。我们的目的与其说是开发一个包含全美50个州的综合模型，还不如说是尽可能对各州经济政策进行综合分析，以供现在和未来的政府官员参考。我们也明白，计量经济学者无论有多么仔细，都可能犯变量检测不准、非线性、遗漏、多重共线性、方程误设、联立性偏倚和经济参数转换等错误，并且在阐释政策结果时有可能做出有偏推导。我们也明白，虽然最小二乘回归估计法对于概率分布估计非常有用，但是，这种估计也以实际少有的正态(高斯)分布为假设前提。因此,我们对政策结果的阐释与清晰的要求还相去甚远。

这种计量经济学分析要真正具有很大的价值,就必须与我们要做的其他检验相结合。每种检验和数据分析方法都有自身的优点和缺点。但是,在综合运用所有这些不同的比较和对比方法的情况下,我们就能克服它们的缺点,构建出作用非常强大的数据分析程序。总而言之,我们的数据分析几乎消除了关于州和地方政府的政策会对每个州的绩效表现产生影响这个问题的全部怀疑。在这样一个大背景下,我们对横截面时间序列数据的计量经济学分析应该是有价值的。即使不在这里披露下文要揭示的很多秘密,横截面时间序列数据的计量经济学分析也足以驳斥那些认为一般激励措施以及税率、工作权利保障和其他供给侧变量等特定激励因素并不重要的人。这些供给侧变量非常重要!

对于我们来说,幸运的是,我们几乎能够专一地聚焦于数量,而不用关注价格。如果要同时关注价格,那么,观察值分布就很可能具有稳定的帕累托性质,具有 1 和 2 之间的特征指数,但又更可能位于柯西值域(即特征指数接近 1[2]),而不是特征指数更接近 2 的正常(高斯)值域中。要使显著性检验具有意义,观察值分布和误差项就应该假设为正态分布。此外,误差项也应假设为彼此独立并以固定离差度围绕中项均匀分布(同方差)。如果违反这些假设,那么显著性检验就会失去意义(样本大小和检验效能问题)。

此外,计量经济学者假定概率分布只需做单一检验,而不需要做常被称为"数据挖掘"的多变量多重检验。在单一检验中,有 5% 的概率(关于 2 个标准差的双尾 t 检验)回归系数显著不等于 0,是一种很有说服力的表述。但是,在相同的观察值集有 1 000 个变量要检验,而且各变量在统计上彼此独立的情况下,我们可能要随机预期其中的 50 个变量在 5% 的显著性水平上可能显著不等于 0,这几乎算不上很有说服力的表述。多年来,我们和其他计量经济学者采用各种不同的方式对每个可想到的变量进行了检验。结果是,一个新的相关性集合,就如我们在下文提供的那种,几乎不能算是适当的假设检验。请读者注意,任何显著性主张和显著性检验实际意味着"货物出门,概不退换"。

但是,我们在单方程最小二乘分析法强加给我们的紧约束下能够证明的就是,一个变量是否与另一个变量相关、两个变量的相关性有多大,以及它们的相关方向。在最小二乘分析背景下多重回归特点既定的情况下,我们能够把多个变量不同的多重共线性分量客观地配置给有关特定变量。在我们关于州经济政策如何发挥作用的观点已定的情况下,我们构建了一个独立于这些特定数据集的完整预期集合。例如,我们预期某州,譬如说,税负增加会导致人口和州内生产总值增长率下降。因此,我们预期,在全美50个州2002~2012年10年期横截面时间序列分析中,税负(TBUR)与人口增长(PG)两者高度(常常被称为"统计上显著")负相关。我们还预期,这种相关关系在维度上合理,并且在经济上显著。举例来说,如果州税负每增加1%就意味着10年期州人口增长率就会降低10%,那么我们就会发现这样的结论不可信,并且拒绝而不是接受检验结果。

虽然习惯做法要求自变量最好应该用因变量的同类项来表示[3],但是,对于像税负这样的在时间上很少变化的变量,并不一定要遵循这种习惯做法。

作为计量经济学者,我们必须明白,在我们的误差项中存在异方差性或者非常数方差。根据基本最小二乘法,同方差性或者常数方差虽然在实际中很少出现,但被认为有存在的可能性。例如,我们不应该认为,预期收入10万美元和1万美元的个体标准差相同(或者恒定不变)。对于收入数据,我们可能会预期标准差大致与收入成比例变化(即收入水平越高,标准差就越大),而不是恒定不变。虽然异方差性本身不会导致我们的系数估计出现偏差,但会导致标准误差出现偏差,从而导致显著性检验结果出现偏误。因此,在争取计量经济学分析尽可能可靠的努力中,我们因误差项存在异方差性而运用已经被普遍接受的纽维—韦斯特(Newey-West)标准误差,渐进地纠正我们的最小二乘分析。纽维—韦斯特标准误差也因序列相关而具有纠偏作用(尽管与我们的数据只有较小的相关性)。

作为最后要提醒那些希望发现经济计量分析结果重要性的读者的一个问题,我们在这里强调,美国证券交易委员会要求所有投资回报报告必须声明:"既往绩效并不是未来绩效的保证。"有了这样的声明就"完美无缺"了。

变量列表

在了解了上述各种注意事项后,读者应该能够清楚地认识到这些计量经济学检验的缺点。下面,我们继续介绍下文所采用的评价指标。以下列表介绍我们要考察的变量以及它们的确切定义:

GSP:2002~2012年州内生产总值增长率。州内生产总值增长率在这里不用百分率表示,而是用2002~2012年的10年期州内生产总值增长比率表示,或者说用2012年的州内生产总值除以2002年的州内生产总值再减去1来表示。例如,密歇根这个州内生产总值增速最慢的州,2002~2012年10年期州内生产总值增长率是0.138;再如,北达科他州这个州内生产总值增速最快的州,

2002～2012 年 10 年期州内生产总值增长率是 1.251。用百分率表示,密歇根州 0.138 的增长率就相当于 13.8%,而北达科他州 1.251 的增长率就相当于 125.1%。原始数据取自美国经济分析局。

GSPL1:1992～2002 年滞后 10 年期州内生产总值增长率。例如,夏威夷州是过去 10 年州内生产总值增速最慢的州,它的 GSPL1 是 0.272;而内华达州是过去 10 年州内生产总值增速最快的州,它的 GSPL1 是 1.326。GSPL1 与 GSP 是相同的变量,在本书中只不过是 1992～2002 年的州内生产总值增长率而已。例如,夏威夷州的 0.272 就相当于该州从 1992 年到 2002 年的 10 年期州内生产总值增长率为 27.2%,也是用该州 2002 年的州内生产总值除以其 1992 年的州内生产总值再减去 1 求得。原始数据取自美国经济分析局。

PG:人口增长率,也就是 2002～2012 年的人口增长率。再说一遍,这里的增长率并不是用百分比表示的增长率。举例来说,罗得岛州 2002～2012 年的 10 年期人口增长率是 −0.015,而内华达州同期的人口增长率是 0.269。这里, −0.015 就相当于用百分率表示的从 2002 年到 2012 年的 10 年期人口增长率是 −1.5%,也是用其 2012 年的人口数除以其 2002 年的人口数再减去 1 求得。原始数据取自美国经济分析局。

PGL1:滞后 10 年的人口增长率,也就是 1992～2002 年的人口增长率。例如,西弗吉尼亚州滞后 10 年的人口增长率是 −0.001,而内华达州同期的人口增长率则是 0.609。PGL1 与 PG 是相同的变量,只不过是 1992～2002 年的人口增长率而已。这里, −0.001 就相当于从 1992 年到 2002 年 10 年期人口增长率为 −0.1%,也可通过 2002 年的人数除以 1992 年的人数再减去 1 求得。原始数据取自美国经济分析局。

TBUR:2010 年税负。例如,2010 年阿拉斯加州的税负是 0.07,而纽约州同期的税负则是 0.128。这里 0.07 就相当于用百分率表示的 7.0% 的税负,也就是纳税人在 2010 年缴纳某一选定州州和地方税收的税金占其个人收入的百分比。[4] 原始数据取自美国经济分析局。

ALEC:ALEC—拉弗 2013 年全美各州竞争力排名,也是 ALEC—拉弗州竞争力排名评价指标因子的一个平均值。例如,犹他州是 15.1,佛蒙特州则是 35.9。15 个指标因子的均值越小,州经济前景就越好。原始数据取自拉弗经济研究公司和美国立法交流委员会年度出版物《富裕州与贫困州》。

RTW:截至 2011 年 12 月 31 日的工作权利保障。这个变量用于评估某州是强制本州雇员参加工会的州还是保障雇员工作权利的州,时间截止到 2011 年 12 月 31 日(也就是说,工作权利保障州不包括印第安纳州和密歇根州,因为这两个州直到 2012 年 1 月 1 日才颁布工作权利保障法)。如果被考察州是工作权利保障州,那么 RTW 就等于 1;如果被考察州不是工作权利保障州,那么 RTW 就等于 0。譬如说,科罗拉多州的 RTW 是 0,而内华达州则是 1。原始数据取自全美工作权利法律保护基金会。

OILB:2012 年石油产量(人均桶数)。例如,爱达荷州 2012 年的石油产量是人均 0 桶,而北达科他州 2012 年的石油产量则是人均 34 067 桶。OILB 就是用 2012 年州原油产量(美国能源信息管理局用千桶/日来计算)除以美国经济分析局统计的 2012 年州人口得到。

PIT:2013 年最高个人所得税率。例如,内华达州 2013 年的最高个人所得税率是 0,而加利福尼亚州 2013 年的最高个人所得税率是 0.133。这里,0 就相当于 2013 年的最高个人所得税率是 0.0%。在计算这个指标时,在可能的情况下,我们已把州最大城市的地方所得税包括在内,并且考虑到联邦所得税可抵扣性的影响。原始数据取自拉弗经济研究公司和美国立法交流委员会年度出版物《富裕州与贫困州》。

PITP:2013 年个人所得税累进度。举例来说,亚拉巴马州 2013 年个人所得税的累进度是 -0.002,而加利福尼亚州 2013 年的个人所得税累进度则是 0.037 4。这里,0.037 4 就相当于用百分率表示的 3.74% 的个人所得税累进度。个人所得税累进度就是按所得 50 000 美元与 150 000 美元之间每 100 美元的平均税负变动率来计算的。原始数据取自拉弗经济研究公司和美国立法交流委员会年度出版物《富裕州与贫困州》。

CIT:2013 年最高公司所得税率。举例来说,内华达州 2013 年的最高公司所得税率是 0,而纽约州 2013 年的最高公司所得税率则是 0.172。这里,0 就相当于 2013 年用百分率表示的最高公司所得税率是 0.0%。在可能的情况下,这个变量包括地方公司所得税率,并且也考虑了联邦公司所得税可抵扣性的影响。原始数据取自拉弗经济研究公司和美国立法交流委员会年度出版物《富裕州与贫困州》。

RLT:2011~2012 年度最近法定税收变更。举例来说,北达科他州 2011~2012 年度最近立法规定的税收变更是 -0.029,而纽约州 2011~2012 年度最近立法规定的税收变更则是 0.014。这里,-0.029 就相当于北达科他州在 2009~2012 年间用百分率表示的税负发生了 -2.9% 的变化。这个变量用每千美元个人所得的法定税收变更静态税收收入估计值来表示。原始数据取自拉弗经济研究公司和美国立法交流委员会年度出版物《富裕州与贫困州》。

在 2002~2012 年间,以上每个变量都以某种方式与其他各个变量发生关系。在如表 6.1 所示的相关矩阵中,展示了每个变量与其他各变量的相关关系,即线性相关关系,以便于读者参考。

表 6.1 变量相关矩阵

变量	ALEC	CIT	PIT	PITP	RTW	TBUR	OILB	PGL1	GSP	PG	GSPL1	RLT
ALEC	**1.00**	0.58	0.57	0.53	−0.67	0.60	−0.26	−0.33	−0.34	−0.53	−0.40	0.51
CIT	0.58	**1.00**	0.53	0.26	−0.53	0.61	−0.11	−0.34	−0.31	−0.44	−0.31	0.34
PIT	0.57	0.53	**1.00**	0.73	−0.43	0.73	−0.27	−0.29	−0.33	−0.36	−0.27	0.28
PITP	0.53	0.26	0.73	**1.00**	−0.25	0.46	−0.10	−0.19	−0.13	−0.24	−0.19	0.03
RTW	−0.67	−0.53	−0.43	−0.25	**1.00**	−0.49	0.11	0.32	0.40	0.50	0.34	−0.38
TBUR	0.60	0.61	0.73	0.46	−0.49	**1.00**	−0.30	−0.28	−0.43	−0.47	−0.20	0.40
OILB	−0.26	−0.11	−0.27	−0.10	0.11	−0.30	**1.00**	−0.17	0.71	0.11	−0.21	−0.59
PGL1	−0.33	−0.34	−0.29	−0.19	0.32	−0.28	−0.17	**1.00**	0.06	0.82	0.85	0.23
GSP	−0.34	−0.31	−0.33	−0.13	0.40	−0.43	0.71	0.06	**1.00**	0.44	0.02	−0.45
PG	−0.53	−0.44	−0.36	−0.24	0.50	−0.47	0.11	0.82	0.44	**1.00**	0.64	−0.02
GSPL1	−0.40	−0.31	−0.27	−0.19	0.34	−0.20	−0.21	0.85	0.02	0.64	**1.00**	0.11
RLT	0.51	0.34	0.28	0.03	−0.38	0.40	−0.59	0.23	−0.45	−0.02	0.11	**1.00**

简单观察表 6.1,我们就能获得大量的信息。例如,每个政策变量与州内生产总值的相关方向,就如同我们所预期的那样:每个单一税收变量与州内生产总值负相关,即平均水平以上的税收通常与平均水平以下的州内生产总值相关;而人均石油产量、工作权利保障和人口增长率等变量都与州内生产总值正相关,再次如同我们根据经济学理论预期的那样。这些结果本身非常稳健。如果我们为一个相关矩阵选择 10 个随机序列,那么获得一种与每个变量正确符号一致的先验理论的几率是 1/1 024。[5]对于开始阶段来说,这不能算太坏,因为我们还只是处在热身阶段。

如果我们结合其他各税收变量来考察每一个税收变量,那么就能相当合理地推断,这些税收变量彼此正相关,并且意味着全美各州过去 10 年里采用了结构相同的税收政策,当然也意味着,诸如 ALEC—拉弗全美各州竞争力排名(ALEC)和税负(TBUR)这样的序列在计量方面存在显著的重叠。而这些又表明,那些把实行高个人所得税率视为善政的州通常也认为实行高公司所得税率是善政,高税率和高 ALEC 得分也都是善政及其实施结果。

其他值得关注的观察值可能是人口增长率及其滞后值以及州内生产总值及其滞后值相关矩阵所报告的统计关系。人口增长显示了大量的动能:增速最快的州往往能继续保持最快的增长势头,除非这些州因遭遇政策变量冲击而改变增长路径。即使增速最快的州因遭遇政策变量冲击而改变增长路径,它们的人口数量也要花很长的时间才会发生变化。我们在州内生产总值增长这个指标上也能看到这样的动能。州内生产总值增速完全取决于此时此地的政策，而不是彼时彼地的政策。

石油生产变量 OILB 也值得关注，因为一般来说，用从 ALEC、CIT、PIT 和 PITP 到 TBUR 这些变量表示的较高水平的税收，往往出现在人均石油产量较少的州；反之亦然。高税州可能也会采取不利于石油生产商、其他生产商和所得人的歧视性政策；或者说，OILB 与税收呈负相关关系，因为高税州课征其他较高的税收，而它们课征其他较高税收的原因就是它们没有石油收入，而它们没有石油收入的原因或许就是大自然的任性和人类的无知。

如果我们不仅关注相关系数的符号，还关注相关系数的绝对值，情况就会变得更加微妙。我们把这一问题作为练习留给读者去解答。

下面我们要解释的 2 个因变量——或者说与全美 50 个州其他变量相关的 2 个因变量——是州内生产总值增长率（GSP）和人口增长率（PG）。当然，在每个方程式中总有 1 个常数项 C。我们要考察的时期是从 2002 年到 2012 年这个 10 年期。我们先考察州内生产总值增长率这个因变量。

州内生产总值增长率：一元分析

我们要做的第一组检验是简单线性最小二乘回归。其中，州内生产总值增长率（GSP）是因变量，而单一自变量分别是 OILB（2012 年石油产量）、TBUR（2010 年税负）、CIT（2013 年最高公司所得税率）、RTW（工作权利保障）、ALEC（美国立法交流委员会—拉弗 2013 年全美各州竞争力排名）、RLT（2011～2012 年度的最近法定税收变更）、PIT（2013 年最高个人所得税率）、PITP（2013 年个人所得税累进度）和 GSPL1（1992～2002 年滞后 10 年期州内生产总值增长率）。每次回归的主要特征如表 6.2 所示。[6]

表 6.2　2002～2012 年州内生产总值增长率与以下自变量的一元线性回归

方程式	自变量	系数	标准误差*	t 统计量值	R^2	F 统计量值
1	常数项 OILB	0.480 0.022	0.023 0.003	20.65 8.21	0.50	48.49
2	常数项 TBUR	1.120 −6.363	0.152 1.495	7.37 −4.26	0.18	10.80
3	常数项 CIT	0.642 −1.741	0.064 0.652	10.11 −2.67	0.09	4.98

续表

方程式	自变量	系数	标准误差*	t 统计量值	R^2	F 统计量值
4	常数项 RTW	0.453 0.146	0.036 0.058	12.67 2.51	0.16	9.09
5	常数项 ALEC	0.841 −0.013	0.153 0.006	5.50 −2.30	0.11	6.22
6	常数项 RLT	0.502 −13.110	0.028 5.980	17.98 −2.19	0.21	12.43
7	常数项 PIT	0.619 −1.790	0.058 0.854	10.60 −2.10	0.11	5.90
8	常数项 PITP	0.543 −2.850	0.045 2.830	12.08 −1.01	0.02	0.80
9	常数项 GSPL1	0.506 0.015	0.111 0.134	4.55 0.11	0.0002	0.0117

一元回归方程式 9 中第一个值得关注的特征就是，2002～2012 年的州内生产总值增长率并没有以任何一种重要的方式与滞后 10 年期州内生产总值增长率相关。因此，我们在任何进一步的考察中都取消了这个变量。我们并没有事前考虑考察期州内生产总值增长率与它的滞后值是否显著相关的问题，并且发现缺乏滞后证据无关紧要。但重要的是，应该报告这些结果，以免在某个自变量被忽略的情况下出现遗漏变量偏误。遗漏变量偏误能导致估计偏误，从而导致我们的分析无效。

到目前为止，方程式 1 显示了对州内生产总值增长率（GSP）最重要的变量，那就是州人均石油产量（OILB）。这个变量的重要性水平竟然是一个难以置信的 8.21 的 t 统计量值。读者不会发现，很多变量的 t 统计量值大于 8.1 的独立相关关系。如果实际上有一次一元检验和所有的适当假设全部成立，那么随机出现这种情况的几率是百万亿分之五。石油产量对于州总产出增长，是一个非常明确的统计上强效的解释变量（在协动性方面）。它们的回归系数也能说明这一点。在原油每桶 100 美元的价格水平上，人均石油产量每增加 1 桶就相当于州内生产总值 2.2 个百分点的增长，从而使得人均石油产量成了一个经济上强效的解释变量。实际上，根据我们的 R^2 结果，自变量 OILB 解释了全美 50 个州 10 年期州内生产总值增长率 50% 的变异，这可是非常大的解释力。这个自变量是一个明显的"赢家"。人均石油产量非常有助于解释北达科他、怀俄明和阿拉斯加等州州内生产总值特别高的增长率。虽然其他一些规模较大的州也可能生产很多石油，但由于本州还有其他规模很大的生产领域，因此，石油生产的影响有所减小。这就是 OILB 这个变量没有对得克萨斯州产生巨大影响的原因。其他一些研究也得出了石油生产与经济增长相关的结论。皮奇和斯塔巴克(Peach and Starbuck)采用新墨西哥州县级石油和天然气开采数据研究发现,"该州油气生产对个人收入、就业和人口产生了不大但正面的影响"。[7]比尔迪里吉和卡伊克奇(Bildirici and Kayikci)基于国际视角的研究得出的结论表明,"石油生产对欧亚国家的经济增长产生正面影响";事实上,他们的研究发现支持了"石油生产与经济增长之间存在双向正向关系"的观点。[8]

我们发现的第二重要变量(即 t 统计量绝对值第二高)是方程式 2 中的 TBUR 或者州总税负。这个变量的 t 统计量值也非常大,这表明,州内生产总值增长率与这个变量之间存在非常紧密的相关性。这个变量也说明了很多经济学常识。这个变量的意义在于:一个州的税负每增加 1 个百分点(譬如说,从 0.08 增加到 0.09),就会导致这个州的 10 年期州内生产总值增长率下降 6.4 个百分点。这一变化虽然影响很大,但仍在合理范围之内。根据我们得出的 R^2 结果,TBUR 本身就能解释州内生产总值增长率 18% 的变异。恩金和斯金纳(Engen and Skinner)研究得出的结论也表明,税负与经济增长之间存在负向关系;一般地,高税负国家的资本边际生产率和劳动力产出弹性较低。[9]

我们考察的第三个变量是州最高公司所得税率。在方程式 3 中,我们考察了这个变量与州内生产总值增长率之间的关系。就如我们预期的那样,它们之间也存在负相关性。我们的结论表明两者之间存在强相关关系,t 统计量值是 -2.67。回归系数值也非常合理,并且意味着,最高公司所得税率每提高 1 个百分点,就会导致州 10 年期州内生产总值增长率下降 1.74 个百分点。如果这种相关关系作为原因产生影响——这种可能性很大,但也可能不会发生——的话,那么,在一个 10 年期内,最高公司所得税率每上涨 1 个百分点,州内生产总值增长率就会下降 1.74 个百分点。这可能就是州民要为满足政客多花钱的欲望付出的很高代价,并且会回过头来大幅度减少州的其他税收收入,如销售税、个人所得税、财产税,甚至是公司所得税收入——读者还记得拉弗曲线吗?此外,这个结论也证实了以前的估计——李和戈顿(Lee and Gordon)研究发现,"公司所得税率每降低 10 个百分点,就会使年经济增长率上涨 1～2 个百分点"。可见,公司所得税率对经济增长将产生远比我们估计的更加强劲的影响。[10]此外,这个结论也被其他经济学者的研究所证明,他们研究发现,"公司所得税率与平均经济增长率的横截面差异显著负相关"[11],"州际公司所得税率差别"[12]导致"产业南迁"。实际上,在约翰逊等(Johansson et al.)的一项研究中,"公司所得税被认为最不利于经济增长"。[13]班森和约翰逊(Benson and

Johnson)从州层面进一步证明了以上这些研究结论,并且断定,"这项研究……发现,这种税收对资本形成产生一种显著的负面分布滞后的影响"。[14]在各州的公共服务层面,提高公司所得税最高边际税率,事实上也绝不会明显增加公共服务供给。

在表6.2中,方程式4给出了对于州内生产总值增长率第四重要的变量,它就是相关州是否保障工作权利(RTW)。

仅保障工作权利这一点就能在10年考察期里产生14.6个百分点的增长优势,保障工作权利的影响既大又合理。变量RTW极其重要,就如它那大于2.5的t统计量值以及16％的R^2值所显示的那样。哇!我们等了几年才真正发现,印第安纳州和密歇根州的未来甚至可能比它们自己想象的还要光明。这个变量在州一级的经济重要性也没有被已有经济学研究文献所忽视。举例来说,纽曼(Newman)研究得出了"强力支持工会化程度和有利的商业氛围(实施工作权利保障法)是影响产业南迁重新布局的重要因素"[15]这一结论。普劳特和普卢塔(Plaut and Pluta)也指出,"产业被有力地吸引到了工会活动相对较少的州"。[16]

在表6.2中,方程式5给出了对于州内生产总值增长率第五重要的变量ALEC,它由美国立法交流委员会和拉弗经济研究公司的出版物《富裕州和贫困州》所采用的15个变量合并而成。这个变量的t统计量值也表明,它与州内生产总值增长率有着特别强的相关性,它的R^2值同样显示了两者间的重要关系。ALEC得分越低越好、越高越坏,但它与州内生产总值增长率负相关。

另外两个变量"最近法定税收变更"(RLT)和"最高个人所得税率"(PIT)也因t统计量值远远大于2而高度重要。但回归系数显示,州的繁荣与其最高个人所得税率呈反向关系。例如,在10年考察期内,州的最高个人所得税率每提高1个百分点,就会导致州内生产总值增长率下降1.8个百分点。这是一种多么残忍的此消彼长关系。那么,个人所得税为什么会负面影响经济增长呢?一种解释是,"当前的税收待遇显著阻止资本积累",从而降低实际净回报率,进而导致"巨大的资源浪费",并且导致"一大部分毛收入由劳动力向资本再分配"。[17]拉布斯加(Rabushka)也做出了这样的解释,他研究发现,"高税率会阻扰对劳动力和资本的有效利用,并且还会阻止创业,从而抑制经济增长"。[18]事实上,普莱斯考特(Prescott)研究发现,期内税楔能解释美国为什么比法国繁荣,并且指出:"如果法国把它的期内税楔调整到与美国相同的水平,那么法国的消费收益当量就会增加19％。消费必须在当期和未来各期增加19％,才能实现幅度与源自这种税收改革的收益一样大的消费收益。"[19]韦恩斯坦(Weinstein)提出了一种不同的观点:"高个人所得税也许会间接阻止商业增长,因为它会强制性地增加经营管理人员和技术人员的薪酬"。[20] 还有证据表明,RLT对于短期经济增长具有重要作用。实际上,罗默和罗默(Romer and Romer)研究发现,"税收变革会对产出产生很大的影响",因此,"一旦税收外生性地增加相当于国内生产总值1%的幅度,就会导致实际国内生产总值减少近3%"。[21] 这些经验研究发现也得到了恩金和斯金纳的支持,他们报告了"税收改革较小的影响效应:一次重大的税收改革大概会导致长期经济增长率做出从0.2到0.3个百分点不等的回应",但"不管怎样,即使是这么小的影响效应,也能对生活水准产生很大的累积效应"。[22]

虽然个人所得税税率结构累进度(PITP)与州内生产总值增长率负相关,可是,对于相关强度,我们应该小心,不要过分依赖这次特定检验。但不管怎样,个人所得税累进度对州内生产总值增长率的平均效应仍然被预期为负向。不过,罗曼斯和苏布拉马尼亚姆(Romans and Subrahmanyam)之前已经注意到:在州一级,"个人所得税税率结构的累进度和税收收入转为转移性支付的比例……与州个人所得增长显著负相关"。[23] 波尔森和卡普兰(Poulson and Kaplan)提供了进一步的证据(也就是具有统计显著性的证据):"个人所得税累退性越高,对经济增长产生的正面影响就越大。"[24] 实际上,这个结论甚至被帕多瓦诺和加里(Padovano and Galli)在国际层面证实过,他们在报告中称,"我们采用23个经济合作与发展组织国家20世纪50~80年代的横截面时间序列面板数据进行的研究显示,高边际个人所得税率和个人所得税高累进度与长期经济增长负相关……这些结论与外生增长理论相符,但与大多数采用平均实际税率指标的经验研究结论相悖"。[25]

州内生产总值增长率:二元分析

在分别考察全美50个州州内生产总值增长率与各相关自变量之间的相关性以后,我们现在进行第一组双变量多元回归。

在表6.3中,由于石油产量(OILB)这个变量的t统计量值在我们考察的各自变量中最大,因此,我们把OILB这个自变量应用于该表中的每一个方程式。如果不把石油产量考虑进去,就无法推断全美50个州在过去10年里的州内生产总值增长率。在表6.3中,我们利用其他7个自变量加石油产量,并且根据它们的R^2值或者F统计量值的降序,对表中的7个方程式进行排序。

表 6.3　2002～2012 年州内生产总值增长率与以下自变量的二元线性回归

方程式	方差	回归系数	标准误差*	t 统计量值	R^2	F 统计量值
1	常数项	0.430	0.029	15.05	0.61	36.40
	OILB	0.021	0.002	11.14		
	RTW	0.119	0.040	2.98		
2	常数项	0.577	0.052	11.18	0.56	29.46
	OILB	0.021	0.002	9.19		
	CIT	−1.324	0.560	−2.36		
3	常数项	0.819	0.109	7.53	0.55	29.27
	OILB	0.020	0.003	5.89		
	TBUR	−3.546	1.103	−3.22		
4	常数项	0.641	0.115	5.56	0.53	26.32
	OILB	0.021	0.003	7.46		
	ALEC	−0.006	0.004	−1.45		
5	常数项	0.529	0.043	12.38	0.52	25.83
	OILB	0.021	0.003	6.76		
	PIT	−0.813	0.661	−1.23		
6	常数项	0.493	0.035	13.97	0.51	24.11
	OILB	0.022	0.003	7.69		
	PITP	−1.354	2.144	−0.63		
7	常数项	0.480	0.024	20.37	0.50	23.91
	OILB	0.021	0.004	5.35		
	RLT	−1.454	3.535	−0.41		

把 OILB 与 RTW 合在一起简直就是绝配,这两个变量彼此互补性巨大。我们只考察,把表 6.2 中的一元线性回归转化为表 6.3 中的二元回归后各变量的标准误差会发生什么变化。在不同情况(OILB 和 RTW)下,各变量的标准误差因变量间更加匹配而大幅度减小,从而导致 t 统计量值增大,回归系数则实际有所减小。这个结果在两个回归元彼此也(正)相关的情况下是可预期到的。这种二元回归显示,一元回归会导致回归系数估计值出现偏误,因为我们在 OILB 和 RTW 的一元回归方程式中明显遗漏一个重要的解释变量。OILB 的回归系数只是小幅减小,而 RTW 的回归系数因偏误缩小而适度减小。

我们按表面价值考察表 6.3 中的方程式 1,全美 50 个州 10 年期州内生产总值增长率 60% 以上的变异,可以用两个(实际相关的)明显受到州和地方政府政策约束的变量来解释。不过,在这个方程式中,R^2 值可能有点被高估了,因为我们在采用北达科他州的 OILB 数据时,会出现潜在的异常值问题。在把北达科他州的 OILB 观察值排除在外并对表 6.3 中的方程式 1 进行重新估计后,我们发现,R^2 值缩小到了 41.1%。但是,我们在剔除北达科他州 OILB 数据后的回归结果仍然高度显著:OILB 和 RTW 的 t 统计量值分别是 4.1 和 2.95。

在表 6.3 中,方程式 2 合并了变量 OILB 以后,公司所得税这个变量仍然有数值很高的 t 统计量,但略微小于一元回归中的 t 统计量值。值得注意的是,CIT 的回归系数在多元回归中有所减小,就如同这个变量的标准误差。OILB 的回归系数比表 6.2 一元线性方程中的系数略有减小,但它的标准误差值缩小相当多,并且提供了一个甚至大于 OILB 自身的 t 统计量值。同样,我们成功地减小了由在 OILB 和 CIT 一元回归中遗漏(在统计和经济上都很重要)的变量造成的偏误。把 OILB 和 CIT 放在一起进行二元回归能缩小偏误,从而改变我们的回归系数估计,并且实现数据的更好匹配(即缩小了标准误差)。可见,OILB 和 CIT 这两个变量高度互补。

税负变量(TBUR)在与 OILB 组合后出现了数值远比之前一元回归中小得多的回归系数,而且足以抵消数值略微变小的标准误差。TBUR 这个变量的 t 统计量的绝对值从一元回归中的 −4.26 减小到了 −3.22。−3.22 的 t 统计量绝对值仍然很大。遗憾的是,OILB 的 t 统计量值从一元回归中的 8.21 缩小到了二元回归中的 5.89,而 TBUR 和 OILB 二元回归的 R^2 值在表 6.3 中的各方程式中最终排名第三,远在 OILB 和 RTW 之后,而仅略次于 OILB 和 CIT。把多个重要解释变量组合在一起,再次减小了我们的估计偏误,因此也减小了标准误差项。

剩下的 4 个二元回归方程也是相当有价值的,但它们的重要性并没有达到前三个多元回归方程的水平。它们的回归系数也都有正确的符号,而这些系数值就连最愚蠢的政客也不会忽视它们对州域经济繁荣的重要性。

州内生产总值增长率:三元分析

在最后一组 10 年期州内生产总值增长率方程中,我们在多元回归框架中运用 3 个变量。在表 6.4 中的每个方程式里,我们将每个州的人均石油产量合并作为自变量,然后交替把工作权利保障(RTW)、州税负(TBUR)和州最高公司所得税率(CIT)这 3 个变量中的 2 个变量组合在一起。

表 6.4　2002~2012 年州内生产总值增长率与以下自变量的三元线性回归

方程式	方差	回归系数	标准误差*	t 统计量值	R^2	F 统计量值
1	常数项	0.576	0.105	5.48	0.61	24.43
	OILB	0.020	0.002	9.81		
	RTW	0.103	0.043	2.38		
	TBUR	−1.451	0.951	−1.53		
2	常数项	0.472	0.072	6.54	0.61	24.30
	OILB	0.021	0.002	11.39		
	RTW	0.103	0.049	2.10		
	CIT	−0.492	0.635	−0.78		
3	常数项	0.748	0.113	6.62	0.57	20.20
	OILB	0.020	0.003	7.59		
	TBUR	−2.158	1.608	−1.34		
	CIT	−0.844	0.831	−1.02		

表 6.4 中的头 2 个方程式最终非常接近：OILB、RTW 和 TBUR，以及 OILB、RTW 和 CIT。第三个方程式 OILB、TBUR 和 CIT 绝非无用，但没有达到前两个方程式的水平。不管怎样，由 R^2 值可知，通过添加辅助回归元，我们并不能获得更强的解释力。我们能在这里推定的是，州公共政策变量再次被证明对于州的总体经济增长十分重要。结合我们的其他分析看，在涉及州税收、能源生产和工作权利保障所起的关键作用时，州政策变量就变得更加值得关注。

人口增长率：一元分析

全美 50 个州在过去 10 年里的人口增长率（PG）表明，50 个州的人口增长率受到一组完全不同于州内生产总值增长率影响因素的因素的影响。如表 6.5 所示，人口增长率具有州内生产总值增长率所没有的非常重要的自回归特点。一个州的这个 10 年期人口增长率高度依赖于前一 10 年期的人口增长率（PGL1）。回归得到的实际 t 统计量值是 7.40，而回归系数是 0.51。这就意味着，一般来说，一州这个 10 年期的人口增长率在很大程度上应该归因于其过去 10 年的人口增长率，而其余部分的人口增长率则取决于政策变量。老话常说，人们总是把美好的晚年用于打理行装，然后匆匆离去。人口增长率还有另一个值得关注的自回归特征。

表 6.5　　　2002~2012 年人口增长率与以下各自变量的一元线性回归

方程式	方差	回归系数	标准误差*	t 统计量值	R^2	F 统计量值
1	常数项 PGL1	0.030 0.507	0.013 0.068	2.32 7.40	0.67	98.29
2	常数项 TBUR	0.326 −2.462	0.071 0.661	4.58 −3.72	0.22	13.53
3	常数项 ALEC	0.271 −0.007	0.061 0.002	4.46 −3.33	0.28	18.28
4	常数项 CIT	0.157 −0.884	0.032 0.301	4.96 −2.94	0.19	11.54
5	常数项 RTW	0.065 0.064	0.015 0.025	4.28 2.61	0.25	15.83
6	常数项 PIT	0.133 −0.694	0.024 0.283	5.46 −2.45	0.13	7.27
7	常数项 PITP	0.110 −1.853	0.022 1.073	4.94 −1.73	0.06	2.83
8	常数项 OILB	0.091 0.001	0.018 0.001	5.08 1.28	0.01	0.62
9	常数项 RLT	0.093 −0.233	0.018 1.115	5.26 −0.21	0.000 5	0.03

我们在把前 10 年州内生产总值增长率（GSPL1）作为自变量来解释人口增长率（PG）时，得到了 t 统计量值为 3.53、具有统计显著性的结果。但是，当我们把 GSPL1 和 PGL1 作为自变量进行多元回归并解释 PG 时，我们发现 GSPL1 失去了统计显著性，因为它的 t 统计量值下降到了 −0.99（而它的回归系数也改变了符号）。考虑到 GSPL1 和 PGL1 之间的高度相关性显然存在多重共线性问题，因此，我们不应该为发现 GSPL1 失去了统计显著性而感到意外。

一旦摆脱了人口增长自回归特点的冲击，之后我们只剩下另外一组其本身就值得关注的政策变量。

撇开其他变量不谈，对州内生产总值增长率最重要的变量 OILB，对于人口增长几乎没有起到促进作用。人口似乎不会因为石油而流动，但石油肯定能使有石油的州变得更富。石油生产难道就不值得关注？但是，如果我们把 OILB 的异常观察值——如北达科他州和（程度较低的）阿拉斯加州——排除在外，就会发现，OILB 有了统计显著性，t 统计量值是 2.75。石油要不是深藏在没有特点的地底下，还是有可能吸引人的。这就有点像笔者和西红柿的关系，世界上最美味的牛排三明治就因为加了一片生西红柿而被毁了。

TBUR、ALEC、CIT、RTW 和 PIT 在与 PG 相关方面表现良好，而且都是所预期的符号；并且甚至连 PITP（个人所得税累进度）也表现良好。不过，变量 RLT（最近法定税收变革）虽然（如同其他自变量）也出现了预期的符号，但与人口增长率仅仅是弱相关。此外，我们还必须指出，这些一元回归估计值由于我们（故意）在回归中遗漏了某些重要变量（即 TBUR、ALEC、CIT、RTW 和 PIT），而含有一定的偏误。就像前文中所述，我们把这些变量用于多元回归——一元回归有助于解释我们分析的经济基础。

根据对因变量人口增长率进行的一元线性回归，我们可以说，每个一元回归系数都出现了预期的符号，并且（有 3 个除外）t 统计量的绝对值都大于 2.4，其中有 3 个 t 统计量的绝对值大于 3.0，这简直就是奇迹。每个回归系数倘若转换成人口变动百分比，那么凭直觉都落在一个非常合理的值域内。对于任何职业经济学者来说，忽视税收和工作权利保障对于州人口增长的重要性，都是不负责任的行为；而任何忽视税收和工作权利保障对于州人口增长重要性的政治家，都应该检查一下自己的脑子或者心脏是否正常。我们不应该为这些研究发现感到意外，因为其他学者也研究得出过类似的结论。举例来说，塞布拉（Cebula）研究发现，"选民会被较低的州所得税负和财产税税负所吸引"，并且证实了"作为消费者的选民会流向能最佳满足他们公共品偏好的区域"的蒂伯特（Tiebout）假说。[26] 吉乌斯（Gius）提供了进一步的证据，他研究发现，"所得税会对大多数种族和年龄段的群体迁移产生影响。居民个体会从高所得税州迁往低所得税州"。[27] 最后，克拉克和亨特（Clark and Hunter）证明了，"州所得税和遗产税对纳税人产生终身影响；收入最高年龄段的男性劳动者会因为高所得税而选择外迁，而 55～69 岁年龄段的移居者会避开高继承税和遗产税州的县市"。[28]

人口增长率：二元分析

在表 6.6 中，我们考察了一组二元回归方程。前 6 个方程式把滞后 10 年期人口增长率作为两个自变量中的一个自变量。滞后 10 年期人口增长率显然是一元回归中最重要的自变量。表 6.6 中前 6 个方程式检验的其他自变量根据降序排列有 ALEC（ALEC—拉弗 2013 年全美各州竞争力排名）、RTW（工作权利保障)、TBUR(2010年税负)、CIT(2013年最高公司所得税率)、PIT(2013年最高个人所得税率)和PITP(2013年个人所得税累进度)。

表6.6　　　　2002~2012年人口增长率与下列自变量的二元线性回归

方程式	方差	回归系数	标准误差*	t统计量值	R^2	F统计量值
1	常数项	0.134	0.032	4.21	0.74	68.33
	PGL1	0.448	0.062	7.26		
	ALEC	−0.004	0.001	−3.88		
2	常数项	0.022	0.012	1.77	0.73	64.85
	PGL1	0.455	0.063	7.20		
	RTW	0.034	0.011	3.18		
3	常数项	0.162	0.047	3.44	0.73	64.19
	PGL1	0.463	0.065	7.07		
	TBUR	−1.337	0.426	−3.14		
4	常数项	0.061	0.020	3.11	0.70	55.41
	PGL1	0.469	0.075	6.25		
	CIT	−0.369	0.141	−2.61		
5	常数项	0.048	0.019	2.57	0.69	52.10
	PGL1	0.483	0.072	6.71		
	PIT	−0.258	0.177	−1.46		
6	常数项	0.037	0.016	2.39	0.68	49.89
	PGL1	0.497	0.072	6.96		
	PITP	−0.682	0.536	−1.27		
7	常数项	0.218	0.059	3.69	0.31	10.76
	RTW	0.046	0.024	1.88		
	TBUR	−1.538	0.531	−2.90		
8	常数项	0.108	0.029	3.72	0.29	9.76
	RTW	0.048	0.024	1.96		
	CIT	−0.499	0.257	−1.94		
9	常数项	0.089	0.024	3.73	0.28	8.95
	RTW	0.054	0.024	2.22		
	PIT	−0.347	0.260	−1.33		
10	常数项	0.075	0.019	3.99	0.26	8.35
	RTW	0.061	0.024	2.52		
	PITP	−0.927	0.909	−1.02		

续表

方程式	方差	回归系数	标准误差*	t 统计量值	R^2	F 统计量值
11	常数项	0.286	0.060	4.77	0.26	8.16
	TBUR	−1.654	0.600	−2.76		
	CIT	−0.505	0.342	−1.48		
12	常数项	0.314	0.066	4.74	0.22	6.59
	TBUR	−2.282	0.703	−3.25		
	PIT	−0.086	0.324	−0.27		
13	常数项	0.321	0.068	4.74	0.22	6.57
	TBUR	−2.387	0.641	−3.72		
	PITP	−0.220	1.086	−0.20		
14	常数项	0.163	0.031	5.21	0.22	6.55
	CIT	−0.699	0.315	−2.22		
	PIT	−0.342	0.241	−1.42		
15	常数项	0.161	0.032	5.04	0.21	6.29
	CIT	−0.821	0.284	−2.89		
	PITP	−1.025	0.881	−1.16		
16	常数项	0.133	0.024	5.48	0.13	3.61
	PIT	−0.782	0.322	−2.43		
	PITP	0.487	1.110	0.44		

考察表6.6中前6个方程式的t统计量值和R^2值就能发现,这些自变量彼此之间的影响令人印象非常深刻,并且造就了它们与当期人口增长率(PG)这个因变量更强的相关性。如果我们采用比较传统的概率方法来阐释它们的t统计量值,那么,前4个自变量ALEC、RTW、TBUR和CIT根据它们远高于1‰的发生概率,可以被视为显著不同于0,尽管2个与个人所得税有关的变量PIT和PITP符号正确(从理论上讲),并且数值也不是小到无关紧要。人口增长率的多元回归分析很像前面的州内生产总值增长率回归分析,但提供了更好的估计值,而且更加匹配,因为遗漏变量造成的偏误有所缩小。把这些重要的变量纳入回归分析,不但改变了回归系数估计值,而且还缩小了标准误差项。

在表6.6的后10次人口增长率二元回归分析中,我们采用除PGL1以外的我们选定的全部其他自变量。这些二元回归方程对当期人口增长率的解释力虽然远没有前6个方程式大,但还是相当可观的。在这后10个方程式中,我们觉得,自变量PIT、PITP甚至CIT作为分列自变量,其解释力度很可能要大打折扣,因为它们与其他更具解释力的自变量相关。不过,我们暂时还不能根据这些多元回归分析,就断定最高个人所得税率(PIT)或者个人所得税累进度(PITP)不重要。这些检验表明,由于解释人口增长率变异方面存在重叠性问题,因此,TBUR、ALEC、RTW 和 CIT(程度较低)比 PIT 或者 PITP 更具解释力。但不管怎样,重叠问题仍然存在。

想要理解我们的意思,只需考察表 6.6 方程式 5 中 PIT 的标准误差值(0.177)以及方程式 9、12、14 和 16 中 PIT 的标准误差值(分别是 0.260、0.324、0.241 和 0.322)。对相同因变量的同一回归元测到的标准误差值如此增大,只能说明 PIT 与其他回归元之间存在多重共线性。标准误差值大幅增大的相同结论也适用于自变量 PITP,它的标准误差值从方程式 6 中的 0.536 到方程式 10、13 和 15 中的 0.909、1.086 和 0.881,最后再到方程式 16 中的 1.110。关于自变量 CIT,情况也大致相同,从表 6.6 方程式 4 中的高度显著,下降到方程式 8 和 11 中的非常不显著。

人口增长率:三元分析

在我们试图构建一个更能"解释"当期人口增长率的更加完美的自变量组合过程中,我们把 PGL1 作为自变量纳入每次与 TBUR、ALEC、RTW 和 CIT 等构成的二元组合的回归分析(见表 6.7)。

表 6.7　　2002~2012 年人口增长率与以下自变量的三元线性回归分析

方程式	方差	回归系数	标准误差*	t 统计量值	R^2	F 统计量值
1	常数项	0.178	0.047	3.77	0.76	47.97
	PGL1	0.440	0.063	7.04		
	TBUR	−0.744	0.513	−1.45		
	ALEC	−0.003	0.001	−2.22		
2	常数项	0.115	0.059	1.94	0.76	47.67
	PGL1	0.440	0.063	6.97		
	RTW	0.024	0.012	1.96		
	TBUR	−0.917	0.524	−1.75		
3	常数项	0.098	0.046	2.13	0.76	47.36
	PGL1	0.439	0.061	7.17		
	RTW	0.018	0.014	1.23		
	ALEC	−0.003	0.001	−1.94		

续表

方程式	方差	回归系数	标准误差*	t统计量值	R^2	F统计量值
4	常数项	0.036	0.020	1.82	0.74	43.21
	PGL1	0.446	0.066	6.71		
	RTW	0.029	0.012	2.47		
	CIT	−0.154	0.133	−1.15		
5	常数项	0.156	0.049	3.17	0.73	42.26
	PGL1	0.457	0.069	6.59		
	CIT	−0.108	0.171	−0.63		
	TBUR	−1.180	0.513	−2.30		

在以下各自变量比较中，CIT作为在这些回归分析中得分始终最低的自变量而被淘汰。在表6.7中，方程式1、2和3最好。虽然这些三元回归方程式提供了比二元回归方程式更强的解释力，但是，TBUR和RTW的标准误差值略有增大。不过，与二元回归分析比较，表6.7中方程式1和3的ALEC的标准误差项估计值没有变化，而方程式4的CIT标准误差项的估计值有所减小。从我们的角度看，毫无疑问，高税州和强制参加工会的州人口增长率自然低于低税州和工作权利保障州。而且，这种关系的重要性是实实在在的。

人口增长率：四元分析

表6.8展示了本书中的最后2个回归方程式。我们在这张表中考察了作为自变量的PGL1、RTW、TBUR和ALEC组合以及作为自变量的PGL1、RTW、TBUR和CIT组合。第一个方程式看起来略好于第二个方程式，这两个方程式的差别从大的方面看并不太明显，但还是存在的。虽然表6.8中方程式2的CIT出现了"错误"的符号，但这个变量对总体解释力的贡献度就如它的t统计量值所证明的那样非常小。

表6.8　2002～2012年人口增长率与以下自变量的四元线性回归分析

方程式	方差	回归系数	标准误差*	t统计量值	R^2	F统计量值
1	常数项	0.142	0.062	2.29	0.77	36.69
	PGL1	0.433	0.062	6.95		
	RTW	0.015	0.014	1.09		
	TBUR	−0.664	0.569	−1.17		
	ALEC	−0.002	0.001	−1.26		

续表

方程式	方差	回归系数	标准误差*	t统计量值	R^2	F统计量值
2	常数项	0.115	0.061	1.89	0.76	34.98
	PGL1	0.441	0.063	6.96		
	RTW	0.024	0.012	1.97		
	TBUR	−0.933	0.623	−1.50		
	CIT	0.014	0.171	0.08		

我们将利用这两个方程式来提出以下建议：

根据计量经济学分析，我们断定这些变量在我们的考察期内提供的主要证据表明：

● 人口增长率具有很强的自回归特点，这个特点有助于解释人口增长率的州际变异。

● RTW、TBUR 和 ALEC 还共同对人口增长率产生巨大的促进作用。然而，它们的多重共线性真正导致难以分辨出，每个变量独自或者与 PGL1 一起对于解释 PG 变异有多大的贡献度。

结论

总而言之，我们把这些计量经济学分析结果视为证明"税率重要，非常重要"的有力证据。我们还断定，一个州是否保障工作权利，对于它的人口是否增长有很大的促进作用。

这些计量经济学研究结果应该与本书中的所有其他检验结果、趣闻轶事和例子一起，用于评估州和地方政府的政策对州相对绩效产生的影响。

我们能从本章的计量经济学分析结果中得出的结论就是，有强有力的证据支持高税率、强制参加工会和重税负等都会阻碍州人口和州内生产总值增长这一事实。本章的结论与本书其他章节的结论非常吻合。无论读者怎样剖析和研究这些数据，州政府供给侧的经济政策回应主导州绩效表现。

计量经济学文献摘要

出于明白易懂和上下文一致的考虑，以下论文摘要在转载时做了些许微调。

1. Abuselidze, George. "The Influence of Optimal Tax Burden on Economic Ac-

tivity and Production Capacity"(《论最佳税负对经济活动和生产能力的影响》). Econstor Open Access Articles,2012.

对于社会来说,现代国家不征税就不可能存在,这是一件不言自明的事。税负不但会影响预算收入,而且还会影响投资、需求和供给、价格等其他方面,这一点也是得到普遍认可的。所有这一切都会对经济活动和生产能力产生直接和间接的影响。关于税负,一个重要的事实是税负与经济活动和生产能力之间的关系。税负对财政预算中的税收收入和生产能力的影响,可以从以下两个不同的方面来理解:一方面,税负会影响生产技术对资源的有效利用,而这又会相应地反映在生产能力上;另一方面,税负变化会影响财政预算中的税收收入,而这又会反映在经济活动上。

2. Alesina, A., and Dani Rodrik. "Distributive Politics and Economic Growth"(《分配政治与经济增长》). *Quarterly Journal of Economics* (May 1994).

我们运用一个资本/劳动禀赋份额不同的经济主体之间存在分配冲突的简单外生增长模型,来研究政治与经济增长之间的关系。我们取得了几个有关一般个人要素所有权与税收水平、再分配以及增长的结论。旨在使增长最大化的政策,仅仅对于只关心"资本家"的政府来说,是最佳政策。财富和收入不公平越严重,税率越高,增长率就越低。我们介绍了一些经验研究结果,这些结果表明,土地所有权和收入归属方面的不公平与随后的经济增长负相关。

3. Alm, James, and Janet Rogers. "Do State Fiscal Policies Affect State Economic Growth?"(《州财政政策会影响州经济增长?》). *Public Finance Review* 39, no. 4 (July 2011): 483 - 526. http://econ.tulane.edu/RePEc/pdf/tul1107.pdf.

哪些因素会影响一个州的经济增长呢?这篇论文运用48个邻近州从1947年到1997年的州(和地方)年度数据,估计了包括税收和支出政策在内的很多因素对州域经济增长的影响。这项经验研究的一个特点就是,采用正交距离回归法(ODR)考察很多变量可能存在的计量误差。研究结果表明,州(以及州和地方)税收政策之间的相关性通常具有统计显著性,而且对特定的回归元集合和时期相当敏感;相比之下,支出政策的影响更具一致性。

4. Barro, R. J. "Determinants of Economic Growth:A Cross-Country Empirical Study"(《经济增长的决定因素:一项跨国经验研究》). Working Paper 5698,National Bureau of Economic Research,1996.

一项采用大约100个国家1960~1990年面板数据的经验研究结果,有力地支持了条件收敛的一般概念。在实际人均国内生产总值（GDP）初始水平既定的情况下，较高的初始学校教育水平、较长的寿命、较低的生育率、较低的政府消费、较高的法治水平、较低的通货膨胀、贸易条件的改善，所有这一切都有利于提高实际国内生产总值的增长率。在这些变量和其他变量既定的情况下，经济增长与实际人均国内生产总值初始水平负相关。政治自由对经济增长只产生微弱影响，但也有迹象显示一种非线性关系。在政治权利处于低水平时，政治权利的扩大会刺激经济增长。然而，一旦民主达到适度水平，再进一步扩大政治权利就会降低经济增长速度。与"民主对经济增长影响较小"不同，生活水准对一国的民主倾向产生强有力的正面影响。

5. Barro, R. J. "Economic Growth in a Cross Section of Countries"（《跨国横截面经济增长研究》）. *Quarterly Journal of Economics* 106, no. 2 (1991): 407–443.

98个国家1960～1985年间的实际人均国内生产总值增长率，与这些国家同期的人力资本（用1960年的学校入学率作为代理变量）正相关，而与实际人均国内生产总值初始（1960年）水平负相关。国家的人力资本越多，生育率就越低，实物投资占国内生产总值的比例就越高。经济增长与公共投资份额负相关，经济增长率与政治稳定措施正相关，而与市场扭曲的一个代理变量负相关。

6. Barro, Robert, and Xavier Sala-i-Martin. "Public Finance in Models of Economic Growth"（《经济增长模型中的公共财政》）. *Review of Economic Studies* 59 (1992): 645–661.

关于内生经济增长的最新文献，考察了财政政策对长期经济增长的影响。如果社会投资回报率超过私人投资回报率，那么鼓励投资的税收政策就能提高增长率和效用水平。社会投资回报率超过私人投资回报率，可以反映出带有溢出效应的"干中学"、政府课征所得税来为其消费采购筹集资金，以及新型资本品的垄断定价。在包含公共服务的增长模型中，最佳税收政策取决于公共服务的特点。如果公共服务就是政府提供的竞争、排他性私人物品或者政府提供的非竞争、非排他性私人物品，那么定额税优于所得税。

7. Becsi, Z. "Do State and Local Taxes Affect Relative State Growth?"（《州和地方税会影响州的相对增长吗？》）. *Economic Review*, March/April 1996.

美国南方在过去30年里经历了令人瞩目的经济觉醒，南方各州经济以惊人的速度增长。同时，南方各州通常都只课征很低的州和地方税。我们似乎可以合理地推断，税收政策可能促进了这些州的相对成功。不管怎样，虽然政策制定者也许相信税收对于经济增长很重要，直到最近，经济学理论才提出不同的观点。有人认为,长期增长在很大程度上取决于一些自动收敛因素,这些自动收敛因素驱使南方各州追赶美国其他各州。但是,随着经济增长理论模型的不断完善,我们越来越认识到,对美国南方强劲表现的两种解释可能并不相互排斥。

8. Benson, B. and Ronald Johnson. "The Lagged Impact of State and Local Taxes on Economic Activity and Political Behavior"(《论州和地方税对经济活动和政府行为的滞后影响》). *Economic Inquiry* 24, no. 3(1986).

人们通常认为,政治家们在短于纳税人完成调整所需时间的时限内做出财政决策,因此会产生短期收益并导致相对较高的税率。这种论点认为,税收会对分布时间相对较长的经济活动产生负面影响。大量的经验证据表明,州和地方税并不会对经济活动的地域分布产生显著影响,但会对资本形成产生显著的负分布滞后影响。这种观点着重强调了州际税收竞争在横截面时间序列估计方程中的重要性。

9. Bildirici, M. E., and Fazil Kayikci. "Effects of Oil Production on Economic Growth in Eurasian Countries: Panel ARDL Approach"(《欧亚国家石油生产的经济增长效应:自回归分布滞后模型面板法》). *Energy* 49(2013): 156 – 161.

本研究旨在分析主要欧亚石油输出国(阿塞拜疆、哈萨克斯坦、俄罗斯联邦和土库曼斯坦)在1993~2010年间石油生产与经济增长之间的关系。经验研究结果表明,这些国家的石油生产和经济增长具有协整性。而且,无论是从短期看还是从长期看,这些国家的石油生产和经济增长之间存在双向正因果关系。这种因果关系支持能源基础设施投资政策。

10. Boskin, M. J. "Taxation, Saving, and the Rate of Interest"(《税收、储蓄和利率》). *Journal of Political Economy* 86, no. 2, Part 2: Research in Taxation(April 1978):S3 – S27.

本研究介绍了基于美国时间序列综合数据获得的消费函数估计值。研究结果令人惊讶:实际税后回报率的一些函数形式、估计方法和定义,无一例外地给出了储蓄有很高利息弹性的结论。这个结论对于分析美国现行资本收入税收处理方法的效率和公平性的意义有待探讨。如果降低实际净回报率,美国现行的资本收入税收处理方法就会显著减慢资本积累速度,而这又会导致资源的大量浪费,并且还会导致很大一部分毛收入由劳动力向资本再分配。根据粗略估计,每年由此损失的收入达500亿美元(接近1 000亿美元的现值),由劳动力转移到资本的毛收入超过资本占有的毛收入份额的1/7。这也表明,通常根据所得档次计算税负的做法大大高估了所得税的累进性和消费税的所谓累退性。

11. Canto, V. A., and Robert Webb. "The Effects of State Fiscal Policy on State Relative Economic Performance"(《论州财政政策对州相对经济绩效的影响》). *Southern Economic Journal* 54, no. 1(July 1987):186-202.

　　无论对于政策制定者还是一般公众,各州经济的相对绩效都是一个值得关注的问题。在一个生产要素跨越行政区划界限自由流动的新古典主义世界上,我们无法观察到有持续的产品价格或要素收益差别存在。产品价格或者要素收益差别可能因商品交易或者要素流动而消失。但是,如果我们不信守新古典学派的经济学理论,就能反复观察到美国不同州和地区之间持续存在明显的要素收益差别。本研究旨在提出一个明确包含州和联邦财政政策的新古典模型,并对这个模型进行经验检验,以解释美国各州经济体市场收入长期存在差异的原因。

12. Cebula, R. "Interstate Migration and Tiebout Hypothesis: An Analysis According to Race, Sex and Age"(《州际人口流动与蒂伯特假说:一项根据种族、性别和年龄数据进行的分析》). *Journal of the American Statistical Association* 69, no. 348(1974):876-879.

　　本文从种族、性别和年龄的视角,考察了美国1965~1970年间不同州和地方财产税和转移性支付政策对州际人口净流动产生的影响。我们的考察结果在很大程度上支持了"选民消费者会流向能最佳地满足其公共品偏好的区域"的蒂伯特假说。显然,州转移性支付和税收活动差异对美国1965~1970年间的人口迁移格局产生了重大影响。因此,本章第一节援引的蒂伯特的论点看来至少还是比较有效的。

13. Cebula, R. "Local Government Policies and Migration: An Analysis for SMSA's in United States, 1965-1970"(《地方政府的政策与人口流动:对1965~1970年美国标准大都市统计区的分析》). *Public Choice* 19(Fall 1974):85-93.

　　由于不同政府机构行使了它们的税收、转移性支付和支出权力,因此,我们经历了由政府行动引发的收入再分配以及收益和负担方面的变化。假定标准大都市统计区(SMSA)在税收、转移性支付和支出政策方面存在巨大的差别,那么自然有人会问,这种差别是否会对稀缺资源的有效配置产生任何巨大的影响。为了发现有关地方政府政策差别可能造成经济影响的洞见,本文集中考察了人口迁移对地方政府政策的敏感性问题,尤其是从种族、性别和年龄的角度,考察地方政府的税收、收入再分配和支出政策对美国标准大都市统计区之间人口迁移的影响。本文的考察期是 1965～1970 年。就像蒂伯特(1956,418)指出的那样,"选民消费者会挑选地方政府能最佳地满足其公共品偏好格局的社区"。本文就在这个框架下考察地方政府政策是否实际对人口迁移产生显著影响。如果地方政府政策对人口迁移实际产生显著影响,那么我们也许就要面对一些非常重要和非常基本的经济和政治问题(蒂伯特研究发现,州和地方税负与人口迁入量负相关)。

14. Cebula, R. J. "Migration and the Tiebout-Tullock Hypothesis Revisited"(《再论人口迁移与蒂伯特—塔洛克假说》). *American Journal of Economics and Sociology* 68, no. 2(2009):541-551.

本研究运用 2002～2005 年的州级数据,来求证蒂伯特(以及塔洛克所扩展)的"用脚投票"假说。本研究不但在采用较新人口迁移和其他数据上,而且还在其他方面,不同于之前的相关研究。首先,与之前的大多数相关研究不同,本研究采用了一个计量生活总成本的单列指标。其次,本研究考察了生均(而不是人均)初级和中级公共教育支出。最后,除了财产税外,本研究还专门考察了人均州所得税负。这最后一个变量是根据那些认为课征州所得税会影响州际人口迁移格局的研究以及其他发现高水平的州所得税会导致人均收入增长随时间而减少的研究而纳入本研究的。此外,把州财产税税负和州所得税税负纳入本研究,拓展了假说范畴。本研究考察期的经验分析结果,有力地支持了蒂伯特—塔洛克假说。

15. Chirinko, Bob, and Daniel John Wilson. "State Business Taxes and Investment: State-by-State Simulations"(《州营业税与投资:逐州模拟》). *Economic Review of San Francisco Federal Reserve*(2010):13-28.

本文构建了一个模拟州营业税对州投资和产出影响的框架。我们的模拟显示,只要给定州在设备和建筑投资税收抵免、研发投资税收抵免或者公司所得税此三者的其中一个方面实施税收政策变革,那么设备和建筑投资以及研发投资预计就会增加。

16. Clark, D. E., and W. J. Hunter. "The Impact of Economic Opportunity, Amenities, and Fiscal Factors on Age-Specific Migration Rates"(《经济机遇、生活便利设施和财政因素对年龄特定型人口迁移率的影响》). *Journal of Regional Science* 21(1992):349-365.

已有的人口迁移模型考察了几个包括经济机遇、生活便利设施以及州和地方财政因素在内的不同类别的决定因素,并且表明人口迁移取决于个人在生命周期中所处的阶段。本文第一次尝试把以上三种人口迁移决定因素纳入一个生命周期框架。基于一个旨在考察 1970~1980 年全美白人男性迁移问题的模型完成的经验研究表明，全部三类决定因素都很重要。具体而言，经济机遇对于处于工作年龄阶段的男性最具影响力。生活便利设施也同样遵循生命周期模型，年龄较长的迁移者较之年纪较轻的迁移者更容易迁移到生活便利设施齐全的地方。最后，州所得税和遗产税也显示了它们的生命周期效应。处于收入高峰年龄段的男性劳动者迁离高所得税州，而所有年龄在 55~69 岁的白人男性则会远离高继承税和遗产税州。

17. Dye, T. "Taxing, Spending, and Economic Growth in the American State"(《美国各州的税收、支出和经济增长》). *Journal of Politics* 42, no. 4 (November 1980): 1085 – 1107.

如果州的税收和支出政策会对州的经济增长率产生影响，那么会是怎样的影响？州个人所得税、公司所得税或者总税负是否会对经济增长产生任何可识别的独立影响？州的教育、公路、福利和医疗卫生支出方式，甚或州税收和支出的再分配效应是否会对经济增长产生任何可识别的独立影响？或者，经济增长率仅仅是气候、自然资源、地理位置、已有资本投资和产业发展历史格局的产物？（Dye 研究发现，新发展起来的州由于劳动力组织程度较低、交通运输投资较高，因此，较之于发展历史较长的州，经济增长率较高。他没能发现州税收变革与经济增长率变化之间存在独立的联系。他用制造业附加值增长率来测度经济生产率。）

18. Engen, Eric, and Jonathan Skinner. "Taxation and Economic Growth"(《税收与经济增长》). *National Tax Journal* 49, no. 4(December 1996): 617 – 642.

税收改革有时被说成具有很强的宏观经济增长效应。我们采用三种不同的方法考察一次重大税收改革——边际税率降低 5 个百分点——对长期经济增长率产生的影响。第一种方法是考察美国经济的历史记录，用以评估减税是否与经济增长相关。第二种方法是考量一个国别大样本关于税收和经济增长的证据。最后，我们运用一些源自微观层面的劳动力供给、投资需求和生产率增长研究的证据来考察税收改革的影响。我们的研究结论显示，边际税率降低 5% 会产生适度的影响效应：经济增长率出现 0.2~0.3 个百分点的变化。然而，就是这样小的影响效应，也能对生活水准产生很大的累积影响。

19. Feldstein, M. "Social Security and Saving: The Extended Life Cycle Theory"(《社会保险与储蓄：扩展型生命周期理论》). *American Economic Review* 66, no. 2, Papers and Proceedings of the Eighty-Eighth Annual Meeting of the American Economic Association(May 1976): 77 – 86.

生命周期模型是现代储蓄理论的核心概念，因为它在对理性家庭行为的微观经济学分析与对储蓄率的宏观经济学分析之间构建起了一种至关重要的联系。就像罗伊·哈罗德(Roy Harrod)爵士在他的名著《动态经济学导论》(*Toward A Dynamic Economics*,1948)第二版中所阐述的那样，现代储蓄理论的基本洞见就是，总储蓄在迅速增长的经济体里始终为正，因为储蓄攒钱的青年劳动者在人数和收入上都多于负储蓄的老年退休人员。哈罗德对家庭最优化行为的描述——据他说，是对欧文·费雪(Irving Fisher,1930)分析的拓展——对于某个被正确地看作凯恩斯学派经济理论伟大发展者之一的人来说，是非常现代和新古典主义的。不过，是弗兰克·莫迪利安尼(Franco Modigliani)及其合著者(如 1954 年、1957 年、1963 年和 1966 年)把哈罗德的"驼峰储蓄"比喻发展成了一种定量理论，并且开始了经验验证过程，从而使得生命周期模型成为我们当前经济学认识的核心内容。[费尔德斯坦(Feldstein)研究发现，社会保险的实施大大减少了私人储蓄，因为人们把社会保险看作私人退休储蓄的替代。这是第一批认为税收有可能阻碍私人资本形成的研究之一。]

20. Gallaway, L., R. Vedder, and Robert Lawson. "Why People Work: An Examination of Interstate Variation in Labor Force Participation"(《人们为什么工作：对劳动力参与州际变异的考察》). *Journal of Labor Research* 12, no. 1 (Winter 1991).

一项针对最新州劳动力参与率官方数据的因果关系考察，显示了巨大的劳动力参与率州际变异。举例来说，1985 年西弗吉尼亚州的劳动力参与率是 52.2%，而同年阿拉斯加州的劳动力参与率则高达 73%。这样的差距自然会令我们提出为什么会出现这么大差距的问题。(这项研究说明了造成工作人口比例州际变异的原因。在收入方面，州税收会对工作发生率产生不利的影响；在支出方面，政府援助支出会对 16 岁以上的工作人口比例产生很大的负面影响。)

21. Gius, M. P. "The Effect of Income Taxes on Interstate Migration: An Analysis by Age and Race"(《所得税的州际人口迁移效应：根据年龄和种族数据进行的分析》). *Annals of Regional Science* 46(2009).

州际人口迁移和税收的人口迁移效应这个主题得到了大量的研究。之前的研究不但考察了很多可能的人口迁移决定因素，而且还探讨了包括老年人、非裔美国人和大学文化程度者等不同群体的州际迁移问题。本研究试图有别于之前的研究，着力考察所得税对不同年龄段白人和非裔美国人州际迁移的影响。本研究与之前研究不同的一个特点在于，求助于"全美青年纵向调查地址编码"(NLSY-Geocode)这个之前同类研究没有使用过的数据库。本研究的结论类似于之前的研究：所得税会对大多数种族和年龄段的群体州际迁移产生影响；个人会从高所得税州迁移到低所得税州居住。这些结论支持了采用州级综合数据得到的研究结论。此外，本研究的结论表明，非经济因素（如与某个州有特别的关系、就业状况发生变化）也是影响个人迁移决策的重要因素。

22. Gwartney, J., R. Lawson, and Randall Holcombe. "The Size and Functions of Government and Economic Growth"(《政府规模和职能与经济增长》). Joint Economic Committee, U. S. Congress, April 1988.

本文认为，规模过大的政府会阻碍经济增长。这项研究提供了一个引人注目的案例。这个案例表明，国会应该制订旨在缩小政府规模的长期发展战略，而不是制订旨在花费本期（20世纪90年代末）经济发展可能产生的任何盈余的新计划。这样，我们国家才能在未来实现速度更快的经济增长。

23. Hall, R. "Stabilization Policy and Capital Formation"(《稳定性政策与资本形成》). *American Economic Review* 70, no. 2, Papers and Proceedings of the Ninety-Second Annual Meeting of the American Economic Association (May 1980): 157–163.

每次美国经济陷入衰退，都会有人提出补救性刺激建议；政府自己的商品和服务支出可能会增加，消费者有望获得额外收入并增加支出，投资可能又受到鼓励，而货币存量也可能有所增加。传统的分析都没有区分这些政策各自影响产出和通货膨胀的程度。以上每种政策都能帮助美国经济走出衰退并且重新实现充分就业，但代价就是导致通货膨胀加剧。所有这一切都没有偏离菲利普曲线。本文的目的就是通过考察要借助于资本形成才能起作用的稳定性政策的差别效应可能性，对这一占据主导地位的教条观点进行再思考。扩张性政策要么有利于投资（货币扩张和投资激励），要么就是阻碍投资（增加政府支出或者消费）。（霍尔研究发现，对生产性资源课税可能会对资本形成产生潜在的不利影响。）

24. Helms, L. J. "The Effect of State and Local Taxes on Economic Growth: A Time Series-Cross Section Approach"(《州和地方税对经济增长的影响：一种时间序列—横截面方法》). *Review of Economics and Statistics* 67, no. 4(1985): 574–582.

本文介绍了一些基于时间序列和横截面混合数据取得的研究结果。这些结果表明，如果税收收入是为转移性支付筹集资金，那么州和地方税收的增加会显著阻碍经济增长。但是，如果税收收入用于改善公共服务，那么，改善公共服务对选址和生产决策产生的有利影响可能足以抵消相关税收产生的抑制效应。

25. Johansson, A., C. Heady, J. Arnold, B. Brys, and L. Vartia. "Tax and Economic Growth"(《税收与经济增长》). Working Paper 620, OECD Economics Department, 2008.

本文考察了如何设计税收结构以促进经济增长的问题,提出了一种按照"税收与增长"对税收进行排序的方法,证实了之前研究的结论,并且对不同税种进行了详细的剖析。公司税被发现是对增长最有害的税种,紧随其后的是个人所得税,然后是消费税;对不动产重复课征的税种似乎影响最小。因此,税收中性经济增长导向型税收改革应该把部分收入基数由所得税转向扭曲性较小的税种,如重复课征于不动产或者消费的税种。本文还实现了以下新的突破:采用不同产业和企业的数据证明了,在每大类税种内部重新设计税收结构,在某些情况下如何能够实现相当大的效率提升。举例来说,对小企业降低公司税税率似乎并非有利于经济增长;但如果个人所得税最高边际税率很高的话,就有可能通过减少创业活动来抑制生产率的提升。虽然本文集中考察了不同税种如何影响经济增长,但并没有认识到,行之有效的税收改革需要对效率、公平、简便和增收等目标进行平衡。

26. Landau, D. "Government Expenditure and Economic Growth: A Cross-Country Study"(《政府支出与经济增长:一项跨国研究》). *Southern Economic Journal* 49, no. 3(January 1983):783–792.

本文考察了政府消费支出占国内生产总值的份额与人均实际国内生产总值增长率之间的关系。联合国国际比较项目研究最近取得了100多个国家人均国内生产总值增长率与政府消费支出占国内生产总值份额的新估计值。这些新的估计值是基于直接价格比较,而不是汇率换算得到的。因此,不同国家的统计数据更有可比性,跨国研究结论也更加可信。

27. Lee, Y., and R. H. Gordon. "Tax Structure and Economic Growth"(《税收结构与经济增长》). *Journal of Public Economics* 89, no. 5–6(2005):1027–1043.

已有的理论研究认为,高公司税率应该会降低经济增长率,而高个人所得税率的影响就没有那么明确。在本文中,我们采用1970～1997年的跨国数据探讨了,税收政策如何实际影响一国的经济增长率。我们对决定经济增长的其他不同因素和其他标准税收变量进行了控制,结果发现,法定公司税率与平均经济增长率横截面差异显著负相关。通过固定效应回归分析,我们再次发现,提高公司税税率会导致国家未来经济增长率下降。回归系数估计值显示,公司税税率降低 10 个百分点,就能够提升年经济增长率 1~2 个百分点。

28. Levine, Ross. "Stock Market, Growth, and Policy"(《股市、增长与政策》). Board of Governors of the Federal Reserve System, International Finance Discussion Paper 374, 1990.

本文运用一个把技术进步和人力资本构建作为经济发展基本特征的模型,从理论上探讨了金融体系与人均产出增长之间的关系。本文与有关除股市以外的金融机制在促进经济增长方面扮演的角色的最新研究一起,为构建令金融政策建议更可依靠的理论基础做出了贡献。本文发现,与股市交易相关的直接税和间接税(消费税、工薪税、公司税和资本利得税)会阻碍实际人均产出增长。

29. McLure, C., Jr. "Taxation, Substitution, and Industrial Location"(《税收、替代与产业布局》). *Journal of Political Economy* 78, no. 1(January-February 1970):112–132.

一个地区的高税收有可能驱逐或者排斥产业。传统上,这种可能性令美国州和地方政府负责税收政策的官员忐忑不安。最近,补贴有望吸引产业的可能性驱使一些州和地方政府对产业实施包括税收减免在内的不同补贴政策,从而也催生了不少考察税收和补贴产业布局效应的研究。这些研究采用访谈、计量经济学分析和不同州纳税义务比较等多种不同形式,试图评估产业布局对税收和补贴政策的敏感性。虽然这些研究无疑在一定程度上阐明了这个复杂的问题,但其中的大多数研究相当粗略地描述了一些决定区域产业布局的潜在重要因素,包括粗略地估计税收和补贴的相对重要性。由于缺乏明确的理论依据,现有的研究在具体阐明财政变量在什么条件下、以什么方式和在大多程度上可望对产业布局产生影响等方面,可能只具有有限的价值。(本研究表明,生产税会排斥资本,但其确切的影响则取决于所生产产品的需求价格弹性。本研究同样认为,劳动税可能会排斥资本,在某些条件下甚至比资本税有过之而无不及。这种抑制效应主要与资源流动以及资本和劳动力之间的可替代性有关。)

30. McPhail, Joseph, Peter Orazem, and Rajesh Singh. "The Poverty of States: Do State Tax Policies Affect State Labor Productivity?"(《美国州的贫困问题:州的税收政策是否会影响州的劳动生产率?》). Iowa State University Department of Economics, May 2010.

本研究表明,在新古典增长模型中,资本投资收益税、资本所有权收益税和消费税的边际税率差异,会导致州际劳动生产率持续存在差异。

31. Myles, G. D. "Economic Growth and Role of Taxation"(《经济增长与

税收的作用》). OECD Economics Department Working Paper 713,2009.

从内生增长的视角看,税收与经济增长之间的关系似乎不言自明。公司税会影响创新回报,因而必然会影响研发的最佳发展。个人所得税会降低受教育回报,因而必然会减少人力资本积累。在经济增长模型模拟中,税收对经济增长的影响常被证明很大。目前有一种明确的推测:经济活动数据必然会显示税收与经济增长之间的强相关性。

32. Newman, R. J. "Migration and Growth in the South"(《美国南方的人口迁移与经济增长》). *Review of Economics and Statistics* 65, no. 1(February 1983):76 – 86.

至少在过去的 20 年(1983 年前)里,美国南方和西南部成为美国增长最快的地区。在这个时期内,我们见证了经济活动布局的巨大变化;总体而言,人口明显向南方迁移。从 20 世纪 60 年代起,这个人口南迁过程开始加速,这个问题也日益引起公众的注意,以至于现在通常把人口南迁现象称为"阳光地带现象"。为了剖析南方快速增长的原因,很多学者提出了自己的观点,有三种观点持续引发了令人印象深刻的辩论。其中一个观点是,很多人认为,这种区域再分布主要归因于州和地方税收政策尤其是公司所得税政策方面的差异。这些地方税在各州之间大相径庭,但更为重要的是,在过去 20 年里观察到了公司税收结构变化显著。(本研究发现,公司所得税、工作权利保障和工会化是"产业南下"的驱动因素。)

33. Ohanian, L., A. Raffo, and Richard Rogerson. "Long-Term Change in Labor Supply and Taxes: Evidence from OECD Countries, 1956 – 2004"(《劳动力供给长期变化与税收:1956～2004 年经合组织国家的证据》). *Journal of Monetary Economics* 55(2008):1353 – 1362.

我们用文献证明了 1956～2004 年间经合组织国家工作时间趋势变化方面出现的巨大差异。我们评估了这些趋势变化在多大程度上满足新古典增长模型中的期内一阶条件,并且增加了对劳动所得和消费支出课征的税收。我们发现,新古典增长模型能够解释大部分根据数据测度到的工作时间趋势变化。税收差别能够在很大程度上解释,工作时间在时间上和国家之间的变异。

34. Ojede, Andrew, and Steven Yamarik. "Tax Policy and State Economic Growth: The Long-Run and Short-Run of It"(《税收政策与州经济增长:短期和长期视角》). *Economic Letters* 116, no. 2(August 2012):161 – 165.

本文运用一个混合均群(PMG)估计量,对税收政策在美国州层面的增长效应进行了估计。我们发现,财产税和销售税的税率对长期收入增长具有负效应,而所得税税率对长期收入增长没有影响。

35. Padovano,E. ,and Emma Galli. "Tax Rates and Economic Growth in the OECD Countries(1950－1990)"(《经合组织国家(1950～1990年)的税率与经济增长》). *Economic Inquiry* 39,no. 1(January 2001):44.

本文提出了关于1951～1990年间23个经合组织国家实际边际所得税率的计量经济学改进估计值。面板数据回归显示,这些估计值与经济增长负相关。这个结论与内生增长理论相符,而与大多数采用实际平均税率估计值的经验研究文献的结论相悖。这种负相关性在考虑了其他增长决定因素后仍然保持稳健……我们对23个经合组织国家在20世纪50～80年代横截面时间序列面板数据的分析显示,高边际税率和税收累进度与长期经济增长负相关。

36. Papke,J. A. ,and Leslie Papke. "Measuring Differential State-Local Tax Liabilities and Their Implications for Business Investment Location"(《如何测度不同的州—地方税收义务与州—地方税收义务对企业投资选址的影响》). *National Tax Journal*,December 1985.

要回答州和地方税收差别是否会导致产业增长或者产业布局出现差异这个问题,没有任何简便的方法,必须考虑其中的某些原因。从理论的角度看,确实存在课征于企业的地方税可能引发产业布局或者企业选址变化的情况。企业选址变化主要与特定产业的竞争状况以及企业需要缴纳的税种和税收水平有关。同时,关于税收如何影响选址决策的大量经验研究,尤其是问卷调查证据表明,州和地方税差别对这类决策只有很小影响,或者根本就没有影响。(本文的作者最后指出,与早期的企业选址研究比较,现在的研究文献越来越多地证明税收重要。)

37. Peach,J. ,and C. Meghan Starbuck. "Oil and Gas Production and Economic Growth in New Mexico"(《新墨西哥州的石油和天然气生产与经济增长》). *Journal of Economic Issues* 45,no. 2(June 2011).

本文运用新墨西哥州33个县在1960年、1970年、1980年、1990年和2000年这5个美国人口普查年的横截面数据,考察了该州能源生产和经济增长之间的关系。本文探讨的核心问题是,新墨西哥州下属各县是否也逃脱不了"资源诅咒"这种经常被已有相关文献所证明的现象?求证"资源诅咒"假设的经验研究大多采用国家或者州级数据以及国家资源的广义定义,而本研究则采用聚焦于石油和天然气开采的县级数据。模型估计显示,新墨西哥州下属各县的石油和天然气开采只对它们的收入、就业和人口产生很小的正面影响。在运用这个模型估计2000年美国13个能源生产州925个县时,也获得了相似的结果。

38. Plaut, T. R., and Joseph Pluta. "Business Climate, Taxes and Expenditures, and State Industrial Growth in the United States"(《美国商业气候、税收和支出以及州产业增长》). *Southern Economic Journal* 50, no. 1(July 1983): 99 – 119.

美国很多州和地方政府工作人员以及企业界人士越来越关心所谓的州商业气候,并且把它作为决定州吸引产业、促进增长的一个核心因素。虽然对于良好的商业气候到底由哪些因素构成这一问题来说,答案并不完全明确,但是,良好的商业气候通常与州和地方税较低、工作权利保障、工会活动较少以及合作型政府机构相关。在最近出现的"阳光地带"和"霜冻地带"争议中,南方各州相对较好的商业气候经常被作为促进阳光地带增长的一种主要因素来援引……尽管现在已经有大量的产业布局研究文献存在,但没有一个可利用模型采用全美各州的数据来检验,大量包括商业气候在内的经济和非经济因素与多个产业增长指标之间的关系。本文采用主分量分析法多元回归模型和 48 个毗邻州的混合数据,检验了 4 组变量(市场可进入性、生产要素成本和可获得性、气候和环境,以及州和地方税收与支出等商业气候)对 3 个分立的产业增长评价指标(考核产业总体增长、劳动密集型产业增长和资本密集型产业增长)的影响。问题的核心是,在传统市场因素(如市场规模和工资水平)、新出现的市场因素(如能源成本)、环境因素,以及税收和支出等商业气候中,区域产业发展更多是哪种因素的产物?(税收和支出等商业气候作为一个变量组,与州就业和资本存量增长显著相关,但与州总体产业增长并不显著相关。我们用制造业增长作为州产业增长的替代变量。)

39. Poulson, Barry, and Jules Kaplan. "State Income Taxes and Economic Growth"(《州所得税与经济增长》). *Cato Journal* 28, no. 1(Winter 2008):53 – 71.

本文在一个内生增长模型的框架内探讨了全美各州税收政策对其经济增长的影响。我们运用回归分析法估计了 1964～2004 年全美各州税收的经济增长效应。回归分析表明,高边际税率对经济增长产生显著的负面影响;而且还显示了,控制累退性、趋同性和区域影响对于分解各州税收经济增长效应的重要性。

40. Prescott, E. C. "Prosperity and Depression: 2002 Richard T. Ely Lecture"(《繁荣与萧条:2002 年理查德·T. 伊利讲座》). Federal Reserve Bank of Minneapolis Research Department, Working Paper 618, 2002.

繁荣与萧条是两个相对的概念。今天,法国和日本相对于美国而言都比较萧条;同样,美国相对于法国和日本这两个国家而言比较繁荣。笔者之所以说这两个国家相对于美国而言比较萧条,是因为它们的工作年龄人口人均产出要比美国少 30%。有这样一个值得关注的重要政策问题:为什么这两个国家比较萧条？这两个国家对这个问题的回答大相径庭。美国相对于法国比较繁荣,因为美国在考察期内扭曲消费和闲暇取舍的税楔要比法国小很多。笔者要证明的是,如果法国能改变考察期内的税楔,使法国的税楔值与美国的相同,那么法国用消费当量计算的福利就能增长 19%。消费必须在本期和未来各期都增长 19%,法国才能通过这样的税收改革来实现同样幅度的福利增长。

41. Prescott, E. C. "Why Americans Work So Much Than Europeans?"(《为什么美国人的工作时间要比欧洲人多那么多?》). *Federal Reserve Bank of Minneapolis Quarterly Review* 28, no. 1(2004).

美国人,也就是美国居民,工作时间要比欧洲人长。笔者采用经合组织劳动力市场统计数据研究发现,年龄在 15~64 岁之间的美国人在市场部门的工作时间平均要比法国人多 50%。当然,情况并非总是如此。20 世纪 70 年代初,美国人配置在劳动力市场上的时间少于法国人。现在,美国与德国和意大利比较,跟与法国比较的情况相同。那么,为什么劳动力供给在这些国家之间有如此之大的差别呢？为什么这些国家的相对劳动力供给会随着时间的推移发生如此大的变化呢？笔者在这篇文章中认定,税率对于解释主要工业发达国家劳动力供给差异具有重要意义,并且发现,税率单独就能解释其中的大部分差异。

42. Rabushka, A. "Taxation, Economic Growth, and Liberty"(《税收、经济增长与自由》). *Cato Journal* 7, no. 1(Spring/Summer 1987).

第三世界常被称为欠发达国家。目前,非洲、亚洲、中东、地中海沿岸和西半球大概有 100 多个欠发达国家。大多数欠发达国家是英国、法国或者荷兰的前殖民地,它们是在第二次世界大战结束以后才获得独立。尽管中南美洲国家早已获得独立,但是,它们在持续发展经济方面遭遇的失败仍使它们被归入第三世界经济体。一些石油输出国实现了比大多数非石油输出国高的人均收入,但是,即使这部分国家最近也因世界石油价格下跌而陷入了不景气。发展问题专家对于税收的关注程度,远远低于对国际转移、中央计划、进口替代计划、跨国公司的作用和政府支出增加等其他方面的发展政策的关注。税收与第三世界 30 多亿居民自由之间的关系,仍是一个尚未开发的"处女地"。(好几个国家的数据与税收趋向于减慢经济增长速度的假设相一致。)

43. Reed, W. R. "The Determinants of U. S. State Economic Growth: A Less Extreme Bounds Analysis"(《美国州经济增长的决定因素:一项不那么极

端的极值边界分析》). *Economic Inquiry* 47, no. 4(October 2009):685-700.

本研究考察了美国各州从1970年到1999年的经济增长状况。本研究较之于之前研究的创新之处就在于,发展了一种处理与估计增长方程有关的模型不确定问题的方法。笔者借用李默尔(Leamer)的"极值边界分析法",但也讨论了格兰杰和萨拉伊马丁·尤利格(Granger and Uhlig, Sala-i-Martin)关心的问题,以及其他严格来讲并非同样可能是真实的问题。然后,笔者采用这种方法,来甄别决定一州经济增长的稳定因素。我们的分析证实了一州经济的劳动力生产率特点和产业构成的重要性。笔者还发现,政府规模和组织结构以及税收等政策变量是一州经济增长稳定且具有经济重要性的决定因素。(本文的作者发现,提高平均税率会减慢经济增长速度。)

44. Reed, W. R. "The Robust Relationship between Taxes and U. S. State Income Growth"(《税收与美国各州收入增长之间的稳定关系》). *National Tax Journal* 61, no. 1(2008):57-80.

本文作者采用美国各州(48个毗邻的州)1970~1999年的数据,考察了税收与收入增长之间的关系。作者研究发现,被用来为一般财政支出筹集资金的税收,与税收的收入增长负效应显著相关。这一研究发现针对不同的备选变量、估计方法和按5年期分割数据的方法,以及不同时期和经济分析局划分的不同地区来说,都是相当稳健的,但各州特定估计值彼此相差很大。本文的作者还解释了之前的研究难以识别这种稳健关系的原因。

45. Reynolds, A. "Some International Comparisons of Supply-Side Policy"(《供给侧政策的若干国际比较》). *Cato Journal* 5, no. 2(Fall 1985).

主流宏观经济学令政策制定者们在悖论的圆形迷宫中漫游,并且认为财政预算赤字会刺激私人支出,从而导致通货膨胀。但实际上,财政赤字会排斥私人支出,并且使美元坚挺。公共和私人借款的增加会推高利率,而利率上涨会抑制借款,从而抑制利率上涨和借款增加……本文的任务就是要部分解决蒙代尔政策组合问题——把不同国家的经济绩效与它们的税收结构微观经济细节联系起来,但并不是要否定贸易保护主义、币值不稳定、过度管制或者产权不安全等其他政策问题的重要性。本文的基本主题是,税收政策在过去10年里的全球性恶化现象,在同时课征于资本和劳动力的个人所得和工薪税上最为显著。[高税率国家(从1979年到1984年)的经济增长率往往较低——课税过度的国家受到拉弗曲线效应的影响。]

46. Romans, Thomas, and Ganti Subrahmanyam. "State and Local Taxes, Transfers and Regional Economic Growth"(《州和地方税收、转移支付与区域

经济增长》). *Southern Economic Journal* 46, no. 2 (October 1979): 435 – 444.

关于美国州和地方税收的产业布局和区域经济增长效应,存在不少相互矛盾的证据。有关企业的调查结果表明,"高税率"一直位居任何产业布局决定因素的顶端,或者说名列前茅。但是,有关相对税负的经验研究通常都得出了"高税收并不会赶走企业"的结论,想必是因为：(1)一州的税收重于另一州,可能仅仅表明它的公共品生产和消费水平较高；(2)州和地方政府课征较少的企业税(相对于企业总成本和销售额而言),并且差异不大(相对于要素和运输成本州际变异而言)。

无论是企业还是个人,都没有通过迁移来摆脱所有州和地方税的选择权。但是,两个有可能对于区域经济增长非常重要的税收问题也许正被忽视或者被这些论点所规避。第一个问题就是税收结构的累进度问题。只要一个地方较之于另一个地方的税收累进度大于收益的累进度,那么低收入或者零收入个体就会留下来,而高收入个体就会迁走。只要企业的所在区位以高收入管理人员为主,而且他们有动机前往税收累进度较低的州,那么企业也会采取类似的行为。最后,相关证据表明,州和地方政府必然会考虑平均主义财政政策对它们经济的影响。课征于个人的税收看起来并不会对经济增长率产生任何方向的影响,而课征于企业的税收与经济增长正相关。但是,个人税收结构的累进度以及用于转移性支付的税收收入比例(即税收的再分配方面)与州个人收入增长显著负相关。

47. Romer, C. D., and David H. Romer. "The Macroeconomic Effects of Tax Changes: Estimate Based on a New Measure of Fiscal Shocks" (《税收变革的宏观经济效应：基于对一种财政冲击新指标的估计》). *American Economic Review* 100, no. 3 (June 2010): 763 – 801.

本文考察了税收变革对经济活动的影响。我们运用诸如总统讲话和国会报告之类的叙事记录来确定战后全部重要税收政策措施的规模、时间安排和主要动机。本研究允许我们把法定税收变革分解成出于与预期经济状况相关的原因实施的税收变革,以及由于比较外生的原因实施的税收变革。奉行后一种税收变革造成的产出特点表明,增税具有高度的紧缩效应。这种紧缩效应非常显著、高度稳健,并且远远大于采用比较广义的税收变革措施能够产生的效应。

48. Scully, G. W. "Optimal Taxation, Economic Growth, and Income Inequality in the United States" (《美国的最佳税收、经济增长与收入不公》). National Center for Policy Analysis, Policy Report 316, 2008.

在一定程度上,政府的公共品——如国防和产权保护——支出能够提高经济增长率。然而,随着政府支出的增加,就会出现政府增加非生产性收入转移——如补贴和福利计划——支出的趋势。研究显示,为实施这种收入转移所需要的高水平税收会抑制经济增长,而低税收则能够提高经济增长率。

49. Stokey, Nancy, and Serge Rebelo. "Growth Effects of Flat-Rate Taxes"(《单一税率税的增长效应》). *Journal of Political Economy* 103, no. 3 (June 1995).

本文介绍了一种一般均衡定量模型。这种模型显示,收入中性的单一税率税能够长期促进人均产出每年增长 0.18～0.85 个百分点,较低的边际税率和投资免税是两个促进经济增长的重要因素。

50. Vedder, R. "Federal Tax Reform: Lessons from the State"(《联邦税改革:来自州的教训》). *Cato Journal* 5, no. 2(Fall 1985).

联邦税改革是当前讨论的一个重要主题。用适用于评价税收的 3 个公共财政标准——行政成本、经济效率和公平——来衡量,现行联邦税制无疑存在严重的缺陷。本文考察了源自美国州和地方政府历史经验的证据。那么,所得税累进度相对较低的州经济状况是否就好于所得税类似于联邦税高度累进的州呢?答案通常是肯定的,因此,有人呼吁实施彻底的联邦税改革。本文还介绍了其他来源的证据。这些证据都表明,在公众心目中,"公平"与"累进度"一词的关系远没有它与传统政治观念的关系紧密。本文也对"支持完全单一税率税改革就等于政治自杀"的观点提出了质疑。

51. Vedder, R., and Lowell Gallaway. "Ren-Seeking, Distributional Coalition, Taxes, Relative Prices and Economic Growth"(《寻租、分配联盟、税收、相对价格与经济增长》). *Public Choice* 51(1986):93-100.

美国 50 个州是评价公共政策经济影响的绝好实验室。一个自由贸易区的各组成部分虽然地理上基本毗邻,而且关税、贸易法律、语言和对外政策也基本相似,但可能会做出截然不同的影响经济环境的公共选择。此外,有证据表明,全美各州经历了差别巨大的经济增长。举例来说,从 1970 年到 1982 年,有些州(如怀俄明州)的实际个人收入翻了一番,而另一些州(如纽约州)的实际个人收入几乎根本就没有增长(年增长率不到 1%)。那么,这么大的实际个人收入增长差异是怎么造成的呢?[个人所得税率上涨和"无自理能力儿童救助计划"(AFDC)补助金领取人数的增加对经济增长产生负面影响。]

52. Wasylenko, M. "Taxation and Economic Development: The State of the Economic Literature"(《税收与经济发展:经济学研究现状》). *New England Economic Review*, March/April 1997.

州和地方财政政策的制定者们持续关注税收在州、地区、城市和特区经济发展方面发挥的作用。至少有75项关于就业增长、投资增长或者企业选址的研究包含税收分析的内容。企业在对一般商业气候或者特定税收问题表示不满时，又会进一步提高对这个主题的关注度。于是，州和地方政策的制定者们就得去平息企业的不满，并且确定追加税收激励和减税是会导致经济租金，还是会为留住企业而做出及时、必要的应对措施……对相关经济学文献的回顾表明，税收对企业跨区域选址行为产生统计上显著的较小影响。

53. Wasylenko, M., and Therese McGuire. "Jobs and Taxes: The Effects of Business Climate on States' Employment Growth Rates"(《就业与税收：商业气候对州就业增长率的影响》). *National Tax Journal* 38, no. 4 (December 1985).

本文开发了一个计量经济学模型，并用这个模型对1973～1980年美国总体就业增长率和6个不同产业的就业增长率进行了估计。结果显示，高工资、高公用事业价格、高个人所得税率以及提高总体税收水平抑制了多个产业的就业增长；而州和地方的高教育支出以及高人均个人收入等因素都会对就业增长产生有利的影响。本文还考察了这些研究发现对于美国多个州就业增长率的意义。

54. Weinstein, B. "Tax Incentives for Growth"(《为了增长而实施的税收激励》). *Society*, March/April 1977.

迄今只有很少的证据支持州和地方政府激励对于诱致私人投资的重要性。然而，州和地方政府显然认为，它们有办法通过立法行动或者威慑力量来影响本区域的经济活动水平。这种信念得到了以下事实的证明：美国有45个州通过发行州和地方免税收益债券，为发展工业筹集资金；有29个州提供其他类型的低息贷款；有25个州对新购工业设备免征销售税；有38个州对在途商品免征库存税；几乎全美各州都设立了工业发展署；很多州和地方政府提供税收抵免、减税和快速折旧优惠，以鼓励新的设备和建筑物投资。那么，州和地方政府为什么要采取这些激励措施呢？想必是根据"有利的商业气候有利于经济发展"——定义为创造新的投资和就业机会——这一假设，旨在改善州和地方的商业气候。

55. Yamarik, Steven. "Can Tax Policy Help Explain State-Level Macroeconomic Growth?"(《税收政策有助于解释州级宏观经济增长？》). *Economic Letters* 62, no. 2(August 2000):211-215.

本文通过分别估计个人所得税率、一般销售税率和财产税率，对税收扭曲解释州级经济增长的作用进行了经验检验。结果显示,根据这些税种各自的税率做出的预测与经济增长理论较为吻合。

计量经济学文献的重要引语

与经济增长变量有关的引语

● "通向奴役和经济衰退的道路仍由重税铺就,而且只要这个条件不变,财富仍会隐匿或者消失。"

——A. Reynolds. "Some International Comparisons of Supply-Side Policy." *Cato Journal* 5, no. 2(Fall 1985).

● "高税率会阻扰对劳动力和资本的有效利用,并且还会阻止创业,从而抑制经济增长。"

——A. Rabushka. "Taxation, Economic Growth, and Liberty." *Cato Journal* 7, no. 1(Spring/Summer 1987).

● "与传统观念不同,本研究的结论强烈支持'州际关税税率差别与工会化程度和有利的商业气候(实施工作权利保障法)一样,都是影响产业南下再布局的重要因素'这一论点。"

——Newman, R. J. "Migration and Growth in the South." *Review of Economics and Statistics* 65, no. 1(February 1983):76–86.

● "税收差别可能是一个重要的区位决定因素……对于某些类型的企业来说,与非税收成本差别相比,税收成本差别显得十分重要。"

——Papke, J. A., and Leslie Papke. "Measuring Differential State-Local Tax Liabilities and Their Implications for Business Investment Location." *National Tax Journal*, December 1985.

● "间接地,高个人税可能是一种阻碍商业增长的羁绊,因为它们会强制性提高经营管理人员和技术人员的薪酬。"

——B. Weinstein. "Tax Incentives for Growth." *Society*, March/April 1977.

● "高工资、高效用价格、高个人所得税率以及总体税收水平的提升,抑制了多个产业的就业增长。"

——Wasylenko, M., and Therese McGuire. "Jobs and Taxes: The Effects of Business Climate on States' Employment Growth Rates." *National Tax Journal* 38, no. 4(December 1985).

● "我们的研究结论显示了适度的税收变革影响效应,经济增长率会因重大税收变革而出现 0.2～0.3 个百分点的差异。但是,即使这样小的影响效应也能对生活水准产生很大的累积影响。"

——Eric Engen and Jonathan Skinner. "Taxation and Economic Growth." *National Tax Journal* 49, no. 4(December 1996):617 – 642.

● "本文介绍了基于时间序列和横截面混合数据取得的研究结果。这些结果表明,如果税收收入是为转移性支付筹集资金,那么州和地方增税会显著阻碍经济增长。"

——L. J. Helms. "The Effect of State and Local Taxes on Economic Growth: A Time Series-Cross Section Approach." *Review of Economics and Statistics* 67, no. 4(1985):574 – 582.

● "公司税被发现是最有害于增长的税种,紧随其后的是个人所得税,然后是消费税。"

——A. Johansson, C. Heady, J. Arnold, B. Brys, and L. Vartia. "Tax and Economic Growth." Working Paper 620, OECD Economics Department, 2008.

● "我们发现,法定公司税率与经济平均增长率横截面差异显著负相关……公司税税率降低 10 个百分点,可提升年经济增长率 1～2 个百分点。"

——Y. Lee and R. H. Gordon. "Tax Structure and Economic Growth." *Journal of Public Economics* 89, no. 5 – 6(2005):1027 – 1043.

● "本文发现,与股市交易相关的直接税和间接税会阻碍实际人均产出增长。"

——Ross Levine. "Stock Market, Growth, and Policy." Board of Governors of the Federal Reserve System, International Finance Discussion Paper 374, 1990.

● "根据经济增长模型的模拟,税收对经济增长的影响常被证明很大。"

——G. D. Myles. "Economic Growth and Role of Taxation." OECD Economics Department Working Paper 713, 2009.

● "我们发现,财产税和销售税的税率对长期收入增长具有负效应,而所得税税率对长期收入增长没有影响。"

——Andrew Ojede and Steven Yamarik. "Tax Policy and State Economic Growth: The Long-Run and Short-Run of It." *Economic Letters* 116, no. 2(August 2012):161 – 165.

● "回归分析表明,高边际税率对经济增长产生显著的负面影响。"

——Barry Poulson and Jules Kaplan. "State Income Taxes and Economic Growth."*Cato Journal* 28, no. 1(Winter 2008):53 – 71.

● "个人税收结构的累进度以及用于转移性支付的税收收入比例(即税收的再分配方面)与州个人所得增长显著负相关。"

——Thomas Romans and Ganti Subrahmanyam. "State and Local Taxes, Transfers and Regional Economic Growth."*Southern Economic Journal* 46, no. 2(October 1979):435 – 444.

● "收入中性的单一税率税能够长期促进人均产出每年增长 0.18～0.85 个百分点,较低的边际税率和投资免税是两个促进经济增长的重要因素。"

——Nancy Stokey and Sergio Rebelo. "Growth Effects of Flat-Rate Taxes."*Journal of Political Economy* 103, no. 3(June 1995).

● "大量的经验证据表明,州和地方税并不会对经济活动的地域分布产生显著的影响,但会对资本形成产生显著的滞后负分布影响。"

——B. Benson and Ronald Johnson. "The Lagged Impact of State and Local Taxes on Economic Activity and Political Behavior."*Economic Inquiry* 24, no. 3(1986).

● "如果降低实际净回报率,美国现行的资本收益税收处理方法就会显著减慢资本积累速度,而这又会回过头来导致资源的大量浪费,而且还会导致很大一部分总收入由劳动力向资本再分配。"

——M. J. Boskin. "Taxation, Saving, and the Rate of Interest."*Journal of Political Economy* 86, no. 2, Part 2:Research in Taxation(April 1978):S3 – S27.

● "在笔者采用美国时间序列数据进行的研究中,参数估计结果表明,如果没有社会保险,美国的资本存量最终大约会增加 60%……资本存量越大,就意味着生产率越高,实际工资水平越高,国民收入越多。"

——M. Feldstein. "Social Security and Saving:The Extended Life Cycle Theory."*American Economic Review* 66, no. 2, Papers and Proceedings of the Eighty-Eighth Annual Meeting of the American Economic Association(May 1976):77 – 86.

● "税收差别解释了很大一部分工作时间在时间上和国家间的变异。"

——L. Ohanian, A. Raffo, and Richard Rogerson. "Long-Term Change in Labor Supply and Taxes:Evidence from OECD Countries, 1956 – 2004."*Journal of Monetary Economics* 55(2008):1353 – 1362.

● "我们采用23个经合组织国家20世纪50～80年代的横截面时间序列面板数据进行的分析显示,高边际税率和税收累进度与长期经济增长负相关。

"这些结论与内生增长理论相吻合,但与大部分采用实际平均税率指标的经验研究结论相悖。"

——E. Padovano and Emma Galli. "Tax Rates and Economic Growth in the OECD Countries(1950 - 1990)." *Economic Inquiry* 39, no. 1 (January 2001):44.

● "笔者采用美国48个(毗邻)州1970～1999年的数据,考察了税收与收入增长之间的关系。笔者发现,被用来为一般支出筹集资金的税收,与税收的收入增长负效应显著相关。"

——W. R. Reed. "The Robust Relationship between Taxes and U. S. State Income Growth." *National Tax Journal* 61, no. 1(2008):57 - 80.

● "我们的研究结论显示,税收变革具有很大的产出效应。我们的基本结论意味着:当外生性增税占国内生产总值1%时,实际国内生产总值差不多就会减少3%。"

——C. D. Romer and David H. Romer. "The Macroeconomic Effects of Tax Changes:Estimate Based on a New Measure of Fiscal Shocks." *American Economic Review* 100, no. 3(June 2010):763 - 801.

● "我们的研究结果表明,个人所得税增加与个人收入增加之间存在强负相关关系。

"我们的研究发现表明,无论是通过宪法约束(如平衡预算修正案、项目否决权)、法定变革(如用反托拉斯法来约束工会这样的联盟)还是其他手段(如劳方和资方避开分配联盟,员工和工厂迁往无工会地区)来约束分配联盟,都非常有利于长期经济增长。"

——R. Vedder and Lowell Gallaway. "Rent-Seeking,Distributional Coalition,Taxes,Relative Prices and Economic Growth." *Public Choice* 51(1986):93 - 100.

与人口增长变量有关的引语

● "我们的考察结果在很大程度上支持了'选民消费者会流向能最佳地满足其公共品偏好的区域'的蒂伯特假说。"

——R. Cebula. "Interstate Migration and Tiebout Hypothesis:An Analysis According to Race,Sex and Age." *Journal of the American Statistical Associ-*

ation 69, no. 348(1974):876 – 879.

- "具体而言,选民消费者看来会被低州所得税负和低财产税税负所吸引。"

——R. J. Cebula. "Migration and the Tiebout-Tullock Hypothesis Revisited." *American Journal of Economics and Sociology* 68, no. 2(2009):541 – 551.

- "州所得税和遗产税也显示了生命周期效应;处于收入高峰年龄段的男性劳动者迁离高所得税州,而所有年龄在55~69岁的白人男性会远离高继承税和遗产税州。"

——D. E. Clark and W. J. Hunte. "The Impact of Economic Opportunity, Amenities, and Fiscal Factors on Age-Specific Migration Rates." *Journal of Regional Science* 21(1992):349 – 365.

- "所得税会对大多数种族和年龄段的群体州际迁移产生影响;个人会从高所得税州迁移到低所得税州居住。这些结论支持了采用州级综合数据获得的研究结论。"

——M. P. Gius. "The Effect of Income Taxes on Interstate Migration:An Analysis by Age and Race." *Annals of Regional Science* 46(2009).

注释:

[1] A. Reynolds, "Some International Comparisons of Supply-Side Policy," *Cato Journal* 5, no. 2(Fall 1985).

[2] 不管怎样,柯西(Cauchy)方程式的形状严重依赖于另一个参数贝塔,才会趋近于0。

[3] 也就是说,由于州内生产总值在2002~2012年间与人口呈比例变动,TBUR(税负)应该(譬如说)用10年期税负的一个平均值来测度。

[4] 用占个人收入份额的形式表示的税负,由税收基金会根据美国人口普查局的州和地方政府财政数据计算得出。税收基金会在计算税负时做过一些调整,以便把一些美国人口普查局没有考虑到的因素考虑进去,如缴给其他州的税款。请浏览:http://taxfoundation.org/tax-topics/tax-burdens。

[5] 或者用更加正式的形式表示应该是$1/2^{10}$。

[6] 请注意,在表6.2和本章的其他表格中,"标准误差*"表示标准误差的异方差性已经得到纠正,并且序列自相关(HAC)。

[7] J. Peach and C. Meghan Starbuck, "Oil and Gas Production and Economic Growth in New Mexico," *Journal of Economic Issues* 45, no. 2(June

2011).

[8] M. E. Bildirici and Fazil Kayikci,"Effects of Oil Production on Economic Growth in Eurasian Countries: Panel ARDL Approach," *Energy* 49 (2013):156 – 161.

[9] Eric Engen and Jonathan Skinner,"Taxation and Economic Growth," *National Tax Journal* 49, no. 4(December 1996):617 – 642.

[10] Y. Lee and R. H. Gordon,"Tax Structure and Economic Growth," *Journal of Public Economics* 89, no. 5 – 6(2005):1027 – 1043.

[11] Y. Lee and R. H. Gordon,"Tax Structure and Economic Growth," *Journal of Public Economics* 89, no. 5 – 6(2005):1027 – 1043.

[12] R. J. Newman,"Migration and Growth in the South,"*Review of Economics and Statistics* 65, no. 1(February 1983):76 – 86.

[13] Å. Johansson, C. Heady, J. Arnold, B. Brys, and L. Vartia, "Tax and Economic Growth," Working Paper 620, OECD Economics Department, 2008.

[14] B. Benson and Ronald Johnson,"The Lagged Impact of State and Local Taxes on Economic Activity and Political Behavior,"*Economic Inquiry* 24, no. 3(1986).

[15] Newman,"Migration and Growth in the South."

[16] T. R. Plaut and Joseph Pluta,"Business Climate, Taxes and Expenditures, and State Industrial Growth in the United States,"*Southern Economic Journal* 50, no. 1(July 1983):99 – 119.

[17] M. J. Boskin,"Taxation, Saving, and the Rate of Interest,"*Journal of Political Economy* 86, no. 2, Part 2: Research in Taxation(April 1978): S3 – S27.

[18] A. Rabushka, "Taxation, Economic Growth, and Liberty," *Cato Journal* 7, no. 1(Spring/Summer 1987).

[19] E. C. Prescott,"Prosperity and Depression: 2002 Richard T. Ely Lecture,"Federal Reserve Bank of Minneapolis Research Department, Working Paper 618, 2002.

[20] B. Weinstein,"Tax Incentives for Growth,"*Society*, March/April 1977.

[21] C. D. Romer and David H. Romer, "The Macroeconomic Effects of Tax Changes: Estimates Based on a New Measure of Fiscal Shocks," *American*

Economic Review 100, no. 3(June 2010): 763 - 801.

[22] Eric Engen and Jonathan Skinner, "Taxation and Economic Growth," *National Tax Journal* 49, no. 4(December 1996): 617 - 642.

[23] Thomas Romans and Ganti Subrahmanyam, "State and Local Taxes, Transfers and Regional Economic Growth," *Southern Economic Journal* 46, no. 2(October 1979): 435 - 444.

[24] Barry Poulson and Jules Kaplan, "State Income Taxes and Economic Growth," *Cato Journal* 28, no. 1(Winter 2008): 53 - 71.

[25] F. Padovano and Emma Galli, "Tax Rates and Economic Growth in the OECD Countries (1950 - 1990)," *Economic Inquiry* 39, no. 1 (January 2001): 44.

[26] R. Cebula, "Interstate Migration and the Tiebout Hypothesis: An Analysis According to Race, Sex and Age," *Journal of the American Statistical Association* 69, no. 348(1974): 876 - 879; R. J. Cebula, "Migration and the Tiebout-Tullock Hypothesis Revisited," *American Journal of Economics and Sociology* 68, no. 2(2009): 541 - 551.

[27] M. P. Gius, "The Effect of Income Taxes on Interstate Migration: An Analysis by Age and Race," *Annals of Regional Science*, 2009.

[28] D. E. Clark and W. J. Hunter, "The Impact of Economic Opportunity, Amenities, and Fiscal Factors on Age-Specific Migration Rates," *Journal of Regional Science* 21(1992): 349 - 365.

第七章

财政的"寄生渗漏"

——得克萨斯州与加利福尼亚州比较*

当经验偏离(了既有公理)时,当然就不值得认真检视,因为它没有明确的秩序可循。

——菲利普·鲍尔,《好奇心》

细品三任得克萨斯州州长里克·佩里(Rick Perry)与三任加利福尼亚州州长杰里·布朗(Jerry Brown)之间令人眼花缭乱的唇枪舌剑,至少可以说,也是一件令人愉悦的事情。

布朗州长在谈到迁来加利福尼亚州居住的移民时表示,"英国人移民来到这里,法国人也移民来到这里,俄国人也移民来到这里,中国人也移民来到这里——凡是有点脑子的人都移民来到加利福尼亚州"。[1]对于我们的学术界朋友们来说,这可是他不经意间说出的最滑稽的话。

但是,对于阿瑟·拉弗和他12岁的孙子来说,最精彩的点评还在后头呢。拉弗博士和他的孙子都有敏锐的鉴赏力来甄别公共场合的黑色幽默,当然也不缺乏这种幽默。他们在把"指着我们背后"[2]说三道四的话拿到主流媒体上曝光时,也几乎已经不能自制。

但在所有这些闹剧式的幽默背后,暗含着大量的非常严肃的居民生活状况问题:贫困与富裕。

---

* 笔者在此要特别感谢 Sally Pipes,他在笔者撰写本章的过程中提供了校订帮助和评论意见。

多年来,数以百万计的人们不必要地处于失业或长期失业的状态,这可没什么值得庆幸的。经济政策迫使人们背井离乡去寻觅更好的谋生手段,这也一点都不好玩。那么多的其他问题也几乎总是陪伴着次佳的经济绩效,如丧失自信、酗酒、不文明行为、不尊重他人、刑事犯罪、不良教育等,仅仅只是这类问题的几个例子而已,所有这一切都没有什么好笑的。州议会大厦并不适合安排"周六夜场直播"(Saturday Night Line)。

本章详细考察了得克萨斯州和加利福尼亚州过去 10 年的经济发展状况,以反映这两个州截然不同的政策对其居民所产生的影响。

双州记——54 个问题总结

1. 10 年前,得克萨斯州的产出只占全美产出的 7.4%,而这一比例今天已经增加到了 9.0%。同期,加利福尼亚州期初的产出占全美产出的比例是 13.1%,而最终只占全美产出的 12.9%。

2. 在过去 10 年里,得克萨斯州人口增长了 20.1%,人口增长率居全美第四;而加利福尼亚州人口只增长了 9.1%,人口增长率全美排名第 24 位。

3. 无论是总体产出增长率还是人均产出增长率,得克萨斯州都高于加利福尼亚州。

税收

4. 加利福尼亚州是全美税负最重的州之一,而得克萨斯州则是全美税负最轻的州之一。

5. 得克萨斯州的州和地方税收入增速远远快于加利福尼亚州。

6. 得克萨斯州不课征所得税或者资本利得税,而加利福尼亚州则课征全美税率最高的所得税和资本利得税。

7. 加利福尼亚州的员工工伤保险费用居全美第三高(2.92 美元/100 美元工资),而得克萨斯州的员工工伤保险费用在全美排名第 13 位(1.60 美元/100 美元工资)。

8. 即使是销售税占个人所得的百分比,得克萨斯州(2.30%)也远低于加利福尼亚州(2.61%)。

9. 得克萨斯州和加利福尼亚州都取消了州遗产税。

居民迁移

10. 加利福尼亚州由全美最大的人口净迁入州之一变成了全美最大的人口

迁出州之一，而得克萨斯州到目前为止是全美最大的人口迁入州。如果说得克萨斯州与加利福尼亚州有什么区别的话，那就是迁入人口迅速增加。

11. 尤其是，纳税人纷纷迁离加利福尼亚州，且不断迁入得克萨斯州。

12. 友好搬场公司的搬场车从得克萨斯州驶往加利福尼亚州的费用，远低于从加利福尼亚州驶往得克萨斯州的费用（见表 7.1）。

表 7.1　加利福尼亚州与得克萨斯州之间的友好搬场公司搬场车租赁价格　　单位：美元

从得克萨斯州驶往加利福尼亚州		驶往加利福尼亚州			
		萨克拉门托	圣地亚哥	洛杉矶	旧金山
从得克萨斯州	奥斯汀	1 260	1 037	1 075	1 259
	达拉斯	1 336	1 087	1 138	1 335
	休斯敦	1 007	1 098	1 140	1 006
	圣安东尼奥	849	714	774	1 069
从加利福尼亚州驶往得克萨斯州		从加利福尼亚州			
		萨克拉门托	圣地亚哥	洛杉矶	旧金山
驶往得克萨斯州	奥斯汀	2 087	2 634	2 734	2 159
	达拉斯	2 035	2 650	2 770	2 108
	休斯敦	2 178	2 791	2 898	2 255
	圣安东尼奥	2 037	2 546	2 646	2 108

资料来源：友好搬场公司（数据取自：www.uhaul.com，2013 年 2 月 15 日；表中都是 26 英尺卡车租赁价格）。

13. 迁离加利福尼亚州、迁入得克萨斯州的居民人均 AGI，一直远高于迁离得克萨斯州、迁入加利福尼亚州的居民人均 AGI。

14. 从 2002 年到 2012 年，在《财富》500 强公司中，加利福尼亚州公司减少了 2 家，从 55 家减少到了 53 家；而得克萨斯州公司增加了 7 家，从 45 家增加到了 52 家。

贫困

15. 得克萨斯州贫困人口占其总人口的比例（16.5%）小于加利福尼亚州的这一比例（占其总人口的 23.5%，全美第一）。

16. 得克萨斯州接受救济的人口占其总人口的比例全美排名倒数第四（0.43%），而加利福尼亚州接受救济的人口占其总人口的比例位居全美第一（3.88%）。

17. 加利福尼亚州有 30% 的人口参加医疗救助计划，得克萨斯州只有 18% 的居民参加这项计划，全美的平均参与率是 22%。

18. 得克萨斯州有 15.5% 的居民领取食品救济券，而加利福尼亚州有 9.7% 的居民领取食品救济券，但得克萨斯州的行政管理成本要比加利福尼亚州低很多。

就业

19. 得克萨斯州的失业率（2013 年 12 月是 6.0%），远远低于加利福尼亚州的失业率（2013 年 12 月是 8.3%）。

20. 加利福尼亚州有全美最强大的公职人员工会，而得克萨斯州公职人员工会的人数和实力都比较适中。

21. 得克萨斯州颁布了工作权利保障法，而加利福尼亚州则是一个雇员强制参加工会的州。

22. 得克萨斯州是全美就业增速最快的州，而加利福尼亚州的增速在全美排名第 31 位。

石油

23. 石油储量勘探工作，得克萨斯州做得要比加利福尼亚州好许多。

24. 据估计，加利福尼亚州拥有 150 亿桶页岩油储量，但对页岩油开采进行管制并实行配额制。加利福尼亚州的石油产量每年都在减少，而得克萨斯州的石油产量已经增长到了 25 年来的最高水平。

25. 加利福尼亚州是全美很少几个在某些区域禁止采用水力压裂法的州之一，而得克萨斯州鼓励采用水力压裂法。

债务

26. 得克萨斯州的州和地方债务要大大少于加利福尼亚州。

27. 得克萨斯州债务的标准普尔信用评级是 AAA 级，要远远高于加利福尼亚州的 A 级。

公共服务——人员投入

28. 按全职雇员计，加利福尼亚州比得克萨斯州多雇用 40% 的教师。

29. 加利福尼亚州公共福利部门雇员的年收入是 56 000 多美元，而得克萨斯州公共福利部门雇员的年收入只有 37 000 美元，两者相差 52%。

30. 加利福尼亚州医护人员的收入比得克萨斯州医护人员的收入高 53%。

31. 加利福尼亚州安保人员的收入比得克萨斯州安保人员的收入高 70%。

32. 加利福尼亚州公路职工的年收入比得克萨斯州公路职工的年收入高 76%。

33. 加利福尼亚州消防人员的年收入比得克萨斯州消防人员的年收入高 86%。

34. 加利福尼亚州管教人员的年收入比得克萨斯州管教人员的年收入高 93%。

35. 加利福尼亚州议员每年的补贴是 95 000 美元,而得克萨斯州议员每年只有 7 200 美元的补贴。

公共服务——成本

36. 在过去的 10 年里,加利福尼亚州教师工会是该州最大的政治献金捐赠者(2.12 亿美元),其捐献金额是该州第二大政治献金捐赠者——州政府公职人员工会——的 2 倍。

37. 加利福尼亚州的管教人员是全美工会化程度最高的州公职人员。

38. 加利福尼亚州监狱看守工会无疑是全美组织程度最高和政治最活跃的监狱看守工会。仅 2010 年一年,这个工会的政治献金支出就高达 3 200 万美元,是该州第 15 大政治献金捐赠者。

39. 得克萨斯州每个在押犯的年度费用是 21 390 美元,每日费用是 58.60 美元;而加利福尼亚州纳税人要为每个在押犯每年承担 47 421 美元的费用,每天承担 129 美元的费用。

40. 根据里森基金会(Reason Foundation)的估计,加利福尼亚州每修建 1 英里高速公路的平均成本是 265 000 美元;而得克萨斯州每修建 1 英里高速公路的平均成本只略高于 88 000 美元。

公共服务——产出

41. 得克萨斯州为每万居民雇用 345 名教师;而加利福尼亚州则为每万居民只雇用 231 名教师。美国每万居民平均雇用 286 名教师。

42. 根据美国教育部的测试,加利福尼亚州的学生测试成绩排名全美倒数第 4;而得克萨斯州的学生测试成绩在全美 50 个州中排名第 29 位。

43. 自 1975 年以来,加利福尼亚州教师协会(CTA)号召发起了 170 次罢工,而得克萨斯州禁止教师罢工。在得克萨斯州,任何教师参加罢工立刻就会被吊销教师证。

44. 根据美国教育部的数据,在美国加利福尼亚、得克萨斯、纽约、伊利诺伊和佛罗里达这 5 个大州中,加利福尼亚州的教育测试成绩是最差的,而得克萨斯州则是最好的。

45. 得克萨斯州每万居民的医护人员数多于加利福尼亚州。

46. 得克萨斯州每万居民的安保人员数也多于加利福尼亚州,两州每万居民的安保人员数分别是 28.9 人和 26.4 人。

47. 得克萨斯州每万居民承担的在押犯人数也比加利福尼亚州多,两州每万居民分别承担 923 个和 621 个在押犯。

48. 加利福尼亚州的监狱目前是按超过设计能力 75% 的水平在运行,而得克萨斯州的监狱则按比设计能力低 15% 的水平在运行。

49. 得克萨斯州每万居民雇用的管教人员比加利福尼亚州每万居民雇用的管教人员多,两州每万居民雇用的管教人员数分别为 27.7 人和 24.4 人。

50. 得克萨斯州每万居民雇用的公路职工差不多要比加利福尼亚州多 30%。

51. 得克萨斯州的州级道路状况在全美排名第 23,而加利福尼亚州的道路状况则在全美排名垫底。

公共服务——投入与产出

52. 单看中小学任课老师人数,加利福尼亚州雇用的中小学任课老师人数几乎要比得克萨斯州多 50%;但按每万居民雇用中小学任课老师人数计,加利福尼亚州要比得克萨斯州少 40%。

53. 得克萨斯州每万居民雇用警员 21 人,而加利福尼亚州每万居民只雇用 18 个警员。但是,加利福尼亚州支付警员的薪水要比得克萨斯州高出 75%。

54. 得克萨斯州每万居民雇用消防人员 9.2 人,消防人员的年薪是 63 000 美元;而加利福尼亚州每万居民只雇用 7.7 个消防人员,但消防人员的年收入高达 120 000 美元。

加利福尼亚州和得克萨斯州的 2012 年 11 月选举

2012 年 11 月 6 日,加利福尼亚州选民以 55∶45 的选票通过了杰里·布朗州长提交的第 30 号议案。这是一项建议把州销售税税率从 7.25% 提高到 7.5%(增加 25 个基点)的宪法修正案。第 30 号议案同时还建议,把 250 000~

300 000 美元这档所得的州所得税最高边际税率从 9.3% 提高到 10.3%；把 300 000~500 000 美元这档所得的最高边际税率从 9.3% 提高到 11.3%；把 500 000~1 000 000 美元这档所得的最高边际税率从 9.3% 提高到 12.3%；最后，把 1 000 000 美元以上这档所得的最高边际税率从 10.3% 提高到 13.3%。

新的州所得税税率表追溯适用于 2012 年 1 月 1 日之后实现或者收到的全部所得。

除了投票通过布朗州长的增税议案外，加利福尼亚州的选民还把很多大政府主张者选进了参众两院，使他们在参众两院中成为绝对多数。

就在这次选举后没过几个星期，加利福尼亚州税务局通知那些曾报告合格中小企业股票收益没有计入纳税所得或者递延到应税年份开始或 2008 年 1 月 1 日以后的纳税人：由于相关条款已经无效不可执行，因此将下发新的计征公告，废除原先的纳税所得计算或者递延规定。[3] 这就意味着这个纳税人群体几乎要追溯 5 年加倍缴纳州资本利得税。

布朗州长取得的选举胜利，同时引发了致力于废除第 13 号议案的重要行动。第 13 号议案也是一项宪法修正案，于 1978 年通过。加利福尼亚州的第 13 号议案把财产税的税率限制在财产市价的 1% 以内，或者每年增长不得超过 2%。目前，加利福尼亚人都在议论政府可能要对任何迁离加利福尼亚州的居民课征迁离费。

2013 年 2 月 28 日，加利福尼亚州公平委员会以 3：2 的选票表决通过了一项州汽油税增加 10%（即从每加仑 36 美分提高到每加仑 39.5 美分）的法案，从 2013 年 7 月 1 日开始执行。据《圣地亚哥工会论坛报》(San Diego Union Tribune)报道："这次增加汽油税，部分是因为 2012 财政年度加利福尼亚州汽油税收入减少了 1.57 亿美元，也是加利福尼亚州司机汽油消费减少的一个反映……美国石油协会(American Petroleum Institute)曾经把加利福尼亚州的汽油税列为全美仅次于纽约州的第二大汽油税。但是，在 2013 年 7 月 1 日增税以后，平均每加仑 70.1 美分的汽油税将引领全美。"[4]

选民已经发声

就在加利福尼亚州选民明确发声的同一天，即 2012 年 11 月 5 日，得克萨斯州的选民使温和保守派成为得克萨斯州参众两院的多数。得克萨斯州还选出了一个最支持经济增长的美国参议员——泰德·科鲁兹(Ted Cruz)，由其取代凯伊·贝莉·赫奇森(Kay Bailey Hutchison)。

得克萨斯州从来不对劳动所得或者诸如股息或利息这样的非劳动所得课

征所得税,也不课征任何资本利得税。得克萨斯州的销售税税率是6.25%。

本章试图不带任何成见地对相关数据进行客观评价,就像是在过圣诞节那样。在圣诞节里,我们总说实话。

经济绩效:加利福尼亚州、得克萨斯州和美国

在明确评价经济绩效之前,很多日常观察值应该能为我们提供发现加利福尼亚州相对于得克萨斯州做得有多好的可靠线索。坦率地说,加利福尼亚州有人已经"用脚投票",只不过是改用了"用搬场车投票"的方式而已。由于有那么多人想离开加利福尼亚州迁往得克萨斯州或其他目的地,而只有那么少的人试图离开得克萨斯州迁往加利福尼亚州,因此,搬场公司调整了它们的搬场运费。在表7.1中,我们列示了友好搬场公司从加利福尼亚州4个城市运往得克萨斯州4个城市以及从得克萨斯州相同4个城市运往加利福尼亚州相同4个城市的单程搬场运费。结果令人意外。

当拉弗博士离开加利福尼亚州迁往田纳西州时,他以非常私密的方式发现了这些数据。就如史蒂夫·摩尔(Steve Moore)和拉弗博士在他们2008年的文章《加利福尼亚,你是谁?》(California, Who Are You?)第二部分中写道:

成千上万名加利福尼亚居民正选择离开加利福尼亚州,人数比美国其他地方选择迁往加利福尼亚州的居民多——加利福尼亚州由此每况愈下。迁离加利福尼亚州的人流络绎不绝,以至于从友好公司租1辆搬场大卡车从洛杉矶搬往田纳西州纳什维尔的租金是4 285美元,相当于租1辆相同的搬场卡车从纳什维尔搬往洛杉矶所花租金557美元的6倍多;同样,租1辆搬场大卡车从洛杉矶搬往得克萨斯州奥斯汀的租金是4 254美元,而租1辆同样的搬场卡车反向车程却只要497美元。[5]

本节对加利福尼亚州和得克萨斯州过去10年的情况进行详细、全面的综述。在重新审视友好搬场公司的运价数据以后,读者就不会对结果感到意外。

表7.2值得关注,因为它以一种便于州际比较的方式披露了那么多的相关信息,这张表看上去有点像本书第二章中的表2.1,并且可用来对最重要的评价指标进行州际比较。但是,本章的重点不是进行任何一般的双边比较,而是聚焦于对加利福尼亚州和得克萨斯州的比较。我们希望发现这两个州截然不同的政策各自产生的影响,并且根据这些结果推导出实现经济繁荣的更具一般性的指导意义。

表 7.2　2002~2012 年得克萨斯州和加利福尼亚州各种增长率指标对比

行序	增长率指标	全美增长百分比[a]（%）	得克萨斯州增长百分比（%）	得克萨斯州排名	加利福尼亚州增长百分比（%）	加利福尼亚州排名
1	人口	9.3	20.1	4	9.1	24
2	劳动力参与率	−4.5	−4.7	28	−6.0	35
3	劳动力	6.9	16.6	2	6.6	24
4	就业率	−2.1	−0.4	6	−4.0	46
5	就业人数	4.6	16.1	1	2.3	31
6	生产率	44.8	53.8	10	41.1	26
7	州内生产总值	51.7	78.5	4	44.4	32
8	人均州内生产总值	38.8	48.6	10	32.4	34
9	2012 年 12 月失业率	7.0	6.2	16	9.8	48

a. 全美 50 州等权重平均值。

读者在表 7.2 第一行就能看到得克萨斯州 20.1%（全美第四高）的人口增长率。相比较而言，加利福尼亚州的人口增长率仅略低于全美平均水平，以 9.1% 的 10 年增长率在全美排名第 24。然而，如果在加利福尼亚州与得克萨斯州之间进行百分率比较，那么，这两个州的 10 年人口增长率差异还真的很大，达到了 11%。得克萨斯州人口增长率超过加利福尼亚州人口增长率的幅度，大于加利福尼亚州人口增长率超过美国人口增长最慢的罗得岛州人口增长率 −1.5% 的幅度。如果说州民用脚投票，那么得克萨斯州就会胜出加利福尼亚州很大一截。

美国人口普查局 2013 年 3 月制作的一张图特别能吸引我们的注意力。图 7.1 是一张居民迁移图，是根据美国人口普查局的图复制的，并且选择了一些特定时期。该图显示了在过去的半个世纪里加利福尼亚州人口流动的巨大变化。箭头表示 1955~1960 年各年加利福尼亚州巨大的人口流入量以及 1995~2000 年各年的人口流出量。

如果里根总统还健在并且目睹布朗州长都为加利福尼亚州做了些什么，我们真怀疑他还会开玩笑说："如果新移民不是在普利茅斯石，而是在加利福尼亚州登陆，那么美国的东海岸可能至今仍没人居住。"

汤姆·格雷特和罗伯特·斯卡达玛利亚（Tom Gray and Robert Scardamalia）在其最近发表的一篇论文中[6]引用多个来源的数据，非常全面地介绍了加利福尼亚州净人口流动格局的基本情况。加利福尼亚州在 20 世纪 80 年代末由美国最大的人口流动目的地州变成了目前这样一个人口增长率低于全美平均水平的州。

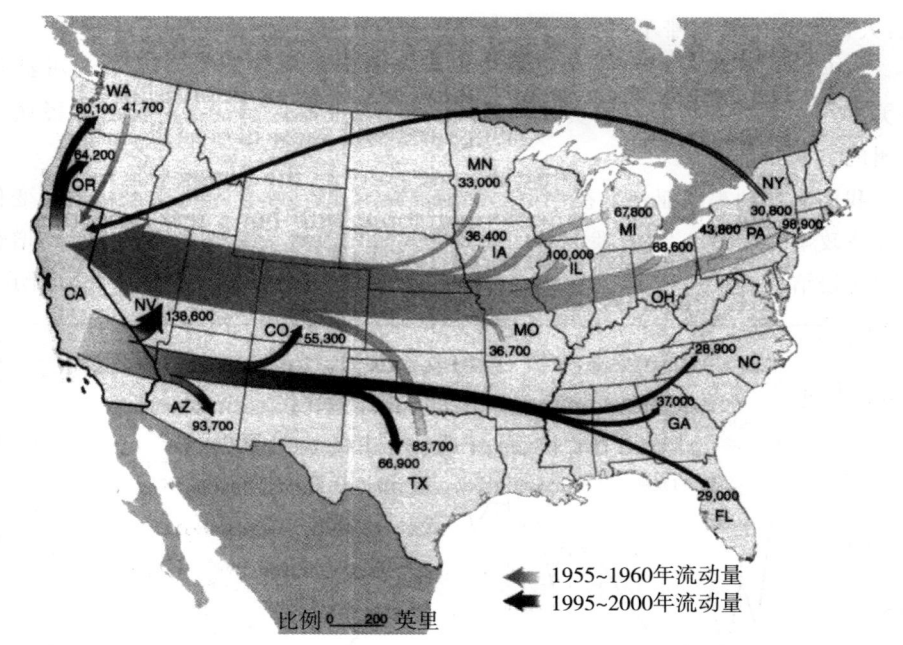

图 7.1 1955～1960 年和 1995～2000 年加利福尼亚州与美国其他州之间的人口净流动量

图中显示的两个字母是美国各州州名的英文缩写。它们的中译名分别是：WA：华盛顿州；MN：明尼苏达州；MI：密歇根州；NY：纽约州；PA：宾夕法尼亚州；OR：俄勒冈州；IA：艾奥瓦州；IL：伊利诺伊州；OH：俄亥俄州；CA：加利福尼亚州；NV：内华达州；CO：科罗拉多州；MO：密苏里州；NC：北卡罗来纳州；AZ：亚利桑那州；TX：得克萨斯州；GA：佐治亚州；FL：佛罗里达州。——译者注

资料来源：U.S. Census Bureau，March 7，2013.

在格雷特和斯卡达玛利亚分析的很多因素中，包含失业率差别、明显不同的商业气候和相对工资水平。他们在这篇文章中指出的以下 3 种现象特别引起了我们的兴趣：

1. 迁入加利福尼亚州的外国移民已经减少，并且还有减少的趋势。

2. 加利福尼亚州人口的自然增长人数——出生人数减去死亡人数——也在减少，并且极有可能进一步减少，甚至还有可能在可预见的未来某个时候变成负增长。

3. 除个别年份外，加利福尼亚州的国内移民净迁入量大约从 1992 年开始已经变为负值。而且随着时间的推移，这个负值的绝对值很可能变得越来越大。

由于以上这些趋势,这两位作者下结论说:"如果所有这些趋势继续下去,那么加利福尼亚州就可能陷入类似于上世纪纽约和中西部'生锈地带'州的境地:人口有几十年停滞不增,甚至有所减少。"[7]

这两位作者以在这篇文章中很少见的幽默补充说:"加利福尼亚州继续在为美国西南部的人口激增作贡献,不过现在好像主要是通过把自己的居民送到邻州的方式来作贡献。"[8]

我们对加利福尼亚州仍在变化的移民格局的观察,主要聚焦于该州不断变化的经济政策。在图 7.2 中,我们对加利福尼亚州人口增长率与美国人口平均增长率的比较结果以及加利福尼亚州发生某些重大经济政策变更的年份进行了图示。

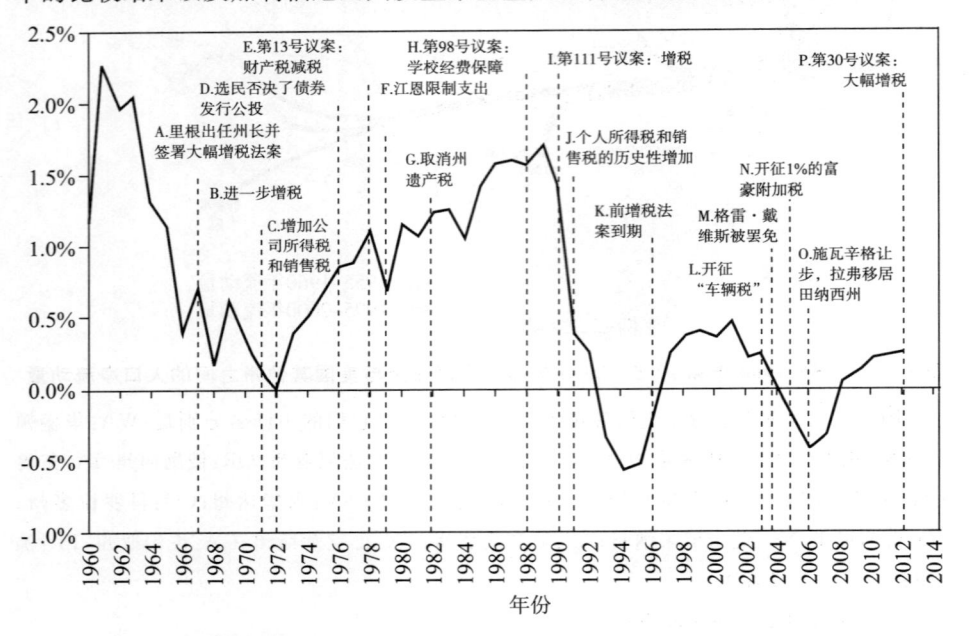

图 7.2　1960～2012 年加利福尼亚州人口增长率与美国人口平均增长率比较以及加利福尼亚州重大经济政策变更年份

资料来源:Bureau of Economic Analysis,Laffer Associates.

同样值得一提的是,加利福尼亚州不仅有大量的居民外迁,而且还有不少公司搬离。每年,《财富》杂志会对世界最大的公司进行排名,并且公布《财富》全球 500 强榜单。2001 年,《财富》全球 500 强公司中有 55 家总部设在加利福尼亚州,而有 45 家设在得克萨斯州。在最新的 2012 年《财富》全球 500 强榜单中,加利福尼亚州只剩下 53 家全球 500 强公司,而得克萨斯州在这个时期又增加了 7 家全球 500 强公司,这样总共就有 52 家全球 500 强公司把总部设在得克萨斯州。就像居民一样，公司也会迁徙，而且常常是由于同样的原因！

逐行浏览表 7.2，读者就能看到，得克萨斯州与加利福尼亚州之间有多么明显的绩效差异！在表 7.2 的每个指标上，得克萨斯州都实际好于加利福尼亚州。这两个州关于表 7.2 中每个指标的详细比较情况，请参阅本书第二章。经济增长差异的影响逐渐累积，在图 7.3 中，我们对过去 10 年（2002～2012 年）得克萨斯州州内生产总值占美国国内生产总值的份额以及同期加利福尼亚州州内生产总值占美国国内生产总值的份额进行了图示。得克萨斯州州内生产总值所占份额从 7.4% 增加到 9.0%；而加利福尼亚州州内生产总值所占份额则从考察期初的 13.1% 减少到考察期末的 12.9%。

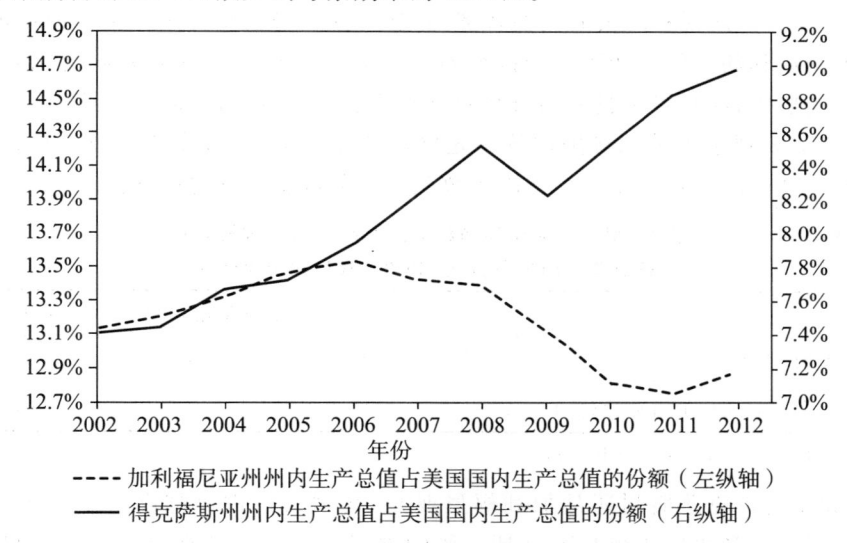

图 7.3　2002～2012 年各年度得克萨斯州和加利福尼亚州州内生产总值占美国国内生产总值的份额比较

资料来源：Bureau of Economic Analysis.

在这个 10 年考察期结束时，得克萨斯州的失业率已经低于加利福尼亚州。当我们考察不同于国际比较——国际人口流动性要小得多——的州际比较时，把像失业率这样的指标作为评价经济政策优劣的指标是明显靠不住的（关于这个观点的更详细内容，请参阅本书第八章）。但是，如果低失业率是采用正确的方式——通过经济增长而不是经济紧缩——来实现的，那么就有助于改善州的生活质量。[9]

考察这两个州的经济绩效表现，不难发现，得克萨斯州在各个相关指标上都远远好于加利福尼亚州。读者还会对人们离开加利福尼亚州搬往得克萨斯州感到奇怪吗？

关于贫困指标的简要说明

这里所说的绩效表现不仅指经济增长，尽管经济增长是最重要的单一绩效评价指标。我们国家最不幸的人的贫困状况和境遇也是一个很值得关心的问题。

2012年11月商务部公布的一份名为"2011年度贫困评价补充指标研究"[10]的当期人口报告，介绍了为评价全美各州2009～2011年平均水平的贫困评价补充指标。这些州贫困发生率评价补充指标包含很多旧指标体系所没有的项目：(1)工薪税；(2)公共实物救济，如食品券；(3)为维持工作岗位所需的费用，如交通和幼儿保育费用；(4)医药费；(5)家庭人口除外的家庭状况，如子女抚养、同居等；(6)(对于我们的研究最重要的是)生活费用的地区差异。

表7.3列示了采用贫困评价补充指标计算的全美、得克萨斯州、加利福尼亚州2009～2011年3年平均贫困人数及其占各自总人口的百分比。

表7.3　全美、得克萨斯州和加利福尼亚州贫困人数及其占各自总人口的百分比(2009～2011年平均数)

	全美	加利福尼亚州	得克萨斯州
贫困人数(千人)	48 423	8 773	4 145
贫困人数占总人口的百分比(%)	15.8	23.5	16.5

资料来源：U. S. Census Bureau.

无论是得克萨斯州还是加利福尼亚州，贫困人口占比都高于全美平均水平。但是，加利福尼亚州并不只是一般的贫困人口占比较高，而是几乎超出全美平均水平50%，名列全美之首；而得克萨斯州的贫困人口占比只不过略高于全美平均水平。

在解困扶贫和缓解失业等方面，得克萨斯州的表现也无疑要好于加利福尼亚州。得克萨斯州不但在照顾和培育富裕居民方面做得比加利福尼亚州好很多，而且在对待贫困居民方面也比加利福尼亚州做得好。不过，这两个州有很多地方仍然有待提高，而加利福尼亚州有待提高的地方又远比得克萨斯州多。

得克萨斯州的石油生产繁荣与加利福尼亚州的石油生产萧条：一种经济文化冲突

奥巴马总统任期内最具讽刺意义的一件事情就是，这个在2008年发誓"要在我们这一代结束石油主宰一切现状"的总统，却目睹了美国历史上最壮观的石油和天然气繁荣的到来。更具讽刺意义的是，这次石油生产繁荣使美国石油产量比 2008 年增加了 40% 以上，几乎凭借石油生产一己之力就保证了美国经济在奥巴马任期内的稳定发展。美国人把注意力投向了令人震惊的北达科他州巴肯页岩的突然发力，结果几乎没人注意到令人印象更加深刻的石油生产激增。石油生产繁荣正在得克萨斯州南部和西部这两个 100 年前美国石油繁荣的发祥地重新再现。在那里，石油正从油井的出油口源源不断地喷涌而出。

与此同时，加利福尼亚这个就在 30 年前曾经与得克萨斯州争夺"全美第一石油生产大州"头衔的州，眼睁睁地看着自己的命运逆转，石油产量持续下降（见图 7.4）。其实，这种情况的发生并非偶然，它是这两个州自觉的政策选择的必然结果，其中的过程和原因值得关注。

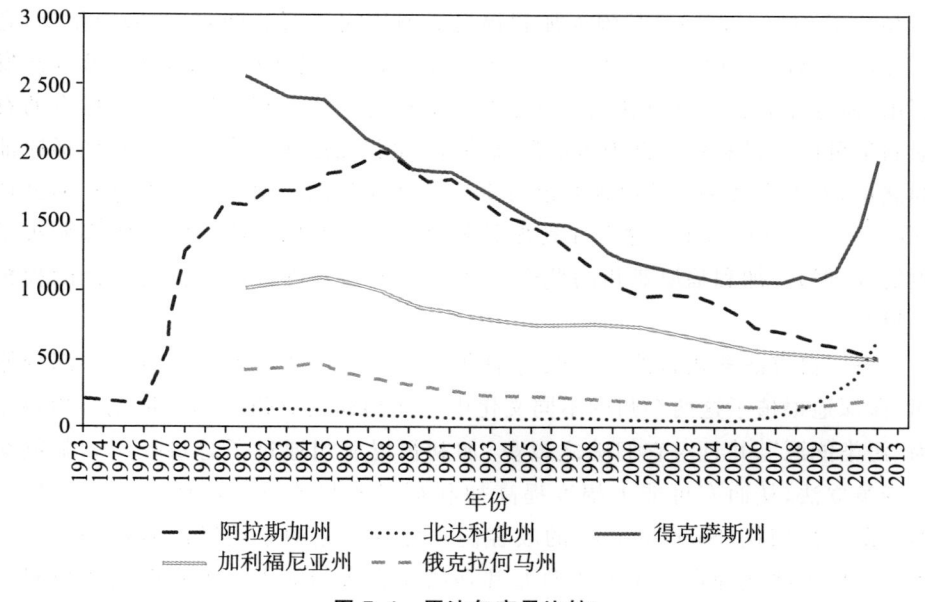

图 7.4　原油年产量比较[a]

a. 单位：日千桶；阿拉斯加州采用 1973～2012 年的数据；其他各州则采用 1981～2012 年的数据。

资料来源：U. S. Energy Information Administration.

紧接着油价达到每桶 80～100 美元的历史高位以后，得克萨斯州利用高油价，几乎使其石油产量比 2005 年翻了一番。它的两个储量最丰富的油田分别是位于南得克萨斯的鹰潭页岩地层油田和面积 250 平方英里的帕米亚盆地油田。前者的黑金产量比去年惊人地增加了 50%；而后者是全球储量最丰富的油田,似乎永远也不会枯竭。石油生产复苏中心是位于得克萨斯州中部的敖德萨,它是美国发展最快的大都市区之一。

随着北达科他州值得庆祝的石油产量激增,这个州也赶到了阿拉斯加州和加利福尼亚州前头成了全美第二产油大州,但得克萨斯州的石油产量超过了产油量排名在它之后的4个州的合并石油产量。得克萨斯州现在每天产油超过200万桶,每年大概能创收800亿美元。仅石油产值就超过美国13个州各自全部商品和服务的年产值。得克萨斯州的石油繁荣是美国真正被低估的经济刺激因素,并且对就业、收入和经济产值产生了巨大的影响。

我们现在来看看地处得克萨斯州西面的加利福尼亚州。加利福尼亚州几乎与以上所有的经济刺激因素无缘。1986年以来,加利福尼亚州的石油产量差不多减少了一半。即便2001年以来油价飞涨,加利福尼亚州的石油生产也大约萎缩了21%。这并不是因为加利福尼亚州用完了石油储藏,而恰恰相反,它有大量的海洋石油储藏(大概有100亿桶,其中10亿桶在州属海域)可以开发利用,而且在旧金山沿海和内陆绵延200英里的蒙特利页岩层甚至有更多的石油储量可以开采利用。据美国能源部估计,加利福尼亚州大约有150亿桶原油的储量,差不多就是北达科他州巴肯页岩石油储量的2倍。美国西方石油公司(Occidental Petroleum)这个加利福尼亚州的石油大玩家从美国内政部购买了租赁权,但是,加利福尼亚州的监管环境还是不利于进行数以亿美元计的投机性投资。

造成得克萨斯州石油业繁荣与加利福尼亚州石油业萧条两重天的部分原因,深深地根植于这两个州的不同文化中。加利福尼亚州的选民把化石燃料作为"污染能源",并且对它们嗤之以鼻,加利福尼亚州通过了总量控制和限额交易变革立法,从而有可能大幅度提高加利福尼亚州传统能源的生产和提炼成本。萨克拉门托(Sacramento)的政客们和硅谷的金融家们错误地把好几十亿美元的巨大赌注押在了绿色能源尤其是风能和太阳能上。得克萨斯州也对风能进行了投资,风能产量全美最大,但这并没有影响它的石油繁荣。

加利福尼亚州不屑采纳新的钻井创新成果,而得克萨斯州则欣然接受了新的水平钻井和压裂技术奇迹。这些技术突破使得重新开采旧油井有利可图。钻井文化那么深地根植于得克萨斯州南部和西部地区的经商方式中,以至于在像米德兰(Midland)这样的地方,是没有人会质疑积极进取的智慧的。与此同时,虽然压裂技术是目前穿透页岩层到达储藏在地下数百万年的重质烃油气层的较好方法,但是,采用压裂技术在加利福尼亚州被认为是一种灾难性的策略,甚至在加利福尼亚州的一些地方遭到了禁止。

不过，加利福尼亚州的公民也许已经开始意识到由于他们抵制压裂技术的立场而失去的所有就业机会和收入。2013年5月31日，一项加利福尼亚州全州范围内中止压裂技术的法案以37票反对、24票赞成的结果没有获得通过。这次表决值得关注的地方是，在37张反对票中有12张是民主党议员的选票，而且有18名民主党议员弃权没有投票。据南加州大学的一项研究估计，采用压裂方法采油大概能在未来几年里为加利福尼亚州创造50万个工作岗位以及每年数百亿美元的州和地方税收入。[11]这可是一个即使是自由派人士也会投票支持的结果。

得克萨斯州与加利福尼亚州之间的另一个差别就是，得克萨斯州几乎所有的油田都是私田——在得克萨斯州，土地私有权神圣不可侵犯。因此，农民和其他土地所有者热切希望自己能成为涉足石油业的现代"杰德·克莱皮特"（Jed Clampett），能够通过把自家土地出租给油气生产商来发家致富。

加利福尼亚州的立法者和选民做出的一个最疯狂决定就是，向加利福尼亚州的能源公司就它们的产品课征一种总量控制交易税。举例来说，这就意味着加利福尼亚州油气的开采和提炼成本会变得太高，并且会抑制油气开采和提炼的发展。总之，得克萨斯州希望自己成为石油生产州，而加利福尼亚州则讨厌自己成为石油生产州。

对于得克萨斯人来说，石油就是产业发展，就是就业机会，就是工作岗位。自上次衰退结束以来，得克萨斯州在创造就业机会方面一直引领全美，而工作岗位就设立在与能源生产有关的辅助产业——运输、高技术、管道建设、轻制造业等——中。

那么，加利福尼亚州的高电价给制造业造成了多大的影响呢？当然是很大的影响，2012年加利福尼亚州工业用户的电价是每度10.8美分，居全美第7高，要比得克萨斯州工业用户每度5.73美分的电价高出88%。

去年，加利福尼亚州的电力销售收入是270亿美元。如果加利福尼亚州的居民、商业和工业用电价格与得克萨斯州相同，那么加利福尼亚州的居民、商业和制造业就能节省100亿美元的电费，或者每个加利福尼亚人大约能够节约265美元。

在未来几年里，随着加利福尼亚州第32号议会法案的付诸实施，加利福尼亚州和得克萨斯州的电价差还将继续扩大。除非要求增加使用昂贵的再生能源，否则，加利福尼亚州的《全球气候变暖解决方案法》（Global Warming Solutions Act）就更难付诸实施。

关于能源这种重要资源，还有两点需要说明：加利福尼亚州是全美电力输入最多的州。事实上,西部很多地方向加利福尼亚州这个能源集聚地输出电力。其他一些州,甚至加拿大的一些省份,都想参与这项行动——具体来说,如果它们能够把电力卖给加利福尼亚州,而且又是"绿色"的,那么就能索要更高的价格。

得克萨斯人终于从石油生产中实现了另一种意外收获,那就是购买政府服务要支付的现金。2012年,油气开采特许权使用费、税收和其他收费为州政府创造了120亿美元的收入。这笔收入帮助得克萨斯州在不征收州所得税的情况下为公共服务供给提供资金,而加利福尼亚州要向本州最富有的居民征收税率为13.3%的所得税。

得克萨斯州与加利福尼亚州的州和地方总收入概览

2010年,全美州和地方政府各种来源的总收入占州内生产总值的百分比是21.9%,加利福尼亚州和地方政府各种来源的总收入占州内生产总值的百分比是24.1%,而得克萨斯州和地方政府各种来源的总收入占州内生产总值的百分比则是17.1%。如果能生造一个像"嗜税成瘾"这样的词,那么用在加利福尼亚州身上是再恰当不过的了。加利福尼亚州和地方政府收入占其州内生产总值的比例差不多要比得克萨斯州高出50%。加利福尼亚州的各级政府都大手大脚地花纳税人的钱,而得克萨斯州各级政府都能比较节约地花别人的钱。

加利福尼亚州各级政府总收入的每个分量,都不小于得克萨斯州各级政府总收入的每个分量。总体来看,情况差不多就是这样。就连雇员薪酬以及失业救济、政府雇员退休金以及疾病和工伤等社会保险缴费,加利福尼亚州用在这些支出上的花费占其州内生产总值的份额,也要比得克萨斯州在这些支出上的花费占其州内生产总值的份额高出2.5倍。相差多大!

在本章的下一节里,我们就来看看这些额外收入分别为加利福尼亚州和得克萨斯州公共服务供给带来了多少好处。

得克萨斯州、加利福尼亚州和全美税收收入及债务融资比较

我们现在先撇开人口、劳动力和产出评价指标不谈,直接来看看州和地方政府的财政。就如同一个州不能把税收作为实现繁荣的手段一样,一个州也不能依靠它的非工作人口来平衡其预算。想要治理好像得克萨斯和加利福尼亚

这样的大州,州和地方政府需要税收收入、很多的税收收入。要把税收收入政府金库,政府就需要能够课税的可持续税基和能够承受重负的税率。这里值得注意的要点是,税基的规模和税率本身是完全联系在一起的。

在我们要考察的州和地方税收这个问题上,同样也有大量现成可用的信息。我们不可能一上来就一一罗列,论述哪些人从加利福尼亚州迁往得克萨斯州、哪些企业决定留在加利福尼亚州发展等问题的全部文章。有些研究也在大谈加利福尼亚州[12]、马里兰州[13]和新泽西州[14]的百万富翁税,[14]但可能都没有什么用处,这样的趣闻轶事并不能作为得出严肃结论的依据。不过,有一些广为宣传的综合指标倒是很有用,并且被普遍用来下结论。我们在本节就采用这些指标来做结论。

本书第五章不厌其烦地采用了美国国内税收署的 AGI 流动数据,但我们禁不住要重点指出一些值得关注的得克萨斯州和加利福尼亚州专有的美国国内税收署纳税申报单迁移评价指标。

例如,在从 1992～1993 年度到 2009～2010 年度的 18 年里,总共有 300 310 份联邦纳税申报单从得克萨斯州迁入加利福尼亚州,而从加利福尼亚州迁入得克萨斯州的联邦纳税申报单则有 427 607 份——两者的联邦纳税申报单迁入差额非常有利于得克萨斯州。不但从加利福尼亚州迁入得克萨斯州的纳税申报人比从得克萨斯州迁入加利福尼亚州的纳税申报人多,而且从加利福尼亚州迁入得克萨斯州的纳税申报人的平均 AGI 也远远大于从得克萨斯州迁入加利福尼亚州的纳税申报人的平均 AGI。

每年,从加利福尼亚州迁入得克萨斯州的纳税申报人都多于从得克萨斯州迁入加利福尼亚州的纳税申报人。

在表 7.4 中,我们列示了从 1992～1993 年度到 2009～2010 年度全美各州每年的纳税申报单净迁入比率(纳税申报单迁入量与迁出量之差除以迁入量与迁出量之和)。我们对各州每年的净迁入百分比按照从高到低的顺序进行了排名,并且出于比较的考虑,重点指出了加利福尼亚州和得克萨斯州的年度绩效表现。

得克萨斯州与加利福尼亚州之间巨大的生活费用差距肯定是那么多加利福尼亚人迁往得克萨斯州居住的部分原因。土地使用限制是导致加利福尼亚州人口外流的一个根本原因,构建私人财产的高费用、受到人为限制的亲水权(access to water,也有学者称"亲水权"为"达滨权",指人们亲近水域而感受精神愉悦的权利。——译者注)、全球温室气体排放规定、分区使用法规,所有这一切联袂推高了住房、办公楼和厂房的价格或者建造成本。

表 7.4 从 1992～1993 年度到 2009～2010 年度全美各州年度纳税申报单净迁入量占总迁移量(迁入量加迁出量)的百分比排名

92/93年	93/94年	94/95年	95/96年	96/97年	97/98年	98/99年	99/00年	00/01年	01/02年	02/03年	03/04年	04/05年	05/06年	06/07年	07/08年	08/09年	09/10年
ID 19.8%	NV 29.4%	NV 24.6%	NV 24.8%	NV 26.7%	NV 21.3%	NV 20.1%	NV 20.1%	NV 19.9%	FL 17.7%	NV 18.9%	AZ 25.1%	AZ 24.3%	AZ 23.3%	SC 17.6%	SC 16.6%	TX 14.5%	TX 11.1%
NV 19.3%	AZ 23.1%	AZ 23.3%	AZ 19.4%	AZ 18.0%	AZ 16.4%	AZ 15.8%	FL 14.8%	FL 15.6%	NV 17.6%	FL 17.2%	FL 23.1%	FL 21.8%	NV 20.0%	NC 16.8%	NC 16.0%	SC 11.0%	DC 9.8%
CO 18.5%	ID 19.5%	AZ 16.8%	AZ 16.5%	AZ 15.3%	NC 13.5%	CO 13.5%	AZ 12.1%	AZ 14.0%	AZ 14.9%	AZ 15.0%	NC 19.3%	NV 20.8%	TX 17.6%	TX 15.8%	TX 13.6%	NC 10.6%	CO 8.8%
OR 18.4%	GA 18.1%	NC 16.4%	NC 16.0%	NC 15.2%	FL 13.3%	FL 13.3%	CO 11.9%	CO 12.4%	OR 8.9%	ME 11.6%	DE 10.2%	NC 14.1%	NC 17.4%	NV 15.8%	NV 10.9%	CO 10.5%	OK 7.6%
AZ 17.2%	NC 16.6%	OR 15.9%	OR 15.9%	FL 13.4%	GA 13.3%	GA 11.9%	GA 10.6%	OR 11.5%	DE 8.0%	SC 11.1%	NC 9.9%	NC 12.6%	AZ 17.1%	AZ 14.3%	OR 10.5%	WY 10.2%	LA 7.5%
MT 16.5%	CO 16.2%	TN 14.7%	FL 13.5%	GA 13.4%	CO 11.4%	NC 10.6%	NC 10.6%	DE 8.8%	NH 8.0%	DE 8.1%	SC 9.8%	DE 12.3%	GA 15.6%	GA 13.1%	WY 10.2%	WA 8.5%	LA 7.4%
WA 16.4%	TN 15.5%	ID 13.6%	FL 11.8%	CO 12.5%	SC 10.7%	NC 9.9%	NH 8.0%	NC 7.9%	SC 7.3%	TN 7.1%	TN 11.14%	TN 11.14%	ID 14.2%	ID 12.7%	GA 8.6%	DC 8.4%	ND 7.3%
GA 15.4%	FL 15.0%	CO 14.3%	FL 11.2%	SC 11.6%	FL 10.7%	SC 8.2%	OR 7.8%	GA 6.3%	GA 6.8%	NC 6.3%	GA 9.0%	SC 11.2%	OR 13.2%	OR 12.2%	UT 8.5%	OK 8.3%	NC 6.9%
UT 14.6%	OR 15.0%	FL 13.6%	ID 9.2%	OR 10.3%	DE 7.4%	DE 7.8%	DE 7.1%	SC 5.1%	OR 6.2%	SC 5.9%	AR 6.7%	GA 10.1%	GA 12.8%	UT 11.1%	ID 8.0%	OK 7.8%	AK 6.5%
NC 13.2%	UT 14.7%	MT 12.1%	AR 8.6%	TN 9.3%	NH 7.3%	NH 6.0%	OR 6.6%	NH 4.6%	VA 5.9%	VA 5.8%	WA 7.3%	AL 9.3%	AL 11.0%	OR 10.3%	LA 7.8%	LA 7.0%	WV 6.5%
TN 13.0%	MT 13.2%	AR 11.2%	WA 8.4%	ID 8.4%	TN 6.8%	ME 5.9%	ME 6.6%	MD 4.5%	GA 5.8%	TN 5.8%	AL 6.2%	WA 7.9%	WA 10.7%	WY 9.9%	TN 6.6%	TN 6.6%	NM 4.8%
FL 12.8%	NM 11.7%	WA 9.5%	SC 7.8%	DE 7.8%	OR 6.6%	TN 4.9%	VA 5.4%	ME 4.5%	VA 4.8%	ME 5.7%	ME 6.1%	AR 5.7%	MT 10.4%	CO 8.9%	WV 5.3%	WV 5.3%	VA 4.5%
AR 12.4%	AR 10.7%	UT 8.8%	UT 6.6%	UT 5.7%	WA 6.4%	VA 4.8%	TN 5.1%	TX 4.2%	NC 4.8%	AR 4.8%	NM 5.7%	WA 5.5%	DE 8.8%	MT 7.3%	AL 5.2%	AL 5.2%	SD 4.5%
NM 9.2%	WA 9.2%	NM 7.7%	DE 6.5%	DE 5.7%	ID 5.8%	MN 4.0%	CO 3.4%	CO 4.1%	TX 4.7%	NM 4.2%	WA 5.0%	DE 5.1%	AL 8.7%	DE 7.1%	AR 4.4%	AR 4.4%	FL 4.4%
AL 9.0%	TX 8.3%	DE 6.5%	NH 6.0%	NH 5.1%	ID 4.7%	AR 3.5%	MN 3.4%	VA 4.0%	NH 4.2%	WA 3.9%	HI 3.9%	KY 5.1%	KY 7.0%	AL 6.6%	AZ 4.0%	KY 4.0%	KY 4.3%
DE 6.7%	DE 7.6%	MO 5.3%	AL 4.8%	KY 4.4%	KY 4.1%	KS 3.2%	AR 2.3%	TN 3.0%	ID 3.9%	ID 3.8%	AL 3.8%	CO 4.9%	LA 6.5%	KY 6.3%	GA 4.0%	GA 3.9%	TN 3.2%
TX 6.4%	MS 6.6%	SC 5.3%	KY 4.7%	MO 3.9%	AL 2.0%	KY 2.1%	OR 1.9%	TN 2.4%	RI 3.8%	RI 3.6%	KY 3.0%	KY 4.1%	KY 5.6%	AL 5.8%	DE 3.9%	DE 3.8%	AZ 2.5%
MN 6.2%	NH 5.5%	NH 5.4%	MO 4.6%	KY 2.7%	VT 1.9%	KY 1.2%	VT 1.1%	RI 2.4%	WA 3.9%	KY 3.4%	TX 2.9%	VA 4.1%	AR 4.7%	AR 5.3%	LA 3.8%	AZ 3.6%	DE 2.4%
KY 6.1%	AL 5.3%	TX 4.5%	KY 2.9%	KY 2.2%	KY 1.2%	AL 1.1%	ME 0.8%	WA 1.3%	NM 3.3%	NM 3.0%	CO 2.7%	CO 2.9%	OK 4.2%	KY 5.1%	AR 3.8%	NM 4.1%	AR 4.4%
WV 5.7%	MO 5.2%	MS 4.3%	AR 2.8%	AR 1.9%	ME 0.8%	ME 0.2%	IA 1.8%	NM 1.9%	WY 3.3%	WY 2.9%	HI 2.4%	WY 2.9%	WY 3.3%	SD 4.9%	KY 4.1%	ND 3.5%	OR 4.3%
MO 4.6%	KY 4.7%	KY 3.8%	VA 2.4%	OK 1.5%	MS 0.5%	MO 0.5%	MO 1.0%	WY 1.0%	KY 2.7%	MS 2.7%	MD 2.4%	OK 2.4%	FL 3.3%	WV 3.0%	SD 3.5%	KY 3.6%	AL 3.2%
SC 4.5%	SD 3.4%	KY 2.8%	MS 2.3%	MN 1.5%	MD 0.4%	AR -0.7%	KY 0.9%	KY 0.9%	AK 1.8%	SD 2.6%	OR 2.2%	ME 1.9%	MO 3.1%	OK 2.5%	OK 2.9%	SD 3.4%	WA 2.4%
MS 4.4%	NH 3.9%	AL 3.9%	OK 2.3%	KS 0.7%	OK -0.5%	OK -0.5%	AK 0.9%	AK -0.5%	WV 1.4%	NH 2.6%	OR 2.2%	UT 1.7%	MS 1.6%	MO 2.5%	VA 2.6%	VA 2.5%	GA 2.4%
VA 4.4%	AL 3.0%	VA 3.4%	AL 1.8%	AL 1.6%	UT -1.3%	UT -1.9%	KY -1.2%	KY -0.6%	WV -1.9%	MD 1.5%	WV 1.4%	NH 1.3%	WV 1.5%	MS 2.0%	MT 1.8%	MT 2.5%	MT 1.2%
WI 4.2%	MN 2.9%	IN 2.9%	AL 1.7%	AL 1.7%	AL -1.9%	WI -2.0%	KY -1.4%	WV -1.6%	KY 1.4%	OR 1.1%	NH 1.3%	NM 1.4%	MO 1.4%	MS 1.9%	MA 0.7%	AK 0.9%	UT 0.9%
SD 3.9%	IN 2.7%	SD 2.7%	VT 1.5%	VT 1.2%	VT -1.9%	VT -2.2%	DC -1.4%	DC -2.0%	WV 1.3%	WV 1.0%	NH 1.3%	WV 1.2%	SD 0.9%	WV 1.8%	MS 0.5%	ID 0.0%	MD 0.5%
IN 2.8%	WY 1.1%	VT 1.1%	VA 0.8%	MS 1.1%	MS -2.4%	MS -2.3%	HI -1.7%	HI 0.6%	HI 1.4%	OR 0.7%	WV 0.2%	WV -0.2%	DC 0.5%	IA 0.8%	MS 0.4%	MO -0.1%	NE 0.2%
WY 2.3%	IN 1.0%	WI 0.6%	IN 0.5%	IN 0.4%	IN -2.9%	IN -2.4%	WI -2.8%	AR -2.2%	AR -0.5%	AK -0.5%	AK -0.3%	SD -0.3%	SD -0.4%	MO 0.5%	IA -0.1%	MA -1.1%	HI -0.3%
OK 1.6%	WI 0.2%	NE 0.1%	NE 0.0%	NE -0.7%	MA -2.0%	AL -2.4%	IN -2.4%	MA -2.3%	MA -0.1%	OK -1.1%	CO -0.4%	NH -0.4%	MA -0.4%	HI 0.1%	MO -0.6%	MO -0.6%	MO 0.2%

续表

	92/93年	93/94年	94/95年	95/96年	96/97年	97/98年	98/99年	99/00年	00/01年	01/02年	02/03年	03/04年	04/05年	05/06年	06/07年	07/08年	08/09年	09/10年
AK	1.5%	AK 0.1%	OK −0.1%	ME −1.1%	MT −3.5%	IN −4.1%	DC −3.1%	SD −4.0%	MT −3.4%	WI −2.0%	PA −1.5%	VT −2.3%	DC −1.9%	IN −1.7%	MN −2.4%	FL −1.9%	IA −0.7%	IA −0.7%
NH −0.2%	VT 0.1%	WY −0.2%	MD −2.7%	OK −3.3%	AK −4.2%	OK −3.3%	MA −3.3%	UT −5.5%	AL −3.4%	WY −1.7%	DC −2.7%	ME −1.9%	NH −1.8%	ND −2.7%	KS −1.9%	ID −1.9%	ID −0.8%
VT −0.2%	WV −1.1%	MD −1.7%	AK −4.1%	NM −4.7%	KS −3.6%	UT −3.7%	IN −3.4%	MN −3.4%	WY −1.7%	IN −2.8%	MN −2.1%	IN −2.7%	KS −2.0%	IN −2.9%	NE −1.9%	KS −1.3%
KS −1.4%	MD −0.7%	WV −1.7%	MI −3.6%	WI −5.2%	MT −4.9%	IN −3.7%	UT −4.3%	MN −3.9%	CT −1.9%	CO −1.9%	WI −2.8%	VT −2.8%	ME −2.7%	PA −3.5%	MS −2.0%	MS −1.5%
HI −2.0%	KS −1.7%	KS −3.5%	SD −4.1%	NE −5.8%	WY −4.9%	AK −3.9%	WY −4.5%	MS −3.9%	PA −4.3%	SD −2.0%	OK −2.8%	AK −3.2%	VT −4.0%	AK −3.5%	ME −2.7%	PA −2.6%	VT −2.4%
MD −2.1%	NE −2.5%	LA −3.6%	MA −4.6%	CA −6.5%	WI −5.7%	SD −4.8%	SD −5.4%	PA −4.3%	UT −4.9%	IN −2.0%	PA −3.4%	MD −4.0%	WI −4.2%	KS −4.0%	NH −3.0%	MD −2.7%	PA −2.6%
NE −2.9%	HI −3.3%	ME −4.5%	MI −4.7%	WY −7.1%	IA −6.2%	WV −6.5%	WY −5.4%	UT −5.1%	ND −3.3%	ND −4.7%	WI −3.9%	WI −4.4%	IA −4.9%	IA −4.9%	AK −3.4%	FL −3.1%	MA −3.0%
ND −4.4%	LA −4.7%	ND −5.1%	AK −5.4%	WI −7.8%	RI −7.1%	SD −7.0%	KS −5.6%	IN −5.4%	IN −4.7%	UT −4.1%	IA −4.1%	NE −4.4%	KS −4.9%	KS −4.9%	PA −3.4%	HI −4.3%	NV −3.1%
IA −4.4%	ND −5.5%	MI −5.4%	AK −6.0%	LA −8.2%	LA −8.3%	WY −7.7%	WA −5.7%	MS −6.4%	IA −4.8%	IA −4.7%	IA −4.7%	LA −6.1%	ND −5.1%	ND −4.9%	MN −3.4%	HI −4.3%	WY −3.1%
PA −4.6%	ME −6.0%	OH −6.6%	OH −6.1%	MI −9.0%	DC −8.9%	NM −7.7%	OK −6.5%	CT −7.0%	MN −4.8%	MN −5.4%	MN −5.4%	HI −6.6%	MS −5.1%	WI −5.6%	MA −3.4%	NV −4.7%	WY −3.3%
ME −6.0%	PA −7.0%	PA −7.6%	IA −6.1%	MI −9.4%	NE −8.1%	NE −8.1%	AK −7.4%	DC −7.5%	NE −5.8%	CT −5.8%	MN −5.4%	NE −6.6%	WI −5.8%	VT −6.4%	IA −4.6%	WY −4.7%	WI −3.3%
OH −6.1%	IA −7.7%	MA −7.2%	WY −6.7%	MI −9.4%	WV −8.3%	NE −8.1%	HI −8.1%	CA −6.2%	DC −6.5%	MN −5.4%	NE −7.4%	WI −6.5%	MA −8.1%	IL −5.8%	MN −4.9%	CA −4.8%	NH −4.2%
LA −9.8%	AK −8.1%	AK −8.6%	IA −7.4%	LA −7.8%	IA −8.6%	NE −8.8%	WV −8.5%	NJ −6.8%	CA −6.2%	NE −6.2%	RI −7.4%	IL −6.6%	IL −8.2%	MA −6.6%	MD −4.9%	VT −5.1%	CA −3.3%
IL −10.7%	OH −8.8%	HI −8.8%	AK −9.4%	RI −10.3%	MI −8.8%	MI −9.3%	AK −8.6%	LA −7.9%	NJ −7.9%	NE −6.2%	KS −8.3%	CT −9.1%	CT −9.1%	IL −7.6%	RI −7.0%	NH −5.8%	NH −5.1%
NJ −11.5%	IL −11.2%	NJ −10.5%	IL −10.8%	NJ −11.5%	OH −10.7%	NE −8.8%	NE −9.5%	MI −8.7%	MA −8.7%	NJ −7.3%	NE −8.3%	MA −9.8%	CT −10.5%	MD −7.7%	CA −7.1%	MN −6.2%	RI −8.2%
DC −11.9%	NJ −12.0%	IL −10.5%	NJ −11.3%	OH −11.5%	CT −10.9%	CT −9.8%	NE −9.6%	MA −10.5%	NE −10.5%	NJ −9.5%	NJ −9.5%	CT −12.7%	MA −14.2%	IL −7.7%	IL −7.0%	WI −6.4%	WI −8.2%
RI −12.2%	MI −13.3%	CT −10.8%	NJ −12.1%	PA −11.1%	OH −11.1%	LA −10.0%	OH −10.0%	OH −10.5%	OH −10.5%	AZ −9.7%	AZ −9.7%	NJ −13.6%	OH −14.8%	CT −11.1%	CA −7.1%	ME −7.4%	ME −8.2%
MA −13.4%	DC −13.6%	MI −14.7%	IL −10.8%	MA −12.1%	LA −11.5%	PA −10.6%	IL −10.6%	IL −11.7%	OH −11.5%	OH −11.1%	OH −11.1%	OH −14.0%	NJ −15.2%	MA −11.0%	MD −7.3%	RI −7.7%	RI −8.4%
MI −15.2%	RI −15.2%	RI −15.7%	PA −12.1%	ME −12.5%	PA −11.5%	VA −10.6%	IL −12.8%	OH −11.7%	IL −11.7%	IL −11.8%	IL −11.8%	HD −14.3%	OH −15.9%	CT −14.1%	CT −9.4%	NY −8.2%	RI −8.5%
CT −18.0%	RI −17.5%	DC −16.1%	MD −13.6%	IL −13.4%	HI −13.4%	HI −15.1%	LA −13.7%	LA −13.8%	LA −13.7%	OH −14.0%	OH −14.0%	OH −14.4%	OH −16.3%	OH −14.3%	NY −11.4%	OH −8.8%	NY −9.8%
NY −25.3%	CT −17.5%	CT −16.1%	CA −14.6%	RI −13.6%	IL −13.4%	IL −15.1%	ND −16.8%	NY −17.2%	MA −13.8%	NY −15.1%	IL −14.0%	NY −17.5%	NY −21.3%	NY −14.6%	NY −11.9%	NY −9.0%	OH −10.5%
CA −26.4%	NY −26.4%	NY −26.4%	DC −16.1%	CT −13.7%	ND −13.5%	ND −16.2%	NY −17.2%	IL −13.7%	IL −14.0%	OH −17.9%	NY −17.9%	NY −19.3%	NY −23.4%	NY −17.6%	RI −13.2%	OH −12.3%	OH −10.5%
	CA −29%	CA −27.6%	CA −24.1%	PA −13.7%	OH −16.2%	MI −16.4%	CA −16.8%	NY −17.2%	NY −14.0%	MA −17.5%	MI −19.3%	MI −23.4%	MI −28.5%	OH −17.6%	OH −13.2%	NY −27.0%	MI −12.5%
			NY −27.4%	CA −28.0%	ND −13.5%	ND −19.0%	NY −17.2%	NY −17.2%	NY −17.2%		CA −54.6%						

注：表中列示的两个字母是美国50个州名的英文缩写。它们的中译名分别是：内华达州（NV）；马里兰州（MD）；犹他州（UT）；亚拉巴马州（AL）；亚利桑那州（AZ）；内布拉斯加州（NE）；得克萨斯州（TX）；明尼苏达州（MN）；爱达荷州（ID）；肯塔基州（KY）；北卡罗来纳州（NC）；堪萨斯州（KS）；佐治亚州（GA）；印第安纳州（IN）；佛罗里达州（FL）；密苏里州（MO）；科罗拉多州（CO）；威斯康星州（WI）；怀俄明州（WY）；艾奥瓦州（IA）；南卡罗来纳州（SC）；密西西比州（MS）；华盛顿州（WA）；新罕布什尔州（NH）；阿拉斯加州（AK）；康涅狄格州（CT）；特拉华州（DE）；新泽西州（NJ）；新墨西哥州（NM）；马萨诸塞州（MA）；弗吉尼亚州（VA）；肯塔基州（KY）；夏威夷州（HI）；伊利诺伊州（IL）；田纳西州（TN）；西弗吉尼亚州（WV）；俄勒冈州（OR）；缅因州（ME）；蒙大拿州（MT）；路易斯安那州（LA）；南达科他州（SD）；纽约州（NY）；北达科他州（ND）；佛蒙特州（VT）；俄克拉何马州（OK）；俄亥俄州（OH）；加利福尼亚州（CA）；密歇根州（MI）；阿肯色州（AR）；罗得岛州（RI）。——译者注

那么,这些因素会把住房、办公楼和厂房价格或建造成本推高多大幅度呢？2012年第四季度,加利福尼亚州的住房价格要比全美平均水平高出76.3%,这个价差中只有一部分是因为加利福尼亚州的宜居条件造成的。根据不同来源的估计,由土地使用限制规定造成的住房价差要高达61%。

高房价大概导致了全美2/3的生活费用差异。2012年第四季度,加利福尼亚州的生活费用比全美平均水平高出27%,而得克萨斯州的生活费用则比全美平均水平低8%。

生活费用会影响其他各个方面,而加利福尼亚州较高的生活费用在很大程度上是由公共政策选择造成的:高税收、不堪忍受的监管和糟糕的诉讼环境。

表7.5是本书中表2.3的简化表,只列示了加利福尼亚州和得克萨斯州的相关数据。关于表7.5每一行的详细表述,请参阅本书第二章。

表7.5　加利福尼亚州与得克萨斯州财政状况:从经济增长到债务信用评级

行序	增长率指标	全美增长百分比[a]（%）	得克萨斯州增长百分比（%）	得克萨斯州排名	加利福尼亚州增长百分比（%）	加利福尼亚州排名
	2001～2011年					
1	州内生产总值(GSP)	51.7	73.2	4	42.5	35
2	州和地方税收总收入占GSP的百分比	2.9	−5.7	8	8.1	40
3	州和地方税收总收入	56.5	63.3	7	54.0	17
4	人均州和地方税收收入	43.0	35.8	28	40.9	20
	2012年					
5	财政状况指数值[b]	0.00	−0.18	20	−2.01	46
	本期信用评级[c]					
6	一般债务信用评级（标准普尔）	无	AAA	1	A	49

a. 全美50州等权重平均值。

b. 财政状况指数是美卡斯特市场研究中心的一个排名指标。该中心根据现金、预算以及长期偿债能力和服务供给能力等指标对全美各州进行排名。

c. 本期信用评级是指2013年11月4日的信用评级。

资料来源：Bureau of Economic Analysis, U. S. Census Bureau, Mercatus Center, Standard & Poor's.

从表7.5第一行的经济增长指标看,得克萨斯州的表现显著好于加利福尼亚州。第二行显示,得克萨斯州州和地方税收总收入占州内生产总值的比例在

10年间减少了5.7%,而加利福尼亚州州和地方税收总收入占州内生产总值的比例在10年内增加了8.1%——这也没有什么可大惊小怪的。

然而,从州和地方税收总收入(第三行)这个指标看,得克萨斯州即使在降低税率以后,税收收入在10年考察期内仍然增加了63.3%,全美排名第7;而加利福尼亚州虽然提高了税率,但税收收入在10年内只增加了54%,全美排名第17。

比较过两州的税收总收入以后,再来看看两州的人均税收收入。从人均税收收入这个指标看,加利福尼亚州的人均税收收入增加了40.9%(全美排名第20),而得克萨斯州的人均税收收入则增加了35.8%(全美排名第28)。因此,在人均税收收入这个指标上,加利福尼亚州击败了得克萨斯州。

就表7.5中的州总体财政状况这个指标而言,第五行显示,在2012财政年度结束时,得克萨斯州全美各州财政状况排名位居第20,而加利福尼亚州则在全美排名第46。在这个指标上,得克萨斯州的表现再次优于加利福尼亚州。

表7.5的最后一行列示了这两个州的标准普尔公司债务信用评级排名。得克萨斯州与美国其他13个州并列第一,而加利福尼亚州名列第49,全美倒数第二。

在加利福尼亚州通过第30号议案,并实施具有里程碑意义的追溯性税率提高后不久,标准普尔公司就把加利福尼亚州的债务信用评级从与伊利诺伊州并列的最低级别A－实际提高到了A级。在加利福尼亚州通过第13号议案(1978年),随后实行供给侧减税(1982年)以后,标准普尔公司根据同样的静态分析,两次降低了加利福尼亚州的债务信用评级,但在加利福尼亚州因降低税率而实现经济加速增长后,不得不再次提高债务信用评级(见图7.5)。令人意外的是,一般来说,高税率多半与低信用评级,而不是与高信用评级联系在一起。

就像伊丽莎白·泰勒(Elizabeth Taylor)的第七任丈夫,标准普尔公司在加利福尼亚州大幅提高税率以后提升它的债务信用评级,其实意味着,这是根据对加利福尼亚州所抱的希望,而不是根据加利福尼亚州的经历做出的评级。

在与州财政状况的健全性以及税收收入生成能力有关的指标上,除了州和地方税人均收入外,得克萨斯州在其他方面的表现都比加利福尼亚州强。

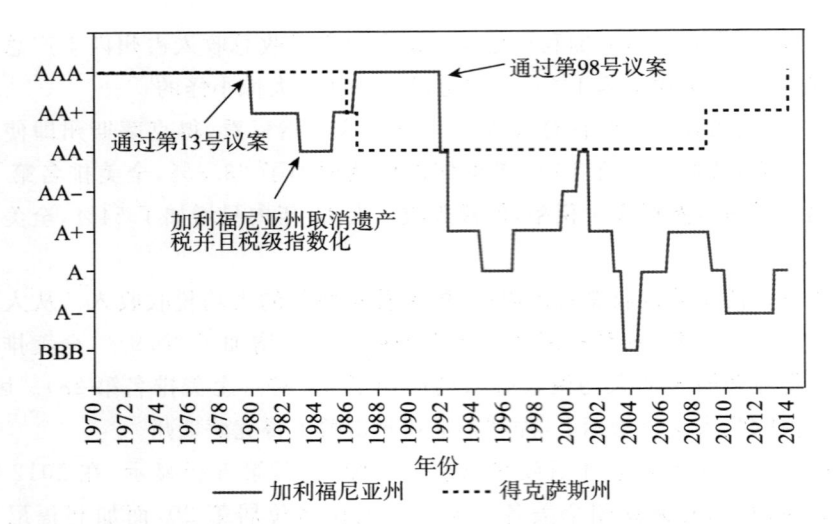

图 7.5　1970 年 1 月～2014 年 1 月标准普尔公司对加利福尼亚州
和得克萨斯州普通债券的信用评级比较

资料来源：California State Treasurer Public Finance Division, Texas Bond Review Board, Standard & Poor's.

影响经济增长的政策变量

在本章的上一节里，我们明白无误地证明了：(1)在过去的 10 年里，得克萨斯州的经济表现好于加利福尼亚州的经济表现；(2)同期，得克萨斯州的政府财政也好于加利福尼亚州的政府财政。现在，让我们来看看其中的原因。

一个州的经济绩效，是的，甚至是一个州的政府财政，都受制于州政府控制力以外的强大外部力量。举例来说，石油价格上涨能使怀俄明州和阿拉斯加州这样的零所得税州受益，而且受益程度超出它们最不切实际的想象。但是，油价上涨也使得北达科他和路易斯安那这两个课征所得税的州受益。

现在，我们根据从本书讨论的变量中选取的政策变量以及其他几个被视为良好指示器的评价指标，来考察加利福尼亚州和得克萨斯州及其 48 个竞争对手的排名。

从一开始，得克萨斯州就没有课征任何所得税——无论是劳动所得税还是非劳动所得税，也没有征收任何资本利得税。在所得税这个范畴，得克萨斯州与另外 6 个州并列全美第一。[15] 而加利福尼亚州的个人所得税率是全美最高的，并且适用于资本利得、股息、利息和其他形式的非劳动所得。

加利福尼亚州的个人所得税在全美州所得税中是累进度最高的,而得克萨斯州虽然不征所得税,但在这方面仅并列第二,而不是第一,听起来似乎有点离奇。之所以会出现这种情况,只是因为亚拉巴马州允许按照该州的法定税率表,在州税中抵扣联邦所得税。这样一来,实际适用的亚拉巴马州州所得税边际税率要比纳税人按所得额适用的税率更低。请读者自己想想!在亚拉巴马州,高所得者逐级少缴部分州所得税,因为他们多缴了可抵扣州所得税的联邦所得税。

想要了解所得税如何影响经济绩效,请参阅本书第一章和第三章第一节。

加利福尼亚州与得克萨斯州在公司所得税方面的情况,与这两个州在个人所得税方面的情况相差不多。得克萨斯州课征税率很低的公司所得税,同时还课征占应税利润0.5%~1%的营业特许税。营业特许税的税基宽广,使得这个税种接近于能增收、危害小的理想税种,并且使得克萨斯州在公司所得税方面排名全美第四;而加利福尼亚州的公司所得税税率非常高、税基很小。关于公司所得税税率的内容,请参见本书第三章。

加利福尼亚州的税收令实际生产需求旺盛的产品的成功企业望而生畏,但从亏损企业那里根本就征不到税款。实际上,加利福尼亚州在州一级甚至还对很多亏损企业提供补贴。如果读者有幸驱车从加利福尼亚州棕榈泉去洛杉矶,那么就能看到绵延数十英里的风力发电机。如果没有加利福尼亚州和联邦政府的补贴,那么这些风力发电公司破产只是分分钟的事。

得克萨斯州是一个实施工作权利保障法的州,而加利福尼亚州则是一个强制参加工会的州。一个州是有工作权利保障法的州还是强制参加工会的州,这会对州的繁荣或者富裕程度产生巨大的影响。在是有工作权利保障法的州还是强制参加工会的州这个特定指标上,加利福尼亚州和得克萨斯州的表现请参阅本书第四章。事实上,即使对无工作权利保障法、无所得税的州与有工作权利保障法、有所得税的州的绩效进行比较也能发现,工作权利保障立法会对州经济绩效产生实质性的影响。[16]就是在这个指标上,得克萨斯州的绩效表现也再次优于加利福尼亚州。

至于继承税或者遗产税,加利福尼亚州和得克萨斯州不分伯仲。1982年,加利福尼亚州在通过第13号议案后就取消了遗产税,由此加利福尼亚州也成为美国30个不征遗产税的州中的一个;而得克萨斯州也不征收遗产税。

是否课征州遗产税,能对人数确实不多但高度重要的那个人群产生惊人的影响。在表7.6中,我们列示了田纳西州[直到2011年(包括2011年)才开征遗产税]、全美和佛罗里达州(不课征遗产税)每百万人口的联邦遗产税纳税申报单数量以及每个州的应税遗产平均申报金额。[17]

表 7.6　　2011 年田纳西州、佛罗里达州和全美每百万人口的联邦遗产税纳税申报单填报人数以及应税遗产平均申报金额

	每百万人口填报遗产税申报单数量（份）	平均申报遗产金额[a]（美元）
田纳西州（分列遗产税）[b]	12.5	10 626 625
全美平均	14.8	10 464 213
佛罗里达州（非分列遗产税）	24.0	15 771 867

a. 总遗产。

b. 田纳西州在 2012 年通过立法决定逐步取消遗产税，免税额逐年增加到 2015 年，并从 2016 年起全部废除遗产税。

资料来源：IRS Statistics of Income Division.

关于更多的遗产税内容，请参阅本书第四章。

至于员工保险费用这个第七重要的经济政策变量，得克萨斯州在全美排名第 13 低，而加利福尼亚州的员工保险费用在全美排名第 3 高。[18]除了在加利福尼亚州打过一两场比赛，真的受过伤并且还会受伤外，一些实际从未落户加利福尼亚州的职业运动员也采用加利福尼亚州的员工工伤保险制度作为一种补充养老手段。比如丹佛野马队（Denver Broncos）的跑卫（running back）特雷尔·戴维斯（Terrell Davis），这个美国橄榄球超级杯赛（Super Bowl）前最佳球员（MVP），在他的职业生涯中总共参加过 88 场比赛，其中 9 场比赛是在加利福尼亚州进行的。他申请参加了加利福尼亚州的员工工伤保险计划，除了 680 万美元的合同和代言活动收入外，他还领到了 199 000 美元的人身伤害结算款。[19]又如，据《洛杉矶时报》（Los Angeles Times）报道，"厄尼·康威尔（Ernie Conwell）在分别从路易斯安那州和美国橄榄球联盟那里领到 181 000 美元和 195 000 美元报酬后，又在加利福尼亚州挣到了 160 000 美元，外加未来医疗补助。康威尔从来没有为某个加利福尼亚州队打过球"。[20]这样的政策会导致企业主不愿意把自己的生产设施迁往加利福尼亚州。在这方面，得克萨斯州再次获得全胜。

关于最低工资，加利福尼亚州一直实行高于联邦最低工资的州最低工资，而得克萨斯州始终坚持采用联邦最低工资。读者因最低工资会想到的另一个问题，肯定是最低工资会导致生产成本上涨，并且降低州竞争力排名。如果某州采取 100 美元的最低小时工资，而其他州的最低工资都是每小时低于 10 美元，那么读者可以想象会出现什么情况。得克萨斯州的最低工资一直置于联邦

最低工资的支配之下,并且与美国其他 30 个州的最低工资在全美排名中并列垫底;而加利福尼亚州的最低工资是全美第 8 高的最低工资,因此在 2013 年 1 月 1 日从低到高的最低工资排名中名列第 43。在最低工资这个评价指标上,得克萨斯州又战胜了加利福尼亚州。

评价一个州法律制度的商业友好程度是一件很困难的事情。不过,采用由美国商务部编制的评价指标就不难发现,无论是得克萨斯州还是加利福尼亚州,在全美排名中都没有取得很好的名次。州司法制度本身具有独立于州其他方面政治气候的特殊存在方式,但根据相关排名,加利福尼亚州的法院明显没有得克萨斯州的法院那样有利于企业发展。得克萨斯州在全美 50 个州中排名第 35,而加利福尼亚州则在全美 50 个州中再次排名接近垫底的第 47 位。重要的是,在得克萨斯州于 2003 年改革其医疗事故报告制度之前,美国商会把得克萨斯州的法律制度排在全美第 46 差,仅次于排名第 45 差的加利福尼亚州的法律制度。因此,在这个指标上,得克萨斯州有所改进,而加利福尼亚州则有所恶化——在这次排名之前已经把 2011 年败诉者付费改革这个因素考虑了进去。在这个方面,最终还是得克萨斯州取得了胜利,虽然胜得并不轻松,令人神经紧张,但毕竟还是胜了。

一般来说,是税皆有害,但有些税比另一些税的危害更大。我们认为,在比较重要的税种中,在收入相等的情况下,税基较广的销售税危害就要小于大多数其他税种。目前州和地方政府都在征收的财产税还比较接近各种销售税。

但是,即使比较两州的销售税,得克萨斯州的表现也再次好于加利福尼亚州。虽然得克萨斯州根本就不课征所得税,而加利福尼亚州征收税率最高的所得税,而且得克萨斯州的公司税也远轻于加利福尼亚州的公司税,但是,得克萨斯州的销售税税负在全美仍排名第 24 位,而加利福尼亚州的销售税税负则排名全美第 33 位。

我们前面已经提到了财产税收入,得克萨斯州财产税收入占州内生产总值的份额,略高于加利福尼亚州财产税收入占州内生产总值的份额。加利福尼亚州在财产税上的意外成功,极可能是其具有里程碑意义的 1978 年 6 月宪法修正案——无论是被称为第 13 号议案还是贾维斯/江恩倡议——的直接结果(请参阅本章中的图 7.2)。这一宪法修正案规定,财产税的税率不得超过加利福尼亚州境内财产真实市价的 1%,除财产出售外,每年增税不得超过 2%。在财产出售的情况下,财产新的计税基础是财产出售时的市价。尽管加利福尼亚州通过了第 13 号议案,但加利福尼亚州财产税占个人所得的份额仍相当高,其主要原因是,历史上加利福尼亚州的财产价值(分子)相对于美国其他州曾有过增长,而加利福尼亚州的经济和个人所得(分母)近来大跌。在财产税上,加利福尼亚州的税负比得克萨斯州要轻。

现在,对政策变量这一部分内容进行回顾性小结。在个人所得税率、个人所得税累进度、公司所得税率、工作权利保障、员工工伤保险费用、最低工资、企业友好型法律制度质量和销售税税负等方面,得克萨斯州都击败了加利福尼亚州。这两个州在遗产税上不分伯仲,因为它们都不征遗产税。加利福尼亚州仅仅在财产税税负上战胜了得克萨斯州。总体而言,得克萨斯州及其促增长政策取得了大胜。

税收、支出和政策目标实现之间的关系——一个"寄生渗漏"故事

我们能够理解,很多人,甚至那些被认为知识渊博的州和地方财政专家,都会采用一种简单的方法把税收政策与财政支出目标联系起来。对于他们来说,税率越高就意味着,可建造更多的学校、公路,雇用更多的警察、消防员、护士和监狱看守。如果读者拓展他们的逻辑,那么高税率就能带来等高比例的收入增加,从而导致等高比例的财政支出增加,进而导致等高比例的州和地方政府提供给本辖区居民的实际资源增加(即等高比例的公共服务供给增加)。

遗憾的是,这种简单的推导方式完全是错误的。税率与州和地方公共服务供给之间人们以为的关系,即使在税率变动、税收收入变动、政府支出变动和公共服务供给增长(即实际支出变化)被认为是同义词的情况下,也会变得相去甚远。其实,税率变动、税收收入变动、政府支出变动和公共服务供给增长这几个概念并不等同。

● 税率提高并不等同于税收收入增加;
● 税收收入增加并不等同于政府支出增加;
● 而最能确定的是,政府支出增加不等同于公共服务供给增加。

这里的渗漏就相当于寄生损失——一个用来描述在汽车发动机和后轮上测得的马力减损的术语。毫不奇怪,在汽车发动机和汽车后轮上可测得相当大的马力损失。同样,提高税率与增加公共服务供给之间也存在"寄生渗漏"问题。

现在千真万确的是,州和地方政府想要支出,无论是实际支出还是名义支出,就必须有税收收入,而税收收入就必然意味着税率和税基。但是,把以上这种表述转换成"提高税率就意味着州民能享受到的州和地方政府服务的等量增

加",那么就大错特错了。

建议提高税率总是以公共服务需要——更多的学校、教师、警察、消防员、护士、监狱看守、图书馆、公共福利、公路,更加清洁的环境和更高的健康标准等——增加为理由来进行辩解。但是,提高税率的提倡者无视提高税率与公共服务增加之间的概念差别。关于增税,有一个普遍的真理——绝不可能征到想征到的那么多税收。当心"寄生渗漏"。

现在,我们来看看州和地方政府政治过程的最后两个环节。州和地方政府的政治过程始于确定税率和税基(环节1),然后就是征收收入(环节2),接下来是政府花钱(环节3),最后是提供公共服务(环节4)。我们想做的就是对一个州的州和地方政府所花费的总支出(环节3)以及实际向州民提供的公共服务(环节4)进行区分。这一区分并不仅仅限于技术层面。在州和地方政府花在某个特定计划(如中小学公共教育)上的资金,与这些计划提供的实际服务(如用教育测试成绩来评价结果的公共教育服务)之间,有可能出现很大的差异——"寄生渗漏"的又一例子。

政府间收入、联邦政府委托社会服务以及州福利、医疗补助和食品券计划

政府间收入是州和地方政府总收入的一大来源(全美平均差不多要占20%),这些收入有一大部分是联邦政府为委托各州完成专门计划而划拨给州和地方政府的经费。2010年,加利福尼亚州收到的这种联邦划拨经费要占到该州州内生产总值的4%或者州和地方政府收入的16%;而得克萨斯州收到的这种联邦划拨经费则占该州州内生产总值的3.7%,或者占州和地方政府收入的22%。虽然这类计划的联邦划拨经费数额很大,但州和地方政府仍要承担为完成这些计划所必需的剩余部分经费。下面,我们来审视其中的三项计划。

虽然福利计划、医疗补助计划、很大一部分的失业救济金和食品券计划都是由联邦政府划拨部分经费并由联邦政府委托州政府办理的计划,但是,我们在对全美50州进行比较时,通常会避免提到这些计划。这些计划虽然同时在全美各州实施,但会产生各州特有的影响效应,需要各州之间大相径庭的资金配套,而且这种特有的影响效应有可能在各州明显不同。以上所说的联邦拨款和委托计划不但会产生因州而异的影响效应,而且还会反映实施这些计划的各州截然不同的特点。由于所涉及的经费金额并不能直接与州和地方政府税收收入比较,因此,有必要分开讨论其中的每一种计划。

困难家庭临时援助计划

我们先来讨论被官方称为"福利"的计划,这种计划的正式名称是"困难家庭临时援助"计划。在表7.7中,我们列示了2011年加利福尼亚州的福利救济接受者人数、得克萨斯州的福利救济接受者人数和全美各州的福利救济接受者平均人数,以及各州人口占美国总人口的百分比和各州福利救济接受者人数占美国福利救济接受者总人数的百分比。

表7.7　　　　2011年度全美、得克萨斯州和加利福尼亚州的福利救济接受者人数和占比比较

	全美	得克萨斯州	加利福尼亚州
福利救济接受者人数占总人口的百分比(%)	1.38	0.43	3.88
排名(从高到低)	无	4	50
州福利救济接受者人数占全美福利救济接受者总人数的百分比(%)	100	2.58	34.07
州人口占美国总人口的百分比(%)	100	8.26	12.12

注:福利救济接受者在这里被定义为领取困难家庭临时援助的家庭成员。

资料来源:BEA(population), U.S. Department of Health and Human Services: Administration for Children and Families.

从比较加利福尼亚和得克萨斯两州的情况来看,加利福尼亚州福利救济接受者人数占其总人口的百分比是3.88%,这可是遥遥领先于全美各州的最高百分比;而得克萨斯州福利救济接受者人数还不到其总人口的0.5%,并且令人羡慕地在全美排名第4低。加利福尼亚州福利救济接受者人数占全美福利救济接受者总人数的34%强。

加利福尼亚州不但有占美国福利救济接受者总人数34%的福利救济接受者,而且州和地方政府还雇用了18名全职福利事业雇员/万居民,几乎比得克萨斯州州和地方政府雇用的10.4个全职福利事业雇员/万居民多出75%(见本章后文中表7.10)。

但现在,加利福尼亚州的情况真的变得更加糟糕。按平均年薪计,加利福尼亚州州和地方政府福利事业雇员的年薪要比得克萨斯州州和地方政府福利事业雇员的年薪高出50%以上(见本章后文中表7.10)。那么,加利福尼亚州向福利事业雇员支付高薪是否能促进经济增长和繁荣呢?显而易见,此举不可

能促进经济增长和繁荣。

医疗救助计划

医疗救助计划是另一项由联邦政府拨款资助、由州和地方政府管理的计划,而且也是一项非常庞大的计划。2010年,全美共有6 700万人参加医疗救助计划,总支出达到3 835亿美元。联邦政府承担医疗救助计划67.8%的总支出,州和地方政府承担该计划32.2%的总支出,或者1 235亿美元(见表7.8)。2006~2010年,全美医疗救助计划总支付额大致增加了850亿美元,而参加人数也大致增加了700万人。

表7.8　医疗补助计划:全美、加利福尼亚州和得克萨斯州相关数据比较

	全美 (2010年)	加利福尼亚州 (2009年)	得克萨斯州 (2009年)
参加人数(千人)	66 695	11 168	4 488
占人口百分比(%)	21.6	30.2	18.1
医疗救助计划总支出(10亿美元)	383.5	40.8	23.0
救助接受者人均支出(千美元)	5.75	3.66	5.12
州承担比例(%)	32.2	40.1	31.7
州承担金额(千美元)	123.5	16.4	7.3

资料来源:Medicaid.gov.

虽然我们手头上有2010年全美医疗救助计划参加总人数,但没有找到2010年加利福尼亚州和得克萨斯州各自的参加人数,也没有找到美国其他州的相关数据。我们只找到了2009年各州参加医疗救助计划的人数。2009年,得克萨斯州有448.8万居民参加医疗救助计划,占其总人口的18%;而加利福尼亚州则有1 116.8万居民参加医疗救助计划,占其总人口的30%。加利福尼亚州州和地方政府不幸由此承担本州医疗救助计划总支出40%的费用(其余部分由联邦政府承担),而得克萨斯州州和地方政府只需承担其医疗救助计划31.7%的费用。

加利福尼亚州又成了大输家。

总体而言,按百分比计,2009年,得克萨斯州参加医疗救助计划的人数要大大少于加利福尼亚州(分别是18%和30%),而得克萨斯州由联邦政府承担的医疗救助计划支出份额大于加利福尼亚州由联邦政府承担的医疗救助计划支

出份额(68.3%对60%)。

补充营养援助计划(又称"食品券计划")

另一项由联邦政府资助、由州管理的计划就是习惯上被我们称为"食品券"的计划,但这项计划现在的正式名称是"补充营养援助计划"。在表7.9中,我们列示了全美、加利福尼亚州和得克萨斯州享受该计划的人数。

按食品券领取者人均和户均计,加利福尼亚州的补充营养援助计划支出大于得克萨斯州和全美各州的补充营养援助计划平均支出。同样,加利福尼亚州州和地方政府承担的补充营养援助计划管理费用,也多于得克萨斯州州和地方政府以及全美各州州和地方政府平均承担的补充营养援助计划管理费用。但是,得克萨斯州的补充营养援助计划管理总费用远少于加利福尼亚州,这一点部分反映了加利福尼亚州相关雇员薪酬成本较高,以及加利福尼亚州加大了补充营养援助计划管理的力度。

表7.9　　2011财政年度补充营养援助计划:全美、加利福尼亚州和得克萨斯州相关数据比较

	全美	加利福尼亚州	得克萨斯州
享受计划人数(千人)	44 709	3 673	3 977
占总人口的百分比(%)	14.4	9.7	15.5
享受计划家庭数(千户)	21 072	1 613	1 608
补充营养援助计划福利金额(10亿美元)	71.81	6.48	5.99
享受者人均月领取福利金额(美元)	133.85	147.12	125.57
享受家庭户均月领取福利金额(美元)	284.00	335.04	310.50
管理总费用(10亿美元)	6.83	1.29	0.54
州承担的管理费用比例(%)	50.2	52.3	47.2

资料来源:U. S. Department of Agriculture Food and Nutrition Service.

州和地方政府的公共服务供给

评价州和地方政府的公共服务供给是一件出了名的难事,但又非常重要。在大多数情况下,我们会回避采用公共服务产出评价指标,而是采用公共服务

实际投入评价指标,如为每万居民配备的警力。在本节,只要可能,我们就同时关注产出指标和投入指标(如教育测试成绩加上每万居民雇用教职工人数)。

全美各州州和地方政府雇用了大量的雇员,其中很多人都有特定的技能和/或对雇主负有特定的责任。美国的州和地方政府还把很多公共服务项目外包给私人公司。政府外包公共服务的程度,各州大相径庭。举例来说,加利福尼亚州几乎不存在私人监狱,而得克萨斯州有11%的在押犯在私人监狱服刑。

在本节,我们专门考察从民选官员到特定类别州和地方政府雇员的各类公职人员。如表7.10所示,与由特定类别州和地方政府雇员提供服务相关的总成本,是全职雇员雇用人数与他们的平均薪水(平均值)的乘积。这些数据不包括非基金化退休福利金或者非基金化保健福利金。

表7.10列示了州长、州议员、教职工、医护人员、安保人员、监狱管教人员、公路职工、消防人员、公共福利部门雇员和其他全职雇员目前的平均年薪。该表还列示了全美、加利福尼亚州和得克萨斯州州和地方政府全职雇员人均年薪、州和地方政府每种职能类别雇用全职雇员人数/万居民,以及加利福尼亚州和得克萨斯州雇用全职雇员人数/万居民与雇员平均年薪的比率。表7.10的最后一行显示了各州每种公共服务职能雇员的年薪总额占各州生产总值的比例(即平均年薪乘以全职雇员雇用人数再除以州内生产总值)。

表7.10反映的情况相当值得关注,该表的头三行列示的数据再次肯定了我们已经了解的情况。

即使粗略地浏览表7.10,也能找到贯穿本章的问题的答案。全美各州州和地方政府各类全职雇员的平均年薪相差很大。例如,安保人员的平均年薪从密西西比州的35 442美元到加利福尼亚州的91 663美元不等。平均而言,州和地方政府雇员的年薪从阿拉斯加州的37 022美元到加利福尼亚州的67 524美元不等。这种薪水差异同样也导致州和地方政府预算和公共服务供给大相径庭。

然而,令人惊讶的是,加利福尼亚州全体州和地方政府雇员以及几乎各职能类别雇员平均年薪都是全美最高的——这还没有把众所周知的加利福尼亚州政府雇员非基金化养老金和保健福利金问题考虑进去。

得克萨斯州州和地方政府每个职能类别雇员的平均年薪都低于全美平均水平。雇员薪水会产生影响。如果薪水金额是固定的,那么价格翻番,数量就会减半。而从政府雇员的薪水看,加利福尼亚州的价格是最高的。

196 / 州民财富的性质与原因研究

表 7.10　公共服务供给：全职雇员人数、年薪和年薪总额占生产总值的百分比

根据2011年3月薪水计算的全职雇员人均年薪

年薪	州长	州议员
加利福尼亚州（美元）	173 987	95 291[a]
得克萨斯州（美元）	150 000	7 200
加利福尼亚州对得克萨斯州的比率	1.16	13.23

年薪	全职雇员	教职工	医护人员	安保人员	监狱管教人员	公路职工	消防人员	公共福利部门雇员	其他全职雇员
全美（美元）	51 627	49 335	56 246	63 342	50 253	49 834	69 169	46 336	52 687
加利福尼亚州（美元）	67 524	61 575	80 617	91 663	72 723	75 549	114 722	56 238	67 146
得克萨斯州（美元）	45 022	43 955	52 699	53 944	37 660	42 885	61 813	36 960	45 278
加利福尼亚州对得克萨斯州的比率	1.50	1.40	1.53	1.70	1.93	1.76	1.86	1.52	1.48

2011年3月每万居民雇用全职雇员人数

雇用人数	全职雇员	教职工	医护人员	安保人员	监狱管教人员	公路职工	消防人员	公共福利部门雇员	其他全职雇员
全美（人/万居民）	526.0	286.0	31.0	29.7	23.1	16.5	10.9	16.1	112.7
加利福尼亚州（人/万居民）	464.8	231.1	28.0	26.4	24.4	10.8	8.6	18.0	117.4
得克萨斯州（人/万居民）	564.8	344.6	30.3	28.9	27.7	13.6	10.0	10.4	99.3
加利福尼亚州对得克萨斯州的比率	0.82	0.67	0.92	0.91	0.88	0.79	0.86	1.74	1.18

续表

2011 年 3 月全职雇员年薪总额（平均年薪乘以全职雇员人数）占生产总值的百分比

年薪总额占生产总值的百分比	全职雇员	教职工	医护人员	安保人员	监狱管教人员	公路职工	消防人员	公共福利部门雇员	其他全职雇员
全美（%）	5.38	2.80	0.35	0.37	0.23	0.16	0.15	0.15	1.18
加利福尼亚州（%）	6.04	2.74	0.44	0.47	0.34	0.16	0.19	0.20	1.52
得克萨斯州（%）	4.99	2.97	0.31	0.31	0.20	0.11	0.12	0.08	0.88
加利福尼亚州对得克萨斯州的比率	1.21	0.92	1.30	1.52	1.67	1.37	1.56	2.59	1.72

中小学教师

	平均年薪（美元）	雇用人数（人/万居民）	年薪总额占生产总值的百分比（%）
全美	52 859	151.4	1.67
加利福尼亚州	67 970	110.1	1.44
得克萨斯州	45 700	188.5	1.69
加利福尼亚州对得克萨斯州的比率	1.49	0.58	0.85

消防人员

	平均年薪（美元）	雇用人数（人/万居民）	年薪总额占生产总值的百分比（%）
全美	70 093	10.0	0.15
加利福尼亚州	119 698	7.7	0.18
得克萨斯州	62 962	9.2	0.11
加利福尼亚州对得克萨斯州的比率	1.90	0.83	1.55

安保人员

	平均年薪（美元）	雇用人数（人/万居民）	年薪总额占生产总值的百分比（%）
全美	68 928	22.2	0.32
加利福尼亚州	104 729	18.1	0.37
得克萨斯州	59 551	20.9	0.24
加利福尼亚州对得克萨斯州的比率	1.76	0.87	1.50

a. 加利福尼亚州议员 2007 年的年薪是 113 098 美元。

资料来源：U. S. Census Bureau, National Conference of State Legislatures, Council of State Governments.

以医院为例,得克萨斯州医护人员的平均年薪是 52 699 美元,而加利福尼亚州的医护人员平均每年能挣 80 617 美元。得克萨斯州安保人员的平均年薪是 53 944 美元,而加利福尼亚州安保人员的平均年薪则是 91 633 美元。监狱管教人员得克萨斯州的平均年薪是 37 660 美元,而加利福尼亚州是 72 723 美元。读者可能会认为,这简直就是"买一送一",但情况就是这样。在下文,我们将多花一点笔墨谈谈监狱管教问题。

稍后,我们还将更加全面地讨论教育问题,但即便在这张汇总表上,也显示了很明确的信息。加利福尼亚州教职工的平均年薪是 61 575 美元,而得克萨斯州教职工的平均年薪是 43 955 美元。公路职工的平均年薪,得克萨斯州是 42 885 美元,而加利福尼亚州则是 75 549 美元。那么,加利福尼亚州公路职工这么高的年薪造成了什么结果呢?那就是修建 1 英里高速公路的平均成本在加利福尼亚州是 265 061 美元,而在得克萨斯州只有 88 539 美元。这样,得克萨斯州的公路路况比加利福尼亚州好那么多,还有什么可奇怪的吗?桥梁的情况也是如此。

当涉及全职医护人员和消防人员时,答案还是相同的。医护人员的平均年薪,加利福尼亚州是 80 617 美元,而得克萨斯州只有 52 699 美元。全职消防人员的平均年薪,加利福尼亚州是 114 722 美元,而得克萨斯州只有 61 813 美元。现在,读者不会再为加利福尼亚州的城市越来越穷,而得克萨斯州的城市越来越富感到意外了吧?

我们分开考察的最后一类全职雇员——公共福利部门雇员——的情况几乎完全相反。根据从前文了解的福利内容以及本节了解的薪水情况,读者能够猜到,加利福尼亚州会雇用较多的公共福利部门雇员并且支付较高的薪水。公共福利部门雇员的平均年薪,得克萨斯州是 36 960 美元,而加利福尼亚州则高达 56 238 美元。读者没有猜错——加利福尼亚州公共福利部门雇员的平均年薪高于得克萨斯州,而且雇用人数也较多。现在,我们来看看公共服务实际供给——每万居民雇用公职人员数。

在教育、医疗、治安、监狱管教、公路和消防等公共服务领域,得克萨斯州比加利福尼亚州每万居民雇用更多的专业人员。在公共福利部门,情况正好相反,加利福尼亚州每万居民雇用公共福利部门雇员数差不多要比得克萨斯州多 75%。当然,就如上文所示,加利福尼亚州公共福利部门雇员的平均年薪要比得克萨斯州高出 50% 以上,这就是加利福尼亚州的问题所在。

在州和地方政府其他雇员这一类别中,加利福尼亚州继续它的领先地位。其他雇员的平均年薪,加利福尼亚州差不多要比得克萨斯州高出 50%,但得克萨斯州几乎要比加利福尼亚州每万居民多雇用20%的其他雇员。

无论我们是否愿意，教育、医疗、治安、监狱管教、公路和消防都属于增加产出、就业并促进一般繁荣的政府职能领域。在这些职能领域，得克萨斯州的表现都优于加利福尼亚州。

相反，公共福利和其他公共服务会减少产出、就业并影响一般繁荣，但据说能促进公平和社会正义，并且缩小收入差别。在这些公共服务领域，加利福尼亚州的雇用人数和支出比得克萨斯州都要多，但有什么用呢？加利福尼亚州比起得克萨斯州，有更多的穷人、失业者、需要帮助的人，而且一般状况令人失望。加利福尼亚州的全美最高税收导致了贫穷，这经常被认为是高福利和高税收的必然结果。

州和地方公共教育绩效

根据前面各张表格，读者应该能够推测：只有出现奇迹，加利福尼亚州才能在中小学教育方面比得克萨斯州做得更好。加利福尼亚州每万居民拥有231.1个教职工，而得克萨斯州每万居民拥有344.6个教职工，得克萨斯州的教职工人数要比加利福尼亚州多50%。

加利福尼亚州教职工的平均年薪是61 575美元，而得克萨斯州只有43 955美元；加利福尼亚州教职工的平均年薪要比得克萨斯州教职工整整高出40%。总的来说，教育是一个重要的公共服务领域，得克萨斯州在这个领域的实际支出占其州内生产总值的份额大于加利福尼亚州。令人遗憾的是，恰恰与1980年在美国佛罗里达州普莱西德湖举行的冬季奥运会的冰球比赛结果相反，奇迹没有在公共教育领域出现，加利福尼亚州的孩子们成了大输家。

全美教育进展测评项目（NAEP）是一个美国教育部教育科学研究院下属的国家教育统计中心负责的国会授权项目。很多年来，全美教育进展测评项目一直全面、系统地对全美各州学生掌握的数学和阅读知识及能力进行评估。该项目还对科学、写作、艺术、公民教育、经济、地理和美国历史等课程的成绩进行评估，但没有像评估数学和阅读成绩那么系统。全美教育进展测评项目为了在任何时候进行州际比较并评估长期发展趋势，而对四年级学生（9岁）和八年级学生（13岁）组织这些课程或科目的全面测试。这些测试的成绩是现有的评价公共服务（教育）供给的良好指标。

根据全美教育进展测评项目为每个州编纂的汇总统计数据，我们添加了四年级和八年级学生的数学和阅读测试成绩，以便取得任何一年的州教育成绩汇总统计数据。然后,我们对 2003~2011 年这几年各州的测试成绩,按照成绩最好(第 1 名)到最坏(第 50 名)的顺序进行排名。请读者看表 7.11。与得克萨斯州比较,加利福尼亚州会有怎样的结果?

表 7.11 全美教育进展测评项目测试成绩 50 州排名:加利福尼亚州与得克萨斯州比较

	2011 年	2009 年	2007 年	2005 年	2003 年
得克萨斯州排名	29	31	26	27	33
加利福尼亚州排名	47	47	48	46	46

资料来源:U. S. Department of Education; Institute of Education Sciences, Laffer Associates.

根据表 7.11 中的汇总统计数据,加利福尼亚州在全美排名中一直居于最后五位,而得克萨斯州排名始终大致居于各州平均水平,而且年年排名都在加利福尼亚州前面。

就以 1992 年、1994 年、1998 年、2002 年、2003 年、2005 年、2007 年、2009 年和 2011 年四年级学生的阅读测试成绩为例,得克萨斯州学生的成绩年年比加利福尼亚州学生的成绩高出一大截。事实上,加利福尼亚州学生的测试成绩年年都低于全国平均水平,而得克萨斯州学生的测试成绩与全美平均测试成绩相比有输有赢。

就从 1990 年到 2011 年 10 年间的一个相似样本——八年级学生数学测试成绩——而言,得克萨斯州学生的测试成绩在考察期内每年都比加利福尼亚州学生的成绩高出一大截,毫无例外,而且差距不断拉大。

就从可获得数据的 1998~2011 年间八年级阅读测试成绩而言,得克萨斯州学生的成绩还是年年好于加利福尼亚州学生的成绩。至于全美教育进展测评项目组织测试的八年级科学和写作课程,得克萨斯州学生的成绩也始终远远好于加利福尼亚州的学生。

在美国,还有很多因素会影响学生的成绩。州和地方政府不仅制定举足轻重的决策,尤其是,它们还提供教育经费、雇用教师、设定教育标准、为教师群体制定在更广阔的政治和社会生活中的行为准则。州和地方政府制定的教育制度对于孩子的教育成绩来说,必然是最重要的单一影响因素。

虽然实际情况并没有那么严重,但我们发现了一个不可思议的现象:加利福尼亚州班主任的薪水是全美班主任最高的薪水;可是,加利福尼亚州学生的成绩全美排名倒数第五。2011 年,加利福尼亚州学生测试成绩只排在华盛顿特区、密西西比州、路易斯安那州和新墨西哥州之前。在了解了加利福尼亚州的情况以后,有谁还能理直气壮地争辩说,想要提高教育质量,需要做的就是增加支出?

12年义务教育教师不再像过去任何时候那样是一个可以随机选取的群体,他们在很多方面都比较特殊。某种意义上,由于他们拥有单一雇主这个特殊地位,并且对整个社会十分重要,因此,义务教育教师在全美各州都是组织严密的工会的会员,加利福尼亚州的情况尤其如此。

加利福尼亚州教师协会成立于1863年,现在大约有325 000个会员,代表加利福尼亚州12年义务教育公立学校的全体教师。加利福尼亚州教授协会和加利福尼亚州社区大学协会也是加利福尼亚州教师协会的分会。

在政治上,加利福尼亚州教师协会在从2000年1月1日到2009年12月31日的10年里,为政治运动花销了2.12亿美元,这可是超过任何其他工会、企业、组织或者个人的政治运动支出——几乎是加利福尼亚州第二大工会加利福尼亚州服务业员工协会政治运动支出的2倍。

1988年,加利福尼亚州教师协会为在加利福尼亚州通过第98号议案这项宪法修正案进行了游说,并且还迫使州当局拨付巨额普通预算经费,而且这些支出必须在州议会上以2/3的多数表决通过以后才能中止。加利福尼亚州教师协会在1975~2012年间还发起了170次罢工。

全美教育进展测评项目在它关于美国加利福尼亚、得克萨斯、佛罗里达、伊利诺伊和纽约这5个特大州学生学业表现的出版物中,公布了2009年和2011年四年级和八年级学生阅读、数学、科学课程的测评结果。[21]全美教育进展测评项目用以下3个符号来报告评估结果:□表示相关州与全美平均成绩之间无显著差异;▲表示州平均成绩显著高于全美平均成绩;而▼则表示州平均成绩显著低于全美平均成绩。图7.6显示了全美教育进展测评项目对5个特大州相关年级学生的测评结果。[22]

在针对四年级学生和八年级学生的6个科目中,加利福尼亚州每科的测评成绩都显著低于全美平均成绩。佛罗里达州有2个科目的平均成绩显著低于全美平均成绩,1个科目显著高于全美平均成绩,其他3个科目与全美平均成绩持平。伊利诺伊州有1个科目显著低于全美平均成绩,1个科目显著高于全美平均成绩,其他4个科目与全美平均成绩持平。而纽约州有2个科目显著高于全美平均成绩,2个科目显著低于全美平均成绩,2个科目与全美平均成绩持平。

得克萨斯州的学生成绩是全美5个特大州的赢家,只有1个科目显著低于全美平均成绩,2个科目显著高于全美平均成绩,3个科目与全美平均成绩持平。

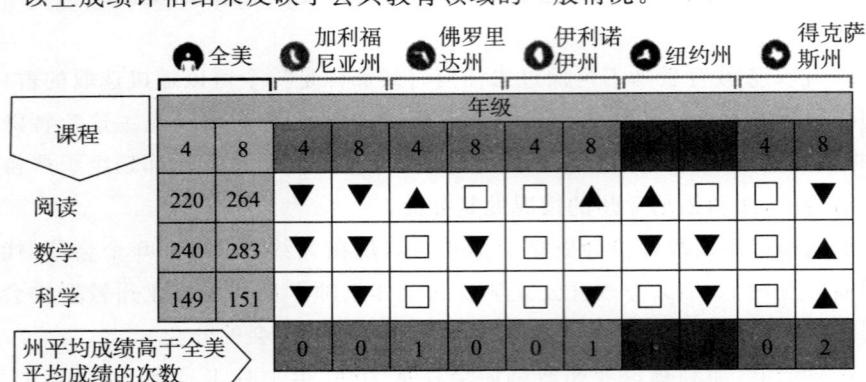

以上成绩评估结果反映了公共教育领域的一般情况。

课程	全美 4	全美 8	加利福尼亚州 4	加利福尼亚州 8	佛罗里达州 4	佛罗里达州 8	伊利诺伊州 4	伊利诺伊州 8	纽约州 4	纽约州 8	得克萨斯州 4	得克萨斯州 8
阅读	220	264	▼	▼	▲	□	▲	▲	□	□	□	▼
数学	240	283	▼	▼	□	▼	□	□	▼	▼	□	▲
科学	149	151	▼	▼	□	▼	□	▼	□	▼	□	▲
州平均成绩高于全美平均成绩的次数	0	0	1	0	0	1	·	·	0	2		

▲：州平均成绩高于全美平均成绩
▼：州平均成绩低于全美平均成绩
□：州平均成绩与全美平均成绩无显著差异

图 7.6 最近两次全美教育进展测评项目测评结果 5 个特大州与全美平均成绩比较
（2009 年和 2011 年公立学校学生阅读、数学和科学课程）

注：2011 年的阅读和数学课程成绩测评是在州级对四年级和八年级学生进行的；最新的科学课程成绩测评是分别在 2009 年对四年级学生和在 2011 年对八年级学生进行的。

资料来源：U. S. Department of Education, Institute of Education Sciences, National Center for Education Statistics, National Assessment of Educational Progress（NAEP）, 2009 and 2011 Science Assessments, and 2011 Reading and Mathematics Assessments.

公路服务：加利福尼亚州与得克萨斯州比较

就公路支出占州内生产总值的份额而言，加利福尼亚州公路部门全职雇员薪水总支出占加利福尼亚州州内生产总值的比例要比得克萨斯州高出 37%。但遗憾的是，支出优势并没有带来相应的公路服务改善。事实上，在公路服务方面，得克萨斯州不但弥补了它相对于加利福尼亚州的支出差额，而且还实际提供了比加利福尼亚州多得多的公路服务。

首先，虽然加利福尼亚州公路支出较多，但截至 2011 年 3 月，加利福尼亚州每万居民全职公路职工人数要比得克萨斯州少 21%，得克萨斯州的公民比加利福尼亚州公民获得了更多的人工服务。

其次，加利福尼亚州全职公路职工的平均年薪要比得克萨斯州全职公路职工的平均年薪高 76%——加利福尼亚州是 75 549 美元，而得克萨斯州只有 42 885 美元。但是，读者还没有看到任何更能说明问题的东西。

在里森基金会公布的一项名为"第 19 号州公路网络状况（1984～2008 年）年度报告"的内容全面、证据充足的分析报告中，作者得出了如下结论：

● 2008 年加利福尼亚州每英里高速公路平均修建成本是 265 061 美元，这就意味着加利福尼亚州每英里高速公路平均修建成本在全美排名第 13 高。得克萨斯州同等级高速公路每英里的平均修建成本只有 88 539 美元，在全美排名第 48 位。但更加重要的是，这就意味着，在高速公路修建资金给定的情况下，得克萨斯州能比加利福尼亚州多修建 2 倍的高速公路。

● 一个州的公路路况通常用一种确定路面平整度的专门机器来测度，路面越平整，就被测定为路况越好。根据全美各州乡村州际公路路况排名，得克萨斯州排名第 23，有 0.03％ 的乡村公路被判定为路况不佳；而加利福尼亚州名列第 49，或者说垫底（特拉华州没有参加这次排名，因为该州没有任何州际乡村公路），有 16.32％ 的州际乡村公路被测定为路况不佳。只有加利福尼亚州和其他 3 个州（纽约、新泽西和阿拉斯加）被报告，有超过 5％ 的乡村州际公路被评为路况不佳；美国 2/3 路况不佳的州际乡村公路分别在加利福尼亚州、阿拉斯加州、纽约州和明尼苏达州。

● 加利福尼亚州有一个公路路况指标排名在得克萨斯州前面，这就是缺损桥梁百分比。加利福尼亚州有 18.88％ 的缺损桥梁，而得克萨斯州则有 19.01％ 的缺损桥梁。加利福尼亚州的这一指标排名之所以好于得克萨斯州，很可能是因为在遭遇地震危害以后，尤其是在 1994 年经历了导致 7 座主要高速公路桥梁倒塌、170 座桥梁受损、文图拉—洛杉矶地区交通中断数周的北岭大地震以后，加利福尼亚州执行了严厉的桥梁公路维护法。[23] 即便在这个指标上，得克萨斯州也不是远远落后于加利福尼亚州。

养护好州公路网络，当然是州和地方政府的一个重要职责。得克萨斯州在这方面要远比加利福尼亚州做得更好。根据这项原则，里森基金会在 2013 年 2 月发布了一项名为"公路是否坑洼？州公路路况总结"的补充报告，该报告对全美各州过去 20 年的公路路况进行了评估。在从 1989 年到 2008 年的 20 年里，加利福尼亚州州属公路一般路况全美排名第 50 位，而得克萨斯州同期的州属公路一般路况全美排名第 17 位。

监狱：加利福尼亚州与得克萨斯州比较

我们要考察的最后几个方面之一，也是州和地方政府最令人瞩目的治理领域之一。消防和安保人员都是勇敢、有牺牲精神的了不起的英雄；公路建设者和教师是创造未来的劳动者；而政治家和法官的个人责任和影响都极其重大。然而，我们还有监狱看守，他们默默无闻地工作，而他们的工作常常被人忽视。

加利福尼亚州管教人员的平均年薪要比得克萨斯州同行的平均年薪高出93%（见表7.10）。与此同时，加利福尼亚州每万居民管教人员人数要比得克萨斯州少12%。得克萨斯州管教人员薪水低、人数多，而加利福尼亚州管教人员则薪水高、人数少。关于加利福尼亚州和得克萨斯州的管教人员还有很多故事可讲。

在押犯人均年成本差异变得令人触目惊心。2012年，加利福尼亚州在押犯人均年成本是47 421美元，或者人均日成本129美元；得克萨斯州在押犯人均年成本只有21 390美元，或者人均日成本58.60美元。加利福尼亚州花在每个在押犯身上的支出是得克萨斯州的2倍多。[24]得克萨斯州的执法成本低于加利福尼亚州。得克萨斯州鼓励利用私人监禁设施，而加利福尼亚州则拒不考虑这个问题。

加利福尼亚州在这方面做得少、花费多的原因，令人想起了《1978年迪尔斯法案》(1978 Dills Act)。该法案赋予加利福尼亚州监狱看守工会——加利福尼亚州惩治警官协会——难以置信的权力（参加薪水标准和工作准则谈判）。2010年，加利福尼亚州惩治警官协会为影响加利福尼亚州选民和民选官员，总共花费了32 452 083美元。[25]这个工会是加利福尼亚州第15大政治献金捐赠者。[26]

按每万居民计，得克萨斯州不但比加利福尼亚州关押了更多的犯人，而且得克萨斯州的管教成本远远低于加利福尼亚州。最重要的是，得克萨斯州监狱要比加利福尼亚州监狱更加人道地管教犯人。关于得克萨斯州和加利福尼亚州管教人员的故事，我们就讲到这里。

2011年5月23日，美国最高法院通过一个由3名法官组成的低级法院，裁定加利福尼亚州必须把在押犯人数减少到相当于监狱关押设计能力的137.5%。美国最高法院大法官称，这一裁决"也许是美国历史上一个法院能够做出的最极端的禁令"[27]。到2011年12月31日，加利福尼亚州的在押犯人数达到了相当于监狱关押设计能力的175%。但是，加利福尼亚州怎么来安置所有这些超员的在押犯呢？——让他们走人？与此同时，得克萨斯州的在押犯人数只接近于得克萨斯州监狱关押设计能力的85%。

可以预见的是，释放在押犯会导致全加利福尼亚州刑事犯罪增加。在加利福尼亚州公共政策研究所看来，虽然全美范围内出现了财产犯罪率下降的趋势,但是,加利福尼亚州的财产犯罪显著增加(在开始释放在押犯的这一年增加了7.6%)。

结论

加利福尼亚州和得克萨斯州之间在经济政策和绩效表现方面的差异简直再明显不过了。得克萨斯州有低税的企业友好型环境,而加利福尼亚州则有惩罚性高税,并且似乎构筑了阻碍企业进入的各种可能的壁垒。这两个有那么多共同点的州,如今却获得了如此不同的结果。我们想说的是,我们在把税收转化为最重的公共服务供给的过程中,要受到三大"寄生渗漏"的干扰。

经济行程始于确定税率,税率与税收收入之间会出现严重的脱节现象。虽然加利福尼亚州的税率大约要比得克萨斯州高65%,但得克萨斯州只比加利福尼亚州少25%左右的税收收入——这就是第一大"寄生渗漏"。高税率不但会导致经济产出减少,而且还会导致居民迁往低税率行政管辖区,并且导致生活在高税区域的居民挣到较少的应税所得。律师、会计师、游说者、免税、不予征税、减税和其他更多的因素,都会导致税率与税收之间出现缺口。加利福尼亚州的高税率还制造了很多必须依靠政府支出来缓解的贫困。实际上,加利福尼亚州的很大一部分政府支出就是被迫用于弥补由高税率造成的损害!

得克萨斯州税收收入占其州内生产总值的份额,要比加利福尼亚州税收收入占其州内生产总值的份额少25%,但这并不等于说,得克萨斯州的政府支出就比加利福尼亚州少25%。事实上,由于加利福尼亚州行政管理层面存在各种各样的浪费和低效率问题,因此,加利福尼亚州政府支出占其州内生产总值的实际份额,接近得克萨斯州政府支出占其州内生产总值的份额——这里存在着第二大"寄生渗漏"。导致这一"寄生渗漏"的原因就是,加利福尼亚州和地方政府官僚机构太过庞大。2013年6月,加利福尼亚州政府官方网站上有380个分列的州政府机构,其中包括诸如家电维修和居家装修、隔热监管局(BEARHFTI)以及景观建筑师技术委员会(LATC)这样的政府机构。得克萨斯州的政府机构要精简很多,这在税收收入转化为政府支出时就能体现出来。

下面,我们来看看实际提供给州民的服务,这毕竟是政府存在的终极目的。我们再次发现,加利福尼亚州对它的州民服务并不周到,原因就在于政府雇员薪水高涨、工会活动活跃、监管和执法成本太高等。加利福尼亚州居民享受到的人均服务大约要比得克萨斯州少25%——这就是第三大"寄生渗漏"。以消防员为例,得克萨斯州为每万名居民配备了9.2个消防员,而加利福尼亚州只为每万名居民配备 7.7 个消防员。但是,加利福尼亚州消防员的人均年薪高达 120 000 美元,而得克萨斯州消防员的平均年薪只有 63 000 美元。相对于得克萨斯州而言,加利福尼亚州几乎每类公职人员都是薪水过高、服务供给不足。与得克萨斯州相比,加利福尼亚州薪水过高、服务供给不足问题最严重的公职人员类别是公共福利部门雇员。现在还需要我们多说吗?

最后,与得克萨斯州相比,加利福尼亚州向其居民强索较大份额的劳动产出。而且,由于错误的激励、低效率、浪费、贪婪和腐败,加利福尼亚州向本州居民提供了较少的公共服务。得克萨斯州每年迎来越来越多的企业和移民,而且创造越来越多的工作岗位;而加利福尼亚州为了让草地变得更绿,试图把它的企业、居民和工作岗位推之门外,这一举动令人失望。

加利福尼亚州居民已经发声。

~~~~~~~~~~

注释:

[1] As reported in the *Los Angeles Times* PolitiCal blog: Laura Nelson, "Gov. Jerry Brown:'Texas, Come on Over,'" February 2, 2013.

[2] Ben Boychuk,"A Mighty Wind," *City Journal*, February 19, 2013.

[3] "FTB Notice 2012 - 03," State of California Franchise Tax Board, December 21, 2012.

[4] Jonathan Horn,"It's Official: Gas Tax Going Up," *San Diego Union Tribune*, March 1, 2013.

[5] Arthur B. Laffer and Stephen Moore, "California, Who Are You? Part Ⅱ," Laffer Associates, January 18, 2008.

[6] Tom Gray and Robert Scardamalia, "The Great California Exodus: A Closer Look," Manhattan Institute, Civic Report 71, September 2012.

[7] Jonathan Horn,"It's Official: Gas Tax Going Up," *San Diego Union Tribune*, March 1, 2013.

[8] Arthur B. Laffer and Stephen Moore, "California, Who Are You? Part Ⅱ," Laffer Associates, January 18, 2008.

[9] 人均个人收入=州总收入/州人口。因此,人均收入之所以能够增加,是因为异常的经济增长甚至超过了异常的人口增长,得克萨斯州的情况就是如此。但是,还有另一种人均收入快速增长的情况,那就是,经济以慢于人口流失的速度下跌,西弗吉尼亚州的情况就是如此。虽然得克萨斯州和西弗吉尼亚州的人均收入都获得了快速增长,但两者的意义不同。

此外,有些经济体由于经济状况良好而实现了人口快速增长。虽然经济也实现了快速增长,但仍没有快到能使人均收入实现非常快的增长,内华达州的情况就是如此。虽然内华达州的人均收入增长较慢,但内华达州仍是一个大赢家:其他州的居民络绎不绝地迁往内华达州居住。

失业率也有同样的问题,劳动力增长速度可能快于工作岗位增加速度,或者工作岗位增加速度快于劳动力增长速度。

[10] Kathleen Short, "The Research Supplemental Poverty Measure: 2011," Current Population Reports P60-244, November 2012.

[11] "Fracturing in California," *The Wall Street Journal*, June 8, 2013.

[12] Charles Varner and Cristobal Young, "Millionaire Migration in California: The Impact of Top Tax Rates," Working Paper, 2012.

[13] "Where Have All of Maryland's Millionaires Gone? Nowhere—They're Probably Just Not Millionaires Anymore," Institute on Taxation and Economic Policy, May 29, 2009.

[14] Cristobal Young and Charles Varner, "Millionaire Migration and State Taxation of Top Incomes: Evidence from a Natural Experiment," *National Tax Journal* 64(June 2011):255-284.

[15] 请记住,虽然有9个劳动所得税零税州,但其中2个(新罕布什尔州和田纳西州)就所谓的非劳动所得征税。这里的非劳动所得主要是指利息和股息收入。

[16] 关于这个主题更多的内容,请参阅:Arthur B. Laffer and Stephen Moore,"Boeing and the Union Berlin Wall," *The Wall Street Journal*, May 13,2011.

[17] Arthur B. Laffer and Wayne H. Winegarden,"The Economic Consequences of Tennessee's Gift and Estate Tax," Laffer Center and Beacon Center of Tennessee, March 2012.

[18] 关于员工工伤保险费用的数据,引自俄勒冈州消费者和商业服务部2012年的"员工工伤保险指数报告"。

[19] Marc Lifsher, "Athletes Cash In on California's Workers' Comp," *Los Angeles Times*, February 23, 2013.

[20] "Pro Athletes Who Shop for Workers' Comp," *Los Angeles Times*, May 6, 2013.

[21] "Mega-States," National Center for Education Statistics, U. S. Depar-

tment of Education.

［22］全美教育进展测评项目（NAEP）其他科目和年级的测试成绩，不是缺少全美各州的数据，就是只有一两个年份的数据。因此，我们无法编制一个包含更多年份数据的州复合成绩指标。

［23］"Northridge Earthquake 10-Year Retrospective," Risk Management Solutions, 2004.

［24］Christian Henrichson and Ruth Delany, "The Price of Prisons: What Incarceration Costs Taxpayers," Vera Institute of Justice, February 29, 2012.

［25］Sam Stanton, David Siders, and Denny Walsh, "Legal War Ahead on California Bid to End Federal Prison Controls," *Sacramento Bee*, 2013.

［26］"Big Money Talks: California's Billion Dollar Club," California Fair Political Practices Commission, March 2010.

［27］"California's Prison Break," *The Wall Street Journal*, December 18, 2013.

第八章

我的兄弟,恰恰相反!

——对我们研究的批评和我们的回答

您能发现某个理学博士(甚至常常是诺贝尔奖获得者)竟然有如此荒谬的科学理念。

——菲利普·鲍尔,《好奇心》

在堪萨斯大学经济学教授和堪萨斯发展研究所(Kansas Progress Institute)资深经济学家穆罕默德·埃尔—霍迪瑞(Mohamed El-Hodiri)看来,堪萨斯州"因误会而在流血",因为"堪萨斯州的州长引进了阿瑟·拉弗,并且付给他那么多钱,因此,这个还没有发表过作品的'专家'又能够重新兜售'降低税率能增加税收'这个被普遍接受的理论"。[1]而埃尔—霍迪瑞教授的这一批评意见,反映了我们在我们这个神奇国家的州议会大厦必须天天面对的批评的深度和广度。

我们在本书中表达的思想和进行的分析遭到了一些人的质疑,这些人由于这种或者那种原因,更加偏好高税率的累进税和高水平的政府支出。他们似乎在每一个关键时刻总是不顾数据谎称,税率越高,政府支出越多,就越好。对于他们来说,我们代表着为有钱人服务的没有教养的右翼势力,用心险恶地拼命利用沉默的民众来谋取私利。然而,事实恰恰相反。

州立大学的经济学者们无须通过市场检验就能领到薪水,他们在大学这种免税单位的生活方式就是靠税收来维持的。他们没完没了地开展研究,试图对我们的论点提出质疑。从别人依法缴纳的税收中赚取收入,总比从自己缴纳的税收中挣钱要容易许多。这些从事研究工作的经济学者所要做的一切，就是说服政府雇员、影响他们认为值得去影响的行政官员和政客，好让这些官员授权用别人而不是他们自己的钱来支付这些从事研究工作的经济学者。达到市场标准可不是件容易事，但是，怎样才能让这些从事研究工作的经济学者们明白这个道理呢？他们是不可能明白这个道理的。在清醒认识到这个问题之前，这些经济学者总是信奉他们自己版本的"看不见的手"，尽管对于他们来说，应该称之为"看不见的施舍"。令人感到不可思议的是，我们的激励机制是如何在不知不觉间改变了这些以客观公正自诩的学者的研究结论的。这些人驳斥他们明知是正确的论点，就是为了巴结他们的政治恩人。

专家学者和政府官员都必须主动了解自己的主观臆断和成见，从而克服有害的主观臆断和成见。由政府提供经费的研究人员很难克服他们的自利心，也很难做到客观公正。

就我们自己而言，我们完全理解大学和其他免税单位的雇员偏爱高税率和慷慨的政府支出。他们支持自己信奉的高税收和高财政支出是为了他们自己的私利，而私利可是经济学的根基。当然，对于我们也是其中一分子的选民来说，私利就是我们主张的对每个人一视同仁的低税率、宽税基的统一税以及受到约束的财政支出，而不仅仅是学者们的私利，也不只是不易觉察的那种私利。政府和准政府机构的智力劳动者应该受到规则的约束，而我们其他人也必须遵守规则。如果这些智力劳动者受到了约束，那么他们的研究就可能得出完全不同的结论。

我们在这里想表达的主要意思，完全可以用厄普顿·辛克莱（Upton Sinclair）的名言来概括："当一个人的薪水取决于他对某事的不懂时，我们就很难让他明白这件事！"[2] 高税收、大抵扣的最大受益人，至少相对而言，就是税法第501(c)(3)节规定的单位或者组织，如大学（如米基·赫普纳和穆罕默德·埃尔—霍迪瑞的雇主）和享受免税待遇的基金会［如税收与经济政策研究所（ITEP）］。免税业务在高税收环境下茁壮成长，利己主义万岁！

税收和其他供给侧政策变量不会影响人口增长和州内生产总值增长

我们的批评者们宣称，"人口变动趋势肯定不是由州际税收政策差别决定的"，因此，我们应该"控制人口增长"。[3] 他们所说的控制人口增长，就是采用我们所说的人均评价指标。对此，恕我们不敢苟同。

相关的理论、数据,就连简单的常识,全都把州际税收差异作为决定人们在哪里生活和工作的强效因素。请读者设想一下:如果有一个州课征100%的所得税,而其他州不征所得税,那么会出现怎样的人口流动趋势呢?如果奥马利(O'Malley)州长治下的马里兰州、奎恩(Quinn)州长治下的伊利诺伊州、戴顿(Dayton)州长治下的明尼苏达州和布朗州长治下的加利福尼亚州都征收他们的所得税,那么我们甚至不用开动我们的想象力。[4]

各州之间的人口增长差异恰恰就是评价税收和其他州政策是否实际产生影响的关键指标。在分析州经济政策时无视各州之间的人口增长差异,就如同在研究肺癌病因时忽视患者是否吸烟。这样的研究没有任何意义。如同吸烟会导致肺癌一样,高税率会导致低人口增长和低经济增长。州际人口流动格局能反映很多关于美国人认为哪里会出现繁荣、哪里不会出现繁荣的信息。

虽然基本原理和理论似乎已经明确无疑,但奇闻轶事并不能解决相关争论。由于这个缘故,我们要在此表示歉意:进行系统研究是唯一可行的方法。本书各章包含的范围广泛的统计学分析应该能让这种反直觉的批评寿终正寝。

有一篇批评我们研究的专题文章对我们得出的"州税会影响人口、就业和所得增长"[5]的结论提出了质疑。税收与经济政策研究所的研究人员发现,2001~2010年间,"所得税高税率州的居民与生活在不征收个人所得税的州的居民相比,即使没有实际取得更好的经济状况,也至少取得了同样好的经济状况"。税收与经济政策研究所甚至还驳斥我们的研究发现,说"零所得税州的增长最多是一种巧合"。[6]请读者不要引用这样的观点。

就如我们在前面的章节中大量证明的那样:

● 在过去10年里,9个零所得税州的人口、劳动力、就业、所得甚至税收收入的增长都远远快于9个所得税率最高的州(见本书第三章)。此外,9个零所得税州在公共服务供给方面即使没有比9个所得税率最高的州做得更好,也至少做得一样好。

● 11个公司税税率最低的州在人口、劳动力、就业和所得增长方面的表现都优于11个公司税税率最高的州(见本书第三章)。公司税税率最低的州在公共服务供给数量和质量方面也远比公司税税率最高的州做得好。

● 在过去的半个世纪里,无论是用10年移动平均值表示的人口增长还是所得增长,零所得税率州年年都完胜所得税率最高的州(见本书第三章)。

● 在过去50多年里课征所得税的11个州,从它们开征所得税到现在,个个都经历了其人口占全美人口的比例和其收入占全美收入的比例的下降(见本书第一章)。它们在公共服务供给数量和质量方面的表现也都有所下降。

● 采用横截面时间序列计量经济学方法对全美 50 个州过去 10 年的绩效表现进行的分析表明,各种税率与人口增长和州内生产总值增长之间存在强负相关性(见本书第六章)。

● 美国国内税收署自 1992~1993 年度到现在的纳税申报单数据无可置疑地表明,总的来说,纳税申报人——尤其是高 AGI 纳税申报人——会迁离高税州,迁入低税州(见本书第五章)。

事实上,本书的一个合著者及其家庭就是打起行囊从加利福尼亚州迁往田纳西州纳什维尔的。一到纳什维尔,他就情不自禁地注意所有在纳什维尔的其他加利福尼亚州汽车牌照,一直到现在还在继续。本书第五章列示的美国国内税收署纳税申报单数据给出了关于这种迁移现象的确切数字。然而,不仅仅高所得者会迁离高税州,就连那些希望有朝一日成为高所得者的人也会搬离高税州。

我们无法确定,税收与经济政策研究所的研究人员仅仅是试图糊弄我们,还是真的相信他们所说的话。显然,有很多因素会影响经济增长,但如果甲地降低税率,而乙地提高税率,那么在其他条件不变的情况下,某些资本和某些人就会选择从乙地迁往甲地(即从提高税率的地方搬到降低税率的地方)。难道还真的有人不同意这个假设前提?

在第七章,高税率、过度监管和过度支出的影响效应已经讲得不能再更清楚了。居民和所得都从高税率州(加利福尼亚州)流向低税率州(得克萨斯州)。得克萨斯州不但在全部常规评价指标上表现都好于加利福尼亚州,而且在教育、治安、公路路况、消防和监狱管理方面都优于加利福尼亚州。加利福尼亚州的福利部门雇员不但人数多,而且薪水也高很多,因为加利福尼亚州需要他们。

汽车工业迁离高度工会化的中西部,来到亲商的南方安营扎寨,空中客车公司(Airbus)在促增长的低税州开设新的工厂,这些都不是偶然的。事实上,一些州议员和州长提出了庞大的税收激励组合的建议,尤其是要把企业吸引到他们的州来,因为他们明白企业、就业机会和劳动力都喜欢低税收。路透社最近一篇关于大众汽车公司在田纳西州查塔诺加开设新工厂的报道中称:

大众公司获得了田纳西州州和地方政府多达 7.07 亿美元、长达 20 年的税收抵免,长达 30 年的财产税减免,员工培训,公用设施建设援助,以及无偿使用工厂建设用地的激励组合。[7]

为了吸引一家汽车公司落户田纳西州——一个总税负很低的劳动所得税零税州——而提供 7 亿多美元的税收激励组合,应该可以充分证明,税收会影响居民迁移和企业选址决策。

因此，我们认为，无论是人口增长还是所得增长，都是很能说明问题的繁荣评价指标。企业针对把生产设施安置在哪里这个问题做出决策，而税率会影响这方面的决策。人们会用脚来投票，通常不会搬往会使他们生活变差的地方。历史一再证明，这一点千真万确。东德人移民到西德、朝鲜人移民到韩国、墨西哥人移民到美国，并不是为了寻求更加宜人的气候或者更加宜居的城郊，而是因为他们能在迁入地找到自由和机遇，并且能够在那里提高自己的生活水准。

考虑以下这个简单问题，就能帮助我们正确看待移民问题：您是喜欢看到有很多人挤在您所在州的边境想进来，还是愿意看到很多人急着要离开您所在的州？读者应该知道我们对这个问题的答案。

经济增长会转移，从多云、寒冷的北方转移到阳光充沛、温暖的南方

我们的一个批评者无意中承认了一个我们在几年前提出的涉及面较广的观点：敌视企业家的东北部正变得像欧洲一样，而美国的"羚羊企业"（指发展快速的小型技术或服务企业。——译者注）都出现在实行自由放任政策的南方。我们一直认为，税率虽然重要，但并不是唯一的重要因素。政府支出也很重要，管制水平也很重要，是否实施工作权利保障法也同样很重要。当然，还有很多非政策因素也都很重要。

美国的东北部地区在美国南方地区面前节节败退，因为东北部地区各州政府对各自的州域经济实行统制程度更高的管制。如果某人得了结核病，也许会为了有利的气候条件而选择去亚利桑那州疗养；如果某人喜欢滑雪，也许会为了方便滑雪而到科罗拉多州安家落户；如果某人是个海洋研究人员，也许会去马萨诸塞州的伍兹霍尔，因为那里有海洋研究机构。但是，影响美国州际移民格局的最重要因素是各州的经济因素（一般而言）和税收因素（具体来说）。

官僚主义盛行的美国东北部正在进一步沦落，变得越来越落后，而亲商的南方则正在快速发展，这一事实应该不会令任何人感到意外，而且实际上与地球纬度没有多大关系。这一现象背后的一个最重要因素就是，就我们考察的各种经济政策变量而言，美国的南方与高税、高工会化的东北地区相比，是一个更加善于接受企业和劳动者权利的地区。未来是属于低税的南方的，高税的加利福尼亚州、纽约州和伊利诺伊州看起来越来越像北美的希腊。令人奇怪的是，为什么有那么多的政客仍然希望他们的州和我们的国家采纳那些已经成为输

家而不是赢家的州所采纳的税收政策。

我们的批评者运用的另一个论点是,我们在研究中提到的增长大部分是在我国东南地区实现的。他们甚至还说,人们离开寒冷的东北部州来到像佛罗里达、佐治亚、田纳西和得克萨斯这样的州安家落户,仅仅是为了温暖的气候和明媚的阳光。用一项相关研究[8]中的话来说,低所得税州和零所得税州位于南方,而高所得税州位于东北部,这一现象纯属巧合。用他们的话来说,税率并不能解释美国的国内移民格局。

毫无疑问,有很多人搬到佛罗里达州和佐治亚州是为了宜人的气候和美丽的海滩。这些原因和其他原因显然都是使这些州成为理想居住地的因素。我们甚至还听说,南方崛起的一个重要因素就是空调的普及使用。我并不怀疑这其中有不止一个原因。

然而,在他们把南方、西部和阳光作为税收驱动型移民替代因素的解释中,有一个显而易见的问题,那就是,这种解释没有说明新罕布什尔州没有胜过佛蒙特州、内华达州没有胜过它的邻州,或者田纳西州没有胜过肯塔基州的原因;肯定也没有解释,作为全美终年气候最好的州之一的加利福尼亚州为什么正在慢慢地沉沦;甚至也没有提到阿拉斯加州、南达科他州和怀俄明州这些几乎不能算气候温和的南方州。那么,11个在过去50多年里征收所得税的州情况又如何呢?难道这些州的气候发生了变化?

人们没有离开布法罗、底特律、芝加哥、克利夫兰和纽瓦克,正是因为那里天气寒冷。

增长主要是教育问题,而不是税收和其他经济政策指标问题

我们对各州进行分析的目的,就是要帮助州议员了解如何为他们州的居民做出正确的选择。可惜,州议员不能改变他们州的气候或者地理位置,也不能对它们州地下有多少石油产生很大的影响。不过,州议员肯定能够改变他们州的税收、州和地方政府的支出,并且决定是否投票通过工作权利保障法、如何阻碍石油和天然气开采,以及推行怎样的州福利制度。

当然,学校的质量也很重要,州的公路路况也一样。但是,这些方面的政策需要几年才能产生红利。减税能够产生近似立竿见影和永久性的影响,这就是我们为什么告诉俄克拉何马州、堪萨斯州和其他州,倘若希望实现见效最快、持续时间最长的经济增长,就应该降低它们的所得税率的原因。我们坚信好学

校、好公路、好医院、高效而又公正的司法体系、充分而又全面的安保力量、好的监狱以及好的消防的重要性。我们不信的是,通过对州域经济课征重税并且向公职人员支付高薪,就能实现这些目标。

虽然教育是一个复杂且模糊不清的增长评价指标,但我们还是要让读者确信,与高税、官僚作风严重、低增长的州相比,低税、亲商、高增长的州在提供有质量的教育方面,即使没有做得更好,也至少做得一样好。只要回顾一下加利福尼亚这个美国税负最重的州在美国教育部组织的四年级和八年级学生不同学科测试中,是如何被得克萨斯这个全美税负最轻的州击败的(关于更多的学校测试成绩和税率的内容,请参见本书第一章和第七章),读者就会相信我们。

我们再重复一遍,提高税率并不能改善教育质量,但会减慢增长速度,并且会导致更多的贫穷。

作为成功评价指标的人均个人收入和中位数收入的增长表明,税收并不重要

有些批评者试图通过采用人均法(即控制人口增长)考察经济变量来驳斥我们的研究发现。虽然采用人均法来考察任何问题对于国际比较很有意义,因为在国际比较中,生产要素和人员相对而言缺乏流动性,但是,这种方法对于美国各州之间的比较就没有什么意义。控制人口这个变量,或者说,单一地采用人均法来考察其他变量是不适当的,而且只能糊弄非专业人士。人口、劳动力、消费者和收入在美国都是流动的。

就像一些研究反复表明的那样,无论是人口还是州内生产总值,在零所得税州都比在高所得税州增长迅速。因此,读者在考察人均州内生产总值时应该注意,分子和分母在低税州都增长较快,而在高税州都增长较慢。但读者不知道的是,人均州内生产总值是否会在高税州或者低税州增长或者减少。

低税州有时候人口增长快于州内生产总值增长,而在另一些时候又并不比州内生产总值增长快;高税州有时候人口增长慢于州内生产总值增长,而在另一些时候又并不比州内生产总值增长慢。[9]因此,特别高的人均收入增长有可能源自高人口增长以及甚至更高的所得增长,也可能源自低所得增长以及甚至更低的人口增长。虽然以上两种情况都表示相似的人均收入增长,但在涉及经济绩效表现时却变成两种截然不同的情况。

我们虽然知道我们的批评者们迷恋于人均评价指标不能自拔,但还是为他们没有考察人均人口增长感到意外。不管怎样,只要是与人均有关的,低税率

州总能比高税率州吸引更多的人员，并且创造更多的就业机会和收入。

在考察位于增长谱系两端的 2 个州（内华达州和西弗吉尼亚州）时，显然会遇到采用人均法来考核州内生产总值和收入所固有的问题。我们先来看内华达州这个零所得税、零公司税、实施工作权利保障法的州。内华达州在 2001～2010 年间人口增长全美排名第一，州内生产总值和个人收入增长均名列第八，而非农就业人口增长名列第九。一个"摇滚明星"州能取得这样的排名有多么不容易？

多年来，内华达州一直是吸引人员、工作和产出的磁场，并且在 2010 年国会重新分配议员席位时多得到了一个席位。对于外国移民来说，内华达州也极具吸引力，尽管他们的收入通常要低于土生土长的内华达州人。

内华达州肯定有利于外国移民，因为他们更有可能赚到较高的工资、享受较高的生活水准。外国移民也有利于内华达州的本地人，因为他们可以分享低成本、高素质劳动力迁入带来的收益。但是，按照我们的批评者们偏好的评价指标，从 2001 年到 2010 年，内华达州人均个人收入增长全美排名第 48 位，而家庭中位数收入增长排名第 35 位。

作为比较，现在以西弗吉尼亚州为例。在我们的 1 个批评者进行的排名中，从 2001 年到 2010 年，西弗吉尼亚州的家庭中位数收入名列榜首。在 1961 年开征个人所得税之前的 5 年里，该州个人收入总额要占到全美个人收入总额的 0.78%；但到了 2012 年，州个人收入总额占全美个人收入总额的比例已经下降到了 0.48%。西弗吉尼亚州的个人收入"十年复十年"地急剧减少。但再来看看人口，同期西弗吉尼亚州人口占美国人口的份额从 1961 年的 1.05% 下降到了 2012 年的 0.59%。我们当然不能把西弗吉尼亚州的这些指标看作评价一个州是否繁荣的分量。西弗吉尼亚州曾经是并且现在仍然是贫困和绝望的代名词。很长一段时期以来，人口、工作和收入纷纷逃离这个高税州。

让我们来实际看看税收与经济政策研究所对西弗吉尼亚州和内华达州的明确比较结果：理解中位数收入变化有一个要点，那就是，要注意一个州的中位数收入就是指中等劳动者的收入，也就是一个州有一半的劳动者收入多于中位数收入、有一半劳动者的收入低于中位数收入。如果低收入劳动者丢掉工作或者迁离某个州（就如西弗吉尼亚州所遭遇的那样），那么中位数收入就会上涨。如果很多低收入劳动者找到了工作（就如内华达州所经历的那样），那么中位数收入就会下降。读者难道会觉得低收入者找到工作还不如丢掉工作？反正，我们认为低收入者找到工作要好于丢掉工作！

西弗吉尼亚州的遭遇正好与内华达州截然相反。在过去几十年里，西弗吉尼亚州一些身体健康的中下阶层劳动者及其家人无法找到工作,并且离开西弗吉尼亚州去别处寻找"水更丰、草更美的牧场"。低收入者和无收入者会比高收入者更快地离开西弗吉尼亚州,这样,西弗吉尼亚州的中位数收入就会上涨。随着低收入者和无收入者的迁离,最后一些平均收入以上的"顽固"家庭仍会选择留在西弗吉尼亚州,从而导致西弗吉尼亚州的家庭中位数收入上涨。西弗吉尼亚州有一个因素正在发生变化,并且会对其人均收入增长产生影响,这个因素就是最近对惠灵(Wheeling)等城镇附近马塞勒斯(Macellus)页岩油田的开发。就如我们所说的那样,马塞勒斯页岩油田的开发促进了西弗吉尼亚州的快速发展。

无论是内华达州本地人还是外来移民,似乎都并不在意内华达州乏善可陈的人均评价指标排名,因为内华达州仍然吸引着美国和外国移民纷至沓来。造成内华达州的家庭中位数收入和人均个人收入低增长的原因是,该州向低阶层劳动者提供了很多就业机会。

反对我们声音最响的对手之一,米基·赫普纳教授表示:"我不知道你们是怎么想的,但如果我们有200多万移民涌入俄克拉何马州,而且我们因此而变穷,那么我认为这不是进步,我们的境况没有变好。"[10]当然,赫普纳教授所说的问题首先是,如果这200多万人因为移民到俄克拉何马州而变穷,那么他们为什么要移民到那里去?其次是,如果俄克拉何马州人都像赫普纳教授那样仇视外来移民,那么他们为什么不迁离俄克拉何马州呢?当然,米基·赫普纳并没有迁离俄克拉何马州,而是有很多人迁入了俄克拉何马州。因此我们只能假设,他们和赫普纳教授都喜欢在那里生活。

有一点需要澄清,即使一个州的人均收入或中位数收入趋于减少,这个州的居民仍都有可能改善自己的境况。举例来说,如果有5万低收入农业劳动者移民来到得克萨斯州,并且由此挣得了比他们之前收入高的薪水,而得克萨斯州的农场主因为雇用这些高素质、低薪水的移民而能够赚取更多的利润,那么人人都能改善自己的境况,而且没有人的境况有所恶化。但是,得克萨斯州的人均收入有可能实际下降,仅仅是因为现在按比例计,得克萨斯州低收入的农业劳动者有所增加。

我们来看看一些自己是行家并且熟悉这地方的人士是怎么说的,他们因我们援引他们的以下看法而觉得我们不可理喻:

9个课征"高税率"所得税的州,通常被认为在过去10年里人均经济增长远快于9个没有课征广税基个人所得税的州。9个零所得税州中,有4个人均经济增长实际低于州平均水平,它们分别是得克萨斯州、田纳西州、佛罗里达州和内华达州。[11]

9个所得税率最高的州相对于全国而言,人口增长率有所下降(在过去10年里,这9个州的人口增长率是6.3%,而美国的平均人口增长率是9.3%);而"9个没有课征广税基个人所得税的州",人口增长速度快于全国平均水平(前者是14.6%)。

顺便说一下,虽然高所得税州的人均州内生产总值确实通常都较高,如纽约州、加利福尼亚州和新泽西州,但这些州的人均州内生产总值增长率通常并不较高。我们在考察了连续40年的数据以后发现,有时零所得税州人均州内生产总值和就业增长较快,但有时则不然。例如,2001～2010年期间,零所得税州的人均州内生产总值增长了37.2%,而高所得税州的人均州内生产总值只增长了33.4%。不过,虽然这个指标的比较结果支持我们的观点,但仍不适合作为评价州政策优劣的指标。

降低税率就是削减公共服务供给

对降低税率的普遍抱怨或许就是,它会导致公共服务供给减少。类似地,提高税率的普遍理由就是增加公共服务供给。

我们再次援引米基·赫普纳教授在反对一项建议降低俄克拉何马州税率的议案时发表的观点:

然而,我们同样也要削减政府支出,而这就是我担心的问题。作为一个教育工作者,我明白,对于我们这个事业来说,真正重要的是培养劳动力的能力、提供企业所必需的服务的能力。本人很难想象一个成功的经济体充斥着不健康、没有受过教育的个体,他们流落街头与罪犯同流合污。[12]

赫普纳教授在这里和其他场合发表的观点,就是假设降低税率会导致公共服务供给减少,并且认定"降低税率就是减少公共服务供给"这一事实。先"假设"某事,然后认定它为"事实",这可不是什么科学的学术研究方法,或者至少是不应采用的学术研究方法。当然,采用这种方法也不可能证明事实,根本无法做到这一点。降低税率并不就是减少公共服务供给。

减税肯定并不总是,甚或经常与公共服务供给减少联系在一起。在各州现有的税收和支出格局中,降低税率往往能够为改善公共服务提供资源,而额外的经济增长将会减少对很多公共服务(如食品券或者失业金)的需要。

首先,降低税率会导致就业机会和收入增加,从而减少对福利金、失业金和低收入补助的需要。经济增长率的提高意味着税收收入会出现低于预期的减少,甚至还有可能不减反增。

人们会更多地选择工作,而不是不工作。人们会选择留在他们所在的州,而不是离开自己所在的州。人们会选择创造收入,而不是保护收入。减税会在一个州引发各种各样的正面反应,从而改善包括公共服务受益者在内的每个州民的境况。政府当然需要收入才能提供公共服务,征税的方法有聪明和愚蠢之分,而征税过度只能与征税不足一样糟糕。

本书令人意外的发现之一,就是与没有提高税率的州相比,提高税率的州通常会因提高税率而导致公共服务供给减少。本书的第一章和第七章中不乏这方面的例子。

把随便什么样的减税与削减支出联系在一起的做法只能是完全错误的。立法者能够并实际采取的最令人厌恶的行动之一,就是制定导致很多贫困和失望的政策,然后以解决贫困和改变令人失望的现状为借口,要求推行更多的计划和安排更多的支出,并且要求增加税收。这种恶性循环实在是太常见了——想想底特律或者芝加哥。

其他因素(石油、阳光、宜人的城郊等)影响人口增长;因此,税收、工作权利保障法和其他供给侧变量不会影响人口增长

我们想问我们的批评者们,如果没有税收、公共服务、工作权利保障政策或者石油储量,那么什么因素可以解释州际人口增长率和产出增长率差异?

他们的有些解释令我们感到相当意外。例如,他们解释零所得税州人口增长率较高的一个理由是,因为零所得税州位于南方和西部,这两个地区是我们国家出生率较高和拉美裔移民青睐的区域——好像拉美裔美国人与其他美国人有些什么不同似的。如果这些理由还不够可笑,那么就把"宜居的城郊"[13]作为人口增长的原因怎么样?我们的批评者在他们做出的人口增长原因解释中只字未提税收、财政支出、工作权利保障政策或者慷慨的福利支出。显然,他们肯定认为这些政策变量并不重要。

这里就援引我们的一个批评者说过的话:"人口学家认定了很多导致人口增长出现在南方和西部的原因,它们与这些州的税收结构完全无关。人口密度较低、城郊比较宜居,与出生率较高、拉美裔移民甚至气候比较温和一样,都是重要的因素。"[14]当然,我们大家都知道,税收作为独立因素不足以解释州际移

民格局,但允许我们不客气地说,我们的批评者们给出的人口增长原因就是学术版的"狗吃掉了我的家庭作业"。倘若我们的批评者们能稍作深入观察,那么就能发现很多学术信息来源,它们会告诉我们,税收、监管条例、工作权利保障政策和我们使用的其他变量即使不是导致人口增长的主导因素,也至少是相关因素。

在本书的第六章里,我们摘要介绍了大约 50 篇或者更多数量的学术研究论文,它们分别是由哈佛、耶鲁、芝加哥等大学的教授发表于《美国经济学评论》(*American Economic Review*)、《政治经济学学报》(*Journal of Political Economy*)等最负盛名的学术期刊上,或者是证明了我们介绍的政策变量与人口和产出增长之间存在明确的统计关系。此时,我们想起了一句老话:事实会顽固地坚持下去,最终会推翻看似确定无疑的东西。

人们因除税收外的其他原因而迁移,并不意味着他们就不会因为税收的原因而迁移。

我们的批评者们说,我们甚至没有把"石油和阳光"作为迁移原因考虑进去。在我们的全部研究中,我们特地考虑了包括"石油"——是的,甚至还包括"阳光"——在内的各种其他因素。就如我们在本书第三章所说的那样,如果我们通过拿零所得税州与全美各州和税收最多的州进行比较,把 2 个零所得税、开采税最多的州的收入从 9 个零所得税州的收入中剔除出去,剩下的 7 个零所得税州在收入、就业和人口增长方面仍然遥遥领先于美国平均水平,甚至更遥遥领先于所得税率最高的几个州。就是在已经过去的石油业萧条、油价下跌时期,零所得税州,包括产油的零所得税州,绩效表现都优于全美平均水平和税收最多的州。

石油和阳光当然重要。如今,北达科他州的经济正在蓬勃发展,与其说是因为北达科他州的税法发挥了作用,倒不如说是因为该州有大量的天然气和石油业务。然而,这里有一个问题,那就是北达科他州允许开发它的石油储藏。加利福尼亚州虽然也有大量的石油和天然气储藏,但政府并不鼓励甚至还阻扰开发加利福尼亚州的石油储藏。即使一个州有丰富的自然资源禀赋,不同的政府政策也会导致不同的结果。

对于我们来说,北达科他州的绩效表现有一个特别值得关注的特点。石油驱使北达科他州成为全美州内生产总值增长最快的州。然而,在过去 10 年里,北达科他州的人口增长率远非名列前茅——全美排名第 22,尽管同期该州州内生产总值增长率全美第一。[15] 也许是北达科他州的所得税,使它变得与众不同。

虽然我们驳斥了我们的批评者们的石油观,但他们坚持认为,零所得税州往往都是一些能源资源丰富的州,如阿拉斯加州、得克萨斯州和怀俄明州;这就是零所得税州做得好的真实原因。如果真是这样,那么我们的批评者们应该能够解释新墨西哥、俄克拉何马、蒙大拿、西弗吉尼亚和路易斯安那这些按比例算石油开采税收入比得克萨斯州、内华达州或者佛罗里达州还要多的州的绩效表现。关于石油开采税对州经济绩效的影响的更深入讨论,请参阅本书第三章。

我们的批评者们在他们关注石油和阳光的解释中还遗漏了一些东西,那就是我们认为是其他重要增长因素的东西:保障工作权利的州的绩效表现,优于强制参加工会或者工商企业只雇用工会会员的州的绩效表现,而遗产税和公司税以及监管过度都会负面影响增长。[16]这些因素是一些非常简单、常见的因素。然而,尽管这些因素已经一再被证明是决定增长的关键因素,但我们的批评者们从来没有提到过它们。

税率与增长之间的相关性反映一种联立方程偏倚(逆因果关系),即增长导致减税,而不是相反

我们的批评者们无意中提出了一个幽默的论点,即人们从一地迁往另一地只是为了消遣取乐。当然,他们会随身带走自己的收入。这恰恰就是税收与经济政策研究所持有的论点。[17]于是,州议会和州长因预感到繁荣即将来临而降低本州的税率。真是未来的繁荣导致目前的减税,而不是相反。[18]他们认为,这就是为什么我们发现增长率与税收之间存在"假性相关关系"的原因。在计量经济学的术语中,这种互为因果的关系被称为"联立方程偏倚"。

在米基·赫普纳的世界里,"税收与收入水平之间的关系被推测为,税收变化导致或者决定收入水平变化,而现实中我们在20世纪80年代看到的恰恰是相反的情况……再说一遍,并不是减税导致增长,而是增长导致减税"。赫普纳甚至还说,"这就是为什么许多研究州域经济的经济学家关注这项研究[阿尔杜英、拉弗和摩尔(Arduin, Laffer and Moore)关于俄克拉何马州的计量经济学研究[19]]的原因……并且表示这项研究不足以为俄克拉何马州指明未来的发展道路。事实上,据我所知,没有一个研究州域经济的经济学家会赞成并支持这种(减税)计划"。[20]

米基·赫普纳的评论意味着,政府在经济困难时期会提高税率、在经济繁荣时期会降低税率,这不但有悖于我们所了解的任何一个经济学派的逻辑——不可能通过收税来使经济繁荣,而且还有违事实。在国家层面,里根总统在经济衰退或者萧条最严重的时候降低了税率;肯尼迪总统在经济衰退最严重的时

候降低了税率;哈丁总统也同样在经济周期处于低谷时降低了税率。在这三个案例中,就像我们难得看到的那样,繁荣随后就接踵而至。

即使在州这个层面,我们也看到了很多州在经济困难时期减税并且实现了经济增长的例子。过去 35 年里的最好例子也许就是密歇根州和加利福尼亚州。20 世纪 90 年代初,密歇根州陷入了一次小萧条。就是在这次经济萧条中,时任州长约翰·恩格勒(John Engler)实施了密歇根州历史上幅度最大的减税。密歇根州这个"铁锈地带"的经济体在 90 年代的大部分时间里都因此而持续快速发展,失业率一度甚至低于全美平均水平(在今天是很难让人相信的)。

在约翰·恩格勒离任后,他的继任者詹妮弗·格兰霍姆(Jennifer Granholm)实施了增税,于是就重新开始了密歇根州至今仍没摆脱的长期、深度的滑坡。

1978 年 6 月,加利福尼亚州在一个经济严重衰退时期通过了著名的第 13 号议案。第 13 号议案在没有补偿的情况下,稳定不变地把加利福尼亚州的财产税降低了大约 60%,加利福尼亚州就此迎来了持续 12 年、绝不可能再现的经济繁荣。

新泽西州的情况也是如此。20 世纪 90 年代初,在詹姆斯·弗洛里奥(James Florio)增税以后,新泽西州的经济陷入了崩溃。后来,克莉丝汀·陶德·惠特曼(Christine Todd Whitman)州长把税率降低了 20%以上,新泽西州便迎来一波小繁荣,财政预算也出现了盈余。后来是乔恩·科尔辛出任州长,结果让魔鬼别西卜(Beelzebub)在私底下偷笑。

至于增税,在国家层面,只有胡佛和罗斯福在萧条时期提高税率。读者能够想象增税会造成什么结果。奥巴马总统试图尽其所能地步胡佛和罗斯福的后尘。在克林顿总统提高所得税率后,我们确实迎来了一次繁荣。

在赫普纳和其他一些人看来,加利福尼亚州在 1978 年通过第 13 号议案,应该是有远见卓识的选民预见到了 20 世纪 80 年代即将到来的繁荣并且乐观的杰里·布朗州长及时跟进的直接结果。现如今,加利福尼亚州由悲观的杰里·布朗州长主政,而加利福尼亚州的库克罗普斯式政治家们则预见到了加利福尼亚州的衰败,于是就决定增税。接下来赫普纳之流要给我们讲的故事就是,生孩子会导致 9 个月前的同房。

但是,我们的批评者们从未提起过的这种实实在在的联立方程偏倚,存在于他们采用中位数收入或者人均收入增长的错误逻辑的内核中。无论是收入还是人口增长都受到税收的影响,但是,把收入和人口合并在一个人均收入比率中,真实的相关性就被搞没了——因为不符合逻辑。

在一个自变量与回归分析中的一个误差项相关(由于在系数估计时引入了

偏差,因此很可能出现这种情形)的情况下,内生性就会增加。同步性是一种特殊类型的内生性,"一般通过均衡机制,出现在1个或1个以上的解释变量是与因变量一起决定时"。[21] 为了加以说明,我们来考察一种产品的供给和需求。这种产品在供给方程中的价格,是在生产成本给定情况下由这种产品的需求决定的。相反,需求方程中的价格取决于消费者对产品价格做出的回应。在均衡条件下,这种产品的供给和需求方程必然相等,并且决定产品的均衡价格和均衡产量。然而,就如阿尔弗雷德·马歇尔(Alfred Marshall)曾经指出的那样,供给与需求的交集就像一把剪刀的两片刀叶——谁也说不清楚是哪个方程决定了价格,就如同谁也说不清楚纸片是由剪刀的哪片刀叶剪开的。[22] 因此,在收集价格和数量数据时能观察到的是均衡值,它们会使选择因变量的努力任意化,从而导致表达均衡价格和数量决定方程的努力存在缺陷。例如,我们来考察一个平均工资影响工作时间,而工作时间受平均工资影响——换句话说,平均工资同时由供给和需求力量决定——的劳动力市场。平均工资数据反映均衡值,假定劳动力市场出清。当然,谁也说不清观察值是来自供给侧还是需求侧。

如果人均国内生产总值被作为平均工资的一个代理变量,那么,人均国内生产总值这个变量总体价值的变化既可归因于国内生产总值(即收入)变化,也能归因于人口变化。假设人均国内生产总值增加——既可归因于总体国内生产总值(即收入)增长和人口没有变化或者人口变化较小,也能归因于人口因移民(但收入没有被移民带走)而有所减少。因此,在估计就业增加是否影响了人均国内生产总值增长时,同步性或者方程联立性是一个问题,因为我们不清楚,到底是就业决定人口变化还是人口决定就业变化。[23] 或者换句话说,这样问题就变成了,是就业随人口变化,还是人口随就业变化?[24] 鉴于这种相互依存性,因此,就业增长和收入增长也受到方程联立性的困扰。[25] 为了缩小这种偏倚,我们倾向于考察人口增长、国内生产总值增长和就业增长,而不是人均评价指标。

高税州的绩效表现也可以好于低税州;因此,供给学派的理论是错误的

在研究州际经济绩效差异时,我们有充分的经济学理由把州际税种和税率差异作为正确的问题来考察。总而言之,经济学就是一门研究激励问题的学科,而税收肯定是一种激励手段。

人们不是为了纳税而工作或者储蓄,人们工作和储蓄是为了获得税后收入和税后储蓄回报。至少从观念上看,美国人在选择到哪个州去生活、工作和纳

税时会考虑各州之间的所得税和储蓄税差异,这一点无论在世界哪个国家都是说得通的。

同样,企业安排生产设施也不是为了缴税,它们安排生产设施是为了给股东创造税后回报。同样,在地球上的任何一个地方,我们都有充分的理由认为,税收差异会影响企业的选址决策。

我们拿吸烟/肺癌与税收/进一步经济增长进行类比。在癌症研究中,研究人员再三把吸烟与肺癌联系在一起。吸烟与肺癌之间有很强的一致相关性:长期吸烟的人群患肺癌的几率大于短期吸烟的人群;曾经吸过烟、现在已不吸烟的人患肺癌的几率取决于他们曾经吸烟的持续时间;所吸的烟量也会影响患肺癌的几率。

同样,一个税种设立时间越长,可能造成的损害就越大;这个税种征收到的税收越多,预期损害就越大;最后,这个税种越难规避,预期损害就越大。

重要的是应该记住,并不是每一个长期大量吸不带过滤嘴香烟的烟民都会患癌,而且远非如此。虽然从数学的角度看,一个反例足以推翻一个定理,但是,倘若是概率函数或者似然函数,那么是有可能出现反例的。吸烟与患肺癌之间的关系就是一种似然关系,而不是一种确定关系。税率和经济增长之间也存在同样类型的似然关系。

并非每次减税都能促进经济增长,但是,降低税率应该能够提升促进经济增长的可能性。偶然证实一个高税率与高增长相关的例子,并不能导致提高税率会降低经济增长率的理论失去权威性。但是,倘若有证实高税率与高增长相关的例子不断重复地出现,那么就足以使这个理论威信扫地。

有时,这种相关性可能非常紧密,譬如说,税收和经济增长除少数异常外,非常密切地一起变化;而在另一些时候,这种相关性可能非常松散,在税收和经济增长两个序列的相关关系中出现很多难以解释的变异。这些相关关系紧密性差异可用一种所谓的 R^2 方程或者被解释变异的百分比来测度。

相关关系的特殊性也很重要。例如,在肺癌研究中,研究人员发现了凭直觉说得通的结果。这种关于为什么吸烟会导致肺癌的粗糙逻辑,就是烟焦油会自行附着在吸烟者的肺上。吸烟往往对人体与烟雾接触最密切的部位影响最大。因此,研究人员常常发现,吸烟者的肺癌、喉癌、口腔癌和唇癌的发病率高于非吸烟者。人体所有这些与烟雾接触的部位被认为是人体最容易罹患癌症的部位,而且实际情况也确实如此。拿税收与经济增长的关系同吸烟与患癌的关系进行类比的结果令人吃惊。特定的税种既有特定效应,又有一般效应。州遗产税会影响富人的州际移民格局;加利福尼亚州的县销售税会影响加利福尼亚州的购物地点;互联网购物免征销售税也会影响网店相对于实体店的销售额;底特律的公司利润税驱使一些公司把总部搬到了别处。这样的故事还真说不完。

虽然州税的税率也是作用巨大的增长驱动因素,但这一点只有在具备以下条件的情况下才能成立:其他因素也很重要;有些高所得税州由于运气或者其他原因——如能源或农业景气或衰退或者军费开支增加等使像加利福尼亚和弗吉尼亚这样的州受益的因素,绩效表现好于某些零所得税州(就如有些终身吸烟者寿命比不吸烟者还要长)。不过,如果读者喜欢打赌,那么很快就会不服气地说,一般来说,不吸烟者远比吸烟者健康,而零所得税州比高税州更有可能实现繁荣。情况就是这么简单。

鉴于我们的研究结论有很坚固的统计和理论基础,一个热爱州民的州官绝不愿意用高所得税率来束缚自己的州民,就如同负责任的父母绝不会鼓励孩子吸烟一样。

不容否定的事实是:一般来说,在过去的10年乃至半个世纪里,零所得税州的人口、就业、税收和州内生产总值增长率都高于而且在某些情况下是大大高于高所得税州。这一点没有任何争论的余地。

俄克拉何马州反对减税

我们看到,俄克拉何马州的经济已经发展得相当好。事实上,我们已经比大多数零所得税州做得更好……自2000年以来,俄克拉何马州的人均收入增长率全美排名第七,比9个零所得税州中的7个州还要快……因此,我担心,取消所得税并不会产生支持者们认为会产生的回报。[26]

在分析俄克拉何马州最近实现的繁荣时,米基·赫普纳教授及其俄克拉何马州的同事们,毫不赞同俄克拉何马州在2005～2009年间大幅降低所得税率,或者俄克拉何马州在2001年通过工作权利保障法的做法。[27]可是,他们毫无例外地都把俄克拉何马州近来的经济繁荣作为不降低税率的理由,而不是把它作为降低税率能够产生的结果的证据。我们敢打赌,现在反对我们的人,当时肯定也都反对俄克拉何马州减税和通过工作权利保障法。你对此会感到意外吗?我们没有感到意外。读者也应该重温一下本章的第一节。我们的批评者个个都是在只雇用工会会员的机构工作的工会会员,这种机构经费来源于税收,而且还享受免税待遇,而我们的教授们就在这样的机构里工作。

在降低州所得税率前的1997～2004年间,俄克拉何马州的州内生产总值增长了43%,与美国国内生产总值增长率持平。在俄克拉何马州降低所得税税率以后,从2004年到2012年,俄克拉何马州的州内生产总值增长了43%,而美国国内生产总值只增长了32%。这是巧合吗?我们不这么认为。减税有助于州内生产总值增长。

现在,让我们来看看赫普纳为俄克拉何马州选定的"殊死斗士"——得克萨斯州。赫普纳表示:

> 本人非常喜悦和高兴地告诉您,从州人均经济增长率、人均收入增长率和家庭中位数收入增长率这三个指标来看,我们正在战胜得克萨斯州,而且胜算还很大呢。[28]

图8.1显示了俄克拉何马州和得克萨斯州在1997~2012年间的州内生产总值增长率真实数据。

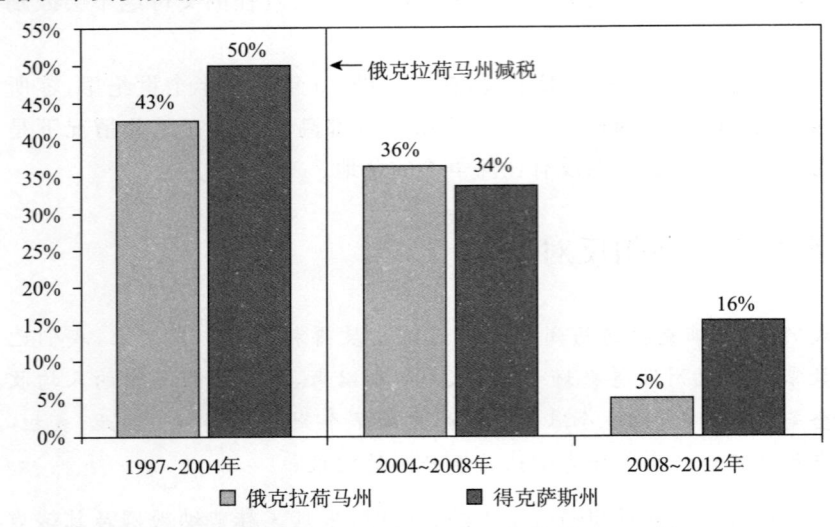

图8.1 俄克拉何马州与得克萨斯州州内生产总值增长率比较

资料来源:Laffer Associates,Bureau of Economic Analysis.

如图8.1所示,在1997~2004年间,得克萨斯州的州内生产总值增长率超过俄克拉何马州,两者分别是50%和43%;在另一个时期,即2004~2008年间(俄克拉何马州减税以后),俄克拉何马州的州内生产总值增长率超过了得克萨斯州,两者分别是36%和34%;此后,从2008年到2012年,得克萨斯州的州内生产总值增长幅度又超过俄克拉何马州,两者分别是16%和5%。由此可见,俄克拉何马州非常需要再一次减税。

根据美国国内税收署提供的2005~2010年这6年间美国纳税申报单数

据,从俄克拉何马州迁往得克萨斯州的纳税申报人比从得克萨斯州迁往俄克拉何马州的纳税申报人多2 217人,而且前一类纳税申报人的人均AGI要比后一类纳税申报人的人均AGI高出3 455美元(见表8.1)。

表8.1　美国国内税收署提供的美国州际移民数据:俄克拉何马州与得克萨斯州[a]

	2005~2010年合计		2005~2010年
	AGI总额 (10万美元)	填报申报单数量 (份)	单均AGI (美元)
以前在俄克拉何马州填报纳税申报单的得克萨斯州填报人	2 695.29	58 302	46 229.79
以前在得克萨斯州填报纳税申报单的俄克拉何马州填报人	2 399.02	56 085	42 774.66
净差额	296.27	2 217	3 455.12

a. 美国国内税收署通过比较某一年度与上一年度个人纳税申报单迁出、迁入数量,来确定某年的移民数据。例如,考察期第一年2005年的数据是通过比较2005年度当年与2004年度的纳税申报单迁出、迁入数量来获得的。

资料来源:Internal Revenue Service, Laffer Associates.

因此,我们真的不明白,赫普纳教授在说"我们正在战胜得克萨斯州,而且胜算还很大呢"[29]时是想表达什么意思。他甚至还说:

总之,我们不必为了击败得克萨斯州而要更像得克萨斯州,我们已经在这么做了。事实上,我们做得非常糟糕,因此,我常常不能理解,他们为什么不努力更加接近我们,因为经验也好、教训也罢,都表明我们比他们表现更好。[30]

经过思考,我们想问米基·赫普纳,如果所得税率应该降低,或者说所得税不应该被取消,那么,所得税率应该定多高呢?为什么不通过增加所得税来取代所有其他税收呢?或许,他可能还在做梦,还想在街道和学校都空无一人的俄克拉何马州做一个富有的逃税者。

除了坚决反对减少任何幅度的州财政支出或者所得税外,米基·赫普纳和其他学者难道就不应该提一些新的建议?

收入分布与高税率累进税法更加紧密地联系在一起

我们的批评者们常说,州累进所得税应该课征于那些最有能力承担这种税的人;所得税的任何削减"都会把税负由收入最高者转嫁给收入较低的中产阶级家庭"。[31]赫普纳教授和一切反对削减所得税的人运用的这个观点被称为"罗宾汉效应"(Robin Hood Effect)。

但是,就如同我们试图解释的那样,累进所得税没有收入再分配作用,而只有人口再配置效应。累进所得税也同样课征于雇用中低收入者的雇主自身,累进所得税在瞄准雇主的同时,也课征于雇员;我们不能在热爱就业机会的同时,又憎恨就业机会的创造者。

然而,最重要的是,所得税简直就是在保护我们当中最富有的人,并且阻止我们社会的最贫困成员变得富有。富人不用为他们的财富缴纳这种具有收入再分配效应的税收。譬如说,沃伦·巴菲特(Warren Buffett)可能拥有近600亿美元的财富[32],他的财富大部分以未实现资本利得的形式存在,因此从未被课征过税,并且永远也不会被课税。[33]巴菲特至少给他的孩子以及比尔·盖茨和梅琳达·盖茨(Bill and Melinda Gates)各自拥有的慈善基金免税捐献过资金。根据美国国会预算局(CBO)的所得定义,2010年巴菲特申报了近120亿美元的综合所得,但他纳税申报的AGI还不到4 000万美元,而缴税还不到700万美元。因此,巴菲特的实际税率在6/10 000左右(700万美元/120亿美元),而他本人声称是按17.4%(700万美元/4 000万美元)的税率缴税的。[34]

这个世界上的税收与经济政策研究所、米基·赫普纳和埃尔—霍迪瑞绝不会建议对沃伦·巴菲特的综合所得——包括未实现资本利得以及他捐给其孩子和富人朋友基金会的捐款在内——课征低税率统一税,而会赞成以较高的税率对他的未申报所得课税。多么虚伪!

再说,还存在只有社会最富有成员——被赠与税和遗产税瞄准的那个人群——能够利用的专门避税和节税方案。一些煞费苦心设计的避税方案,如慈善先付年金信托[又称杰奎琳信托(Jackie O. Trusts)]、家庭有限合伙、赠与人留存年金信托以及其他十余种避税方案,都允许我们社会的超级富豪规避各种一般家庭难以规避的税收。这里仅举一个例子,沃尔玛(Walmart)名下的沃尔顿家族基金会(Walton Family Foundation)由21个不同的沃尔顿家族信托创建,方便在一个时期里将数亿美元的资金以一种总体免税方式进行转移。[35]而且还会一直这样继续下去。

再者,比起适用于每个纳税人并且能为公共服务提供足够收入的低税率,我们的批评者们似乎更加喜欢没人缴税的高税率。

还有更多利用税法漏洞的明显例子——在这里是指其他地方立法者经常利用的例子,就是那些试图留住企业的州提供给企业的令人不能容忍的税收激励组合。我们在本章前面举过一个这类税收减免的重要例子,这个例子就是大众汽车公司从田纳西州获得了税收减免待遇。现在让我们把伊利诺伊州作为例子来说说伊利诺伊州极高的税率,以及过度监管是怎样不但把潜在的移民挡在了门外,而且还导致本州的就业机会、企业和居民外流的。2011年,伊利诺伊州州长帕特·奎恩(Pat Quinn)为了把西尔斯和芝加哥商品交易所集团(除非给予特殊的税收减免待遇,否则两者都威胁要迁走)留在伊利诺伊州,签署了一项税收抵免立法。根据《芝加哥论坛报》(Chicago Tribune)报道,给予这两家公司的税收抵免总额相当于伊利诺伊州每年要损失3.71亿美元的税收收入。[36]如果我们自己不必缴税,那么高税率肯定是好事!

对于贫困、少数种族和劣势群体来说,税收激励就像对于其他任何群体一样重要。对富人课税并把钱送给穷人只会使穷人人数增加,并且使富人人数减少。美国梦绝不是要让富人变穷,而始终是让穷人变富。为了帮助穷人,唯一的可持续对策就是发展经济。最好形式的福利就是提供好的高薪工作,促进就业的最好税收就是低税率统一税,而累进所得税、强制参加工会、继承税和其他反增长政策都会阻碍经济增长,并且制造它们自诩能解决的贫困问题。

但是,如果读者仍然不支持我们的观点,那么只需看看9个个人所得税最重和9个个人所得税最轻的州、9个税负最重和9个税负最轻的州以及11个公司所得税率最高和11个公司所得税率最低的州,在过去10年的人均个人收入和人均州内生产总值的增长情况(见表8.2)。如表8.2所示,那些希望对收入进行再分配的州似乎取得了成功,只不过是把穷人的收入再分配给了富人!所谓的"罗宾汉效应"实际上变成了"罗宾汉逆效应"。

表8.2　　　　　　　　　按照政策分组的州人均指标　　　　　　　　　单位:%

按个人所得税率分组	2013年个人所得税最高边际税率	2002~2012年变动率	
		人均个人收入	人均州生产总值
9个零个人所得税州	0.0	41.6	41.4
全美50州平均水平	5.7	40.7	38.8
9个个人所得税最重的州	10.2	39.6	37.6

按公司所得税率分组	2013年公司所得税最高边际税率	2002~2012年变动率	
		人均个人收入	人均州生产总值
11个公司所得税率最低的州	3.4	48.0	48.5
全美50州平均水平	7.2	40.7	38.8
11个公司所得税率最高的州	11.1	39.2	39.7

续表

按税负分组	2010年税负占个人收入的百分比	2002～2012年变动率	
		人均个人收入	人均州生产总值
9个税负最轻的州	7.8	44.3	46.2
全美50州平均水平	9.5	40.7	38.8
9个税负最重的州	11.3	39.0	33.9

资料来源：Bureau of Economic Analysis, Laffer Associates.

ALEC—拉弗指标乏善可陈；因此，他们的政策建议是错误的

在本节，我们只是部分复制由埃里克·弗洛伊茨和兰德尔·博茨德纳两位博士完成的名为"税收谎言已被识破"的优秀报告。[37]

一个较新的例子是，负责艾奥瓦州政策性项目的彼得·费舍尔（Peter Fisher）发表了一篇评论《富裕州与贫困州》中 ALEC—拉弗州政策排名结果的文章。这篇评论文章的题目"博士外出吃午饭去了"[38]（The Doctor Is Out to Lunch，这是直接指向拉弗博士的）颇具挑衅性。这篇文章通过自由媒体的进步组织和朋友网络获得了广泛的传播。

费舍尔关于"ALEC—拉弗的州排名结果与各州的经济健康状况没有任何关系"的发现与数据不符，而且再一次犯了分析过于简单化的毛病，从而得出了错误的结论。他没能认识到，《富裕州与贫困州》的分析就在于排名，而不是预测增长率。因此，ALEC—拉弗政策结果排名与各州经济绩效表现之间的比较显然是适当的。费舍尔完全可以简单地通过利用众所周知的一致的州绩效表现评价指标来进行这种比较。

我们在下面的讨论中，将介绍费舍尔本可轻松完成的分析。

费城联邦储备银行编制了州经济健康状况（1979年以来每个月份）的可比指标。[39]因为这些指标都是（多因素[40]）单一指标，所以很容易用它们来进行排名。根据这些指标进行的排名，可以与 ALEC—拉弗对全美50州所作的亲市场政策排名结果进行比较。

图8.2和表8.3显示了比较结果。它们明确显示，与费舍尔及其进步同仁们的分析结果不同，在 ALEC—拉弗排名与州经济健康状况排名之间存在明显的正向关系。图8.2显示了2008年版《富裕州与贫困州》公布的各州政策排名，与全美50州2008年、2009年、2010年、2011年和2012年（截至6月）绩效

表现排名之间的相关性。[41]图 8.2 中呈现出明显的正相关性。

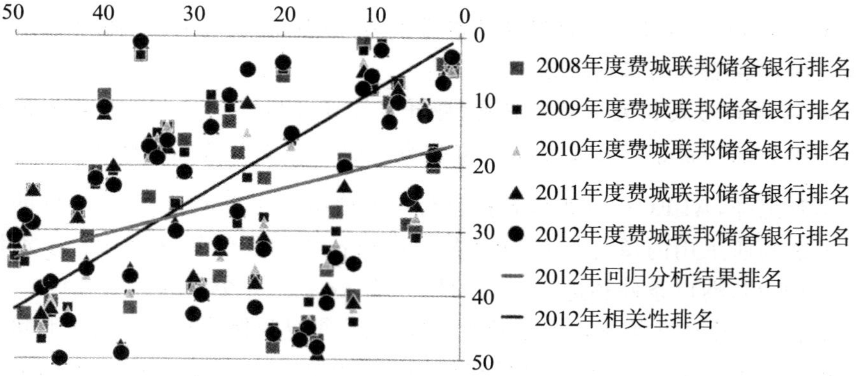

图 8.2　2008～2012 年度费城联邦储备银行排名

注：ALEC—拉弗排名越靠前，州绩效表现排名就越靠前。

资料来源：E. Fruits and R. Pozdena, "Tax Myths Debunked," American Legislative Exchange Council, February 2013, www.alec.org/docs/Tax_Myths.pdf.

表 8.3　ALEC—拉弗州政策排名结果与州经济绩效排名结果之间的相关性　　　单位：%

	ALEC—拉弗州政策排名年份				
	2008 年	2009 年	2010 年	2011 年	2012 年
斯皮尔曼（Spearman）等级相关： ALEC—拉弗排名与费城联邦储备银行的州绩效排名					
同年	38.9	40.7	28.7	26.4	27.1
1 年后	39.6	38.6	27.5	27.4	
2 年后	37.2	37.0	27.0		
3 年后	35.8	36.7			
4 年后	35.7				

资料来源：E. Fruits and R. Pozdena, "Tax Myths Debunked," American Legislative Exchange Council, February 2013, www.alec.org/docs/Tax_Myths.pdf.

如表 8.3 所示，我们进行了一种统计上更加复杂的检验，并且测度了一种研究排名的特别相关关系（所以这种相关关系就被称为"斯皮尔曼等级相关"）。这种检验方法恰到好处地测度了 ALEC—拉弗的州政策结果排名与费城联邦储备银行的州绩效排名之间的相关性。[42]在本例中，我们列示了《富裕州与贫困州》和费城联邦储备银行在相同年份以及 1 年后、2 年后、3 年后和 4 年后（从某种意义上说就是未来几年）排名之间的相关性。

我们的结论在以下方面完全不同于费舍尔的结论：

● 《富裕州与贫困州》的州经济前景排名，与目前及以后的州经济健康状况排名之间存在显著的正向关系。

● 两者的形式相关性并不完美（即并非等于 100%），因为还有其他因素影响一个州的经济前景。凡是经济学者都会接受这个显而易见的问题。

不管怎样，ALEC—拉弗排名独自与州绩效排名之间有 25%～40% 的相关性。考虑到所采用的单一变量包含多个影响各州增长的特殊因素——资源禀赋、交通便利、港口条件和进入市场的机会等，这可是一个很高的百分比。

我们鼓励全体政策制定者多看关于税率、工作权利保障政策等公共政策因素影响效应的专业文献，而不要盲目相信漏洞百出的研究结论。在本书的前面章节，我们进一步批判了认为税率这样的因素不重要的观念。我们从不这样认为。

联邦税率比州税率重要；因此，州税率不重要

我们的批评者们还说，联邦税率由于比州税率高那么多，因此远比州税率重要。在某些场合，这种说法也许是很正确的。读者肯定遇到过远比我们更加反对高税率的人。然而，仅仅是因为联邦税率对于全美经济比州税率更加重要，这并不意味着州税率就不重要。实际上，承认联邦税率重要，是承认州税率也重要的前提。毕竟，联邦税和州税都是税。

从经济学的角度看，应该取消所得税而不是其他税种的一个重要原因就是，所得税直接影响边际或者增量工作和创新动机。任何其他重要州税都不存在像所得税那样的边际影响。在税额相同的情况下，在所有重要税种中，所得税无疑是对产出、就业和生产危害最大的税种。

虽然联邦税法在全美 50 州基本相同，但各州的州和地方税法大相径庭。[43]因此，如果某人由于税收原因从一个州迁往另一个州，那么看起来似乎很明显，州和地方税应该是导致州际人口流动的决定性因素。企业或者家庭从美国的一个州迁往另一个州，远远要比从一个国家移民到另一个国家容易。[44]

富人使用更多的公共资源，他们——而不是别人——应该为购买公共资源付钱；我们需要累进度更高而不是更低的税种

在与我们辩论的过程中，赫普纳教授提出了一个我们从来没有听说过的非

常奇怪的论点。就在赫普纳教授提出他的论点没过 2 个月,奥巴马总统几乎一字不差地重复了赫普纳的原话。以下就是赫普纳教授说的原话:

  富人并不是依靠自己致富的。他们是作为一个系统和一个国家的一分子才富起来的,国家养育了民众,修建了道路,营造了经商环境,提供了我们的城市、州和国家所需的基础设施。[45]

  随后,赫普纳教授又说道,富人多亏政府才取得了成功,因而应该比那些并不富裕的人按更高的税率缴税。

  赫普纳根据显然是正确的观察值进行推论,所犯的第一个逻辑错误就是,政府并没有提供整个资源"体系",而是纳税人和私人部门创造了全部资源。亨利·福特(Henry Ford)在专为机动车提供的公共道路问世之前就发明了汽车。

  赫普纳所犯的第二个逻辑错误就是,人人都有均等的机会使用我们社会提供的全部资源。这些资源,我们的社会是向全体成员提供的,但有些社会成员很好地利用了社会提供的资源,而有些社会成员没能很好地加以利用。因此,那些能够用好人人可用的资源的人,没有任何理由应该按比例比那些没有用好人人可用的资源的人多付钱。

  然后,由上述第二个逻辑错误导致了第三个逻辑错误,那就是,要求那些用好人人可用的资源的人超比例地多付钱。对通过利用人人可用的资源而受益最多的人按高税率征税,这一做法肯定只会减少总财富,并且阻止下一代人进步(即会减少下一代人人可用的资源)。动机和激励非常重要。

什么样的证据才算足够充分?如果事实被颠倒了,我们就会承认

  我们经常会自问:是否存在任何数量的证伪性数据,能使我们的批评者改变他们的主意?我们一直牢记已故逻辑学家波特兰·罗素(Bertrand Russell)说过的话:

  迫害常出现在神学中,而不会出现在算术中,因为算术中有知识,而神学中只有观点。因此,一旦您发现自己因意见分歧而生气,务必要提醒自己。通过思考,您很可能发现自己的观点正在超越证据所能证明的范畴。[46]

  如果 11 个征收累进所得税的州都能使自己的增长率超过美国其他州的增长率,那么我们就会皈依左翼,申请到美国税收与经济政策研究所或者中央俄

克拉何马州大学商学院(University of Central Oklahoma's College of Business)去工作。

我们真的只想知道,哪类证据能用来说服我们的批评者们不要那么任性,并且与我们合作。对于我们来说,如果 9 个零所得税州的绩效表现一直不如 9 个所得税最重的州,那么我们自己也会怀疑我们的观点的依据本身。

如果纳税人总的来说是从低税州迁往高税州,如果从低税州迁入高税州的纳税人的 AGI 超过从高税州迁入低税州的纳税人的 AGI,那么我们就会举白旗投降。

如果我们的计量经济学研究结果表明,高税率显著与人口高增长和经济大繁荣正相关,那么我们就会高举双手大喊"投降"。

如果加利福尼亚州的增长率随着杰里·布朗州长的每次增税行动而加速上涨,而得克萨斯州的繁荣则因里克·佩里州长实施低税、低监管和自由企业政策而烟消云散,那么我们就会向我们的批评者们跪地求饶。

在我们的全部证据和引证文献面前,我们的批评者们应该不再会相信他们之前持有的有关州税增长效应的观点。我们的批评者们之所以要求联邦政府为雇用教师和消防员以及建设公路而拨款数百亿美元,而不是要求各州自筹资金,其中一个原因就是,他们明白,我们的州由于竞争力的原因,从经济的角度看,无法显著增加自己的税收。我们的一些批评者调侃地称这为"逐底竞争"。可是,如果税收不会影响市场主体的行为和流动,那么为什么要开展一种减税"逐底竞争"呢?

没有什么比他们对自己的非理性判断的自信更容易让我们的批评者们受骗的了,而且自欺欺人的潜在可能性始终很大。这也是我们不断核对、复核、检验和复验我们各种假设的原因所在,我们希望我们的批评者们能与我们合作,对他们的观点进行检验。

事实上,奥巴马总统的前经济顾问委员会主席克里斯蒂娜·罗默(Christina Romer)已经在她近在 2010 年的学术研究成果中,承认税率会深刻影响经济增长结果。她写道:"总之,增税看来会对产出产生很大、持续和显著的负面影响。"她还写道:"这些影响的持续性意味着,这是供给侧的影响。"随后,她又写道:"减税会产生很大的、持续的正面产出效应","在任何情况下,税收变革的产出效应仍然很大,并且具有高度的统计显著性。"[47] 为什么我们的批评者们就不能理解这些研究发现呢?

我们还可以举另一个例子:很长时间以来,我们的批评者们一直主张——因此很有市场——网络销售应该缴税。他们认为,如果网络销售不用缴税,那么网上购物的人就能规避销售税。等一下,如果税收不会影响市场主体的行为,那么网络销售缴不缴销售税又有什么关系呢?而且,一些州试图说服联邦政府责成各州对网购征税。这样,网购征税州的企业和销售额就不会流向网购不征税州。

纽约、加利福尼亚、新泽西和其他一些高税州为什么要花那么多通过增税筹集到的资金,试图查明,是否有高收入居民为了规避所得税,每年在佛罗里达州或者田纳西州住满183天呢?如果所得税不重要,为什么总有人想迁往零所得税州居住?我们都知道,一年在加利福尼亚州或者纽约州居住不超过182天的人就不用缴纳这两个州的所得税。北方人甚至给那些为了规避所得税而在佛罗里达州住足时间的人取了一个绰号——"候鸟"。

不但州一级的数据证实了我们关于全美50州的观点,而且国家经济增长率与国家经济政策之间的关系也证明了我们的观点。国家的时间序列数据和州的时间序列数据证明了相同的结果,而且特定州和特定税种的研究也证明了我们的观点。我们还应该做些什么才能证明经济学的最基本原理呢?我们既不能通过在某个州征税来使它繁荣,也不能通过征税让穷人变富。如果我们对富人课税并把钱送给穷人,那么迟早会引来很多很多的穷人,而富人就会消失。这一点其实不难理解。

倘若对现实世界——尤其是对与政策措施相关的人类行为——的定量观察不能证明我们的假设,那么我们很乐意改变我们的假设。既然我们的批评者们的假设被证明是错误的,他们为什么就不愿改变他们的假设呢?

或许,我们首先必须通过废除税法第501(c)(3)节的免税规定,把大学和公共政策制定者群体像其他组织或者个人一样纳入税册。其次,我们应该不再利用税收收入来补贴教授,而要求他们像我们所有其他人一样,自己挣钱来支付自己的薪水。如果他们自己都不玩游戏,那么就不应该允许他们来制定规则。

~~~~~~~~~~

注释:

[1] Mohamed El-Hodiri, "Kansas Is Bleeding for the Wrong Causes," *Wichita Eagle*, May 10, 2013, www.kansas.com/2013/05/10/2796605/mohamed-el-hodiri-kansas-is-bleeding.html.

[2] Upton Sinclair, *I, Candidate for Governor: And How I Got Licked* (Berkeley: University of California Press, 1935), 109.

[3] "States with 'High Rate' Income Taxes Are Still Outperforming No-Tax States," Institute on Taxation and Economic Policy, February 2013,

www. itep. org/pdf/lafferhighrate. pdf.

[4] B. Smith, "The Great Minnesota Exodus Tax Acts of 2013," *St. Paul Pioneer Press*, December 27, 2013, http://ads. twincities. com/st-paul-mn/communication/newspaper/smith-robert/2013-12-27-811679-paid-advertisement-the-great-minnesota-exodus-tax-acts-of-2013-analysis-they-merely-redistribute-population-as-for-businesses-let-s-not-kill-the-geese-that-lay-the-golden-eggs-the-warehouse-tax-does-not-bode-well-for-the-minnesota-busine.

[5] "'High Rate' Income Tax States Are Outperforming No-Tax States," Institute on Taxation and Economic Policy, February 2012, www. itepnet. org/pdf/junkeconomics. pdf.

[6] "'High Rate' Income Tax States Are Outperforming No-Tax States," Institute on Taxation and Economic Policy, February 2012, www. itepnet. org/pdf/junkeconomics. pdf.

[7] Bernie Woodall, "Tennessee Legislator Believes Governor Offered VW Deal to Keep UAW Out," Reuters, September 12, 2013, www. reuters. com/article/2013/09/12/us-autos-vw-tennessee-idUSBRE98B1BW20130912.

[8] "'High Rate' Income Tax States Are Outperforming No-Tax States."

[9] 关于这个主题的更多内容，请参阅本书第一章。

[10] 米基·赫普纳是中央俄克拉何马大学在编教师和商学院院长。这是赫普纳在俄克拉何马州2012年5月9日举行的"税收政策论坛"上的发言。有关辩论的详细内容，请浏览：http://www. youtube. com/watch? v＝uMnKdMHxYTU&feature＝youtu. be.

[11] "States with 'High Rate' Income Taxes Are Still Outperforming No-Tax States."

[12] 请参阅注释[10]。

[13] "'High Rate' Income Tax States Are Outperforming No-Tax States."

[14] "'High Rate' Income Tax States Are Outperforming No-Tax States."

[15] "过去10年"是指2002～2012年。

[16] Arthur B. Laffer and Wayne H. Winegarden, "The Economic Consequences of Tennessee's Gift and Estate Tax," Laffer Center for Supply-Side Economics and Beacon Center of Tennessee, March 2012, www. laffercenter. com/2012/03/economic-consequences-tennessees-gift-estate-tax/.

[17] 这就是他们所写的："因为人口增加会导致需求增加，所以，经历人口

快速增长的州自然也会经历工作总量和经济产出总值较大幅度的增长。"

[18] 在学术圈里,将这种某个未来事件导致发生当前事件的现象称为"后此谬误"["后此,所以因此"(post hoc, ergo propter hoc)谬误的缩写]。

[19] "Eliminating the State Income Tax in Oklahoma: An Economic Assessment," Arduin, Laffer & Moore Econometrics and Oklahoma Council of Public Affairs, November 2011, http://heartland.org/sites/default/files/OCPA_ALME_Income_Tax_FINAL.pdf.

[20] 请参阅注释[10]。

[21] Jeffrey Wooldridge, *Introductory Econometrics*, 4th ed. (Mason, OH: South-Western Cengage Learning, 2009), 546.

[22] Alfred Marshall, *Principles of Economics*, 8th ed. (London: Macmillan, 1920).

[23] D. Clark and C. Murphy, "Countywide Employment and Population Growth: An Analysis of the 1980s," *Journal of Regional Science* 36 (1996): 235–256.

[24] G. Gebremariam, T. Gebremedhin, and P. Schaeffer, "Analysis of County Employment and Income Growth in Appalachia: A Spatial Simultaneous-Equations Approach," *Empirical Economics* 38 (2010): 23–45.

[25] G. Gebremariam, T. Gebremedhin, and P. Schaeffer, "Analysis of County Employment and Income Growth in Appalachia: A Spatial Simultaneous-Equations Approach," *Empirical Economics* 38 (2010): 23–45.

[26] 请参阅注释[10]。

[27] 俄克拉何马州从 2005 年开始降低个人所得税税率,从 2004 年的 7% 这一高税率降到了 2013 年的 5.25%。

[28] 请参阅注释[10]。

[29] 请参阅注释[10]。

[30] 请参阅注释[10]。

[31] 请参阅注释[10]。

[32] 在 2013 年《福布斯》美国 400 富豪榜单中,沃伦·巴菲特估计拥有财富 585 亿美元。www.forbes.com/forbes-400/list.

[33] 关于沃伦·巴菲特及其税收的更多内容,请参阅:Arthur B. Laffer, "Warren Buffett's Call for Higher Taxes on the Rich," Laffer Associates, January 3, 2012. 亚瑟·B. 拉弗在发表于 2012 年 1 月 11 日《华尔街日报》上的

"Class Warfare and the Buffett Rule"一文中进行了概述。

［34］请参阅亚瑟·B. 拉弗发表在 2012 年 1 月 11 日《华尔街日报》上的"Class Warfare and the Buffett Rule", http://online.wsj.com/news/articles/SB1000142405970203462304577138961587258988.

［35］Zachary R. Mider, "How Wal-Mart's Waltons Maintain Their Billionaire Fortune," Bloomberg, September 11, 2013, www.bloomberg.com/news/2013-09-12/how-wal-mart-s-waltons-maintain-their-billionaire-fortune-taxes.html.

［36］Kathy Bergen, "Quinn Signs Sears-CME Tax Breaks into Law," *Chicago Tribune*, December 16, 2011, http://articles.chicagotribune.com/2011-12-16/business/chi-quinn-signs-searscme-tax-breaks-into-law-20111216_1_cme-and-cboe-sears-cme-employee-income-taxes.

［37］Eric Fruits and Randall Pozdena, "Tax Myths Debunked," American Legislative Exchange Council, February 2013, www.alec.org/docs/Tax_Myths.pdf.

［38］Peter Fisher, "The Doctor Is Out to Lunch: ALEC's Recommendations Wrong Prescription for State Prosperity Iowa Policy Project," Iowa Policy Project, July 24, 2012, www.iowapolicyproject.org/2012 Research/120724-rsps.html.

［39］具体来说，费城联邦储备银行为全美每个州编制一种月指数。这种月指数把 4 个州级指标合并在一起，这样就可用一个统计量来概述当期经济状况。各州月指数中包含的 4 个州级变量分别是非农就业人口、制造业平均工作时间、失业率，以及实际工资和薪水支付额（扣除通胀因素）。非农就业人口、失业率、制造业平均工作时间和消费价格指数的数据取自美国劳工统计局。每个州的实际工资与薪水支付额（个人收入的一个分量）和州内生产总值，可从美国经济分析局那里获得。费城联邦储备银行采用的方法保证了 50 个州的计算方法相同，因此，各州的指数具有可比性。

［40］Theodore M. Crone and Alan Clayton-Matthews, "Consistent Economic Indexes for the 50 States," *Review of Economics and Statistics* 87 (2005): 593–603.

［41］2012 年 9 月采用的各州月指数数据取自：www.philadelphiafed.org/research-and-data/regional-economy/indexes/concident/concident-historical.xls. 各州所用的数据都是 6 月份的月指数，这样就可以对 2008～2012 年的数据进行

分析。作者(Fruits and Pozdena)根据指数值对各州进行了排名。

[42] 考虑到 ALEC—拉弗州排名十分简单(因为它的分量排序采用未加权平均值),因此,这是一个令人印象深刻的相关关系。

[43] 毫不奇怪,即使联邦税法没有变更,各州间的联邦税收也相差巨大。替代性最低税额(AMT)对高税州的影响要大得多。因为州税缴纳额是"优先扣除项",所以不可用来计算 AMT 的税基。如果纳税申报人详细列明的话,那么至少有 1 个州允许把联邦税作为州税扣除项,而联邦税也允许扣除州税。

[44] 对于有些纳税人来说,联邦税负非常沉重,从而导致他们主要是由于税收原因而放弃了美国国籍。一些美国富人由于税收原因而放弃美国国籍移居国外,近来已经成为一个全国关心的问题。就此而言,美国税收与经济政策研究所关于没有人会因为税收原因从一个州迁往另一个州的论点,至少可以说值得商榷。

[45] 请参阅注释[10]。

[46] Bertrand Russell, *Unpopular Essays* (New York: Simon & Schuster, 1950).

[47] Christina D. Romer and David H. Romer, "The Macroeconomic Effects of Tax Changes: Estimates Based on a New Measure of Fiscal Shocks," *American Economic Review* 100 (June 2010), http://emlab.berkeley.edu/users/dromer/papers/RomerandRomerAER-June2010.pdf.

参考文献

如果读者有兴趣深入研究影响经济增长的因素，可参阅以下参考文献：

Abuselidze, G. "The Influence of Optimal Tax Burden on Economic Activity and Production Capacity." EconStore Open Access Articles, 2012. http://econpapers.repec.org/article/zbwespost/76882.html.

Adams, J. R. "New York Moves to the Supply-Side." Laffer Associates, April 8, 1981.

Alesina, A., and S. Ardagna. "Tales of Fiscal Adjustments." *Economic Policy* 27 (October 1998): 489–545.

Alesina, A., S. Ardagna, R. Perotti, and F. Schiantarelli. "Fiscal Policy, Profits, and Investment." *American Economic Review* 92, no. 3 (June 2002): 571–589.

Alesina, A., and R. Perotti. "Fiscal Expansions and Adjustments in OECD Countries." *Economic Policy* 21 (1995): 207–247.

Alesina, A., R. Perotti, and J. Tavares. "The Political Economy of Fiscal Adjustments." Brookings Institution, Papers on Economic Activity, Spring 1998.

Alesina, A., and D. Rodrik. "Distributive Politics and Economic Growth." *Quarterly Journal of Economics* 109, no. 2 (May 1994): 465–490.

Alm, J., and J. Rogers. "Do State Fiscal Policies Affect State Economic Growth?" *Public Finance Review* 39, no. 4, 483–526, July 2011. Link to working paper version: http://econ.tulane.edu/RePEc/pdf/tul1107.pdf.

Altig, D., A. J. Auerbach, L. J. Smetters, A. Kent, and J. Walliser. "Simulating Fundamental Tax Reform in the United States." *American Economic Review* 91, no. 3 (2001): 574–595.

Americans for Fair Taxation. "Replacing the U.S. Federal Tax System with a Retail Sales Tax—Macroeconomic and Distributional Impacts." Americans for Fair Taxation, December 1996.

Ardagna, S. "Fiscal Stabilizations: When Do They Work and Why?" *European Economic Review* 48, no. 5 (October 2004): 1047–1074.

Arduin, Laffer and Moore Econometrics. "Eliminating the State Income Tax in Oklahoma: An Economic Assessment." OCPA, November 2011.

Arduin, Laffer and Moore Econometrics. "Enhancing Texas' Economic Growth through Tax Reform: Repealing Property Taxes and Replacing the Revenues with a Revised Sales Tax." Texas Policy Foundation, 2009.

Atkinson, A., and A. Leigh. "Understanding the Distribution of Top Incomes in Five Anglo-Saxon Countries over the Twentieth Century." IZA Discussion Paper 4937, May 2010.

Auerbach, A. J. "Capital Gains Taxation in the United States." Brookings Institution, Papers on Economic Activity, no. 2 (1988): 595–631.

Auerbach, A. J. "Tax Reform, Capital Allocation, Efficiency and Growth." Unpublished, December 21, 1995.

Auten, G., and R. Carroll. "The Effect of Income Taxes on Household Behavior." *Review of Economics and Statistics* 81, no. 4 (1999): 681–693.

Auten, G., H. Sieg, and C. Clotfelter. "Charitable Giving, Income, and Taxes: An Analysis of Panel Data." *American Economic Review* 92, no. 1 (2002): 371–382.

Ball, Philip. *Curiosity: How Science Became Interested in Everything.* Chicago: University of Chicago Press, 2012.

Bankman, J. "Who Should Bear Tax Compliance Costs?" Working Paper, Berkeley Program in Law and Economics, University of California, Berkeley, 2003. www.escholarship.org/uc/item/2tt3c5dr.

Barro, R. J. "Determinants of Economic Growth: A Cross-Country Empirical Study." National Bureau of Economic Research, No. 5698, 1996. www.iedm.org/uploaded/pdf/robertjbarro.pdf.

Barro, R. J. "Economic Growth in a Cross Section of Countries." *Quarterly Journal of Economics* 106, no. 2 (May 1991).

Barro, R. J., and X. Sala-i-Martin. "Convergence." *Journal of Political Economy* 100, no. 2 (1992): 223–251. www.jstor.org/discover/10.2307/2138606?uid=3739912&uid=2129&uid=2&uid=70&uid=4&uid=3739256&sid=21103343115223.

Barro, R. J., and X. Sala-i-Martin. "Public Finance in Models of Economic Growth." *Review of Economic Studies* 59 (1992): 645–661.

Bartik, T. J. *Who Benefits from State and Local Economic Development Policies?* Kalamazoo, MI: W.E. Upjohn Institute, 1991.

Bartlett, B. "The Futility of Raising Tax Rates." Cato Institute Policy Analysis, no. 192, April 8, 1993. http://heartland.org/sites/all/modules/custom/heartland_migration/files/pdfs/5313.pdf and http://heartland.org/sites/all/modules/custom/heartland_migration/files/pdfs/5314.pdf.

Baumol, W. J. "Macroeconomics of Unbalanced Growth: The Anatomy of Urban Crisis." *American Economic Review* 57, no. 3 (1967): 415–426.

Baumol, W. J., R. E. Litan, and C. J. Schramm. *Good Capitalism, Bad Capitalism, and the Economics of Growth and Prosperity*. New Haven, CT: Yale University Press, 2007.

Beach, W. W. "The Case for Repealing the Estate Tax." Heritage Foundation, Backgrounder 1091, 35298.

Becsi, Z. "Do State and Local Taxes Affect Relative State Growth?" *Economic Review*, March/April 1996. https://www.frbatlanta.org/filelegacydocs/ACFD5.pdf.

Benson, B. L., and R. Johnson. "The Lagged Impact of State and Local Taxes on Economic Activity and Political Behavior." *Economic Inquiry* 24, no. 3 (1986): 389–401.

Bildirici, M. E., and F. Kayikci. "Effects of Oil Production on Economic Growth in Eurasian Countries: Panel ARDL Approach." *Energy* 49 (January 2013): 156–161.

Block, S. "A Taxing Challenge: Even Experts Can't Agree When Preparing a Sample Tax Return." *USA Today*, 39167. www.usatoday.com/money/perfi/taxes/2007-03-25-tax-preparers-hypothetical_N.html.

Blomquist, S., and H. Selin. "Hourly Wage Rate and Taxable Labor Income Responsiveness to Changes in Marginal Tax Rates." Uppsala University Working Paper, 2009.

Blundell, R., and T. Macurdy. "Labor Supply: A Review of Alternative Approaches." Institute for Fiscal Studies, Working Paper Series W98/18, 1999. http://aysps.gsu.edu/isp/files/SESSION_VII_LABOUR_SUPPLY_A_REVIEW_OF_ALTERNATIVE_APPROACHES.pdf.

Boeri, T., M. Burda, and F. Kramarz, eds. *Working Hours and Job Sharing in the EU and USA: Are Europeans Lazy? Or Americans Crazy?* New York: Oxford University Press, 2008.

Boskin, M. "A Framework for the Tax Reform Debate." U.S. House of Representatives, June 6, 1995.

Boskin, M. "Taxation, Saving, and the Rate of Interest." *Journal of Political Economy* 86, no. 2, Part 2: Research in Taxation (April 1978): S3–S27.

Boskin, M., G. G. Cian, and H. W. Watts, eds. *The Economics of the Labor Supply in Income, Maintenance and Labor Supply.* Chicago: Rand McNally, 1973.

Broadbent, B., and K. Daly. "Limiting the Fall-Out from Fiscal Adjustment." Goldman Sachs, Global Economics Paper 195, 2010.

Brostek, M. "Tax Compliance: Multiple Approaches Are Needed to Reduce the Tax Gap." Tax Issues Strategic Issues Team, Government Accountability Office, GAO-07-391T, 2007.

Brueckner, J., and L. Saavedra. "Do Local Governments Engage in Strategic Property-Tax Competition?" *National Tax Journal* 54 (2001): 203–229.

Brumbaugh, D. L., G. A. Essenwein, and J. G. Gravelle. "Overview of the Federal Tax System." CRS Report for Congress, RL32808, March 10, 2005.

Buchholz, T. G., and R. W. Hahn. "Does a State's Legal Framework Affect Its Economy?" U.S. Chamber of Commerce, November 13, 2002.

Burkhauser, R., J. Larrimore, and K. Simon. "A 'Second Opinion' on the Economic Health of the American Middle Class." NBER Working Paper 17164, 2011.

Burman, L. E., K. Clausing, and J. O'Hare. "Tax Reform and Realizations of Capital Gains in 1986." *National Tax Journal* 47, no. 1 (1994): 1–18.

Burman, L. E., and W. C. Randolph. "Measuring Permanent Responses to Capital-Gains Tax Changes in Panel Data." *American Economic Review* 84, no. 4 (September 1994): 794–809.

California Business Roundtable. "Twelfth Annual Business Climate Survey." California Business Roundtable, January 2002.

California Chamber of Commerce. "Survey: Migration Out of State Growing." California Chamber of Commerce, February 27, 2003.

Canto, V. A., and R. I. Webb. "The Effect of State Fiscal Policy on State Relative Economic Performance." *Southern Economic Journal* 54, no. 1 (July 1987).

Carroll, R., and D. Joulfaian. "Tax Rates, Taxpayer Behavior, and the 1993 Tax Act." U.S. Department of the Treasury, Office of Tax Analysis Working Paper, 1998.

Cebula, R. J. "Interstate Migration and the Tiebout Hypothesis: An Analysis According to Race, Sex and Age." *Journal of the American Statistical Association* 69, no. 348 (December 1974): 876–879. www.jstor.org/discover/10.2307/2286156?uid=3739912&uid=2129&uid=2&uid=70&uid=4&uid=3739256&sid=21103342323413.

Cebula, R. J. "Local Government Policies and Migration: An Analysis for SMSA's in the United States, 1965–1970." *Public Choice* 19, no. 3 (November 17, 1974): 85–93. http://mpra.ub.uni-muenchen.de/50068/.

Cebula, R. J. "Migration and the Tiebout-Tullock Hypothesis Revisited." *American Journal of Economics and Sociology* 68, no. 2 (2009): 541–551. www.ppge.ufrgs.br/GIACOMO/arquivos/eco02268/cebula-2009.pdf.

Cebula, R. J. "A Survey of the Literature on Migration-Impact of State and Local Government Policies." *Public Finance/Finances Publiques* 34, no. 1 (1979): 69–84.

Checherita, C., and P. Rother. "The Impact of High and Growing Debt on Economic Growth: An Empirical Investigation for the Euro Area." ECB Working Paper 1237, August 2010.

Chirinko, B., and D. J. Wilson. "State Business Taxes and Investment: State-by-State Simulations." *Economic Review* of San Francisco Federal Reserve (April 2010): 13–28. http://ideas.repec.org/a/fip/fedfer/y2010p13-28.html.

Clark, D. E., and W. J. Hunter. "The Impact of Economic Opportunity, Amenities, and Fiscal Factors on Age-Specific Migration Rates." *Journal of Regional Science* 3, no. 3 (1992): 349–365.

Clotfelter, C., and R. Schmalbeck. "The Impact of Fundamental Tax Reform on Nonprofit Organizations." In *Economic Effects of Fundamental Reform*, edited by HenryAaron and William Gale, 211–246. Washington, DC: Brookings Institution Press, 1996.

Cobb, C. W., and P. H. Douglas. "A Theory of Production." *American Economic Review* (March 1928): 139–165.

Congressional Budget Office. "Labor Supply and Taxes." U.S. Congress: Congressional Budget Office, January 1996.

Coors, A. C., and A. B. Laffer. "Tax Trouble in Gotham City." Laffer Associates, May 6, 2003.

Coors, A. C., A. B. Laffer, and M. Miles. "Dividends: Stop the Discrimination." Laffer Associates, December 16, 2002.

Cournede, B., and F. Gonand. "Restoring Fiscal Sustainability in the Euro Area: Raise Taxes or Curb Spending?" OECD Economics Department Working Paper 520, 2006.

Cox, W., and E. J. McMahon. "Empire State Exodus: The Mass Migration of New Yorkers to Other States." Empire Center for New York Policy, 2009.

Crone, T. M., and A. Clayton-Matthews. "Consistent Economic Indexes for the 50 States." *Review of Economics and Statistics* 87 (2005): 593–603.

Dowding, K., and P. John. "Tiebout: A Survey of the Empirical Literature." *Urban Studies* 31 (1994): 767–797.

Dye, T. R. "The Economic Impact of the Adoption of a State Income Tax in New Hampshire." National Taxpayers Union Federation, October 1, 1999. http://heartland.org/sites/all/modules/custom/heartland_migration/files/pdfs/6926.pdf.

Dye, T. R. "Taxing, Spending, and Economic Growth in the American States." *Journal of Politics* 42, no. 4 (November 1980): 1085–1107.

Edwards, C. "Income Tax Rife with Complexity and inefficiency." Cato Institute Tax & Budget Bulletin 33, April 2006.

Edwards, C. "Options for Tax Reform." Cato Institute Policy Analysis, no. 536, February 24, 2005.

Engen, E., J. Gravelle, and K. Smetters. "Dynamic Tax Models: Why They Do the Things They Do." *National Tax Journal* 50, no. 3 (1997): 657–682.

Engen, E., and J. Skinner. "Taxation and Economic Growth." *National Tax Journal* 49, no. 4 (December 1996): 617–642.

Feenberg, D. R., and J. M. Poterba. "Income Inequality and the Incomes of Very High-Income Taxpayers: Evidence from Tax Returns." In *Tax Policy and the Economy*, Vol. 7, edited by J. M. Poterba, 145–177. Cambridge, MA: MIT Press, 1993.

Feldman, N., and P. Katuscak. "Effects of Predictable Tax Liability Variation on Household Labor Income." Charles University Center for Economic Research and Graduate Education, 2012. https://www.cerge-ei.cz/pdf/wp/Wp454.pdf.

Feldstein, M. "Tax Avoidance and the Deadweight Loss of the Income Tax." *Review of Economics and Statistics* 81, no. 4 (1999): 674–680. www.jstor.org/discover/10.2307/2646716?uid=3739912&uid=2129&uid=2&uid=70&uid=4&uid=3739256&sid=21103343548453.

Fleisher, M. P. "Why I'm Not Hiring." *The Wall Street Journal*, August 9, 2010.

Forman, J. "Simplification for Low Income Taxpayers." Joint Committee on Taxation: Study of the Overall State of the Federal Tax System, 2001.

Fox, W. F., H. W. Herzog, and A. M. Schlottman. "Metropolitan Fiscal Structure and Migration." *Journal of Regional Science* 29, no. 4 (1989): 523–536.

Fruits, E., and R. Pozdena. "Tax Myths Debunked." American Legislative Exchange Council, February 2013. www.alec.org/docs/Tax_Myths.pdf.

Fullerton, D. "Comment on 'High-Income Families and the Tax Changes of the 1980s: The Anatomy of Behavioral Response.'" In

Empirical Foundations of Household Taxation, edited by Martin Feldstein and James Poterba, 189–192. Chicago: University of Chicago Press, 1996.

Gale, W. G., and J. Holtzblatt. "The Role of Administrative Factors in Tax Reform: Simplicity, Compliance and Enforcement." Brookings Institution, 2000. www.brookings.edu/views/papers/gale/20001201.pdf.

Gallaway, L., R. Vedder, and R. Lawson. "Why People Work: An Examination of Interstate Variations in Labor Force Participation." *Journal of Labor Research* 12, no. 1 (Winter 1991).

Garrett, T. "U.S. Income Inequality: It's Not So Bad." Federal Reserve Bank of St. Louis, Spring 2010. www.stlouisfed.org/publications/itv/articles/?id=1920.

Genetski, R. J., and L. Ludlow. "The Impact of State and Local Taxes on Economic Growth: 1963–1980." *Harris Economics*, December 17, 1982. http://heartland.org/sites/all/modules/custom/heartland_migration/files/pdfs/15673.pdf.

Genetski, R. J., and J. W. Skorburg. "The Impact of State & Local Taxes on Economic Growth: 1975–1987." Chicago Association of Commerce and Industry. http://heartland.org/policy-documents/impact-state-local-taxes-economic-growth-1975-1987.

Gentry, W. H., and R. C. Hubbard. "The Effects of Progressive Income Taxation on Job Turnover." *Journal of Public Economics* 88, no. 11 (2004): 2301–2322.

Ghatak, S., P. Levine, and S. Price. "Migration Theories and Evidence: An Assessment." *Journal of Economic Surveys* 10 (1996): 159–198.

Giavazzi, F., and M. Pagano. "Can Severe Fiscal Contractions Be Expansionary? Tales of Two Small European Countries." In *NBER Macroeconomics Annual*, 95–122. Cambridge, MA: MIT Press, 1990.

Giavazzi, F., and M. Pagano. "Non-Keynesian Effects of Fiscal Policy Changes: International Evidence and the Swedish Experience." *Swedish Economic Policy Review* 3, no. 1 (Spring 1990): 67–112.

Giertz, S. "The Elasticity of Taxable Income: Influences on Economic Efficiency and Tax Revenues, and Implications for Tax Policy." In

Tax Policy Lessons from the 2000s, edited by Alan Viard, 101–136. Washington, DC: AEI Press, 2009.

Giertz, S. "The Elasticity of Taxable Income during the 1990s: New Estimates and Sensitivity Analyses." *Southern Economic Journal* 77, no. 2 (October 2010): 406–433.

Giertz, S. "The Elasticity of Taxable Income over the 1980s and 1990s." *National Tax Journal* 60, no. 4 (2007): 743–768.

Giertz, S. "Panel Data Techniques and the Elasticity of Taxable Income." Congressional Budget Office, Working Paper 2008-11, 2008.

Giertz, S. "Recent Literature on Taxable-Income Elasticities." Congressional Budget Office, Technical Paper 2004-16, 2004.

Gillen, A., and R. K. Vedder. "North Carolina's Higher Education System: Success or Failure?" Center for College Affordability and Productivity, February 2008. www.epi.soe.vt.edu/perspectives/policy_news/pdf/NCReport0508.pdf.

Gius, M. "The Effect of Income Taxes on Interstate Migration: An Analysis by Age and Race." *Annals of Regional Science* 46 (October 29, 2009): 205–218.

Government Accountability Office. "Tax Policy: Summary of Estimates of the Costs of the Federal Tax System." Government Accountability Office, GAO-05-878, 2005.

Greenwood, M. J. "Human Migration: Theory, Models, and Empirical Studies." *Journal of Regional Science* 25 (1985): 521–544.

Guihard, S., M. Kennedy, E. Wurzel, and C. Andre. "What Promotes Fiscal Consolidation: OECD Country Experience." OECD Economics Department, Working Paper 553, 2007.

Guyton, J. L., J. F. O'Hare, M. P. Stavrianos, and E. J. Toder. "Estimating the Compliance Costs of the U.S. Individual Income Tax." Paper presented at the 2003 National Tax Association Spring Symposium, 2003.

Gwarney, J., R. Lawson, and R. Holcombe. "The Size and Functions of Government and Economic Growth." Joint Economic Committee, U.S. Congress, April 1998.

Hagen, J. V., and R. Strauch. "Fiscal Consolidations: Quality, Economic Conditions and Success." *Public Choice* 109, no. 3–4 (2001): 327–346.

Harberger, A. "Taxation, Resource Allocation, and Welfare." In *The Role of Direct and Indirect Taxes in the Federal Revenue System*, edited by John Due, 25–75. Princeton, NJ: Princeton University Press, 1964.

Heckman, J. J., L. Lochner, and C. Taber. "Tax Policy and Human-Capital Formation." *American Economic Review* 88, no. 2 (1998): 293–297.

Heim, B. "The Effect of Recent Tax Changes on Taxable Income: Evidence from a New Panel of Tax Returns." *Journal of Policy Analysis and Management* 9, no. 1 (2009): 147–163.

Heim, B. "The Elasticity of Taxable Income: Evidence from a New Panel of Tax Returns." U.S. Department of the Treasury, Office of Tax Analysis Working Paper, 2007.

Heller, W., as cited by B. Bartlett. "'Testimony before the Joint Economic Committee of Congress, 1977' as cited in *National Review*." *National Review*, October 27, 1978.

Helms, L. J. "The Effect of State and Local Taxes on Economic Growth: A Time Series–Cross Section Approach." *Review of Economics and Statistics* 67, no. 4 (November 1985): 574–582. www.jstor.org/discover/10.2307/1924801?uid=3739912&uid=2129&uid=2&uid=70&uid=4&uid=3739256&sid=21103342323413.

IRS. "2008 Annual Report to Congress." *National Taxpayer Advocate*, December 31, 2008.

IRS. "2009 Annual Report to Congress." *National Taxpayer Advocate*, December 31, 2009.

Johansson, Å., C. Heady, J. Arnold, B. Brys, and L. Vartia. "Tax and Economic Growth." OECD Economics Department, Working Paper 620, 2008. www.oecd.org/tax/tax-policy/41000592.pdf.

Joines, D. H. "The Kennedy Tax Cut: An Application of the Ellipse." A.B. Laffer Associates, September 25, 1980.

Joint Committee on Taxation, Staff. *Study of the Overall State of the Federal Tax System and Recommendations for Simplification, Pursuant to Section 8022(3)(B) of the Internal Revenue Code of 1986. Vol. 3, Academic Papers Submitted to the Joint Committee on Taxation*. Washington, DC: U.S. Government Printing Office, April 2001.

Jorgenson, D. W. "Accounting for Growth in the Information Age." Working Paper, 2001.

Jorgenson, D. W. "The Economic Impact of Fundamental Tax Reform." Committee on Ways and Means, U.S. House of Representatives, June 6, 1995.

Kadlec, C. W., and A. B. Laffer. "A General Equilibrium View of the U.S. Economy." A.B. Laffer Associates, December 14, 1979.

Kadlec, C. W., and A. B. Laffer. "The Jarvis-Gann Tax Cut Proposal: An Adoption of the Laffer Curve." A.B. Laffer Associates, June 1978.

Karemera, D., et al. "A Gravity Model Analysis of International Migration to North America." *Applied Economics, Taylor and Francis Journals* 21, no. 13, 1745–1755, October 2000.

Keating, D. "A Taxing Trend: The Rise in Complexity, Forms, and Paperwork Burdens." *National Taxpayer's Union* 127, April 15, 2010.

Keating, R. J. "Small Business Survival Index 2010." Small Business Survival Committee, 2010.

Kimball, M. S., and M. D. Shapiro. "Labor Supply: Are the Income and Substitution Effects Both Large or Both Small?" National Bureau of Economic Research, Working Paper, May 16, 2003.

Kirchgässner, G., and W. Pommerehne. "Tax Harmonization and Tax Competition in the European Union: Lessons from Switzerland." *Journal of Public Economics* 60 (1996): 351–371.

Kneller, R., and F. Misch. "What Does Ex-Post Evidence Tell Us about the Output Effects of Future Tax Reforms?" Center for European Economic Research, Discussion Paper 11-029, 2011. http://ftp.zew.de/pub/zew-docs/dp/dp11029.pdf

Koenig, E. F., and G. W. Huffman. "The Dynamic Impact of Fundamental Tax Reform Part 1: The Basic Model." *Federal Reserve Bank of Dallas Economic Review*, First Quarter.

Kohn, R., R. Vedder, and R. Cebula. "Determinants of Interstate Migration, by Race, 1965–1970." *Annals of Regional Science* 7, no. 1 (1973): 100–112. http://mpra.ub.uni-muenchen.de/52311/.

Kotlikoff, L. J. "The Economic Impact of Replacing Federal Income Taxes with a Sales Tax." Cato Institute Policy Analysis, no. 193, April 15, 1993.

Kubik, J. "The Incidence of the Personal Income Taxation: Evidence from the Tax Reform Act of 1986." *Journal of Public Economics* 88, no. 7–8 (2004): 1567–1588.

Laffer, A. B. "California Dreaming." A.B. Laffer Associates, June 25, 1991.

Laffer, A. B. "The California Flat Tax Proposal Tax Amendment." Laffer Associates, October 20, 1995.

Laffer, A. B. "A California Tax Update." A.B. Laffer Associates, 29308.

Laffer, A. B. "California, Who Are You?" Laffer Associates, February 17, 2006.

Laffer, A. B. "The Complete Flat Tax." A.B. Laffer Associates, 1984.

Laffer, A. B. "The Complete Flat Tax 1992 Style." A.B. Laffer Associates, 1992.

Laffer, A. B. "The Ellipse: An Explication of the Laffer Curve in a Two Factor Model." A.B. Laffer Associates, 29410.

Laffer, A. B. "A Flat Rate Tax for California State and Local Governments: Presentation to the California Commission on Tax Policy." Laffer Associates, April 28, 2003.

Laffer, A. B. "Flat Taxism: Western Europe Under Fire." Laffer Associates, February 12, 2004.

Laffer, A. B. "The Great California Tax Experiment: From Karl Marx to Adam Smith and Back Again." A.B. Laffer Associates, May 28, 1993.

Laffer, A. B. "How to Mark Dubya a Winner: The Flat Tax." *The Wall Street Journal*, May 31, 2001.

Laffer, A. B. "Is the California Tax Revolt Over? An Analysis of California's Proposition 111." A.B. Laffer Associates, 33010.

Laffer, A. B. "Jack Kemp Letter." Laffer Associates, October 17, 1995.

Laffer, A. B. "The Only Answer: A California Flat Tax." Laffer Associates, October 2, 2003.

Laffer, A. B. "A Proposal for California Complete Flat Tax." A.B. Laffer Associates, 1990.

Laffer, A. B. "Proposition 13: The Tax Terminator." Laffer Associates, June 27, 2003.

Laffer, A. B. "Russia's 12-Step Recovery Starts with the Flat Tax." Laffer Associates, June 6, 2002.

Laffer, A. B. "Will Gray Davis Survive?" Laffer Associates, August 6, 2003.

Laffer, A. B., and D. Arduin. "Pro-Growth Tax Reform and E-Fairness." Laffer Associates and Let Freedom Ring, July 2013. www.standwithmainstreet.com/ArtLafferStudy.pdf.

Laffer, A. B., and C. S. Hammond. "Either California's Housing Prices Are Going to Fall or California's In for One Helluva Rise in Personal Income." Laffer Associates December 28, 1990.

Laffer, A. B., and T. Jeffrey. "California in the Crosshairs." Laffer Associates, May 21, 2003.

Laffer, A. B., and M. Laffer. "A Study of California's Housing Prices." Laffer Associates, November 19, 1998.

Laffer, A. B., P. Marcal, and M. McNary. "Rosa Californica." Laffer Associates, January 28, 1993.

Laffer, A. B., M. McNary, and L. Vitanza. "California D.P. (During Pete)." A.B. Laffer Associates, June 8, 1994.

Laffer, A. B., and S. Moore. "California, Who Are You? Part II." Laffer Associates, January 18, 2008.

Laffer, A. B., and S. Moore. "Taxes Really Do Matter: Look at the States." Laffer Center for Supply-Side Economics, September 2012. www.laffercenter.com/wp-content/uploads/2012/09/2012-09-TaxesDoMatterLookAtStates-LafferCenter-Laffer-Moore.pdf.

Laffer, A. B., S. Moore, and J. Williams. "Tax Reform to Fix California's Economy." In *Rich States, Poor States*, 6th ed. Arlington, VA: American Legislative Exchange Council, 2013. www.alec.org/publications/rich-states-poor-states/.

Laffer, A. B., and J. Thomson. "Tax Amnesty: A Win/Win for All." Laffer Associates, May 12, 2003.

Laffer, A. B., and W. H. Winegarden. "The Economic Consequences of Tennessee's Gift and Estate Tax." Laffer Center for Supply-Side Economics and Beacon Center of Tennessee, March 2012. www.beacontn.org/wp-content/uploads/The-Economic-Consequences-of-Tennessees-Gift-Estate-Tax.pdf.

Laffer, A. B., W. H. Winegarden, and D. Arduin. "Competitive States 2010: Texas vs. California, Economic Growth Prospects for the 21st Century." Texas Public Policy Foundation, October 10, 2010.

Laffer, A. B., W. H. Winegarden, D. Arduin, and I. McDonough. "The Economic Impact of Federal Spending on State Economic Performance: A Texas Perspective." Texas Public Policy Foundation, April 1, 2009.

Laffer, A. B., W. H. Winegarden, and J. Childs. "The Economic Burden Caused by Tax Code Complexity." Laffer Center for Supply-Side Economics, April 14, 2011.

Landau, D. L. "Government Expenditure and Economic Growth: A Cross-Country Study." *Southern Economic Journal* 49, no. 3 (January 1983): 783–792. www.jstor.org/discover/10.2307/1058716?uid=3739912&uid=2129&uid=2&uid=70&uid=4&uid=3739256&sid=21103342008853.

Lawrence, L. "Individual Taxpayer Response to Tax Cuts: 1982–1984, with Implications for the Revenue Maximizing Tax Rate." *Journal of Public Economics* 33, no. 2 (1987): 173–206. http://piketty.pse.ens.fr/files/Lindsey1987.pdf.

Lazear, E. P. "Productivity and Wages." *Business Economics* 41, no. 4 (October 2006): 39–45.

Lee, Y., and R. H. Gordon. "Tax Structure and Economic Growth." *Journal of Public Economics* 89, no. 5–6 (2005): 1027–1043.

Legislative Analyst's Office. "California's Tax System: A Primer." California Legislative Analyst's Office, January 2001.

Liebig, T. *A New Phenomenon—The International Competition for Highly-Skilled Migrants and Its Consequences for Germany.* Stuttgart/Berne/Vienna: Haupt, 2004.

Liebig, T., P. A. Puhani, and A. Sousa-Poza. "Taxation and Internal Migration: Evidence from the Swiss Census Using Community-Level Variation in Income Tax Rates." IZA Discussion Paper 2374, Institute for the Study of Labor, 2006. www.iza.org/en/webcontent/publications/papers/viewAbstract?dp_id=2374.

Looney, A., and M. Singhal. "The Effect of Anticipated Tax Changes on Intertemporal Labor Supply and the Realization of Taxable Income." National Bureau of Economic Research, Working Paper 12417, 2006. www.nber.org/papers/w12417.

Macurdy, T. "An Empirical Model of Labor Supply in a Life-Cycle Setting." *Journal of Political Economy* 89, no. 6 (1981): 1059–1085.

Mahroum, S. "Europe and the Immigration of Highly-Skilled Labor." *International Migration* 39 (2001): 27–43.

Mankiw, G. N., and M. Weinzierl. "Dynamic Scoring: A Back-of-the-Envelope Guide." *Journal of Public Economics* 90, no. 8–9 (September 2006):1415–1433. www.sciencedirect.com/science/article/pii/S0047272705001738.

Massey, D., J. Arango, G. Hugo, A. Kouaouci, and E. Taylor. "Theories of International Migration: A Review and Appraisal." *Population and Development Review* 19 (1993): 431–466.

McDermott, J., and R. Westcott. "An Empirical Analysis of Fiscal Adjustments." *IMF Staff Papers* 43, no. 4 (1996): 723–753.

McLure, C., Jr. "Taxation, Substitution, and Industrial Location." *Journal of Political Economy* 78, no. 1 (January/February 1970): 112–132.

McPhail, J., P. Orazem, and R. Singh. "The Poverty of States: Do State Tax Policies Affect State Labor Productivity?" Iowa State University Department of Economics, May 2010.

McQuillan, L., and H. Abramyan. "U.S. Tort Liability Index: 2010 Report." Pacific Research Institute, 2010.

Mieszowki, P., and G. Zodrow. "Taxation and the Tiebout Model: The Differential Effects of Head Taxes, Taxes on Land Rents, and Property Taxes." *Journal of Economic Literature* 27 (1989): 1098–1146.

Minarik, J. "The Tax Shares Boomlet." *Tax Notes* 23 (1984): 1218–1220.

Mirrlees, J. "An Exploration in the Theory of Optimum Income Taxation." *Review of Economic Studies* 38, no. 2 (1971): 175–208.

Mitchell, D. J. "The Impact of Government Spending on Economic Growth." Heritage Foundation, Backgrounder 1831, March 15, 2005.

Mueller, D. C. *Public Choice III*, Cambridge University Press, 2003.

Mullen, J. K., and M. Williams. "Marginal Tax Rates and State Economic Growth." *Regional Science and Urban Economics* 24, no. 6 (1994): 687–705.

Munnell, A. H. "How Does Public Infrastructure Affect Regional Economic Performance?" *New England Economic Review* (1990): 11–12.

Munnell, A. H. "Lessons from the Income Maintenance Experiments." Federal Reserve Bank of Boston Conference Series 30, 1987.

Munnell, A. H. "Policy Watch: Infrastructure Investment and Economic Growth." *Journal of Economic Perspectives* 6, no. 4 (1992): 189–198.

Myles, G. D. "Economic Growth and the Role of Taxation." OECD Economics Department, No. 713, 2009.

Navratil, J. "The Tax Reform Act of 1986: New Evidence on Individual Taxpayer Behavior from Panel Tax Return Data." In *Essays on the Impact of Marginal Tax Rate Reductions on the Reporting of Taxable Income on Individual Tax Returns*, Chapter 3. Doctoral dissertation, Harvard University, 1995.

Nellen, A. "Simplification of the EITC through Structure Changes." Joint Committee on Taxation: Study of the Overall State of the Federal Tax System, 2001.

Newman, R. J. "Migration and Growth in the South." *Review of Economics and Statistics* 65, no. 1 (February 1983): 76–86.

Oates, W. "The Effects of Property Taxes and Local Public Spending on Property Values: An Empirical Study of Tax Capitalisation and Tiebout Hypothesis." *Journal of Political Economy* 77 (1969): 951–971.

Office of Economic Analysis, State of Oregon. "Oregon Economic and Revenue Forecast," vol. 29, no. 4, 2009.

Ohanian, L., A. Raffo, and R. Rogerson. "Long-Term Changes in Labor Supply and Taxes: Evidence from OECD Countries, 1956–2004." *Journal of Monetary Economics* 55, no. 8 (November 2008): 1353–1362.

Ojede, A., and S. Yamarik. "Tax Policy and State Economic Growth: The Long-Run and Short-Run of It." *Economic Letters* 116, no. 2 (August 2012): 161–165.

Organization for Economic Cooperation and Development. *"International Mobility of the Highly Skilled."* Paris: OECD, 2002.

Padovano, F., and E. Galli. "Tax Rates and Economic Growth in the OECD Countries (1950–1990)." *Economic Inquiry* 39, no. 1 (January 2001): 44–57. http://pirate.shu.edu/~rotthoku/Prague/Tax%20Rates%20and%20Economic%20Growth%20in%20the%20OECD%20Countries.pdf.

Papke, J. A., and L. Papke. "Measuring Differential State-Local Liabilities and Their Implications for Business Investment Location." *National Tax Journal*, December 1985.

Parcell, A. "Income Shifting in Responses to Higher Tax Rates: The Effects of OBRA 93." Washington, D.C.: Office of Tax Analysis, U.S. Department of the Treasury, 1995.

Peach, J., and C. M. Starbuck. "Oil and Gas Production and Economic Growth in New Mexico." *Journal of Economic Issues* 45, no. 2, (June 2011).

Pew Center of the States. "Beyond California: States in Fiscal Peril." Pew Charitable Trusts, November 2009. www.pewtrusts.org/uploadedFiles/wwwpewtrustsorg/Reports/State_policy/BeyondCalifornia%281%29.pdf.

Plaut, T. R., and J. Pluta. "Business Climate, Taxes and Expenditures, and State Industrial Growth in the United States." *Southern Economic Journal* 50, no. 1 (July 1983): 99–119.

Plosser, C. I. "The Search for Growth." In *Policies for Long-Run Economic Growth*. Kansas City, MO: Federal Reserve Bank of Kansas City, 1992.

Plotkin, J., and A. C. Coors. "The AMT: Another Reason to Hate April 15th." Laffer Associates, February 7, 2005.

Poulson, B., and J. Kaplan. "State Income Taxes and Economic Growth." *Cato Journal* 28, no. 1 (Winter 2008): 53–71.

Prescott, E. C. "Prosperity and Depression: 2002 Richard T. Ely Lecture." Federal Reserve Minneapolis Research Department, Working Paper 618; *American Economic Review* 92, no. 2 (May 2002): 1–15.

Rabushka, A. "Taxation, Economic Growth and Liberty." *Cato Journal* 7, no. 1 (Spring/Summer 1987).

Rabushka, A. "Ten Myths about Higher Taxes." Hoover Institution Essays in Public Policy, 1993. http://heartland.org/sites/all/modules/custom/heartland_migration/files/pdfs/5463.pdf and http://heartland.org/sites/all/modules/custom/heartland_migration/files/pdfs/5464.pdf.

Randolph, R. "Dynamic Income, Progressive Taxes, and the Timing of Charitable Contributions." *Journal of Political Economy* 103, no. 4 (1995): 709–738.

Razin, A., E. Sadka, and P. Swagel. "Tax Burden and Migration: A Political Economy Theory and Evidence." *Journal of Public Economics* 85 (2002): 167–190.

Rector, R., and R. S. Hederman Jr. "Two Americas: One Rich, One Poor? Understanding Income Inequality in the United States." Heritage Foundation, Backgrounder, No. 1791, 2004. www.heritage.org/research/reports/2004/08/two-americas-one-rich-one-poor-understanding-income-inequality-in-the-united-states.

Reed, W. R. "The Determinants of U.S. State Economic Growth: A Less Extreme Bounds Analysis." *Economic Inquiry* 47, no. 4 (October 2009): 685–700.

Reed, W. R. "The Robust Relationship between Taxes and U.S. State Income Growth." *National Tax Journal* 61, no. 1 (2008): 57–80.

Reed, W. R., and C. L. Rogers. "Tax Burden and the Mismeasurement of State Tax Policy." *Public Finance Review* 34, no. 4 (2006): 404–426.

Reed, W. R., and C. L. Rogers. "Tax Cuts and Employment in New Jersey: Lessons from a Regional Analysis." *Public Finance Review* 32, no. 3 (2004): 269–291.

Report of the President's Advisory Panel on Federal Tax Reform, "Simple, Fair, and Pro-Growth: Proposals to Fix America's Tax System." President's Advisory Panel on Tax Reform, 2005. www.taxpolicycenter.org/taxtopics/upload/tax-panel-2.pdf.

Reynolds, A. "Some International Comparisons of Supply-Side Policy." *Cato Journal* 5, no. 2 (Fall 1985).

Romans, T., and G. Subrahmanyam. "State and Local Taxes, Transfers and Regional Economic Growth." *Southern Economic Journal* 46, no. 2 (October 1979): 435–444.

Romer, C. D., and D. H. Romer. "The Macroeconomic Effects of Tax Changes: Estimates Based on a New Measure of Fiscal Shocks." *American Economic Review* 100, no. 3 (June 2010): 763–801.

Sammartino, F., and D. Weiner. "Recent Evidence on Taxpayers' Response to the Rate Increases in the 1990s." *National Tax Journal* 50, no. 3 (1997): 683–705.

Schön, W., ed. *Tax Competition in Europe.* Amsterdam: International Bureau of Fiscal Determination, 2003.

Scully, G. W. "Optimal Taxation, Economic Growth and Income Inequality in the United States." National Center for Policy Analysis, Policy Report 316, September 2008.

Showalter, M. H., and N. K. Thurston. "Taxes and Labor Supply of High-Income Physicians." *Journal of Public Economics* 66, no. 1 (1997): 73–97.

Singleton, P. "The Effect of Taxes on Taxable Earnings: Evidence from the 2001–2004 U.S. Federal Tax Acts." Syracuse University, Working Paper Series, 2007.

Sjaastad, L. "The Costs and Returns of Human Migration." *Journal of Political Economy* 70 (1962): 80–93.

Stark, O. *The Migration of Labor.* Cambridge, MA: Basil Blackwell, 1991.

Stathopoulos, P. "DOR Targets Delinquent Taxpayers to Attack Budget Woes." *State Tax Notes, Tax Analysts*, October 6, 2003.

Stokey, N., and S. Rebelo. "Growth Effects of Flat-Rate Taxes." *Journal of Political Economy* 103, no. 3 (June 1995).

Sullivan, M. "Practical Aspects of Dynamic Revenue Estimation." Heritage Center for Data Analysis Report, June 14, 2004.

Tavares, J. "Does Right or Left Matter? Cabinets, Credibility and Fiscal Adjustments." *Journal of Public Economics* 88 (2004): 2447–2468.

Tax Division of American Institute of Certified Public Accountants. "Guiding Principles for Tax Simplification." American Institute of Certified Public Accountants, 2002. www.aicpa.org/interestareas/tax/resources/taxlegislationpolicy/advocacy/downloadabledocuments/tpcs%202%20-%20principles%20for%20tax%20simplification.pdf.

Taylor, H., D. Krane, and A. Cottreau. "U.S. Chamber of Commerce State Liability Systems Ranking Study." Harris Interactive, January 11, 2002.

Tiebout, C. "A Pure Theory of Local Expenditures." *Journal of Political Economy* 64 (1956): 416–424.

U.S. Treasury Department. "Income Mobility in the U.S. from 1996 to 2005." Washington, DC: Internal Revenue Service, 2007.

U.S. Treasury Department. "Statistics of Income: Individual Income Tax Returns." Washington, DC: Internal Revenue Service, annual since 1916.

Vedder, R. K. "Economic Impact of Government Spending: A 50-State Analysis." National Center for Policy Analysis, Report 178, April 1993. www.ncpa.org/pdfs/st178.pdf.

Vedder, R. K. "The Effect of Taxes on Economic Growth: What the Research Tells Us." Texas Public Policy Foundation, 2002.

Vedder, R. K. "Federal Tax Reform: Lessons from the State." *Cato Journal* 5, no. 2 (Fall 1985).

Vedder, R. K. "The Impact of State and Local Taxes on Economic Growth: What the Research Shows." Commonwealth Foundation, May 1990.

Vedder, R. K. "Money for Nothing?: An Analysis of the Oregon Quality Education Model." Cascade Policy Institute, 2000.

Vedder, R. K. "Right-to-Work Laws: Liberty, Prosperity and Quality of Life." *Cato Journal* 30, no. 1 (2010).

Vedder, R. K. "Taxation and Immigration." Taxpayers Network, 2003. www.taxpayersnetwork.org/_Rainbow/Documents/Taxation%20and%20Migration.pdf.

Vedder, R. K. "Taxation and Migration: Do Tax Decisions of State and Local Government Officials Impact on the Movement of People?" Taxpayers Network, March 2003.

Vedder, R. K., and M. Denhart. "Texas' Higher Education System: Success or Failure?" Texas Public Policy Foundation, 2008.

Vedder, R. K., M. Denhart, and J. Robe. "Right-to-Work and Indiana's Economic Future." 2011.

Vedder, R. K., and L. Galloway. "The Economic Impact of Washington's Minimum Wage Law." Ohio University, 2003. http://biz.npri.org/minimum/WAMinWageStudy.pdf.

Vedder, R. K., and L. Galloway. "Rent-Seeking, Distributional Coalitions, Taxes, Relative Prices and Economic Growth." *Public Choice* 51 (1986): 93–100.

Vedder, R. K., and J. Hall. "Effective, Efficient, Fair: Paying for Public Education in Texas." Texas Public Policy Foundation, 2004.

Wanniski, J. "An Authentic Guide to Supply-Side Economics." A.B. Laffer Associates, May 2, 1980.

Wasylenko, M., and T. McGuire. "Taxation and Economic Development: The State of the Economic Literature." *National Tax Journal* 38, no. 4 (December 1985). http://surface.syr.edu/cgi/viewcontent.cgi?article=1001&context=ecn.

Weber, C. "Obtaining a Consistent Estimate of Taxable Income Using Difference-in-Differences." University of Michigan, Working Paper, 2010.

Weinstein, B. L. "Tax Incentives for Growth." *Society* 14, no. 3 (1977): 73–75.

Westbury, B. "Growth Grade for Diamond and Saez—Solid, and Well-Earned F." Four Percent Growth Project, May 1, 2012. www.bushcenter.org/economic-growth/4-growth-project.

Wilson, J. "Theories of Tax Competition." *National Tax Journal* 52 (1999): 269–304.

Yamarik, S. "Can Tax Policy Help Explain State-Level Macroeconomic Growth?" *Economic Letters* 62, no. 2 (August 2000): 211–215.

Young, L., and R. H. Gordon. "Tax Structure and Economic Growth." *Journal of Public Economics* 89, no. 5–6 (2005): 1027–1043. www.sba.muohio.edu/davisgk/growth%20readings/17.pdf.